Historias de la historia de España

MARCELINO LOMINCHAR

Historias de la historia de España

Conocer las raíces de nuestra historia ayuda a valorar nuestro presente

TERCERA EDICIÓN

SEKOTIA

SEKOTIA
www.sekotia.com
@sekotia

Primera edición: enero de 2025
Segunda edición: febrero de 2025
Tercera edición: mayo de 2025

Sekotia • Colección Biblioteca de Historia
Editor: Humberto Pérez Tomé Román
Maquetación: Javier Díaz

info@almuzaralibros.com
Parque Logístico de Córdoba. Ctra. Palma del Río, km 4
C/8, Nave L2, nº 3. 14005 - Córdoba

Imprime: Romanyà Valls
ISBN: 978-84-19979-35-3
Depósito legal: CO-2182-2024
Hecho e impreso en España - *Made and printed in Spain*

A Carmen, a Irene, a Cosme,
a Rosario y a Marcelino.

Índice

PRÓLOGO

DE

CAROLA ARBOLÍ

Directora de Open Programs, Executive Education, IE University.

«Le style, c ́est l ́homme même»... «el estilo es el hombre». Con esta frase, George–Louis Leclerc , conde de Buffon venía a decir que el estilo literario es la expresión máxima del individuo, la traducción de su propio carácter, la marca característica e inimitable de cada cual.

No encuentro mejor manera de comenzar este prólogo que con este aforismo, pues si hay algo que, más allá del propio relato, se vislumbra en la lectura de *Historias de la historia de España* es la personalidad y el hacer de Marcelino Lominchar, su autor.

Es este un libro preciso en la exposición de los datos, directo y sencillo. Narra la historia de España sin sesgos ni tergiversación, embarcando al lector en una singladura entretenida, divertida, trufada de anécdotas, sentido del humor y no pocas sorpresas.

Desconozco el contenido actual de los programas educativos de la asignatura Historia de España (si es que todavía existe como tal en nuestro crisol de Nacionalidades históricas y Comunidades Autónomas), pero aquellos lectores que hemos nacido antes de los 80 y estudiado en este país, estamos (creo no equivocarme) muy familiarizados con lo que cuenta Lominchar en su obra.

Sin embargo y a pesar de dicha familiaridad, su lectura nos llena de asombro por la inclusión de detalles y eventos desconocidos, el desvelamiento del significado de tantas expresiones que utilizamos a diario, o el descubrimiento en unos casos y reivindicación en otros, de figuras que han sido determinantes en la historia de este país y de las que apenas o nunca habíamos oído hablar. Hechos y figuras que, en palabras del autor, no prestan su nombre ni al más remoto callejón de la más remota aldea.

El tono narrativo y la ausencia de valoraciones sobre lo descrito, no debe llevarnos a conclusiones erróneas, pues detrás de esa narración aparentemente expositiva, no falta una motivación muy personal por mostrar la grandeza de un país injustamente perseguido por la «Leyenda negra» y poco acostumbrado a enfocar la mirada hacia aquellos eventos que podrían llenarnos de orgullo y satisfacción, poniéndola en aquellos generadores de dolor, tristeza o incluso vergüenza.

Con su personal estilo destilando humor y aparente ligereza, el autor nos presenta una España caleidoscópica, en la que los reflejos de los cristales multiplicados infinitamente en el espejo conforman una única imagen compleja, colorida y hermosa, como es nuestra historia.

El libro empieza en la prehistoria y edad antigua, capítulo en el que es inevitable mencionar Altamira o Atapuerca y en él nos enteramos de que en este yacimiento se encuentran 5 especies de homínidos diferentes, o que en alguna de esas sociedades prehistóricas se practicaba el canibalismo. En otro capítulo conocemos la existencia del «Stonehenge español», (el Tesoro de Guadalperal) inundado desde el año 1963 por la construcción del embalse de Valdecañas, un impresionante conjunto compuesto por 150 lajas verticales de granito que se empeñan en emerger cuando la sequía es persistente.

Cada capítulo contiene alguna curiosidad de las que no se encuentran en los libros de texto. Algunas me han hecho sonreír, como la historia del Sansón español, D. Diego García de Paredes, que de haber sido anglosajón tendría ya 6 o 7 películas o series contando su vida. Seguro. Otras me han hecho estremecer, como la que nos describe la munición que utilizó Almanzor en su asedio a Barcelona.

Muchas te dejan esa profunda sensación de injusticia, cuando los méritos propios son robados por otros.

Aunque ya he comentado que el libro destila imparcialidad, si percibo cierta admiración del autor por las muchas gestas ocurridas durante el periodo de los Austrias, momento de máximo resplandor del imperio español. No disimula su fascinación por la reina Isabel la Católica, por el Gran Capitán, o por Álvaro de Bazán, todos ellos sobradamente conocidos. Pero Marcelino también les hace un hueco a otros que no lo son tanto, como Catalina de Bustamante, la primea maestra de América, o Elisha ben Abraham, relevante cartógrafo del S XIV, José Acosta, descubridor de la corriente llamada injustamente de «Humboldt», o Pedro Paez, verdadero descubridor de las fuentes del Nilo y no Kinnaird que se adjudicó ese honor. Héroes casi anónimos que reciben un merecido reconocimiento.

Llegamos en este viaje histórico-literario a nuestro complejo siglo XIX, «un siglo para olvidar» dice el autor y de ahí al XX en cuyo relato, dicho llanamente y en su estilo, el autor «se moja», compartiendo reflexiones personales de un valor especial, dada su actualidad y valentía.

De las primeras cosas que me entero, es de que en el primer tercio de ese siglo XX hay nada más y nada menos que 7 golpes de estado...el último en el año 1939 meses antes de finalizar la guerra, perpetrado por el coronel Segismundo Casado quien estando dentro del bando republicano, se alzó contra el gobierno de Negrín.

Conozco (también por vez primera) la historia de Celestino el antitanquista republicano de nuestra Guerra Civil , que por su bravura y arrojo me recuerda al Sansón de las huestes del Gran Capitán, como si esos rasgos de la personalidad y de la conducta estuvieran en la genética de estos combatientes patrios; el periplo del «Stanbrook», que a finales de marzo de 1939, atraca en el puerto de Alicante para cargar naranjas y azafrán y que en lugar de ello llena su cubierta y bodegas con casi 3.000 compatriotas que huyen de la guerra y la represión, en un emocionante gesto de humanidad de su capitán, el galés Archibald Dickson. Y conocemos la otra cara de la moneda, la historia del buque «Marítima», que siendo de mayor tonelaje que el anterior, zarpa en la misma fecha, pero con sólo 30 pasajeros, todos ellos altos mandos militares y del Gobierno de la República, que con sus familias parten hacia el exilio.

El tono anecdótico se abandona totalmente cuando aborda el que ha sido uno de los peores episodios de nuestro reciente pasado, EUSKADI TA ASKATASUNA. Lominchar pone nombre y apellidos a víctimas y asesinos. Nos hace recordar a la primera víctima, Begoña Urroz, una niña de 22 meses asesinada el 27 de junio de 1960; nos recuerda los 300 casos sin resolver; nos recuerda a Ortega Lara; a Miguel Ángel Blanco, y también nos recuerda que ahora, 64 años después, el mensaje es que «ETA no existe», lo cual, viene a ser un triunfo del olvido y la banalización del terror en aras a conseguir la paz.

Las reflexiones finales del texto, vuelven de nuevo a La Leyenda Negra, (la campaña de marketing más larga y efectiva de la historia), a Francisco de Vitoria, padre del derecho internacional, a nuestra pintura y literatura encarnadas por extraordinarias figuras como Lorca y Picasso, invitándonos a recuperar la figura de Séneca, aprendiendo a vivir sabiendo que hay incomodidades, pero creciendo, disfrutando, y recompensando a aquellos comprometidos con tener un país mejor, sabiendo que los retos a los que nos enfrentamos hoy, no son tan diferentes de los del pasado. Con todo ello, construye Marcelino Lominchar una autentica declaración de amor a España.

INTRODUCCIÓN

Hace muy pocos años, desarrollé mi primera visita guiada en un lugar histórico en la institución académica en la que trabajo y, para ser sinceros, fue una ocasión de oro para, en realidad, impartir una sesión de Historia de España sin anestesia y en toda regla. La sorpresa es que aquella primera visita trajo una nueva, y luego otra, y cada vez me iban surgiendo más sesiones en las que desarrollar contenidos que aunasen la historia y el «management». Los propios alumnos me animaban a grabar un podcast, a abrir un canal de YouTube o a abrirme un perfil en TikTok, pero mira por dónde, yo que soy más de escribir, comencé a darle al teclado en LinkedIn y aquí estoy.

Una de las cosas que puedo afirmar, después de haber impartido muchas sesiones, es que, si la historia se cuenta de forma divertida y se saben unir unos puntos con otros, la historia gusta. O quizás, es que siempre nos han intentado enseñar Historia a una edad muy temprana en la que, sencillamente, no nos llama la atención, porque estamos a otras cosas y, sin embargo, una vez se alcanza cierto estado de madurez, hasta apetece aprender Historia. Quizás por ello, a mis alumnos que, ya son «talluditos», parece ser que les gusta y reciben con apetito sesiones de historia y «management».

Otra de las cuestiones es el complejo que tenemos los españoles para hablar de nuestra propia historia cuando, realmente, ningún país del mundo, ninguna civilización, ninguna sociedad, ningún pueblo, pasaría con éxito una prueba del algodón sin algo de lo que avergonzarse en siglos o en milenios de historia, y si no, que alguien se atreva a lanzar la primera piedra.

Puede sonar a justificación, pero es que aprender Historia es sano, es recomendable y nosotros somos el resultado de ella, de ahí su importancia.

La Historia de España es un caos de conquistas, traiciones y monarcas, muchos de ellos egocéntricos y alguno que otro sublime.

Este libro tiene un fin divulgativo en el que trato de repasar la historia de una manera desenfadada, nada más. No esperes otra cosa. No esperes un libro de investigación. Lo sé, el que aclara, oscurece, pero es que, de verdad, el fin de estas páginas es única y exclusivamente divulgativo. No esperes profundidad en cada uno de los capítulos, ya que, si los ojeas antes, un poquito, verás que el más largo tiene apenas unas poquitas páginas. El fin puede ser pasar un rato agradable, aprendiendo historia de una forma amena y divertida, y si en algún caso te despierta el interés, que comiences a investigar por tu cuenta. Cada capítulo podría dar lugar a un libro en sí, de hecho, muchos de estos capítulos están inspirados en libros que desarrollan una información extensa. Es más, si lo recomendable es leerlo desde el principio y por orden cronológico, si lo deseas, también puedes abrirlo por el capítulo que más te llame la atención y comenzar a leer desde ahí.

Prepárate para introducirte en la Historia de España a la velocidad de un encierro de Pamplona, en el que la diversión es obligatoria y la seriedad..., bueno, en el que la seriedad quizás nunca fue una constante de nuestra querida España. Ojo, digo «constante», porque muchas veces sí que tuvimos gente que destacó por ser muy seria y profesional.

Te pido disculpas, antes de comenzar, por meter muchas fechas y nombres de reyes, pero es que, si no, es imposible. A los historiadores nos encanta decir nombres y fechas para que tú puedas ir ubicando todo en el plano temporal. La buena noticia es que, a veces, me vengo arriba y trato de hacer algún guiño humorístico para que la historia resulte más simpática, lejos de ese barniz rancio que siempre nos rodea cuando hablamos de historia.

La historia es lo que sabes, pero también es lo que te imaginas de ella y lo que sientes que pudo ocurrir. Te animo a imaginarte castillos, palacios, hogueras, buques de guerra, galeones, que te pongas los zapatos de generales y soldados de infantería, de obispos, de reyes y hasta de emperadores. Que te subas al palo mayor de un galeón, a la toldilla de la popa, que te subas en un caballo de nuestros conquistadores o que cojas una pica y te atrevas a llevarla a Flandes. Te animo a encender el candil con el que se alumbraban nuestros más famosos escritores del Siglo de Oro y a ser náufrago en una isla desierta. Quiero que te vayas a la porra (bastón con puño de plata clavado en el lugar que servía como zona de castigo de los campamentos) y al carajo (el cesto del palo mayor de las carabelas y que también era un lugar de castigo en nuestras naves). Quiero que te engalanes para asistir a bodas reales y a esconderte en la penumbra en intrigas palaciegas. La Historia de España tiene todo esto y más y en cada episodio hay enseñanzas que seguramente pueden ser extrapolables a nuestras empresas en su día a día. Ojalá te emociones con esta caótica Historia de España. Prepárate para reír, llorar y, sobre todo, para preguntarte cómo cuernos hemos logrado sobrevivir hasta hoy.

PREHISTORIA Y EDAD ANTIGUA

La prehistoria española es muy característica y si hubiera que contextualizarla, habríamos de atender a diferentes cuestiones claramente diferenciadas. Por un lado, disponemos de un rico legado de arte rupestre que nos ofrece instantáneas de la vida cotidiana como la caza y diversos modos de vida de aquellas sociedades. Igualmente, la presencia de elementos megalíticos nos muestra una sociedad necesitada de emprender este tipo de construcciones a lo largo y ancho de toda la península. Y finalmente, hemos de contemplar unas sociedades con un único objetivo, la subsistencia gracias a los recursos naturales que ofrecía su entorno.

En cuanto a la edad antigua de la península ibérica, hacer especial mención de la Tartessos que floreció en la actual Andalucía en plena Edad de Hierro. Hay quienes la contextualizan dentro de una cultura íbera, aunque hay quienes afirman que podría tratarse de una cultura de origen celta, si bien esta última idea tiene menos seguidores.

El denominado «Hombre de Orce» se encontró en Orce (Granada), cerca de Guadix-Baza, concretamente en el Barranco de León. Tiene una antigüedad de entre 0,9 y 1,6 millones de años y fue hallado en 1982. Las pruebas realizadas recientemente, apuestan por una datación exacta de 1,4 millones de años y estaría entre el *Homo habilis* y el *Homo erectus*. Hay incluso quien lo data en 1,8 millones de años, y, de ser así, se podría decir que sería el homínido más antiguo de toda Europa.

No obstante, si España ha acaparado en las últimas décadas las portadas de la prensa especializada internacional, ha sido por el yacimiento arqueológico de Atapuerca. En este pueblo de la provincia de Burgos se encuentran lugares maravillosos como la Gran Dolina, en donde se ubican restos del *Homo antecesor* con 0,8 millones de años de antigüedad. Igualmente, en la Sima del Elefante hay restos de 1,2 millones de años y también se han hallado pinturas de la edad del bronce. Otro enclave rico en hallazgos es la famosa Sima de los Huesos, en donde se han encontrado restos de fauna de la época, suficiente como para escribir libros y libros. Si Atapuerca es diferente, es porque en su yacimiento se han encontrado al menos cinco especies de homínidos distintas: antecesor, heidelbergensis, pre neandertal, neandertal y sapiens. Una de las conclusiones de los estudios es que en estas sociedades prehistóricas se practicaba, nada más y nada menos, que el canibalismo. El yacimiento es considerado Patrimonio de la Humanidad y se descubrió, como casi todos estos sitios, en el momento de comenzar unas obras. En este caso fue al intentar construir un ferrocarril.

Espectacular es el caso de Benjamina. Benjamina nació hace 530.000 años y su naturaleza era pre neandertal, concretamente, *Homo heidelbergensis*. Su cráneo, el número 14, se halló en la famosa Sima de los Huesos en 2001, y a quienes les tocó su estudio, rápidamente pensaron algo así como, «vaya, nos ha tocado el rarito». Hemos de tener en cuenta que en este lugar se han descubierto un total de 6500 restos fósiles de, al menos, 28 individuos. ¿Qué tenía de raro este cráneo? Pues que estaba deformado. Tras la reconstrucción total del cráneo y después de un sinfín de análisis, los investigadores concluyeron que se trataba de una niña de unos 10 o 12 años, a la que, por añadidura, le diagnosticaron una patología llamada «craneosinostosis». ¿Qué suponía esta deformación tan notoria en su cabeza? Pues que la joven tuvo problemas serios de psicomotricidad. ¿Y qué supone tener problemas de motricidad y haber vivido hasta esa edad hace más de medio millón de años? Pues supone que su familia, su tribu, su comunidad, la cuidó con muchísimo cariño hasta el último de sus días. Es el primer caso conocido de integración en la humanidad. Los arqueólogos la llamaron Benjamina, que en hebreo significa la más querida.

Habitada entre el 16.590 y 11.180 a. C. la Cueva de Altamira es Patrimonio Mundial de la Unesco. Se encuadra dentro del arte paleolítico de la Cornisa Cantábrica y, más en concreto, se ubicaría entre el Magdaleniense y Solutrense, o sea, paleolítico superior.

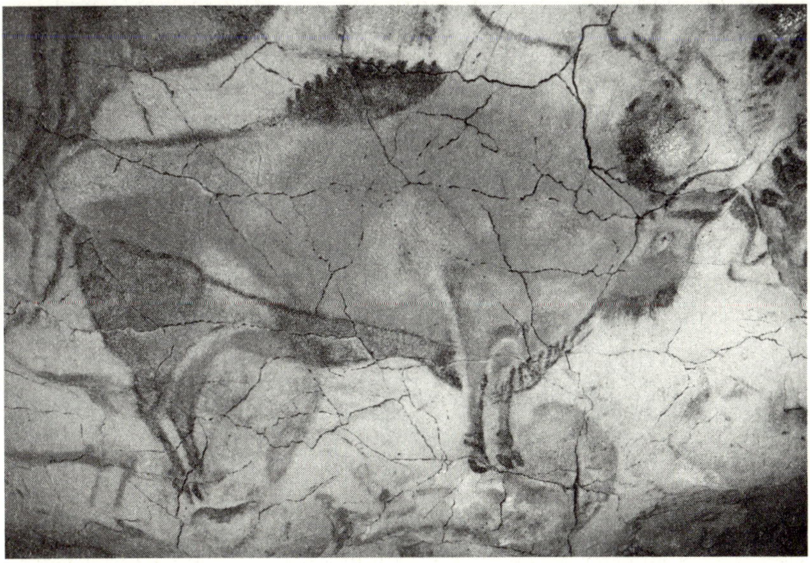

Imagen de un bisonte en una cueva de Altamira. [Shutterstock/ luisrsphoto]

Excavaciones en el yacimiento de Gran Dolina, en Atapuerca (España) en el año 2000. [Mario Modesto Mata]

El realismo de las figuras hace que sea considerada la Capilla Sixtina del arte rupestre a nivel global. Fue el primer conjunto pictórico prehistórico en ser descubierto y se dudó de su descubridor, Marcelino Sanz de Sautuola, bisabuelo del archiconocido banquero Emilio Botín, y tatarabuelo de Ana Patricia Botín, presidente del Banco Santander. Le costó demostrar su autenticidad, puesto que, las pinturas se descubrieron en 1879, y se reconocieron como tal, décadas más tarde, en 1902. A decir verdad, la descubridora fue la hija de Marcelino, María (bisabuela de Ana Patricia), que dijo, «mira, papá, bueyes». El tal Marcelino debió alucinar al ver a los bisontes y compañía. Picasso, el gran genio de la pintura, llegó a decir: «después de Altamira, todo parece decadente». Tras abrir sin mesura la cueva a turistas durante bastantes años, actual y afortunadamente, tiene visita restringida con 8500 visitantes al año.

NEOLÍTICO ESPAÑOL, TAN DESCONOCIDO COMO ABANDONADO

Se suele decir que la primera ciudad ibérica, e incluso europea, fue Cádiz, que fue fundada por los fenicios en el año 1000 a. C., y que posee un nombre que significa «castillo» o «fortaleza» en fenicio, pero la verdad es que ya hubo ciudades antes que nuestra querida Cádiz, que poseía un valor estratégico brutal a caballo entre el Mediterráneo y un inexplorado Atlántico. Por ejemplo, el honor de ser la primera ciudad europea lo tiene la griega Khirokitia (Chipre) con apenas 500 habitantes en el 7000 a. C.

Sin ir más lejos, en España, Los Millares es la primera ciudad establecida en la península ibérica hace ya más de 5.000 años, alcanzando casi 2.000 habitantes en el año 3000 a. C., siendo en aquella época, la sexta ciudad más grande de Europa, por detrás de las griegas Manika (12.000 habitantes en la isla de Eubea), Tebas (no la Tebas egipcia), Cnosos, Micenas y la británica Durrington Walls. Los Millares es un asentamiento de la edad del cobre entre el 3200 y 2200 a. C. El yacimiento está ubicado en Santa Fe de Mondújar (Almería), y está compuesto por cuatro murallas concéntricas.

Torre la Janeira es otro importante yacimiento procedente del Mesolítico o Neolítico Medio al Bronce antiguo. Ubicada en el bajo Guadiana, entre Ayamonte y Vilablanca (Huelva), en ella se encuentran 526 menhires, de los cuales, parte de ellos se hallan dispuestos en 2 cromlechs (menhires colocados formando un círculo). También hay dólmenes, túmulos, cistas y grabados rupestres. Su datación es del 6000 a. C.

Del 3000 a. C., tenemos el dolmen de Soto, del Neolítico de Huelva. Se trata de un bien considerado Monumento Nacional. Realmente, son dólmenes yuxtapuestos, de modo que los primeros rayos del sol del equinoccio avanzan sobre el corredor configurado por los propios dólmenes. Las piedras están talladas y se han hallado grabados de caza de hace, nada más y nada menos, que 6.000 años.

Sin salir de Andalucía, nos encontramos con el Sitio de los Dólmenes de Antequera, en la provincia de Málaga. Declarado Patrimonio Mundial de la Unesco en 2016, se trata de un conjunto arqueológico de dólmenes entre los que se encuentran el dolmen de Menga, el dolmen de Viera y el tholos de El Romeral, incluyéndose, además, dos monumentos naturales más que son la Peña de los Enamorados y el Torcal de Antequera. Los tres monumentos arqueológicos megalíticos son del neolítico-calcolítico.

En el área mediterránea destaca, igualmente, la provincia de Girona, con conjuntos megalíticos como el de Rosas. Se trata de dólmenes y menhires del 3200 al 2700 a. C. que, salpican numerosos enclaves de la geografía gerundense, si bien, en el resto de España, raro es el lugar o provincia que no dispone de pinturas rupestres de esta época neolítica caracterizada por el trabajo de la piedra.

Y ya de órdago es una historia de 2016, en un pueblo de los Montes de Toledo, Totanés. Un grupo de arqueólogos, llamado Cota 667, quiso estudiar un verraco esculpido en granito que tienen en la plaza mayor. El alcalde les habló de un lugar en el que se había criado y los condujo hasta allí aprovechando un paseo campestre. ¿Qué les mostró? Pues un conjunto de menhires y dos crómlechs como la copa de un pino. La dueña de la finca, de 78 años, no daba crédito al recibir las explicaciones del grupo Cota 667. La antigüedad se estima entre 5500 y 3500 años. Lo más similar que hay en la península es el crómlech del Valle de Oiartzun, en Guipúzcoa, y el de Évora en Portugal.

Si lo anterior es de órdago, a veces tenemos episodios que son de traca, como el caso de la Cueva de Chaves, una cueva de la provincia de Huesca que fue arrasada para construir un abrevadero para cabras. Se trataba de un enclave declarado de interés cultural y considerado Patrimonio Mundial de la Unesco, lo cual nos plantea la pregunta de, ¿cómo de bien estamos protegiendo nuestro patrimonio histórico y cultural? ¿Es el único caso? Pues no, y si no que se lo pregunten a los vecinos de la otra punta de España, en Valverde del Camino (Huelva), con varias formaciones megalíticas de hace 4500 años llamadas los Dólmenes los Gabrieles y que están abandonados a su suerte, siendo lugar habitual de botellón y sufriendo pintadas y grafitis.

EDAD DE LOS METALES EN ESPAÑA: TESOROS Y DAMAS

Aunque estarían cronológicamente dentro de la Edad de los Metales, los talayots baleares adquieren muchas semejanzas con el neolítico mediterráneo. Son típicos de las islas Baleares, principalmente, Mallorca y Menorca, y son construcciones turriformes prehistóricas del 1000 a. C. El nombre viene de «atalaya» en hispanoárabe, y las paredes están orientadas a los solsticios. Principalmente, tenían un fin defensivo.

Típicos del norte son los castros, pueblos prerromanos fortificados. Así, entre los muchos hallados en la cornisa cantábrica tenemos el Castro de Coaña, que está en Villacondide, Coaña (Asturias). Es del s. IV a. C., y procede de la Edad del Hierro. Tiene muralla, terraplén y varios torreones. Ya en aquella época, disfrutaban de termas y estaba compuesto por 80 cabañas. Fue el primer castro que se estudió en España, pero insisto, hay muchos más en Galicia, Asturias, Cantabria, etc.

Muy curioso es el caso del Tesoro de Guadalperal, cuyo origen es de los siglos V al III a. C. Se le considera erróneamente el Stonehenge español. Se encuentra en El Gordo (Cáceres) y se halla bajo el embalse de Valdecañas desde 1963, como consecuencia de la creación de numerosos pantanos por nuestro dictador Francisco Franco. Solo sale a la luz cuando hay pertinaz sequía prolongada, lo cual es una verdadera lástima. Son 150 lajas de granito de entre el neolítico y el calcolítico, y cumplió una función básicamente funeraria. Fue encontrado en 1925, dentro de los dominios de la Casa de Alba. La sequía de 2019 puso de manifiesto que, el agua está erosionando, cada vez más, este Bien de Interés Cultural de valor incalculable.

En la Edad del Bronce tenemos ubicadas las conocidas como «motillas» en el interior peninsular, más concretamente en Castilla-La Mancha. Destaca con nombre propio la Motilla de Azuer, en Daimiel (Ciudad Real). Se trata de montículos artificiales con entre cuatro y diez metros de altura, con una fortificación con planta central rodeada de murallas concéntricas en lugares cercanos a zonas lacustres, como es el caso de la propia Daimiel y sus famosas Tablas. En el caso de la Motilla de Azuer, incluso encontramos un pozo que alcanzó el nivel freático. Estas construcciones no pasan desapercibidas y curiosas son un rato.

No obstante, si de algo estamos orgullosos en la España de esta época es de la Dama de Elche. Fue realizada en piedra caliza, entre los siglos V y IV a. C. En la cabeza lleva un tocado con un velo. La pieza fue hallada, por casualidad, el 4 de agosto de 1897, en La Alcudia, dentro del municipio de Elche (Alicante), en una finca del doctor Campello. El hispanista francés Pierre Paris, quedó enamorado de la pieza y consiguió que se la vendieran al Museo del Louvre en ese mismo mes de agosto, el mismo mes en el que se asesinó al presidente Cánovas del Castillo, de modo que la atención de la prensa nunca estuvo en este hallazgo. Ya a finales de 1897, se dio comienzo a la indignación, pero para entonces, Campello tenía

4.000 francos en el bolsillo y la obra se exhibía en París. Pasaron los años y tras un intercambio de piezas entre los Gobiernos de España y Francia, la pieza regresó a España, en 1941, junto al Tesoro de Guarrazar (famoso tesoro visigodo). Después de estar tres décadas en el Museo del Prado, desde 1971, se puede visitar en el Museo Arqueológico Nacional, de hecho, es la joya de la corona de dicho museo. La Dama de Elche se encuadra en un momento de crecimiento comercial entre la costa oriental ibérica y el comercio de fenicios que surcaban las aguas del Mediterráneo de este a oeste. Una de las cosas que más llaman la atención de esta figura íbera prerromana es su similitud al arte griego.

También del s. IV a. C. tenemos la Dama de Baza (Granada), con ciertas similitudes a la Dama de Elche. Descubierta en 1971, comparte destino, actualmente, con la Dama de Elche y procede de un enterramiento, puesto que estaba en una cámara funeraria. Por cierto, el propietario de la finca estuvo indignado porque decía que le correspondía la mitad de su valor, como así se indica en la primera ley del derecho romano.

Y, para terminar, tenemos a los famosos Toros de Guisando en El Tiemblo (Ávila). Proceden del s. III a. C. en plena Edad del Hierro y están enmarcados dentro del pueblo de los vetones; un pueblo que habitaba esa zona del centro peninsular prerromano. Son cinco toros (uno desapareció en 1548), realizados en granito y mirando hacia el oeste, hacia el cerro de Guisando. De los cuatro verracos que aún permanecen tras el paso de los siglos, se sigue dudando de su función, es decir, si religiosa, si funeraria, etc. Estos verracos fueron testigos del tratado que sellaron Enrique IV e Isabel la Católica, y también han aparecido mencionados en El Quijote, de Cervantes, y en obras de Lope de Vega y Lorca.

Para hablar de Tartessos, antes hemos de hablar de los fenicios, y es que Fenicia era una región mediterránea que ocupaba una franja estrecha entre las actuales Líbano, Israel, Palestina y Siria. Expertos en el comercio y la navegación, tenían una serie de ciudades estado en su lugar de origen como, por ejemplo, Biblos o Tiro, y comerciaron, sobre todo, con tintes (buscaban un tinte muy cotizado, el púrpura) y metales preciosos, principalmente el estaño, que al unirlo al cobre proporcionaba el siempre cotizado bronce. Por esto último llegaron al otro extremo del Mediterráneo y son los culpables de introducir la metalurgia y las diferentes técnicas de extracción de los metales. Es en el área suroccidental de la península ibérica en donde entran en contacto con un pueblo, reino o cultura que conocemos como Tartessos. Este «reino» se creyó autóctono a comienzos del s. XX, pero a partir de los años 80, se entiende como la conjunción de la cultura indígena y su orientalización a partir de la cultura fenicia.

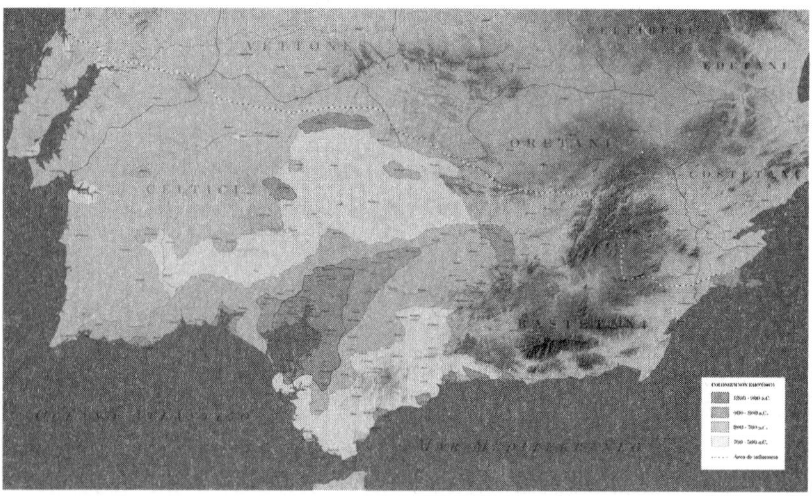

Extensión de la colonización de Tartessos [Wikimedia/Laynota]

Tartessos es, según algunos, un área geográfica correspondiente a una cultura determinada. Según otros, es un reino. Otros consideran que es el nombre de un río, pero en cualquier caso, Tartessos, geográficamente, se identifica, principalmente, con la desembocadura del río Guadalquivir y tramo final del río Guadiana, es decir, la confluencia de las provincias de Cádiz, Sevilla, Huelva más Badajoz y sur de Portugal.

Tradicionalmente, se ha considerado que la costa mediterránea estaba dividida en dos. Desde un punto entre Santa Pola y Denia hacia el norte se había producido una colonización griega y hacia el sur había habido una colonización fenicia. Los primeros griegos habían llegado a Ampurias (La Escala, Girona) en torno al 550 a. C., desde Massalia (Marsella). En origen, poseían sus propias ciudades estado y podríamos considerarlos como la piedra de toque de nuestra cultura, de modo que introdujeron la producción abundante de cerámica, el olivo, la pesca, etc. Incluso, más al sur, en Mazarrón (Murcia), explotaron minas de plomo y plata. Para los griegos, España era el jardín de las especies, fueron quienes bautizaron a Tartessos y quienes llamaron a Iberia como tal. Desde muy antiguo, de hecho, se sabe de íberos que fueron mercenarios en Grecia. A pesar de todo, la fecha de llegada de los griegos a la península Ibérica no está del todo cerrada, existiendo aún muchas dudas al respecto. De lo que no cabe duda, es que los griegos pensaron que Tartessos fue la primera civilización de Occidente.

Pues bien, si, como decimos, los griegos llegaron a la península en el 550 a. C., los fenicios habían sido muy anteriores, hasta el punto de fundar la primera ciudad peninsular, Cádiz, en el 1100 a. C., dándole como nombre Gadir, es decir, «ciudad amurallada». No fue la única ciudad, puesto que también levantaron ciudades como Carteia (San Roque, Cádiz), Malaka (Málaga, fundada por fenicios de Tiro), Sexi (Almuñécar, Granada) y Abdera (Adra, Almería). Es más, a ellos se atribuye el propio nombre de España, que significaba «tierra de conejos», por la gran abundancia de este animal. Los fenicios introdujeron un caballo que conocían gracias a los asirios, y sus también ciudades estado eran semiautónomas, con gobiernos democráticos y asambleas populares formadas por miembros procedentes de los diferentes estratos sociales.

Dicho esto, históricamente hablando, a la hora de hablar de la famosa Tartessos disponemos de dos tipos de fuentes: por un lado, la literatura, y por otro, la propia arqueología.

El primero que menciona a Tartessos, oficialmente, fue el historiador griego Hecateo de Mileto en el s. VI a. C. Podríamos asegurar que es la primera fuente que menciona directamente a Tartessos.

Posteriormente, se refiere a ella Heródoto, es decir, nada más y nada menos que, el que es considerado como padre de la historia. Claro, por mucho que se quiera respetar a Heródoto, no debemos obviar una cosa muy importante y es que, Heródoto habla de una Tartessos del s. VII a. C., pero Heródoto es un tipo que vivió en el s. V a. C, es decir, habló del otro extremo del Mediterráneo 200 años más tarde. No podemos olvidar tampoco que, para los griegos, el estrecho de Gibraltar eran las Columnas de Hércules y esa era la frontera entre el mundo conocido y el desconocido, y en torno a este lugar había mucha literatura fantástica, mitología, etc. Volviendo a Heródoto, él fue quien mencionó la existencia de esta ciudad, reino o río, como algo existente, ya en el s. VII a. C., y también escribió sobre un tal Coleo de Samos, un navegante jonio que fue el primero en llegar a Tartessos y regresó con riquezas considerables en aquel s. VII a. C. Heródoto también escribió sobre los foceos, unos griegos de la actual Turquía que entablaron relaciones con el rey de Tartessos, de nombre Argantonio, cerca del golfo de Cádiz, el cual les proporcionó hasta 1500 kg de plata para financiar su enfrentamiento con Persia.

Centrándonos en Argantonio, Heródoto habla de esta figura como un rey bueno, rico, pacífico y viejo, hasta el punto de que llegó a vivir 120 años, y que gobernó 80 de ellos. ¿Fue así Argantonio? Seguramente, no, pero eso no significa que esta figura, rey o gobernador, no existiera. El poeta griego Anacreonte, entre el 600 y 550 a. C., dijo que no quería para él la longevidad del rey de Tartessos, y esto lo sabemos por un romano que le menciona siglos después. Hoy sabemos que Argantonio fue el último rey tartésico que reinó, más o menos, entre el 670 y 550 a. C., y que su reinado coincidió con el apogeo de la cultura tartésica. Los griegos, por ejemplo, le atribuyeron una riqueza ingente en minería de plata y bronce. Además, sabemos de la existencia de otros reyes mitológicos tartésicos como Gerión, Nórax, Gárgoris y Habis.

Muchísimos siglos más tarde, Rufo Festo Avieno, un poeta latino de Etruria del s. IV d. C., definió literariamente a Tartessos. Es más, la propia Biblia menciona una tal Tarsis que se cree que podría ser Tartessos, una región lejana de la que venían a Fenicia numerosas naves de actividad puramente comercial.

Así pues, toda esta literatura tardía con respecto a Tartessos hay que cogerla con pinzas. Lo que narraba Heródoto, por ejemplo, suena a mito y leyenda, debido a que, nadie, en aquellos tiempos, iba a ir a comprobar al otro extremo del continente, 200 años después, lo que este historiador contaba en sus escritos.

Sin abandonar la literatura, los romanos no mencionan a Tartessos tras la segunda guerra púnica entre los años 218 y 201 a. C., por lo que en aquella época podemos afirmar que este reino ya no existía.

Adentrándonos en la arqueología, curioso es el caso del alemán Adolf Schulten. Resulta que a principios del s. XX, otro alemán, Heinrich Schliemann, echó mano del artista Homero, a quien se atribuyen la Ilíada y la Odisea para, a través de sus obras, buscar ciudades perdidas como Troya, Micenas o Tirinto. La cosa parece surrealista, pero el tema es que lo consiguió y encontró dichas ciudades. ¡De traca! Pues bien, Schulten, siguiendo el ejemplo de Schliemann, trató de hacer lo mismo con Tartessos y aunque excavó en el Parque Nacional de Doñana y encontró algún anillo que otro, el tipo comenzó a fabular y aseguró que había encontrado Tartessos, pero la realidad fue que no.

Finalmente, en 1958, se produjo un giro inesperado de los acontecimientos. El historiador y arqueólogo español, Juan de Mata Carriazo, halló el primer yacimiento arqueológico o, al menos, eso se creyó en esos momentos. Encontró el famosísimo El Carambolo (Camas, Sevilla) y su archiconocido tesoro, compuesto por varias piezas de oro. Tartessos comenzaba a coger forma, pero sería algo temporal, puesto que en los 80, se comienza a hablar de una Tartessos como mezcla de una cultura indígena del bronce final, entre el 1200 y 800 a. C., más o menos, y una orientalización gracias a la colonización fenicia y, todo esto, siempre fundamentado en restos arqueológicos y no en literatura. De este modo, hoy se habla de El Carambolo como yacimiento fenicio sin más. Así, lo tartésico no se entiende solo como indígena, sino también como fenicio, es decir, sin lo fenicio no existe Tartessos.

Con la llegada de Roma a la península, se cambió hasta el nombre, y a lo tartésico se le comenzó a denominar «turdetano».

La cultura tartésica se ha ubicado tradicionalmente en el valle del Guadalquivir, pero claro, la arqueología ha arrojado más yacimientos tartésicos, mostrando una mayor dispersión, de modo que, tenemos excavaciones en, por ejemplo, Badajoz, en el valle del Guadiana con el conocido como Cancho Roano (Zalamea de la Serena, Badajoz). Los fenicios, como ya hemos señalado, vinieron a la península a por estaño para poder elaborar bronce. Famosa en esta área es la Ruta de las Cogotas, que es la raíz de la muy posterior ruta de la plata.

La capital de este reino de Tartessos aún no se ha encontrado y, se supone, debería estar en la desembocadura del Guadalquivir. Argantonio, por ejemplo, su famoso «rey», es considerado el señor de la plata, es decir, el dueño de la plata de este reino, y de ahí que su nombre comience por tres letras que hacen referencia al preciado metal. En el sur de Portugal han llegado a aparecer estelas en referencia a este tal Argantonio.

En cuanto al lenguaje de esta época, y gracias a los yacimientos tartésicos hallados, disponemos de multitud de topónimos tartésicos que significan «ciudad» y que se identifican con los fonemas formados por «-ipo», «-urgi» y «-uba». Así, de este modo, tenemos Olissipo (Lisboa), Baesippo (Barbate), Collipo (San Sebastián de Freixo), Lipola (Niebla), Irippo (Alcalá de Guadaíra), Orippo (Dos Hermanas), Ostippo (Estepa), Seripa (Serpa), Aipora (Sanlúcar de Barrameda), Leapo (Lepe), Epora (Montoro), Iponuba (Baena),

Conisturgi (Medellín), Isturgi (Andújar), Corduba (Córdoba), Oniba (Huelva) y Ossonoba (Faro).

Por otra parte, yacimientos tartésicos importantes, como tales, tenemos en Aliseda (Aliseda, Cáceres), Asta Regia (Jerez de la Frontera, Cádiz), Cancho Roano (Zalamea de la Serena, Badajoz), la Mata (Campanario, Badajoz), Cerro Salomón (provincia de Huelva), La Joya (provincia de Huelva), El Carambolo (Camas, Sevilla), La Tablada (El Viso del Alcor, Sevilla), Tejada la Vieja (Escacena del Campo, Huelva), El Turuñuelo (Guareña, Badajoz) y Carmona (Sevilla). Incluso, si nos situamos en la periferia tartésica, tenemos la ciudad iberorromana de Cástulo (Linares, Jaén). Cástulo fue la capital de Oretania y estuvo habitada por indígenas desde el 3000 a. C. Brutal, de hecho, es la cantidad de monedas que han llegado a nuestros días procedentes de Cástulo.

En torno al 500 a. C., los fenicios fueron sustituidos por los cartagineses, es decir, los fenicios 2.0, y es que los cartaginenses procedían de una ciudad que fundaron siglos atrás los mismos fenicios, la conocida como Cartago, una gran ciudad estado. Enfocados al comercio y a la navegación, fundaron colonias en toda la península, conquistando el levante español desde Cádiz hasta Ampurias.

La desaparición de Tartessos, según la arqueología, se ha establecido en torno al año 500 a. C. y el hecho de referencia es la batalla de Allalia (Córcega), en el 535 a. C., en la que los cartagineses, entre otras cosas, arribaron a la península ibérica. El final de los cartagineses llegó cuando fueron destruidos por la mismísima Roma en el 146 a. C.

Y para terminar, y como dato curioso, decir que, un experto y miembro del Secretariado de la Asamblea Nacional Catalana (organización que tiene por objetivo la consecución de la independencia por parte de Cataluña) y experto tanto en la gestión de recursos culturales, como en la historia de la nación catalana, aseguró hace unos pocos años, en 2014, concretamente, que esta nación catalana se remonta al s. VII a. C porque la capital de Tartessos era Tortosa. El video se hizo viral y debe andar por ahí pululando aún. Vamos, que Argantonio, realmente, se llamó Antoni Argent y solía decir aquello de «escolta nen». Supongo que el parecido fonético entre Tartessos y Tortosa es la base de tamaña afirmación.

ÍBEROS Y CELTAS

En el primer milenio a. C., lo que podíamos encontrar en la península ibérica son dos tipos de culturas diferentes, celtas e íberos.

Los íberos estaban situados en toda la costa mediterránea. Trabajaban el hierro para la creación de herramientas y armas, como las espadas, y también trabajaban los tejidos y la cerámica. Sus ciudades estaban amuralladas para protegerse de potenciales enemigos, sus casas eran rectangulares y sus enterramientos eran muy característicos. Se quemaba a los difuntos y sus cenizas y objetos personales eran enterrados en las necrópolis. Lo más curioso de los íberos es que conocían la escritura y tenían moneda, con la que comerciaban con griegos y fenicios. De hecho, la palabra «Iberia» procede del griego, ya que era así como los griegos denominaban a la península ibérica. Probablemente, el nombre proviene del río Íber, que sería el actual Ebro, si bien otras teorías apuntan a un río de Huelva.

Los celtas estaban en el norte y en el centro de la península, ocupando las dos terceras partes del territorio, es decir, vivían en la meseta. También vivían en ciudades amuralladas; tanto sus ciudades como sus casas eran circulares. Son los famosos castros. Los celtas se dividían en tribus y clanes. Eran expertos ganaderos y unos fantásticos guerreros. Conocían el hierro y cómo trabajarlo, pero desconocían la escritura y no poseían moneda.

En ambas culturas hay una casta dirigente más relacionada con las actividades relacionadas con la guerra, mientras que el resto de la población se dedicaba más a la producción, ya fuera a la agricultura o a la ganadería. La influencia mediterránea siempre fue grande, sobre todo en las áreas de la cultura íbera. Roma nos presentó a los celtas, a los íberos y a los celtíberos como unas culturas bárbaras y oscuras, pero sus avances tecnológicos ya tenían cierta envergadura y la producción de tejidos, alfarería y hierro, eran ya notables. Por tener, tuvieron hasta dioses.

El geógrafo e historiador Estrabón, ya en el s. I a. C. y sin visitar la península, nos habló de unas tribus bárbaras que habitaban un territorio pobre para el desarrollo de la agricultura. Señaló que los celtíberos se alimentaban de bellotas, mantequilla y cerveza. A los condenados se les despeñaba desde altos precipicios. Parece ser, según este tipo, que nuestros ancestros se preocupaban por la higiene bucal y se limpiaban los dientes con orina envejecida y almacenada en recipientes utilizados para tal fin. No tenían término medio en su actividad diaria, o se sentaban o hacían la guerra, es decir, ni andaban, ni trotaban, ni nada de nada. Tampoco iban a la peluquería, de modo que a los griegos les llamó la atención lo largos que eran sus cabellos. Las mujeres trabajaban duramente en labores agrícolas, hasta el punto de dar a luz debajo de un árbol para, a continuación, reincorporarse a los duros quehaceres del día a día. Estrabón nos muestra unas tierras del norte peninsular que hacían sacrificios a su dios en los días de luna llena, mientras que los habitantes del interior se daban más al pillaje y al robo. Y como dato curioso, Estrabón nos dice que a los enfermos se les sacaba a los caminos para que coincidieran con viajeros que pudieran haber pasado por esa misma enfermedad. Así se hacía la consultoría en aquel entonces.

Los pueblos celtíberos fueron romanizados en los siglos II y I a. C. a través de las Guerras Sertorianas, nuestra primera guerra civil, entre los años 82 y 72 a. C., y que enfrentó a los populares del recién proclamado procónsul de la Hispania Citerior, Quinto Sertorio, y a los liderados por unos tales Quinto Cecilio Metelo Pio y Cneo Pompeyo Magno. No obstante, la resistencia de los arévacos de Numancia fue el punto de inflexión para dar paso a la todopoderosa Roma.

LAS DOS IBERIAS

Realmente, ¿hay dos Iberias en el mundo? Y no me refiero a la compañía aérea. Si preguntamos por Iberia, en España lo tenemos claro, nos referimos a la península ibérica, la misma a la que se refirió con este nombre Heródoto en el s. V a. C.

¿Y si resultase que hay otra más en el Cáucaso? Sí, Iberia era el término usado por griegos y romanos para referirse al reino de Kartli entre los s. V y IV a. C. También se la conoce como Iberia del Este, Iberia asiática o Iberia del Cáucaso, para distinguirla de nuestra Iberia, la que todos conocemos. ¿Dónde se encuentra esta otra Iberia? Pues en un país llamado Georgia.

El ya mencionado Estrabón, viajero e *influencer,* se refirió ya en el s. I a. C., a ambas iberias con el mismo nombre, dándose la coincidencia de que ambas Iberias eran los puntos extremos del mundo conocido, de hecho, las dos sagas viajeras de la época, la Odisea de Ulises (escrita por Homero) y la de las Argonáuticas de Jasón (escrita por Apolonio de Rodas), llegaron a ambos lugares. Así, las leyendas hablaban de Hesperia al oeste (tierra del sol poniente) o Eritía (la roja..., sí, ya la denominaban así) con los reyes de Tartessos y, por otra parte, la Iberia del sol naciente con sus amazonas y su monarquía femenina. Además, estas dos áreas geográficas fueron el límite de los imperios romano y bizantino.

Ambos lugares estaban rodeados de montañas (Cáucaso, los Pirineos), ríos (Ebro, Rioni) y océanos y mares que limitaban ante lo desconocido (Atlántico, Negro, Caspio). Las aventuras de Hércules tuvieron lugar por estos lugares extremos y sus referencias aparecen en los escudos de España y, a su vez, dio nombre a reyes georgianos. Las dos Iberias siempre fueron las puertas de cruce y contacto con otras civilizaciones y religiones, y ambas fueron influidas directamente por las culturas clásicas que han definido la raíz de Europa.

En cuanto al idioma, el georgiano no es de origen indoeuropeo y hay quien lo relaciona con las lenguas prerrománicas de la península ibérica, no en vano, las similitudes entre el georgiano, el daguestano y el vasco o euskera, son realmente alucinantes según los expertos, además de tratarse de idiomas ergativos con morfología verbal pluripersonal, por no hablar de las coincidencias en nombres y apellidos. Es más, Apiano de Alejandría (s. II) dijo que los íberos europeos derivaban de los asiáticos. Aun así, nada ha sido confirmado a falta de encontrar una lengua protocaucásica que demuestre dicho nexo.

ROMA EN HISPANIA

Nuestra península fue el lugar en el que las dos grandes culturas del Mediterráneo del s. III a. C., colisionaron por tener el control comercial y el poder de toda la zona. Fue un lugar de disputa y un lugar de enfrentamientos. Solo podía quedar una, Roma o Cartago. Tres guerras púnicas se sucederían hasta que Roma resultara vencedora.

Roma dejó en Hispania toda su herencia cultural, es decir, su administración, su organización política, su arte, sus infraestructuras y, sobre todo, su lengua latina. Terminó por conceder la ciudadanía a sus habitantes y esto completó la integración de la población hispana dentro de un vasto imperio que abarcó gran parte de Europa y la totalidad del Mediterráneo.

SAGUNTO Y EL ORIGEN DE LA 2.ª GUERRA PÚNICA

Cartago y la incipiente Roma dirimieron sus diferencias en tres guerras conocidas como las tres guerras púnicas. Salió victoriosa Roma, pero en un lugar de playas casi caribeñas comenzó un tremendo lío que, a la postre, sería conocido como la segunda guerra púnica.

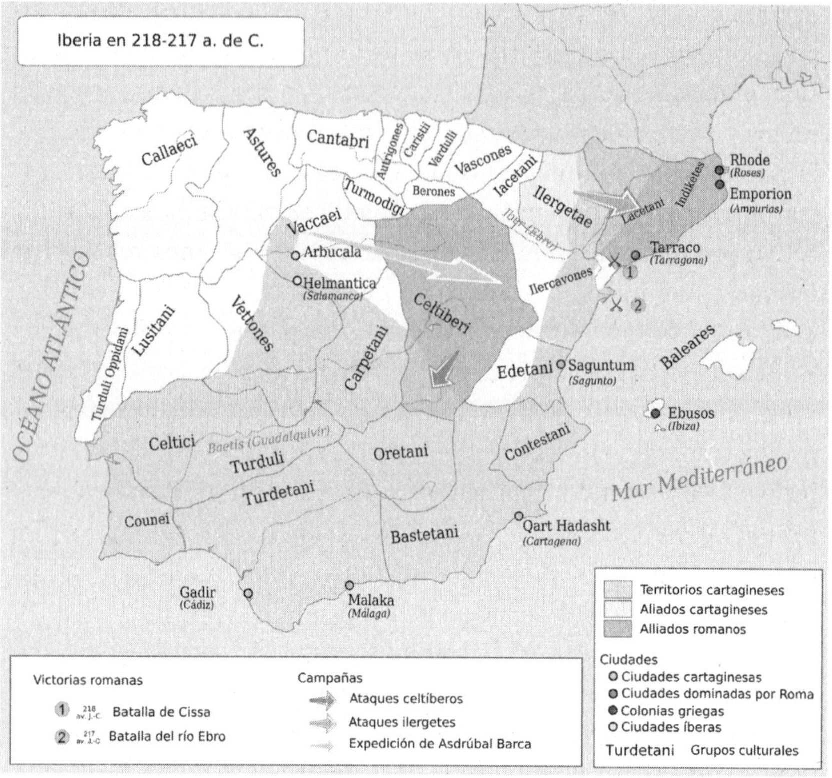

Las conquistas cartaginesas en la península ibérica antes y durante la segunda guerra púnica. [Wikimedia/ Cj73]

Tras la primera de las guerras, Cartago estaba pagando un alto precio que la estaba medio arruinando, pero Roma sabía que si podía tener una enemiga en el Mediterráneo, esa continuaba siendo Cartago. Para protegerse de Cartago, Roma hizo firmar un tratado entre ambas potencias para que Cartago siempre se mantuviera dentro de la península ibérica, al sur del río Ebro.

Amílcar Barca fue el suegro de Asdrúbal el Bello y fue padre de Aníbal, Asdrúbal y Magón. Este tal Amílcar, vio imposible la expansión hacia un Mediterráneo oriental, área en poder de los romanos, por lo que vio en la península ibérica una zona en la que ejercer de contrapeso. Tras pegarse con los oretanos, vacceos, turdetanos, carpetanos y olcades, Amílcar Barca fue expandiendo las posesiones de Cartago a través de una gran extensión de la península, gracias a que siempre que luchaban contra alguien, era contra un grupo reducido de ciudades que poco o nada tenían que ver con lo que hoy consideramos un reino. Quienes más resistencia les mostraron fueron los oretanos, cuya capital se encontraba en Cástulo, actual provincia de Jaén. En una escaramuza con unos rebeldes de Oretania que huían, se descabalgó de su caballo y, parece ser que, cayó al río Segura, río en el que murió ahogado en el 228 a. C.

Su sucesor, su yerno Asdrúbal el Bello, fue quien cogió el relevo y a él debemos la fundación de Cartago Nova, la actual Cartagena, posiblemente uno de los mejores puertos naturales de Europa. Tuvo buen olfato a la hora de ubicar la ciudad. No lo tuvo a la hora de protegerse de un esclavo del rey celta Tagus que, con este homicidio, vengó la muerte de su señor en aquel mismo año, el 221 a. C. En España, que siempre nos ha ido la marcha.

Así llegamos a Aníbal Barca, un tipo que se casó con una bella oretana, Himilice. Aníbal, si es conocido por algo, es por ser el famoso hombre de los elefantes. Aníbal era el hijo de Amílcar y el cuñado de Asdrúbal el Bello. Pues bien, su padre le había educado en el odio a todo lo que oliese a romano. Así, cuando le tocó a él ser el líder, no lo dudó y se fue derechito a tocar las narices a Roma. Su objetivo fue Sagunto, entonces conocida como Arse-Saguntum. Sagunto era una ciudad costera muy al sur del Ebro, en la actual provincia de Valencia, a medio camino entre Tarragona y Cartagena. Era una ciudad importante controlada por Roma. Arse era la ciudadela fortificada en su interior en lo alto de un cerro, mientras que Sagunto era la zona portuaria. Hoy, de hecho, tenemos Sagunto en el interior y Puerto de Sagunto en el mar. Los romanos no buscaban malas localizaciones y es que el azul de estas aguas hipnotiza.

El ataque de la ciudad de Arse fue repelido en un primer momento, pero tras unos primeros intercambios de golpes, comenzó un sitio de ocho meses, que se dice pronto. La altura de las murallas era enorme. Viéndose el final de aquel episodio tras la construcción de altísimas torres de asalto de madera por parte del bando cartaginés, la ciudad trató de negociar su rendición, pero Aníbal fue cruel con sus condiciones. Roma abandonó a su suerte a Sagunto. Así, antes de ser tomados, los saguntinos se quemaron en una gran pira, la misma en la que antes de suicidarse quemaron todos los objetos de oro y plata que poseían.

Tras la toma de Sagunto, el senado de Roma votó para entrar en guerra contra Cartago. Aquí, lo curioso fue la forma de pensar de Aníbal. Él sabía que Roma era casi invencible fuera de la península Itálica, por lo que decidió combatirles en su propio país. Cruzó el Ebro, pasándose el tratado por el arco del triunfo, bordeó el sur francés y atravesó los Alpes con un ejército enorme lleno de elefantes. Hay quien considera que esto ya, por sí solo, fue toda una proeza en aquellos tiempos. De hecho, en aquel viaje perdió muchos efectivos y muchos elefantes. Atravesó la península Itálica de norte a sur, ganando todas las batallas, pero sin llegar a entrar en Roma.

El revés le vino de Escipión que, mientras Aníbal hacía de las suyas por Italia, este atacó la propia Cartago. Esto provocó que Aníbal marchara hacia su capital para defenderla y allí, la derrota no se hizo esperar. Tenía razón, Roma siempre era fuerte fuera de Roma. Esta segunda guerra púnica terminó en el 202 a. C., con un daño económico brutal para Cartago. Aún quedaría una tercera guerra púnica, la que terminaría con Cartago como gran rival de Roma en el ya, para entonces, s. II a. C.

CARO DE SEGEDA, EL MAÑO QUE LEVANTÓ UNA PARED Y MODIFICÓ EL CALENDARIO

¿Sabías que el año termina un 31 de diciembre porque a un maño se le ocurrió levantar una pared? El maño era Caro de Sekaisa, o de Segeda, actualmente Egea de los Caballeros (actualmente esta población está en otra ubicación), cerca de Calatayud, entre Poyo de Mara y Belmonte de Gracián. Sus vecinas eran Numancia y Bílbilis (Calatayud).

Si Numancia tenía 7 hectáreas, Sekaisa tenía 140 y disponía de 30.000 soldados comandados por Caro. Pues bien, los romanos no podían con ellos, pues eran la verdadera Galia de Astérix. Roma nombraba cónsules y armaba los ejércitos al comenzar el año, el 15 de marzo. Era tradición que en la fiesta del nuevo año se comía el pan de marzo y, tras ello, se iban al destino de turno.

Sekaisa o Segeda era una ciudad íbera hostil, y hasta que los romanos llegasen a tierras zaragozanas, les daba fácil el mes de septiembre-octubre y como las campañas duraban mucho, les pillaba el frío y por ello en las primeras guerras celtibéricas, Roma resultaba siempre perdedora.

Total, el año tenía diez meses de 36 días, siendo el primer mes marzo. Como el año no era perfecto y se comían 5 días al año, el descabale del calendario era brutal y hubo un momento en el que para corregir el error decidieron pasar a tener doce meses con diferente duración, dando 30 o 31 días según las preferencias del emperador de turno (calendario juliano de Julio César). Pues bien, los últimos meses del calendario en crearse fueron enero y febrero. Por eso, febrero, al ser el último mes en crearse, duraba solo 28 días y entraba a «capón».

Sekaisa era dura de roer, a los romanos siempre les pillaban las batallas en lo peor del calendario, con mucho frío y, además, a Caro se le ocurrió levantar una muralla alrededor de Sekaisa en el 153 a. C., por lo que Roma decidió comenzar el año dos meses antes y así elegir el cónsul antes, en enero, y llegar de este modo a Sekaisa con el buen tiempo y con la muralla de Caro a medio hacer. Este ardid, esta idea de comenzar el año dos meses antes, fue de un tal Quinto Fulvio Nobilior, el cónsul contra el que Caro de Segeda luchó en la denominada segunda guerra celtíbera. Así, septiembre dejó de ser el séptimo mes, octubre el octavo, noviembre el noveno y diciembre el décimo. ¿Lo habías pensado alguna vez?

De este modo, el año comenzaba su andadura en invierno y no en primavera. Eso sí, el pan de marzo pasó a comerse en enero y el pan de marzo o «marzo pan» pasó a ser el mazapán de fin de año que, ha evolucionado y ya nada tiene que ver con el de la antigua Roma.

En el 153 a. C., Roma casi pilla descolocados a los belos (habitantes de Sekaisa) por la maniobra de adelantar el inicio del año dos meses, y los belos huyeron despavoridos a Numancia, pero aguantaron el embiste. Finalmente, Sekaisa cayó en el 72 a. C., pero por culpa de Caro nos tomamos las uvas el 31 de diciembre, fecha en la que concluye el año en más de medio planeta..., y casi nadie en España lo sabe. Por cierto, la tradición de las uvas viene de un excedente de producción en época de Alfonso XII, tradición que se arraigó, sobre todo, en el reinado de su hijo, Alfonso XIII.

Hubo que esperar hasta 1959, para que René Goscinny y Albert Urderzo nos contaran las aventuras de un tal Astérix..., ¡este sí que es famoso en España!

VIRIATO, EL TERROR DE ROMA

Nacido en el sur de Lusitania, entre los ríos Guadiana y Guadalquivir, no se sabe muy bien si en Portugal o en España, este tipo fue un líder que contuvo a los romanos en su expansión por Hispania. Cuidado, el tipo estaba ahí, no por carácter hereditario sino por sus propios éxitos militares. El arqueólogo alemán Adolf Schulten situó el refugio de Viriato en las sierras de San Vicente (España) y de la Estrella (Portugal).

Asimismo, el historiador Tito Livio, habló de Viriato como un pastor que se convirtió en soldado, pero el historiador Alpiano sugirió que Viriato fue el más resuelto ante el peligro. En cualquiera de los casos, los romanos hablaban de él como el dux del ejército lusitano y como protector de Hispania. Se cree que era un tipo fornido y alto.

Tras varios acuerdos de paz y guerras sucesivas, en el 151 a. C., Galba mató a unos 9.000 lusitanos y a los supervivientes los mandó a las Galias como esclavos. Así, en el 147 a. C., comenzó la venganza de Viriato, concretamente en la Serranía de Ronda. Las derrotas romanas se fueron sucediendo, importante fue la de Segóbriga, actual Saelices (Cuenca). Allí, Viriato se enamoró de una joven, y hay quien dice que tanto aquella dama como la propia Cuenca fueron sus grandes amores. El joven no se cortaba y aunque su cabeza tenía un precio, él volvía a Segóbriga una y otra vez. Tanto es así que, a su amada le trasladó el mensaje de que si moría en acto de guerra, quería que le incinerasen en su sitio favorito, en plena Ciudad Encantada, concretamente en el Torno Alto.

Schulten, asimismo, fue quien identificó las ruinas de Segóbriga en el yacimiento de Cabeza del Griego. Hoy podemos disfrutar de su teatro, anfiteatro, foro, termas, etc.

Al terminar la guerra contra Cartago, entre el 145 y 140 a. C., Roma se centró en Viriato. Este, por su parte, reunió a lusitanos, vetones, arévacos, bellos y tittos, para conquistar la Bastetania, es decir, las actuales Granada y Almería y un poquito de las provincias colindantes. El cónsul Serviliano fue ¡hasta con elefantes!, y pese a que fue retomando posiciones, en Arsa (Zalamea de la Serena) volvió a ser derrotado. Hartos del lusitano, firmaron una paz en la que se le reconoció ser «amigo del pueblo romano». Lo traduzco: era un hombre de paz. ¡Menos mal que estas cosas ya no pasan!

El hermano de Serviliano, Quinto Servilio Cepión, lo vio como una vergüenza para Roma y en el 139 a. C., se lanzó a por el «amigo» Viriato.

Obligado a negociar, envió a sus ayudantes Audax, Minuro y Ditalco. Cepión les prometió el oro y el m…, bueno, estas frases ya están mal vistas, y estos tres tipos regresaron a su campamento. Allí, un Viriato que siempre dormía con la armadura puesta, fue asesinado por estos hombres con un puñal en el cuello. Más tarde, regresaron para cobrar las comisiones y Cepión les dijo que «Roma no paga a traidores». Bueno, en realidad no se sabe si la frase es posterior. Se cree, no se sabe a ciencia cierta, que se le incineró en un gran funeral en el Torno Alto. Fue una gran victoria para Roma, porque con Viriato jamás hubo ni motines, ni disenso. Hubo que esperar a Augusto para pacificar Hispania casi un siglo más tarde.

LA RESISTENCIA DE NUMANCIA

Numancia, actual Soria, terreno sobrio y frío por antonomasia, era una ciudad cercana al Moncayo y con poco más de siete hectáreas de superficie. De origen celtibérico, tuvo unos primeros pobladores ya en el 3000 a. C. En el s. VII a. C., se convirtió en un castro con varias torres de vigía. Ya en el s. II a. C., Roma se peleó en la península ibérica contra belos, arévacos, vacceos, titos y lusitanos, de modo que la resistencia fue ardua y feroz.

Numancia y Termancia (actual Tiermes, perteneciente a la provincia de Soria, muy cerca de Segovia y Guadalajara), fueron las que más oposición plantearon a la ciudad eterna. Enviaron hasta embajadores a Roma para tratar su situación en particular, pero Roma, a fin de tomar Numancia por lo civil o por lo criminal, envió a miles de soldados y hasta 10 elefantes, los cuales asombraron a los numantinos porque jamás habían visto semejante bicho. En la lucha, una piedra enorme cayó encima de un elefante y el animal demostró tener genio y figura. Tanto se enfadó que arremetió contra los propios soldados romanos. En aquel caos, los numantinos se lanzaron al ataque y aniquilaron a 4.000 hombres del cónsul Nobilor, el cual, después de tan vergonzosa derrota, se retiró para siempre.

Al año siguiente, se cambió de cónsul y las refriegas entre numantinos y romanos fueron en aumento. Así, Roma envió a 30.000 soldados y a otros 3.000 guardas pretorianos, los boinas verdes de la época, bajo el paraguas del nuevo cónsul, Cecilio Metelo. Este cónsul hasta firmó un acuerdo de paz en el que se pedía un desarme generalizado de Numancia, pero los numantinos dijeron que verdes las habían segado.

Los cónsules se iban sucediendo uno tras otro y las derrotas también. Con Cayo Hostilio Mancino se atacó la ciudad con 20.000 hombres, pero el enésimo cónsul romano perdió ante solo 4.000 numantinos. La vergüenza para el Senado de Roma fue una cuestión de Estado. Abandonaron temporalmente la lucha contra Numancia y dejaron al cónsul Cayo Hostilio desnudo y atado de pies y manos a merced de la hostil Numancia.

Excavaciones arqueológicas de Numancia (Soria, España). [Wikimedia/Txo]

Por fin, Publio Escipión llegó con 4.000 voluntarios con ganas de pelea. Este cónsul entrenó y aleccionó a sus hombres para luchar en la más letal de las batallas. Escipión planeó un asedio y trató de saquear desde un inicio a los pueblos cercanos que mantenían relaciones comerciales con Numancia. Acto seguido, levantó murallas y llegó a tener a sus órdenes hasta 60.000 hombres, es decir, infantería, animales, etc. No le faltaba de nada y, por supuesto, lo más inteligente que hizo, fue no lanzarse al ataque a las primeras de cambio. Tenía sangre fría el tipo.

Tras quince meses interminables, en el 133 a. C., y ya sin la poción mágica de Panorámix, Numancia cayó asolada por el hambre. Los sorianos lo pasaron tan mal que muchos se suicidaron, otros se entregaron y otros murieron de hambre. Eso sí, Numancia incendió la ciudad antes de entregarla. Escipión regresó a Roma en olor de multitudes y portando cincuenta esclavos numantinos. Para Roma fue una de las mayores gestas conseguidas hasta entonces. Numancia desapareció como tal aquel año, si bien la ciudad existió hasta el 72 a. C.

LA BATALLA DE MUNDA

Roma experimentó un cambio de paradigma en el s. I a. C. El tema era que la ciudadanía romana quería disfrutar de los mismos privilegios que poseía la aristocracia. Así, se creó un triunvirato. Cneo Pompeyo el Joven, hijo de Cneo Pompeyo el Grande, ocupó el liderato del partido aristocrático, el general Cayo Julio César fue apoyado por el pueblo y Marco Licinio Craso, el Aristóteles Onassis de la época, un tipo forrado que había acabado con la revuelta de esclavos de Espartaco, fue apoyado por su propio dinero e iniciativa, un trepa, ¡vaya! Por cierto, este es el tipo que al luchar contra los partos cometió un error de planeamiento en una batalla y, desde entonces, se dice eso de «craso error». El tipo, un «milloneti» de aquel tiempo, murió al ser condenado a bañarse en hierro fundido. Terminó muy caliente el hombre.

Con Craso fuera de combate, la guerra civil entre Pompeyo y Julio César no se hizo esperar. Ambos recurrieron a la sufrida Hispania para abastecerse tanto de recursos económicos como de soldados. Las dos Españas que han existido desde siempre. Julio César ganó la primera de las batallas, liberando a muchos hispanos de pagar los desorbitados impuestos que les aplicaba el tal Pompeyo.

No obstante, el tema no concluyó tan fácilmente, y Pompeyo y sus hijos formaron un nuevo ejército de 70.000 hombres comandados por un tal Labieno. La batalla de Munda, del año 45 a. C., fue el final definitivo de aquella guerra civil y tuvo lugar en las tierras de la actual Andalucía, ya que fue en Hispania donde Pompeyo era realmente fuerte.

Julio César hubo de regresar con 41.000 soldados para hacer frente a aquel embiste final en minoría. Parece ser que las maniobras militares de Julio César fueron brillantes y el golpe de gracia lo dio la legión X, que masacró al enemigo. Se dice que murieron 30.000 pompeyanos en torno al río Genil, si bien la zona de la batalla en concreto, siempre ha sido motivo de debate. Desde entonces, Julio César se vino arriba y comenzó su propia dictadura. No hubo quien le tosiera en todo el imperio (bueno, no, que Roma aún era una república), y el punto de inflexión de su mandato fue aquí, en la península ibérica.

SÉNECA EL ESTOICO

Lucio Anneo Séneca fue un contemporáneo de Cristo que nació en Córdoba en el año 4 a. C., y que murió en el 65 d. C., en la ciudad eterna. También fue conocido como Séneca el Joven para diferenciarlo de su padre. Aparte de salir en los billetes de 5 pesetas de hace casi un siglo, concretamente en los billetes de 1947, fue un gran filósofo de la escuela fundada por Zenón de Citio. Zenón fue un chipriota que se arruinó tras hundirse el barco de su padre, de modo que decidió estudiar filosofía en la Atenas del s. IV a. C. Tras ser alumno de Estilpón, Zenón inauguró una escuela que, por no tener, no tenía ni local de reunión. Se reunían debajo de un pórtico o estoa, y dicho pórtico o soportal estaba pintado (en griego «stoa pecile»). De esta «estoa» viene el término «estoico» o «estoicismo». Séneca fue un estoico de tres pares de narices.

¿Quiénes eran los estoicos? Pues unos tipos a los que todo les importaba nada…, y así, pues oye, como que te elevas, todo te resbala y alcanzas una serenidad que algunos definen como lo más cercano a la felicidad, porque, al fin y al cabo, ¿en qué consiste ser feliz? ¿Cómo se consigue? Realmente había algo más detrás, y es que partían de que el mundo era imperfecto, y oye, ¿para qué te vas a obcecar tanto, si las cosas ya son imperfectas de por sí? El fundador de esta corriente, Zenón de Citio, quedó arruinado y aquello no le importó nada de nada, y por eso se puso a filosofar. Y a Séneca, esto era lo que le ponía. ¡Ojo!, siempre le echaron en cara que, era fácil ser estoico cuando estás forrado, y es que Séneca provenía de una familia con pasta y esta pasta le permitió viajar por el Imperio. ¡Típico señorito andaluz, vaya!

Parecidos a los estoicos estaban unos tipos que en la época de Zenón se reunían en un gimnasio llamado Cinosargo («kynosarge» en griego) y que significaba «perro blanco» (no sé si de aquí viene el término «perroflauta»), a los que también les resbalaba todo y vivían de forma frugal huyendo de los bienes materiales y criticando a la sociedad y al «establishment». ¿A qué esto nos suena a algún partido político actual? Sí, esto es más antiguo que el rodapié de Altamira. Estos tipos de Cinosargo, son los cínicos; el mayor exponente fue Diógenes de Sinope, un tipo que despreciaba lo material e, irónicamente, a quienes acumulan trastos sin mesura, se les dice que tienen el síndrome de Diógenes. A cínicos y estoicos, todo les importaba un pimiento y eran más felices que un testigo de Jehová en una fábrica de timbres. Tiene que molar eso de que nada te importe, ni te distraiga.

Como escritor, Séneca, fue el creador del ensayo como figura literaria, y se hizo famoso por emplear frases directas para hablar de ética y moral. Sentó las bases de la dignidad humana y fue el primero que habló de los esclavos como seres humanos.

Hecho senador por Calígula, la tercera esposa del emperador Claudio, Mesalina, le acusó de adulterio. La condena por adulterio era entonces la muerte, pena que evitó gracias a su amistad con Claudio, pero lo que no evitó fue un exilio en Córcega durante ocho largos años. Pasados unos años y tras ser pretor con Agripina, última esposa de Claudio, Séneca fue maestro de su hijo, Nerón, y tras el famoso incendio de Roma que, por cierto, jamás promovió el propio Nerón, se produjo un complot para terminar con el emperador. Esto fue la conjura de Pisón, promovida por Cayo Calpurnio Pisón, y Nerón logró detenerla torturando a los cabecillas, entre ellos, Séneca. Condenado a quitarse la vida, el cordobés se abrió las venas en una bañera y al ver que sus discípulos le lloraban, este les dijo que no, que craso error, que su muerte realmente importaba cero. ¡Eso es morir de forma estoica!

La muerte de Séneca de Jean Guillaume Moitte. [MET]

TRES EMPERADORES HISPANOS, CASI CUATRO

Estamos hablando de Trajano, Adriano y Teodosio. Si pronunciamos sus nombres, muchos dirán que son emperadores romanos, pero, ¿sabe la gente que estos tipos eran más hispanos que el protagonista de Gladiator?

Pues sí, tuvimos 3 emperadores romanos y en mis libros de historia del colegio jamás me lo mencionaron. Marco Ulpio Trajano gobernó del 98 al 117, y Publio Elio Adriano gobernó del 117 al 138, es decir, durante 40 años seguidos, Roma tuvo dos emperadores andaluces, de Santiponce (Sevilla), si bien, la ciudad se llamaba entonces Itálica, la primera ciudad romana fundada en Hispania allá por el año 206 a. C. Y finalmente, Flavius Theodosius, procedente de Coca (Segovia) y conocido como Teodosio I el Grande, algo más tardío, gobernó del 370 al 395 d. C.

Trajano fue el primer emperador no itálico (que sí, que el emperador Claudio digamos que, accidentalmente, nació en la Galia). Fue un excepcional militar, que conquistó Dacia (Rumanía y Bulgaria) y anexionó Armenia y Mesopotamia. Además, dio socorro y educación a los niños huérfanos a través de la «pueri alimentari». Su obsesión fue luchar contra la corrupción. Menos mal que esas cosas ya no pasan. A él, por ejemplo, se deben el acueducto de Segovia y el puente de Alcántara. En la época del imperio Bizantino se solía decir «que seas más afortunado que Augusto y mejor que Trajano».

Aunque también fue militar, Adriano, sobrino segundo de Trajano, tiró más por la vía diplomática, sobre todo con el extremo oriental del Imperio, y es unos de los llamados «cinco emperadores buenos». La máxima expansión del Imperio Romano fue con él. Llenó las instituciones de tecnócratas para que fueran más eficientes. Consolidados los límites del imperio, levantó una muralla de 117 km marcando la frontera en Britania, el conocido como Muro de Adriano.

Teodosio fue emperador de Oriente y, posteriormente, de todo el Imperio Romano. Católico y fiel al concilio de Nicea, fue quien instauró el cristianismo como religión oficial del Imperio. Sí, el culpable fue un segoviano. Es más, prohibió el culto a los anteriores dioses paganos, y los ortodoxos, gracias a todo esto, le hicieron santo. Tras ordenar la matanza de Tesalónica, en el 390, San Ambrosio de Milán le ordenó hacer penitencia, y por primera vez, un emperador reconocía un poder divino superior al suyo. A su muerte dividió el imperio en dos, estando al frente su hijo Arcadio en Oriente, y su hijo Honorio en Occidente, y ambos imperios jamás volverían a unirse, es decir, las dos Españas versión Roma. Así pues, Teodosio fue el último emperador de un imperio unido, lo cual no es poca cosa.

También, y aunque no fuese emperador, no debemos olvidarnos de un tal Nigrino, concretamente, Marco Cornelio Nigrino Curiacio

Materno. Le faltó poco para ser emperador, de hecho, fue candidato al trono imperial. Este valenciano, de Liria, nació en el año 40 d. C. Su familia se forró con la minería y con la fabricación de vidrio en Segóbriga (Cuenca). Hizo carrera ecuestre y esto le permitió llegar a la Legio XIV Gemina Martia Victrix en Britania primero, y en el Danubio después. Así, llegó a ser senador de Roma y gobernador de la Galia Aquitania. Participó en la Guerra Dacia como jefe de la Legio V Macedónica. Hipercondecorado tras la guerra, se le designó como gobernador de Siria, y compitió contra Trajano para ser emperador, por lo que, en aquella época, los hispanos aparecían hasta en la sopa. Lo curioso es que una vez llegó Trajano a lo más alto, a Nigrino lo fulminaron de todas las posiciones que ocupaba y se le pierde el rastro. ¡Menos mal que estas cosas ya no pasan!

Ya lo dijo el galo Pacato: «Esta Hispania produce los durísimos soldados, esta los expertísimos capitanes, esta los fecundísimos oradores, esta los clarísimos vates, esta es madre de jueces y príncipes, esta dio para el Imperio a Trajano, a Adriano, a Teodosio». Nada más que añadir a este francés.

S. V-IX. EDAD MEDIA. LA LLEGADA DE OTROS PUEBLOS

Antes de nada, decir que, el edicto de Caracalla o Constitutio Antoniniana del año 212, nunca fue abolido y según él, en España todos los ciudadanos libres seguimos siendo ciudadanos romanos. Ahí lo dejo.

A la península llegaron muchos pueblos que, o bien se quedaron, o bien estuvieron de paso. Este mosaico de culturas llegó, principalmente, desde el otro lado de los Pirineos.

Como contrapartida y llegados desde el sur, los musulmanes aplastaron a los visigodos en tiempo récord y se dio comienzo a ocho largos siglos llenos de contiendas bélicas y repletos, también, de un gran intercambio cultural a base de conocimiento, ideas y estilos arquitectónicos.

El Camino de Santiago fue el epicentro de un intercambio cultural en cuanto a toda la cristiandad y ejerció de dinamizador económico frente al poder del Islam.

Lo más característico de este periodo fue la denominada reconquista y es que, por mucho que viajemos y estudiemos, no vamos a encontrar, jamás, un caso similar de intento de recuperación del territorio que perdure casi 800 años. No hay nada parecido en toda la historia universal. En este particular y largo contexto, encontraremos caballeros y villanos en dos bandos diametralmente opuestos en lo cultural, pero muy similares desde la perspectiva de la condición humana.

ALANOS, SUEVOS, VÁNDALOS, VASCONES Y CÁNTABROS

Recuerdo en mi etapa del colegio que, entre los temas de romanos y visigodos siempre había un párrafo, como mucho dos, que señalaban que unas tribus bárbaras procedentes de Asia y centro de Europa, habían invadido la península ibérica, instalándose los suevos en Galicia, los vándalos en Andalucía y los alanos en el centro peninsular. Y ya está. No había más. Un párrafo puente entre romanos y visigodos y a correr.

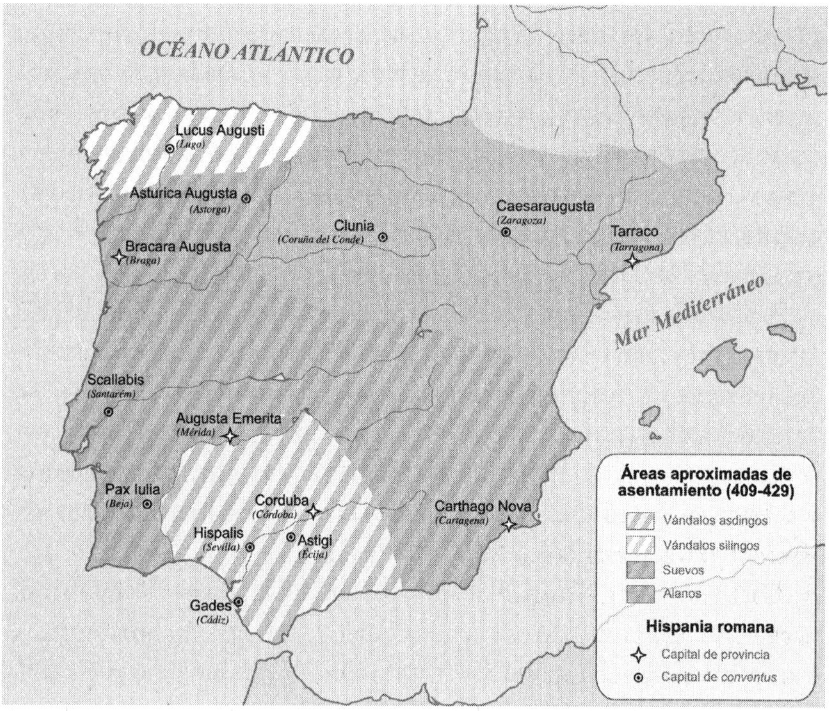

Áreas de la provincia romana de Hispania ocupadas por los pueblos bárbaros. [Wikimedia / P4K1T0]

Pues bien, ante la poca información, si uno rasca un poco, se lleva sorpresas. Si investigas más, te darás cuenta de que los más importantes, cuantitativamente hablando, eran los alanos.

Los alanos, muy relacionados con los sármatas (unos nómadas que ocupaban las actuales Ucrania, Rumanía y sur de Rusia), tenían origen iranio y hablaban la lengua irania. Sus antepasados, a su vez, eran los indo-iranios o indo-arios; de ellos procede el término ario. Mi tocayo romano, Amiano Marcelino, ya indicó que estos tipos eran los Brad Pitt de la época, es decir, rubios, de ojos fieros, altos y bien parecidos. Hay quien les ubica como una de las doce tribus perdidas de Israel, con los hunos, con los jázaros y con el ejército tártaro del Jan Hulagu que había invadido Irak. De hecho, los chiíes iraquíes aborrecían a los alanis, a los cuales tildaban de «cerdos» por su gran influencia en la sociedad de aquel país. Muy corriente era el apellido Alan.

Muchos de ellos, procedentes del mar de Azov, se dice que practicando el pillaje, se fueron desplazando hacia el oeste europeo. En el año 370, fueron barridos por los hunos y su escapatoria fue desplazarse más al oeste aún; de modo que los alanos occidentales se mezclaron con tribus germánicas, es decir, suevos (de origen germano y emparentados con anglos y sajones) y vándalos (de origen escandinavo). Así, sin ir más lejos, el rey alano Respendal, en el 406, venció a los francos en el río Rhin.

Así, poco a poco, en su viaje hacia el oeste, se instalan en la Hispania romana y es aquí donde se ubica el famoso párrafo que nos enseñaron en el colegio, es decir, que los suevos fueron a Galicia, los vándalos a Andalucía (cómo se parecen ambos términos y es que se llega a hablar de Vandalia o Vandalusía) y los alanos a Lusitania y Cartaginnse, es decir, lo que hoy sería centro-sur de Portugal, Extremadura, Castilla-La Mancha, Valencia, Murcia, Granada y sur de Castilla y León. Lo que no nos decían en el colegio es que en el norte de Galicia también había vándalos y es que, hubo vándalos asdingos y silingos, siendo los silingos los de Andalucía y los asdingos los de Coruña y Lugo. No se menciona porque en el 419, el rey asdingo Gunderico fue vencido por los suevos y los romanos en la batalla de los Montes Nervasos. Así, el rey suevo Hermerico se apoderó de la actual Galicia, y Gunderico huyó a las Béticas para unirse con los alanos y vándalos silingos.

Es por ello por lo que, de estos reinos, el más poderoso era el alano, con su rey Adax, que recibió las provincias de Lusitania y Cartaginense, en donde practicaron su ganadería nómada. También teníamos a los vándalos con Fridibaldo al frente de los silingos y con Gunderico al frente de los asdingos. Y, finalmente, teníamos en Gallaecia a unos suevos comandados por Hermerico, que fueron los que más perduraron. No olvidemos que décadas antes, muchos alanos se mezclaron con suevos y vándalos allá en el centro de Europa.

Los alanos, muy expertos en cacería con perros, nos han dejado la raza de canes alana que se conserva aún en el norte peninsular. Más tarde, los alanos germánicos y visigodos se instalan en el norte oriental peninsular y hay quien habla de unos pobladores llamados los Got-Alanien, un término muy parecido a Cataluña.

Los suevos procedían de la actual Alemania y, de hecho, hay una región en la parte suroccidental que a día de hoy se sigue llamando Suabia, con capital en Augsburgo y ciudades como Ulm y Stuttgart. Junto a vándalos y alanos entraron en Hispania por los Pirineos y se asentaron en Gallaecia, firmando un pacto con el emperador romano Flavio Honorio Augusto por el que, el territorio se convertía en federado de Roma, como el reino de los suevos, obteniendo la ciudadanía romana por el edicto de Caracalla. Duraron 176 años, hasta que en el 585, el rey Andeca fue derrotado por el visigodo Leovigildo, así lo dejó escrito un tal Isidoro de Sevilla. Ante unos visigodos que, principalmente, eran arrianos, la monarquía católica sueva emprendió la construcción de innumerables iglesias desde Santiago de Compostela a Braga (Portugal), como la futura catedral de Ourense, el palacio episcopal de Iria Flavia o San Martiño de Churio en Betanzos.

Los vándalos, por su parte, procedían del Báltico y su nombre se ha relacionado con el de Vendel, una población que a día de hoy se llama Uppland (Suecia), con raíces en la edad del hierro germánica, que nos conduce a su vez a la era vikinga. Parece ser que la palabra vándalo significa «los que cambian» y «los hábiles». Desplazados hacia el sur por los godos, ya tuvieron sus peleas con los suevos en el centro de Europa y en el mar Negro.

Una vez entraron en Hispania, junto a suevos y alanos, saquearon Cartago Nova en el 425, e Híspalis en el 426. Muchos de ellos, con el rey Genserico, cruzaron el estrecho de Gibraltar y se dirigieron a Túnez. De hecho, Roma quiso reconquistar el reino vándalo que surtía de cereales a la capital del Imperio, pero la derrota fue sonada, allá por el año 461, con el emperador Mayoriano.

Genserico, el auténtico fundador del reino vándalo, consiguió una paz duradera con Constantinopla y un control sobre el norte de África, la actual Andalucía, Baleares, Córcega, Cerdeña y Sicilia. Sus golpes a los bienes eclesiásticos hicieron mucho daño, ya que se los traspasó a la nueva Iglesia arriana y también a la rival Iglesia donatista.

Con unos vándalos y alanos unidos, el hijo de Genserico, un tal Hunerico, desarrolló un concilio en Cartago, en el 484, con obispos arrianos y católicos, para hacer una conversión generalizada al arrianismo, pero el rey terminó muriendo en medio de una hambruna que provocó una crisis fiscal que resultó fatal. Era el comienzo del declive del reino vándalo. Las relaciones con la Iglesia católica no fueron buenas y sucesivos reyes trataron de entablar relaciones con Bizancio; el Imperio bizantino, con solo 15.000 hombres, se hizo con el reino vándalo gracias a un tal Belisario, que fue enviado por el emperador bizantino Justiniano en el año 534. Sí, el sur de España perteneció al imperio bizantino.

Mientras hemos hablado de alanos, suevos y vándalos, hemos obviado una parte peninsular en la que imperaban vascones y cántabros. En época romana los vascones se ubicaban al norte del Ebro, en lo que hoy sería Navarra, País Vasco, La Rioja y oeste de Zaragoza. En los siglos V y VI, los vascones se vieron en medio de visigodos y merovingios, que fueron evolucionando a rivalidad entre francos y visigodos. Hay quien apela a que los vascones nunca fueron sometidos por los visigodos, puesto que el talante amistoso de los vascones siempre invitó a tener buenas relaciones. Es más, hay quien sostiene que los vascones cruzaron los Pirineos para invadir Aquitania, dándole el nombre de Gascuña, pero también hay quien sostiene que estas incursiones fueron puntuales. Finalmente, las áreas del ducado de Vasconia, el área de Gascuña y el reino de Pamplona, darían forma en la edad media al reino de Navarra.

Por último, en torno a los vascones y, sobre todo a su lengua, el euskera, cabe mencionar que, aparentemente y como ya hemos mencionado en un capítulo anterior, posee un parentesco no probado con lenguas tan lejanas como el georgiano y el daguestano, unas lenguas de origen caucásico y con la que tienen un sinfín de coincidencias. La teoría vasco-caucásica se centra en movimientos migratorios que aún no han sido científicamente demostrados.

Por último, los cántabros se extendían por Vizcaya, Cantabria, Asturias, Palencia y Burgos. Su origen se cree que procede del área del Rhin y norte del Danubio. Fueron, seguramente, de las primeras tribus desplazadas, allá por el año 300 a. C., si bien se habla siempre en términos de clanes, lo cual nos lleva a hablar de un puzle de tribus entre las que destacan concanos, coniacos, plentusios, tamáricos, vadinienses y vellicos en el interior, y salaenos, orgenomescos, avariginos, blendios y coniscos en la costa. Los vestigios no han podido demostrar organizaciones políticas superiores a estos clanes.

Así pues, y muy resumido, esto es lo que hay detrás de aquel párrafo de nuestros libros de texto en los que se comentaba que, en el 409, entraron por la península alanos, suevos y vándalos. No hombre, no, detrás hubo más historia y esto es solo un pequeñísimo resumen de casi dos siglos.

LOS VISIGODOS Y SU ENVIDIA POR EL PODER

Los visigodos, descendientes de los godos, que, además, hablaban germánico, estuvieron pululando por Europa hasta que ganaron a los romanos en la batalla de Adrianápolis, gracias a Alarico I. Luego los francos les dieron matarile y es por ello por lo que, finalmente, se asentaron en Hispania y Galia poniendo la capital en Toulouse con el primer rey godo, Ataúlfo, un rey que se llevó de Roma a la hermana del emperador, Gala Plácida, para casarse con ella.

Leovigildo, que ya tenía la capital en Toledo, fue el que mezcló lo godo con lo hispano y renunció a determinadas tradiciones bárbaras. La unión de la población indígena e hispano-romana se podría decir que es el germen de lo que conocemos como España, ¡casi nada!

Entre el 12 de octubre del 409 (otra vez un 12 de octubre), y el 27 de abril del 711, pasaron 33 reyes godos que los españoles escolarizados en el franquismo debían aprenderse de «memorieta».

Los visigodos llevaron a «España» de la Edad Antigua a la Edad Media. Bajo la dirección de San Isidoro de Sevilla, se elegía democráticamente al rey, ¡toma ya! Así, Wamba, un rey luchador, poeta y maestro de ajedrez, fue elegido pese a que él no quería (eran otros tiempos), pero con Chindasvinto se comenzó con la conocida como «enfermedad goda», es decir, los magnicidios. Salvo los reyes Atanagildo, Gundemaro, Recesvinto o el propio Chindasvinto, el resto fueron víctimas de regicidios, o sea, 29 reyes que al conseguir la corona decían, «lo siento mucho, me he equivocado, no volverá a ocurrir». El melón lo abrió Sigerico, que duró una sola semana en el trono. ¿Era el deseo de poder o la envidia, la que generaba ese deseo de poder? ¿De ahí nos viene ese gen envidioso y tan característico de los españoles? La envidia, el deporte nacional.

El final de los visigodos fue uno de los más súbitos de la historia universal, ya que tras el golpe de Estado que en el 710, le hizo a Witiza el último rey visigodo, Rodrigo, solo pasó un año hasta que Tariq entró en la península ibérica en el 711. Este Rodrigo protagonizó un golpe de Estado más, uno de los muchos que quedarían por venir en España, una España que aún no existía como tal. Es más, desde que Leovigildo y Hermenegildo se liaron a mamporros por el arrianismo y el catolicismo, en España no hemos parado de tener guerras civiles, es decir, lo llevamos en nuestro ADN, o sea, o estás conmigo o estás contra mí. Cada vez que un rey dividía reinos entre sus hijos, guerra civil al canto. Por cierto, lo que defendía el arrianismo era que no existía la Santísima Trinidad y afirmaban que Jesucristo fue creado por Dios Padre y que, por lo tanto, estaba subordinado a Él. El generador de esta doctrina fue un tal Arrio en Alejandría (Egipto). En el primer Concilio de Nicea, en el año 325, ya se les consideró heréticos. Ganaron, finalmente, los católicos en la península ibérica y lo más parecido que tenemos ahora a los arrianos son los testigos de Jehová.

Corona de Recesvinto. [Ángel M. Felicísimo]

Tras el dichoso golpe de Estado, los hijos del rey Witiza, presumiblemente asesinado, Oppas y Sisberto, se la tuvieron que envainar, pero cuando llegó el momento de ayudar a Rodrigo en la batalla del Guadalete, dejaron su flanco al descubierto y si te he visto no me acuerdo. De Rodrigo ya no quedó ni rastro y los musulmanes se hicieron con la península en tiempo récord. Los visigodos no fueron conscientes de lo que se les venía encima.

MOROS Y CRISTIANOS. LOS MUSULMANES EN ESPAÑA

En el año 710, un tal Tarif, un comandante de Táriq, entraba por un lugar que a la postre se llamaría Tarifa. El objetivo era ver qué se cocía al norte de África. Solo un año más tarde, en el 711, el general Táriq entraba por Gibraltar, que en árabe significa la montaña de Tarik o Jebel Táriq, de ahí el nombre de la colonia británica. Táriq iba poniendo nombres nuevos a ciudades como Algeciras, que significa «la isla verde» o «la península verde» y que en árabe se dice Al Yazira.

Total, que como ya hemos visto, en la batalla del Guadalete, Rodrigo pidió ayuda a los hijos de Witiza y estos en plena contienda le dejaron al pie de los caballos. Menos mal que estas cosas ya no pasan...

Tras Guadalete, la península siguió cayendo en manos musulmanas, primero en Écija, y así sin parar hasta Asturias, gracias a Táriq y a Musa. Al total de la península la llamaron al-Ándalus. Llegaron hasta Toulouse, donde se les comenzó a parar los pies. En Asturias, proveniente de familia noble visigoda, emergió un tal don Pelayo. Las escaramuzas iniciales por Covadonga se mitificaron demasiado, ya que comprendieron apenas a un centenar de hombres (30 asnos salvajes decían los musulmanes), pero desde luego que se formó el reino Astur, que dio paso a lo que a día de hoy conocemos como la «Reconquista».

En medio de esa reconquista, en «España», hubo grandes figuras musulmanas, como un califa omeya llamado Abderramán III, hijo de una cautiva, que residió en Córdoba y que podría decirse que fue la ciudad más importante del planeta, rivalizando con Constantinopla y Bagdad. Fue cuando Córdoba llegó a tener 1 millón de habitantes y 1600 mezquitas. El único que pudo hacerle frente fue Ramiro III en la batalla de Simancas.

Otro «figura» fue Almanzor, que perdió su tambor en Calatañazor. El tipo, granadino de nacimiento, concretamente de Torrox, básicamente, asoló a los reinos cristianos con 56 campañas militares, siendo su broche de oro el saqueo y destrucción de Santiago de Compostela en el 997. Tras arrasar Zamora, ató a 9.000 cristianos que llevó a pie hasta Córdoba y luego, a la mitad, más o menos, se les cortó la cabeza.

Curioso es el caso de Barcelona, a la que asedió con catapultas, y la munición, cuentan que, eran cabezas de cristianos, unas mil por día. ¡Un poco macabro todo! Cuando entró en la ciudad pasó a cuchillo a la población y esclavizó a mujeres y niños. Se dice que Almanzor llegó a esclavizar 100.000 mujeres en toda la península. España le dedica el monte más alto de la península y un busto en Calatañazor, el lugar en donde perdió su primera batalla, no en vano, de ahí se retiró a la cercana Medinaceli, en donde terminó muriendo. Es por ello por lo que tenemos la famosa rima, «Calatañazor, donde Almanzor perdió su tambor».

Casi cuatro siglos hubo que esperar hasta que Alfonso VI recuperara Toledo, y casi ocho hasta que Boabdil no supiera defender Granada como un hombre. A día de hoy podemos presumir de la Alhambra, la Mezquita de Córdoba, el castillo de Gormaz, la Aljafería de Zaragoza, Medina Azahara, la Giralda, la Torre del Oro...

Los cristianos tardaron en expulsarles 781 años. ¿Alguien sabe de algún otro país en la historia que haya mantenido su esencia durante 8 siglos mientras convive con el enemigo invasor? ¿Esto lo valoramos? Ojo, siempre se ha dicho que los musulmanes nunca se mezclaron con los cristianos, y eso es falso, puesto que tuvimos muladíes, mozárabes, mudéjares, moriscos, etc. Desde que esto aconteció con los Reyes Católicos, solo han pasado 530 años, es decir, de los últimos 1311 años, España ha estado el 60 % del tiempo, total o parcialmente, bajo dominación musulmana, es decir, técnicamente, «fifty-fifty».

REINO DE ASTURIAS

Los astures tenían su capital en Astorga (León), que se llamaba Astúrica Augusta en época romana, y hay quien dice que el nombre viene de las palabras «Astu» y «Orgia» (aunque el nombre parece pintar muy bien, no nos hagamos líos, significaba ciudad para celebrar culto a los dioses). Los astures fueron tribus bárbaras según los romanos, aunque eso sí, con oro en sus ríos y montañas. Esto, evidentemente, a los romanos les resultó muy sexy, hasta el punto de que se instalaron en la zona y dejaron puentes, pueblos, etc.

Tras la llegada de los musulmanes, un pequeño reducto de astures se reveló en el 716, con bastante intensidad. El tal Pelayo, sucesor de los reyes de Toledo, fue capturado y enviado a dicha ciudad, pero cabezón él, tras escaparse, regresó a su tierra para con un centenar de hombres derrotar a Munuza en el 722, en Covadonga. La cosa no fue tan épica como se narra y es que la hemos mitificado. Es entonces, cuando don Pelayo puso la capital en Cangas de Onís y se dio comienzo al Reino Astur y a la Reconquista. Don Pelayo llegó a decir: «No quiero amistad con los sarracenos, ni sujetarme a su imperio, porque, ¿no sabes tú que la Iglesia de Dios se compara a la luna que, estando eclipsada, vuelve a su plenitud? Confiamos, pues, en la misericordia de Dios, que de este monte que ves, saldrá la salud a España». ¡Qué pena que no conociera a ZP para que le hubiese hablado sobre la «alianza de civilizaciones»! ¡Seguro que le habría convencido!

Poco a poco se fue ganando terreno a golpe de riñón, con Alfonso I y Fruela I. Se llegó a Galicia y Vizcaya, y la capital se trasladó de Cangas a Pravia y de ahí a Oviedo con Alfonso II en el 761.

Curiosa fue la llegada al trono de Mauregato, un tipo que firmo con Abderramán I el «tributo de las cien doncellas», dándole eso, 100 cristianas al año a cambio de estabilidad, lo cual tiene más de mito que de verdadero. Lo cierto es que su reinado se considera el primer feudalismo ibérico. En su reinado, Beato de Liébana se separó de la Iglesia mozárabe para iniciar el adopcionismo de Elipando de Toledo, por el cual Jesús era un simple mortal al que Dios adoptó o ascendió a categoría divina. Esto supuso una unión con Carlomagno y enfrentamiento contra Toledo.

Tras la batalla de las Ciénagas, se mandó construir la famosa Cruz de los Ángeles en el 808. Con otro Alfonso, el III, llegó el auge del reino, ocupando todo lo existente al norte del Duero. Este tipo fue el que ordenó forjar la Cruz de la Victoria, símbolo de Asturias. Y para sorpresa musulmana, la capital seguía descendiendo en latitudes y se trasladaba a León, incorporando en el reino a León, a Galicia y al norte de Portugal. A su muerte, repartió todo entre sus hijos, dejando Galicia a Ordoño II, León a García I y Asturias a Fruela II. El caso es que se fueron muriendo y fue Fruela II el que se quedó con todo, uniendo los reinos de Asturias y León, con capital en León, una ciudad que tiene el escudo heráldico más antiguo de Europa.

Esta gente era muy dura, tanto que, en el 939, el todopoderoso califa Abderramán III, un tipo de mal carácter para con sus enemigos, perdió la batalla de Simancas junto a sus 100.000 hombres. La victoria fue para Ramiro II, pese a estar en inferioridad. Cuidado con Ramiro II también, que, para asegurarse el trono, mandó sacar los ojos y encerrar a todos sus primos y sospechosos de hacerle sombra.

Pero si hay cosas que debieran llenarnos de orgullo en estas tierras, son, por una parte, el arte prerrománico asturiano existente entre el s. VIII y s. X, un estilo considerado Patrimonio de la Humanidad y único en el mundo, con Santa María del Naranco a la cabeza, y, por otra parte, cuestiones como el descubrimiento del supuesto sepulcro del apóstol Santiago, con el que se inicia la historia del Camino de Santiago; la Nodicia de Kesos descubierta en el 974 (un documento Word que nos enseña la evolución de tres lenguas antiguas como el gallegoportugués, el asturleonés y el castellano); el Fuero de León del año 1017; la primera declaración de derechos en Europa, gracias a Alfonso V; ser la cuna del parlamentarismo gracias a que a Alfonso IX se le ocurrió recurrir al pueblo llano para la toma de decisiones en León, y el tener a Salamanca como la primera institución educativa europea en obtener el título de universidad, gracias al papa Alejandro IV en 1255.

León se unió, finalmente, a Castilla con Fernando II. Asturias dejó de tener protagonismo en detrimento de León y, para terminar, dos pretendientes al reino de Castilla zanjaron el tema en 1388, casando a sus hijos y nombrándoles príncipes y, desde entonces, el Principado de Asturias es lo que es, digamos, gracias al abandono de la corona que se fue trasladando al sur. Fue el final de un reino con el que comenzó todo.

LOS PADRES DE ARAGÓN

Al comienzo de los comienzos y, estamos hablando del s. IX, el reino de Aragón no era un reino en sí como tal, sino un condado que abarcaba la franja central de los Pirineos, con Calés de Ansó, Hecho y Aragón. Por otra parte, a medida que se abandonaba el reino carolingio hacia el sur, los francos se aproximaron al área de influencia del reino de Navarra.

En paralelo, los musulmanes llegaron, precisamente, hasta el sur de Francia en el año 714, tras una borrachera de conquistas en lo que se refirió a la península ibérica desde hacía solo un año antes. Justo ahí, comenzaron a dar en hueso; un año clave fue el 732, año en el que Carlos Martel les derrotó en la batalla de Tours-Poitiers. Los musulmanes se volvieron con el rabo entre las piernas al sur de los Pirineos. Esto dio alas en la zona y pronto comenzaron a surgir núcleos de resistencia que son los que darán lugar al comienzo del condado de Aragón, siendo importante, entonces, el Valle de Hecho, en donde se localiza el río Aragón, que dará nombre a ese joven condado.

El debate siempre ha sido si el padre de ese condado fue un tal Aureolo o un tal Aznar I Galíndez. Sí, sí, Aznar, has leído bien.

En el año 800, el conde franco Aureolo entró en la península como jefe de los francos en Aragón, y lo fue hasta su muerte en el 809. No cabe duda de que, cronológicamente, fue el primero, si bien su pasado es franco y eso también está fuera de toda duda. Aureolo (nombre que, por cierto, es el origen de un nombre muy de la zona, Oriol) fue el conde de Aragón, con centro de operaciones en la ciudad de Jaca. Mientras él ejerció como conde, las conquistas y reconquistas en el condado se sucedieron vertiginosamente entre francos y musulmanes, como si no hubiera un mañana. Con este contexto, hay quienes piensan que Aureolo fue más un jefe militar que un conde con dominio sobre el territorio, y parte de razón no les falta.

Su sucesor fue el tal Aznar I Galíndez, el, digamos, «indígena». Fue un protegido del monarca germánico del Imperio Carolingio llamado Carlomagno (hijo de Pipino el Breve y nieto de Carlos Martel), de hecho, fue nombrado por el propio Carlomagno y es por ello, por lo que estuvo siempre al servicio de los intereses carolingios. El tipo fue conde de Aragón, Jaca, Urgel, Cerdaña y Osona. El interés franco era poseer un condado más allá de los Pirineos para que les sirviese como colchón, y estar, así, más protegidos de los dichosos musulmanes. Los francos exprimieron a Aznar todo lo que pudieron y más.

Este conde se apoderó de Jaca y de Sobrarbe mientras estaba a tortas con Galindo Belascotenes. Este Galindo le trajo por la calle de la amargura, hasta el punto de que Aznar fue desposeído de sus tierras por su yerno, García Galíndez el Malo, hijo de Galindo Belascotenes. Tras la disputa familiar se fue a Tolosa y Guillermo de Tolosa le concedió los condados de Urgel y Cerdaña. Tras la muerte del Malo, el condado de Aragón pasó a su hijo Galindo García en el 833.

Aun así, el conde legítimo seguía siendo Aznar, quien en el 839, abdicó en su hijo Galindo I Aznárez, que recuperó el condado en el 844.

Los siglos se fueron sucediendo y estuvieron un largo periodo bajo la tutela del reino de Navarra. Hubo que esperar al año 1035, para que se unieran los condados carolingios de Aragón, Sobrarbe y Ribagorza a manos de Ramiro I, el hijo de Sancho III de Navarra. Al morir Ramiro, le sucedió su hermano García Sánchez III, por lo que podemos afirmar que Ramiro I fue el primer rey de Aragón, Sobrarbe y Ribagorza. Lo fue desde el 1035 al 1063, por lo tanto, Aragón nació como reino en el 1035. Habría que esperar a 1469, para que Fernando II de Aragón se casara en secreto en Valladolid con Isabel la Católica, para convertirse también en Fernando V de Castilla. Y será su nieto, Carlos I de España y V de Alemania, el monarca sobre el que recayeron todas las coronas para comenzar a hablar del reino de España.

LOS VIKINGOS EN ESPAÑA

Los vikingos pasaron por España y poco se sabe de ello. Es más, en Os Moutillós (Lugo), los arqueólogos estudian un más que posible asentamiento. Importante, en este sentido, es la zona de Vimianzo. De su primera incursión se sabe que fue en el año 844, con 54 naves, dejaron tarjeta de visita en Gijón, Lisboa, Cádiz y Sevilla. En el 858, pasaron por Algeciras, Orihuela y Baleares, teniendo base en el sur de Francia. Desde allí pasaron al Ebro y llegaron a Pamplona, en donde apresaron a su rey, García I, al que liberaron por 70.000 monedas de oro (por cierto, García, el apellido más numeroso de España, es de origen vasco y se debería escribir Gartzia). Ese año, Orduño I batió a otros 100 navíos vikingos en Asturias, su mayor derrota.

Las naves vikingas eran veloces, puesto que eran simétricas y si la cosa se ponía mal, no viraban, tan solo remaban en sentido contrario para escapar. En el 968, Gonzalo Sánchez ganó a un tal Gundread, después de que este saqueara toda Galicia sin compasión. España, Francia y las Islas Británicas eran buenos lugares en donde capturar esclavos.

Llegaron, incluso, a Córdoba navegando el Guadalquivir para sembrar el pánico entre los omeyas. Eran tan crueles que, cuando eran vencidos, experimentaban su propia medicina. En Sevilla les cortaron sus cabezas para colgarlas en palmeras. Era todo muy gore.

En Weymouth, por ejemplo, se desnudó y decapitó a 51 vikingos y, además, se les decapitó de frente para que sufrieran más. Tan crueles eran, que en el XIX, se describía sus cascos con cuernos, pero esto es ficción, ellos jamás llevaron ese tipo de cascos.

Sepulcro de la princesa Cristina de Noruega (1234-1262), hija del rey Haakon IV de Noruega y esposa del infante Felipe de Castilla, hijo del rey Fernando III de Castilla. Se halla en el claustro de la Colegiata de Covarrubias, en la provincia de Burgos. (España). [Wikimedia / Ecelan]

Curiosa es la boda que planearon en el s. XIII, Haakon IV y Alfonso X el Sabio, uno para expandirse al sur y otro para tratar de ser rey del Sacro Imperio Romano. Finalmente, la boda fue entre el infante Felipe y la princesa Kristina de Noruega. En honor a ella, en 2011, se hizo una ermita, la primera del s. XXI en España, a San Olav, del cual era devota. Ella está enterrada en Covarrubias, se dice que murió de pena, y no es raro ver en verano a algún turista noruego rubio y de ojos azules visitando su tumba por tierras burgalesas, en la Colegiata de San Cosme y San Damián de Covarrubias.

S. IX-XIV. AVANCE DE LA RECONQUISTA. AL-ÁNDALUS Y CASTILLA. LAS TRES CULTURAS

Muchas veces, al referirnos a la España de aquella época, siempre hay quien levanta la mano y dice que no, que España no existía como tal. Pues bien, efectivamente, en la península había varios reinos, muchos de los cuales terminarían derivando en lo que hoy conocemos como España. Por añadir algo más, la idea de España continuó presente pese a la llegada de los musulmanes siglos atrás. Sí, fue una presencia más espiritual que otra cosa, pero la idea se mantuvo. La Crónica Mozárabe, del año 754, ya nos habló de la «Pérdida de España». Alfonso VII de León, en el 1135, se coronó como «Imperator Totius Hispaniae», asistiendo a su coronación, como vasallo, un tal Ramón Berenguer IV, conde de Barcelona y príncipe de Aragón.

Aunque se sigue hablando de al-Ándalus, lo que tuvimos a partir de s. XI, fueron una sucesión de reinos islámicos independientes tras la desintegración del califato de Córdoba en el año 1031. «Taif», significa grupo o fracción y de ahí que se denominaran reinos de Taifas.

En esta desintegración tuvieron mucho que ver las luchas de poder internas, además de las cada vez más intensas invasiones cristianas. Este fue el caldo de cultivo perfecto para que los reinos cristianos, gradualmente, fueran aumentando su territorio. Fue el principio del fin para lo que conocíamos como al-Ándalus.

FERNÁN GONZÁLEZ, EL PADRE DE CASTILLA

El «Cantar de gesta» es una epopeya de la edad media que nos habla de hazañas y en donde se ubica al «buen conde», el conde de Castilla, Burgos, Álava, Lantarón y Cerezo, es decir, un tal Fernán González, considerado el padre de Castilla y al que le han creado paralelismos malintencionados, perversos e inventados con los nacionalismos actuales.

Su familia era de Lara de los Infantes (Burgos), y su residencia estaba en el castillo de Lara. Su esposa, Sancha de Pamplona, era hija del rey Sancho Garcés I de Pamplona, y viuda, en primeras nupcias, de Ordoño II de León. Fernán fue nombrado conde por el rey de León, Ramiro II, con el que su linaje estableció lazos. En al-Ándalus, con un Islam en su máximo esplendor, estuvo por aquel entonces Abderramán III, con el que hubo muchos toma y daca, y más que dimes y diretes, puesto que Fernán era la punta de lanza en la frontera. Por ejemplo, Fernán González ganó la batalla de Atapuerca en el 932, consolidándose como líder militar de la región y ese mismo año estuvo en la toma de Magerit, aunque esta fue recuperada por el califato más tarde. Sin embargo, la rivalidad entre nobles castellanos tampoco fue menor, y por eso, se sintió agraviado cuando el rey leonés nombró a Ansur Fernández como conde de Monzón, puesto que le taponaba su expansión natural de Castilla. Su rebelión y tiranía le costó la cárcel, pero tras jurarle fidelidad al rey de León, fue liberado y, además, fueron consuegros, ¡toma ya!

Muerto el rey Ramiro II, y muerto su yerno, Ordoño III de León, Fernán se hizo fuerte junto al rey de Pamplona y Nájera, García Sánchez I, el mejor diplomático entre los cristianos. Cuidado, que su hija Urraca no se anduvo con miramientos y se casó con Ordoño

IV y más tarde con Sancho Garcés II de Pamplona. Así, poco a poco, se fue haciendo señor hereditario del condado de Castilla, un territorio de 25.7 km^2, unificando micro condados varios con personalidad propia, e impulsando, a su vez, el comercio y la agricultura. Fortaleció las instituciones locales y la autonomía del condado, sentando las bases del posterior reino de Castilla. Su papel en la consolidación de Castilla, como realidad política y cultural distinta, fue el antecedente de la creación de uno de los reinos más importantes de la península. Supo jugar muy bien estando a caballo de León y Navarra. Se podría decir que el tipo fue más que hábil.

Su vida se exageró en el poema de Fernán González, escrito entre 1250 y 1271, en el monasterio de San Pedro de Arlanza, en el que fue enterrado, pasando, así, como el primer conde independiente y soberano de Castilla, cuando en realidad no fue así. No hay documento alguno que atestigüe una segregación de León. La primera vez que se menciona este hecho es en la «Crónica najerense», redactada dos siglos después de su muerte, en el 969. En cualquier caso, sus victorias militares, su habilidad diplomática y su visión política le convirtieron en el gran gestor que fue, siendo el origen de un reino independiente a posteriori.

Fernán González no fue el fundador del «reino» de Castilla, ni se independizó de León, sino que fue el gran gestor desde el mar Cantábrico al río Duero, y desde el río Pisuerga a la sierra de la Demanda. Fue el fundador de Castilla como tal, el padre de un futuro reino que se convertiría en la máxima potencia mundial. Tanto él, como su esposa Sancha, descansan en la colegiata de San Cosme y San Damián de Covarrubias (Burgos).

BIBLIOTECA CALIFAL DE CÓRDOBA, CASI COMO LA DE ALEJANDRÍA

¿Sabe la gente quién fue Alhakén o al-Hakam II? Con ese nombre suena a «moro» y poco más ¿verdad? Pues este cordobés fue listo como pocos en un s. X en el que Córdoba estuvo a la altura de Bagdad como centro político y cultural del mundo. La gente conoce la biblioteca de Alejandría, pero ¿conoce la Biblioteca Califal de Córdoba? ¡Mucho me temo que no!

Este mandatario fue el hijo de Abderramán III y el segundo califa omeya de Córdoba. Su vida la destinó a leer y aprender, y se le conoció como el «califa sabio». Por absorber sabiduría, absorbió tanto que dejó de lado tareas políticas que luego se volvieron en su contra. Hoy día, es considerado el mejor genealogista que ha dado la península. Fue un fan de la filosofía y la literatura. Sus profesores fueron el filólogo iraquí Ali al Qali y el gramático al-Zubaydi. Lubna de Córdoba, una gran poetisa, fue su esclava y secretaria.

Dentro del alcázar de Córdoba construyó una biblioteca con 400.000 volúmenes. Fue la segunda mayor del mundo anterior al Renacimiento, solo por detrás de la de Alejandría. En esos libros se tradujeron al árabe obras científicas y filosóficas de Grecia, habiendo volúmenes de épocas y orígenes diversos. Fue un símbolo andalusí, pluralista, tolerante y universalista. En el alcázar se juntaron eruditos, científicos, poetas, escribas, copistas, encuadernadores y dibujantes. El «manager» era el eunuco Talid, y tenían un delegado en Bagdad que mandaba copiar libros de El Cairo, Constantinopla y Damasco para ser enviados a Córdoba. En la biblioteca, además, había escribanía, taller de encuadernación, clases de gramática, caligrafía y poesía. Se calcula que 170 mujeres se dedicaron en exclusiva a la copia de libros.

Ibn Abd Rabini fue autor de una enciclopedia con todas las materias del saber. Ibn al-Katani fue un cirujano, con un tratado de cirugía que llegó a toda Europa en latín. Al-Majriti trasladó al árabe el planisferio de Ptolomeo. Para que el saber llegara a todos, al lado de la mezquita se construyeron un centro de caridad y 27 escuelas públicas gratis, para pobres y huérfanos.

Este buen hombre, el califa, murió en el 976, y a su hijo, Hisham II, lo ninguneó el yemení Almanzor, un tipo que declaró la guerra santa a los reinos cristianos, y también a filósofos, poetas y astrónomos. Los consideró opuestos a la religión. Solo salvó a médicos y matemáticos. Con la llegada de los reinos de taifas, los fugahas (oligarquía jurídica formada por sacerdotes) destruyeron y quemaron libros hasta devastar esta gran biblioteca. Esta inquisición de los fugahas, juzgó todas las obras como heréticas, por contradecir la doctrina ortodoxa islámica. ¡Menos mal que estas cosas ya no pasan! Con estos fanáticos y con la entrada de los almorávides, se inició el principio del fin del Islam en la península.

De la mano de este oscurantismo, persiguieron a Averroes, a Ibn Arabi y a Abd er Rahman (el Euclides español), que se exilió en Córdoba. Mientras Ibn Hazm estuvo en prisión, se quemaron sus libros en Sevilla, y el judío Maimónides abandonó Córdoba.

De los 400.000 volúmenes de esta enorme biblioteca, solo ha llegado a nuestros días uno, encontrado en 1938, en la biblioteca Qarawiyyin de Fez. Las obras que se salvaron se dispersaron por las taifas y muchas llegaron a Toledo, lo cual atrajo el interés de traductores islámicos y judíos que deseaban asimilar la ciencia y filosofía griega y árabe. Esto fue el germen de la Escuela de Traductores de Toledo.

Por cierto, el epitafio de Alhakén II fue: «Por Alá, que jamás los tiempos traerán otro semejante a él».

ALFONSO VI Y EL CID CAMPEADOR

En España parece que solo hemos tenido una guerra civil, pero no, hemos tenido muchas, y una bastante gorda fue la que vino tras la muerte de Fernando I. En su matrimonio con Sancha tuvo 5 hijos, entre los que repartió su gran reino. A Urraca, la mayor, le dio Zamora; a Elvira, Toro; a Sancho, Castilla; a Alfonso, León, y a García, Galicia. ¡Y cómo no, pelea al canto! A la muerte del padre, todos los hermanos se pelearon por la parte de los demás. Y cuidado, que los papás murieron de enfermedad o por causas naturales, porque luego uno ve series de TV en las que se toman licencias como el tener una primogénita parricida, ¡será por falta de imaginación!

Estatua ecuestre del Cid Campeador en el Balboa Park, San Diego

No se ganó Zamora en una hora, y si no, que se lo digan a Sancho II que, aunque era el tercero de los hijos de Fernando I, era el mayor de los varones y pensó que todo debía ser para él. Total, que primero se hizo con la Galicia de García en la batalla de Santarém sin apenas oposición y, de paso, fichó a un tal Rodrigo Díaz de Vivar, el archiconocido Cid, que fue armado caballero por doña Urraca, la parricida según Amazon y que, curiosamente, estaba loquita por los huesos del Cid. Con él, Sancho II se puso a disputarle León a su hermano Alfonso, al cual venció en la batalla de Golpejera (Palencia).

Mientras, el cerco de Zamora duró más de 7 meses, y ni por esas, de ahí el famoso dicho. Tanto es así, que un supuesto desertor de Zamora, Bellido Dolfos, se ganó la confianza del rey de Castilla y le asesinó cuando ambos se encontraban a solas. Tras esto se le descuartizó y hoy es considerado un héroe zamorano, aunque estos hechos tampoco están exentos de ser leyenda. Hay sospechas de que la instigadora pudo ser Urraca, pero el caso es que Alfonso acudió a tomar posesión de Castilla como Alfonso VI y claro, imaginemos la cara de El Cid, más preocupado que todas las cosas.

Según el «Cantar del Mío Cid», la cosa fue tensa y el Cid le hizo jurar en Santa Gadea que no había tenido nada que ver con la muerte de su hermano y, hala, al destierro que se fue el chaval como autónomo. Fue entonces cuando el Cantar del Mío Cid señala, que el pueblo de Burgos pronunció la frase de «¡qué buen vasallo si tuviese buen señor!». Pero todo esto no ocurrió, es decir, solo figura en la única poesía extensa y épica en lengua romance de nuestra historia. Hay quien dice que se escribió en 1207 por cristianos, otros como Menéndez Pidal la ubican en 1140, pero teorías más recientes, como la de Dolores Oliver, afirman que una obra en la que los cristianos no son tan buenos y en donde los musulmanes no son tan malos, quizás fuera escrito por un musulmán, precisamente, en un siglo, el XI, que fue el de mayor tolerancia desde que los musulmanes arribaron a la península. Lo cierto, lo verdaderamente cierto, y aunque esto suponga muchas desilusiones, es que la historia narrada en «El Cantar del Mío Cid» es totalmente falsa. La jura de Santa Gadea nunca existió, por muy bien que quedara la escena en la pelicula de 1961, de Sofía Loren y Charlton Heston. Lo que sí existe en Burgos es la Iglesia de Santa Gadea o Santa Águeda, nada más. No solo eso, las hijas del Cid no se llamaban Sol y Elvira, sino Cristina y María, los infantes de Carrión no existieron como se describen y el primer destierro no fue por el dichoso juramento, sino porque al Cid le sobró un regate a la hora de perseguir a unos «moros» que, al parecer, pagaban religiosamente sus impuestos a Alfonso VI. De hecho, la relación entre el nuevo rey de Castilla y el Cid no debió ser tan mala porque doña Jimena, la esposa del caballero, era sobrina de Alfonso VI. Y por añadir una anécdota más, la espada Tizona que compró la Junta de Castilla y León no es la auténtica. ¡Madre mía!

Alfonso VI, el que no estaba en las quinielas iniciales, se fue anexionando todo lo de su padre y, de paso, también La Rioja, Álava, Vizcaya y Guipúzcoa. Y ojo, de Navarra, estuvo a un tris.

Mientras el Cid iba forjando su leyenda por el Levante, estando al servicio del mejor postor, ya fuera cristiano o musulmán, Alfonso VI se iba haciendo con el centro peninsular, conquistando un pequeño pueblo llamado Mayrit, hoy Madrid, y una Tulaytulah que antes fue Toletum y que hoy conocemos como Toledo. Se las quitó a al-Qadir, un tipo que llamaba «Sidi» a Rodrigo Díaz de Vivar, es decir, «señor» en árabe y que en castellano pasó a ser El Cid, un «Nick» considerado estúpido en aquel entonces. Al-Qadir, además de pagar impuestos al Cid, negoció la rendición de Toledo en 1085, con Alfonso VI, asegurando el bienestar de los musulmanes, lo cual supuso el comienzo de la ciudad de las tres culturas. Llamativo es el olvido de otro caballero, primo hermano de Rodrigo Díaz de Vivar, y que a día de hoy pocos conocen, Alvar Fáñez, llamado en euskera Minaya (que significa mi hermano) y que fue un importante capitán que defendió la frontera de Castilla entre Cuenca y Toledo, área conocida como Tierra de Alvar Fáñez. Y no menos importante fue la pérdida en Consuegra, en 1097, del hijo del Cid, Diego Rodríguez, a las órdenes, como no, de Alfonso VI y luchando contra las tropas de Yusuf Ibn Tasufin..., eso, que luchó «hasta su fin».

He mencionado Madrid, también, y es que, haciendo un pequeño paréntesis en el caso de Madrid, ni siquiera los madrileños conocen cuál fue el primer lema de la ciudad: «Fui sobre agua edificada y mis muros de fuego son». Resulta que había un río en la actual calle Segovia, que era la matriz de aguas de la zona, y ese término de «matriz», en árabe, dio nombre al primer asentamiento musulmán, Mayrit. Este nombre en castellano se pronunciaba como «Magerit» y ha evolucionado a la palabra «Madrid» actual. El caso es que esta es la razón de la primera parte de la frase, una base acuífera de un río. En cuanto a la segunda parte del lema, se debe a que la zona superior de la muralla madrileña estaba construida con sílex o pedernal, y al ser atacada con flechas, al impactar contra la muralla saltaban chispas. Y muy gracioso fue cuando en esta época encontraron en las famosas murallas una imagen escondida de una virgen a la que denominaron Almudena, que viene del árabe «al-mudayna», que significa «ciudadela amurallada». Alfonso VI y el Cid procesionaron detrás de esta imagen, y es que, parece ser que, cuando la descubrieron, la imagen apareció con dos velas que seguían encendidas. La obsolescencia programada, que aún no se había inventado.

Siguiendo con nuestra historia, tras colaborar juntos, Alfonso VI y el Cid, en la batalla de Sagrajas (Badajoz), tuvieron un desencuentro en tierras murcianas, en Aledo, y el rey volvió a desterrar al Campeador por traición, ya que no llegaron a estar en el sitio acordado. Es que entonces no había GPS, y parece ser que se medio perdieron ambos antes de enfrentarse a los musulmanes. Incluso le expropió de sus bienes al más puro estilo venezolano. Así, el Cid volvió a ser un autónomo y, además, apaleado, pero con la suerte de tomar Valencia, en 1094, para autodenominarse «príncipe Rodrigo el Campeador». ¡Con un par! En la película de Charlton Heston, en lugar de Valencia, aparece Peñíscola, que mola más, total, ¿quién se va a dar cuenta?

Por cierto, El Cid Campeador murió en 1099, por causas naturales y jamás cabalgó muerto sobre su caballo, llamado Babieca. ¡La gente, que antes era muy exagerada y la de ahora que no lee! Doña Jimena, su esposa, pasó a ser señora de Valencia. Por su parte, Alfonso VI, después de cinco mujeres y dos concubinas (una de ellas fue Zaida, princesa musulmana de al-Ándalus e hija de al-Mutámid), moriría en Toledo en 1109, heredando el trono su hija Urraca I la Temeraria, la primera reina de Europa, no consorte.

URRACA I DE LEÓN

La primera reina de pleno derecho que vio la vieja Europa fue esta señora apodada como la Temeraria, la reina de León. Descendiente de los reyes de Francia, de Aragón, de Navarra y de los condes de Castilla, esta tipa de finales del s. XI, y perteneciente a la dinastía Jimena, era hija de Alfonso VI y de su segunda esposa, Constanza de Borgoña.

Se casó dos veces. La primera fue a los 8 años, con Raimundo de Borgoña, sobrino del papa Calixto II. Fue una boda estratégica que diseñó su padre para fortalecer lazos y adquirir importancia en Europa. A cambio, Raimundo recibió el condado de Galicia, pero el tipo murió temprano, en 1107.

Cuando tenía doce años, nació su hermanastro Sancho, es decir, un bebé que, automáticamente, le quitaba el derecho al trono. Instalada en Galicia con su marido, en 1102, tuvo a su hija, Sancha Raimúndez, y, en 1105, a su hijo varón que, años más tarde, se convertiría en Alfonso VII.

En 1108, el príncipe Sancho falleció en la batalla de Uclés, dejándole expedito el trono de León. Para ello, debía casarse nuevamente, lo cual le daba más que pereza. Tras muchos candidatos, en 1109, la chica se casó en segundas nupcias con Alfonso I el Batallador, el rey de Aragón, un monarca que no pararía de meterla en líos. En la boda firmaron unas capitulaciones por las que, si uno de los dos palmaba, el otro se hacía con el reino del otro. Si además tenían un hijo, este lo heredaría todo, lo cual dejaba fuera de la ecuación a su hijo Alfonso, y a los gallegos esto no les hizo ni pizca de gracia.

El matrimonio era una balsa de aceite, ya que él le pegaba, ella no se amedrentaba y le contestaba a base de tortas. El tema se fue de madre cuando en Huesca la reina liberó prisioneros musulmanes a cambio de dinero. Al enterarse, su marido la molió a palos y la encerró en el castillo. Aun así, la reina escapó a León y trató de divorciarse para enrollarse, además, con Gómez González, más conocido como el conde de Candespina. Mientras, Alfonso I, ya con unos cuernos de órdago, mandó al ejército a León para no dejar títere con cabeza. La reina fue apresada en Zaragoza y el amante castellano decidió luchar contra el tal Alfonso el Batallador, pero terminó palmando. Alfonso entró triunfal en Toledo y la reina, dolida por la pérdida de su amante, decidió volver con su marido, el maltratador.

Galicia pidió un rey gallego y Urraca nombró rey de Galicia a su hijo, lo cual no sentó bien a su marido y es por ello por lo que, al más puro estilo de «La guerra de los Rose», volvieron a atizarse mutuamente. Otra vez se declararon la guerra. La reina, además, se buscó otro amante, el conde Pedro González de Lara, que lideró al ejército de León y Castilla.

Con siete abortos con Alfonso I, pero con tres hijos, dos de su primer matrimonio y uno de su primer romance con Candespina, Alfonso comenzaba a ser considerado estéril y, además, perdería su reino en favor de los vástagos de su mujer, lo cual le sacaba del higadillo. Al repudiar a su mujer, la reina quedó libre, pero enemistada con Aragón, Navarra, Portugal y los territorios musulmanes, y una popularidad en horas bajas en Castilla, León y Galicia. Tanto fue así, que quiso casarse con su amante y la nobleza se opuso.

En 1115, quiso liberar a su hijo de la influencia gallega y los gallegos la desnudaron, le pegaron y la arrojaron a un charco, perdiendo hasta algunos dientes. Urraca huyó y, como venganza, mandó a su ejército para tomar Santiago de Compostela. Como regalo, nombró a su hijo como heredero de Castilla y León. Ya mayor, y embarazada de su amante, falleció en el parto, a los 44 años de edad, el 8 de marzo de 1126. Sus restos descansan en la basílica de San Isidoro de León. Así perdimos a una monarca muy especial, a la que el pueblo llamó la «Temeraria», por rebelarse, por reivindicar su autoridad frente al poder masculino y por saber moverse a la perfección en un mundo de hombres. Una mujer maltratada que falleció un 8M, y a la que, por supuesto, nadie recuerda en nuestros actuales 8M.

TOLEDO, LA CIUDAD DE LAS TRES CULTURAS

Decir Toledo, es decir «tres culturas». Es así, la expresión sale como un resorte y con ello se sobreentiende que lo que hubo fue tolerancia y buen rollito.

Sabemos de Toledo que fue un asentamiento carpetano en época prerromana, que por ella pasaron los alanos y que los romanos llegaron en el 192 a. C., para llamarla Toletum, que significaba «tierra en lo alto» y es que el peñón sobre el que emerge la ciudad nos recuerda al típico paisaje del este norteamericano, de ahí que los geólogos, se refieran a esta ciudad como los «Apalaches Toledanos», a caballo entre en un macizo ibérico con un marcado carácter de meseta cristalina y una cuenca sedimentaria que entra en contacto a través de un sistema de fallas que nos proporcionan un paisaje inigualable. Tito Livio dijo de ella que, «Toletum ibi parva urbs erat, sed loco munita», es decir, «ciudad pequeña, aunque bien defendida».

Leovigildo la declaró capital de una España visigoda en el s. VI, siglo en el que adquirió un acento cristiano hasta la llegada de los musulmanes, que la denominaron Tulaytulah, que se traduce como «alegre o alegría». Un tal al-Idrisi, un famoso geógrafo, cartógrafo y viajero del s. XII, llegó a decir de la ciudad que «Toledo está por encima de cuanto se dice de ella. Dios la ha adornado como a una novia, ciñendo su cintura con un río parejo a la Vía Láctea y coronando su cabeza». Esta frase no habría superado los cánones actuales de las buenas maneras vistas desde el punto de vista fem..., bueno, que no me quiero meter en un jardín vegano, ecosostenible y resiliente. Llevo las de perder, ¡fijo!

El 25 de mayo de 1085, la reconquistó un tal Alfonso VI, junto al resto del centro peninsular, proporcionando unos siglos de equilibrio entre el bando cristiano y el musulmán en lo que a la expansión geográfica de unos y otros se refiere.

Cabe destacar que entre los musulmanes había otro tipo de «fauna» diversa, que aunque muchos meten en el mismo saco, no son exactamente lo mismo. Así, los mudéjares fueron los musulmanes que se quedaron a vivir tras la reconquista cristiana. Los mozárabes fueron aquellos cristianos que se habían quedado en territorio musulmán hasta la ansiada llegada de Alfonso VI. Es más, si avanzamos unos siglos más y llegamos a finales del s. XV, con la pragmática conversión forzosa de los Reyes Católicos, nos encontramos con otros seres llamados moriscos, que fueron los musulmanes que pasaron a convertirse al cristianismo. ¡Menos mal que en aquellos tiempos aún no estaba el ISIS!

Y, además, y por supuesto, los expertos en finanzas y en comercio, eran unos judíos que surfeaban las olas entre musulmanes y cristianos.

El 2 de enero de 1492, se reconquistó Granada y se expulsó al último rey nazarí, un tal Boabdil, un tipo que lloró como un niño lo que no supo defender como un hombre, y el 31 de marzo de 1492, se expulsó a los judíos ante las conversiones judaizantes encubiertas y, sobre todo, por el escándalo del bochornoso caso acontecido, en 1489, sobre el libelo de sangre denominado «el Santo Niño de la Guardia» y narrado por el experto en *fake news* de aquel entonces, un obispo de Burgos llamado Alonso Espina, autor de un *best seller* titulado «El infierno». ¡Vaya título más sexy! No en vano, en diciembre de 1496, nuestro último papa, el papa valenciano, el papa Borgia, Alejandro VI, mediante bula papal les concedió a los reyes el apelativo de «Católicos».

Pues bien, tras la llegada de Alfonso VI a finales del s. XI se comenzó a hablar de una Toledo como capital de la España reconquistada y que fue ejemplo a seguir de convivencia y tolerancia, pero la realidad no fue tan idílica como la expresión "tres culturas" nos arroja. De hecho, en 1086, solo un añito más tarde, la Gran Mezquita pasó a ser catedral por orden del arzobispo de Toledo. Todo ello en aras de esa consabida tolerancia y, seguramente que, con el beneplácito y aquiescencia de los malogrados musulmanes que 400 años antes habían entrado en la península como elefante en cacharrería.

Aquella convivencia y tolerancia malentendida, y que ha llegado a nuestros días, no fue más que una coexistencia sin más. Ojo, que tuvo sus cosas buenas, como por ejemplo la Escuela de Traductores, un referente a nivel internacional y claro ejemplo de núcleo en el que la cultura convivía en varios idiomas, esto es, el latín, el hebreo y el árabe. Es más, Toledo fue encuentro y caldo de cultivo de mediación entre Oriente y Occidente, que se dice pronto.

Gracias a esta convivencia tenemos palabras árabes como camisa, albaricoque, tambor, acequia, noria, taza, jarra, aldea, alcoba, zanahoria, algodón, y un largo etcétera, pero no puedo terminar sin mencionar «ojalá» que viene de «in sha'a Allah», es decir, «si Dios quiere». Por su parte, los judíos nos dejaron palabras como cábala, beca, camello, gasa, jaspe, mesías, matorral, pascua, sábana, sidra, túnica, yeso y, curiosamente, también la palabra sultán.

Yendo al particular caso toledano, los judíos nos han dejado un barrio en el que destacan la sinagoga del Tránsito y la sinagoga de Santa María la Blanca..., e infinidad de casas. ¿Cómo identificarlas? Si entras en una casa de fachada estrecha que da acceso a un pasillo que lleva, a su vez, a un patio que sale a un lado o a otro del pasillo y que, al final del mismo, hay una casa, eso es una antigua edificación judía, no falla.

Por su parte, de los musulmanes nos han llegado pocas edificaciones, como la Mezquita del Cristo de la Luz y la Mezquita de las Tenerías. No te canses, la palabra «tenería» viene del francés y significa «donde se curten las pieles». Pues, aunque parece poco, no es así y es que, el plano de Toledo es típicamente árabe, con calles estrechas, cuestas empinadas y calles sin salida. Efectivamente, ese encanto romántico del plano sinuoso y desordenado tiene acento islámico y es, seguramente, lo que hace más bella a la ciudad castellana.

Y finalmente, están las innumerables edificaciones cristianas.

Ese buen rollito de las «tres culturas» se percibe de forma aplastante en el convento de San Juan de los Reyes, el lugar en el que los Reyes Católicos querían haber descansado eternamente, hasta que cambiaron de opinión tras la reconquista de Granada. Pues bien, cada vez que los cristianos reconquistaban una nueva ciudad en el sur peninsular, las cadenas de los hasta entonces esclavos cristianos pasaron a formar parte de la fachada de tan espléndido edificio. Así es, tenía que molar ser musulmán o mudéjar y ver como las cadenas de los cristianos de Baeza, Úbeda, Málaga o Almería pasaban a decorar este templo católico.

Una conclusión que podemos sacar, como expliqué a unos alumnos kuwaitíes, «we are your distant cousins», es decir, «somos vuestros primos lejanos». Dentro de mi enfermedad, por saber de mis ancestros, de mis más o menos 1600 apellidos identificados en mi árbol genealógico, el 25-30 % de ellos son de origen judío y un porcentaje similar lo es de origen árabe. Lo sé, estoy como una chota, pero esta locura me permite afirmar que mi caso no es aislado y si cualquier lector de estas líneas hiciera su propio árbol genealógico, seguramente obtendría porcentajes similares a los míos. España tiene una visión de su historia desde una perspectiva puramente cristiana, pero en nuestros genes hay una mezcla indudable, de modo que seremos lo que seamos, pero venimos de dónde venimos.

Para terminar, me gustaría recordar que la reina Isabel la Católica, dijo de Toledo que «si tan grande, no tan fuerte, no tan grande». Galdós dijo que «el enorme peñón que soporta una ciudad tan gloriosa, está magníficamente proporcionado para servir de montura a tal diamante». Lope de Vega escribió: «Emperatriz de Europa, Roma segunda y corazón de España». Y un tal Cervantes llego a afirmar que «Toledo, solar hispano, crisol de la raza íbera. Dichoso aquel que naciera español y toledano».

CINCO ANDALUSÍES, TAN «CRACKS» COMO DESCONOCIDOS

¿Y si dijéramos que un cordobés de pura cepa se preocupó del sentido del amor y desarrolló una filosofía neoplatónica inédita en Alejandría, y que escribió la mejor obra de toda la literatura islámica? Fue «El collar de la paloma», y estableció un estudio amplio sobre los fundamentos del amor, sus desventuras, la fealdad del pecado y la excelencia de la castidad. Parece un poco rancia la cosa, pero es que el tipo nació en el 994, y de rancio lo justo, porque en esta obra vincula una paloma con el alma, siendo el alma muy libre de tejer su propio destino, o sea, su collar, pero sin alterar la naturaleza del ser que la engendró. Tiene frases profundas, como que el amor radica en la esencia del alma o que el amor que entra con dificultad no sale con facilidad, o que el amor es una rica dolencia, estableciendo un tratado completo sobre la mirada y la comunicación. Y todo esto en el s. XI. El nombre del autor en estas latitudes no es que sea muy conocido, un tal Ibn Hazm, pero resulta que antes que nosotros, lo tradujeron al inglés en 1931, y más tarde al alemán y al italiano. España tradujo a su compatriota en 1952, siendo un tal Ortega y Gasset, el que puso en el mapa el famoso «collar de la paloma» gracias a su prólogo.

No contentos con ello, un murciano es considerado por el Islam como el más grande de los maestros. Eso sí, la lengua que vehicula los estudios de este escritor son en inglés, no nos hagamos ilusiones. El tipo en cuestión se llama Ibn Arabi y el presidente iraní, el Ayatolah Jomeini, le dijo al soviético Gorbachov, en 1989, que debía leer a este andalusí si quería entender de verdad el pensamiento del Islam. Este murciano del s. XII, fue un maestro sufí que se centró en el misticismo del Islam y no solo eso, ya que su propuesta universal es que todas las creencias son manifestaciones del ser como expresiones únicas de posibilidades del ser, que participan de una verdad última que les da sentido. Amante de la tradición, su obra es antídoto ante el fanatismo tanto religioso como ateo. ¿Qué pensarán de él los del ISIS? Para él nada era feo, sino bello o más bello aún y la cosa lo era solo por el hecho de existir. Confrontó en todo momento a la filosofía y a la religión de su tiempo para tener una respuesta a todo. Para él, los doctores de la ley son para el pueblo como los faraones a Moisés. Él entendía un continuo entre el espíritu y el cuerpo, de modo que hablaba de la unidad del ser, el que nos da sentido. Para él, el conocer era retirar el velo de lo que nos impide ver.

Contemporáneo suyo fue el cordobés Averroes, algo más conocido hoy día, pero no mucho. De profesión polímata, fue experto en medicina, derecho, matemáticas, astrología y filosofía. Solo dejó de estudiar dos días, el de su boda y el de la muerte de su padre. Fue juez en Sevilla y Córdoba. Acusado de herejía (aún no existía Torquemada), se retiró a Lucena y nunca guardó rencor a sus perseguidores. Escribió más de cien obras que fueron de obligada lectura en los círculos académicos de toda Europa. Fue el gran intérprete de Aristóteles y su obra fue la cumbre del pensamiento de la Edad Media. Su obsesión fue conciliar la verdad religiosa y la verdad de la razón. Tras ser perdonado, lo reclamaron en Marrakech, ciudad en la que murió, pero pidió ser enterrado en su Córdoba natal.

Abbás Ibn Firnás fue un ingeniero de Córdoba considerado precursor de la aeronáutica. De origen bereber, vivió en el emirato omeya. El tipo diseñó el primer paracaídas de la historia en el 852. Sí, sí, has leído bien, no faltan números en la fecha. Se subió a una torre de Córdoba y aterrizó sufriendo lesiones leves. En el 875, se fabricó unas alas de madera recubiertas de telas de seda. Con ellas, se lanzó desde una torre a un valle y aunque se fracturó las dos piernas, los testigos afirmaron que el vuelo fue bastante estético. En ese aterrizaje «forzoso» cayó en la cuenta de la necesidad de haber añadido una cola. Un puente en Córdoba, un premio de la Universidad de esta misma ciudad y un aeropuerto en Irak, llevan su nombre y, además, un cráter en la Luna. En España, por supuesto, no se estudia su figura en los libros de texto.

Ibn Battuta, de Tánger, pero ciudadano de la al-Ándalus ibérica, viajó por todo el mundo conocido, de modo que, viajó a la Meca, Irak, Persia, Kurdistán, Yemen, la costa oriental africana, África Occidental, la India, sureste asiático y China, y todo ello en el s. VIII. Para que nos hagamos una idea, este señor viajó el doble de km que un tal Cristóbal Colón siete siglos después.

¿Saben los españoles de ellos?

CUATRO JUDÍOS Y UN CONVERSO

Salomón Ibn Gabirol fue un cordobés del s. XI, que es considerado el poeta hebreo medieval más importante de la historia. Huido a Málaga, ha de viajar a Zaragoza por las revueltas producidas tras la muerte de Almanzor. Autor de panegíricos y elegías, se especializó en la sátira y en la poesía homoerótica, típica de los hebreos del posterior Siglo de Oro. Me pregunto si el colectivo LGBTI, tiene en el radar a este escritor.

En el s. XII, vivió un tal Moisés Ben Maimón, Maimónides para los amigos. Judío, hijo de un carnicero, fue un famoso sefardí, matemático de profesión, rabino y juez por vocación. La filosofía y la astronomía tampoco se le resistieron. Los almohades le expulsaron de Córdoba y se vio en la tesitura de emigrar a Almería, donde acogió a Averroes. Más tarde vivió en Alejandría y Palestina. En El Cairo fue médico y también rabino principal, igual que en su Córdoba natal. Su personalidad llegó a ser tan famosa y requerida. que a él le pidieron consejo sultanes y visires de todo pelaje. Murió lejos de su tierra, en Egipto, y le lloraron árabes y judíos.

Benjamín de Tudela fue un judío navarro que viajó por medio planeta en el s. XII. Geógrafo e historiador influyente, visitó Asia Central y Arabia, siendo conocedor del hebreo, arameo, griego, latín y árabe, es decir, ¡un políglota en toda regla! Con el comercio de piedras preciosas y del coral, visitó 190 ciudades de Europa y Oriente, llegando a Antioquía, Sidón, Tiro, Acre, Tiberiades, Damasco, Alepo, Mosul, Bagdad, El Cairo y Alejandría. En sus libros no dejó de describir todas estas ciudades e, incluso, ofreció detalles de las que no llegó a visitar, pero de la cuales tenía referencias, como por ejemplo, numerosas urbes de Arabia, Persia, India y Ceilán.

Algo más tardío, ya del s. XIV, es Elisha ben Abraham, más conocido como Abraham Cresques, un mallorquín que elaboró cartas náuticas y mapas que, a día de hoy, se conservan en bibliotecas nacionales de media Europa, siendo célebre su atlas catalán. Fue padre del también geógrafo y cartógrafo Jehuda Cresques.

Y especial mención a un segoviano del s. XV, un tal Abraham Senior, amigo de Isabel la Católica. Un tipo que fue rabino, banquero, político y alto cargo de la Hacienda y que, tras la expulsión de los judíos, se convirtió al cristianismo como Fernando Pérez Coronel, dando lugar así al linaje de los Coronel en la ciudad de Segovia. Antes, fue el último rabino mayor de Castilla, que se dice pronto. En 1487, se habla de él como el Exilarca, es decir, como el «príncipe de la cautividad» o «Cabeza del exilio», o sea, es descrito como el rey de los judíos en el exilio, un título que data del exilio de Babilonia del año 597 a 538 a. C., un título hereditario y exclusivo de la Casa de David, ¡nada más y nada menos! Quizás, por ello, en la catedral de Segovia, al lado de la puerta del Perdón, haya una capilla con una reja de caoba, hecha con la primera que vino de América y que está dedicada a la Virgen de la Inmaculada Concepción, una capilla que está repleta de obras de los discípulos de Zurbarán, habiendo tres obras de arte pictóricas que tienen como motivo al rey David.

LAS HUELGAS

Un borgoña, Alfonso VIII de Castilla, y una princesa inglesa, Leonor de Plantagenet, su esposa, fueron quienes fundaron, en 1187, un monasterio burgalés que sirviera para dar mando a las mujeres dentro de la vida monástica. En 1199, ya era la casa madre de todos los monasterios de Castilla y León.

Su nombre se debe a un terreno de cultivo no trabajado y dedicado a pastos, es decir, las huelgas. ¡Curioso origen del término! Pues sí, estamos hablando de Santa María la Real de las Huelgas, un monasterio de la orden de monjas cistercienses de San Bernardo. Cómo lo verían los republicanos, que en junio de 1931, lo declararon bien de interés cultural y, desde entonces, es monumento histórico-artístico.

Fue un centro importante para la realeza castellana. Así, las damas nobles que se metían a monjas iban de cabeza a este edificio, y de veras que tuvieron influencia política, tanta que las abadesas eran nombradas por el rey de Castilla. Es más, una de las primeras abadesas fue la hija de los reyes fundadores, Constanza de Castilla. Estas monjitas pilotaron tanto que estuvieron por encima de la curia episcopal y solo reportaban al papa. La abadesa daba licencias a sacerdotes para que estos pudieran hacer su trabajo y nombraban hasta a los alcaldes de las 54 villas que estaban bajo su señorío. Por llevar, las abadesas llevaban hasta báculo y mitra, símbolos de poder dentro de la Iglesia. Estos privilegios de las Huelgas, se mantuvieron hasta que en el s. XIX aguó la fiesta el papa Pío IX, un papa conservador que, aprovechando la inestabilidad de un siglo de chiste para España, decidió centralizar su autoridad y meter en cintura a las monjitas.

Entre sus muros se enterraron y se proclamaron reyes, y se armaron caballeros antes de ser monarcas, como los casos de Fernando III, Alfonso XI o, incluso, Eduardo I de Inglaterra. También se diseñó este edificio para ser panteón real y allí se enterraron algunos reyes medievales, si bien la invasión napoleónica expolió el lugar infligiendo un daño económico y cultural incalculable.

El edificio, mezcla de estilos románico, gótico y mudéjar, fue la repera, y en él podemos ver algunas de las vidrieras más antiguas de España, pero lo que realmente es espectacular en este edificio, es su códice musical. Se trata de una de las fuentes europeas más importantes de la polifonía del Ars Antiqua (el periodo de la escuela de Notre-Dame de polifonía, entre 1170 y 1310) y sí, está en nuestra provincia de Burgos.

CALATRAVA LA NUEVA Y SALVATIERRA, LAS DOS COREAS

Hubo una vez, en la actual Ciudad Real, dos castillos que se miraban, pero que no se tragaban. En el lado cristiano del s. XII, teníamos a Nuño de Lara, que dio uso al castillo de Calatrava la Nueva, con otro nombre por aquel entonces, el castillo de Dueñas, un castillo que terminaría siendo gestionado por la Orden de Calatrava. Enfrente y luciendo la media luna, teníamos la fortaleza musulmana del s. IX, el conocido hoy como castillo de Salvatierra y que ha llegado en peores condiciones a la actualidad. Aquello fue una frontera como la del paralelo 38 entre las dos Coreas. Siempre se miraron a cara de perro.

Los recursos de la zona eran fuente de riqueza y, además, se trataba de unas tierras regadas por los ríos Jabalón y Ojailén. Esta zona del Campo de Calatrava era el acceso natural hacia la Meseta Sur y hacia el valle del Guadalquivir, siendo lugar de tránsito obligado si se quería acceder hacia los recursos que ofrecía Sierra Morena.

El Sacro Convento y Castillo de Calatrava la Nueva se sitúa al sur de Aldea del Rey. En lo alto de este cerro nos encontramos con eso, con un convento, una iglesia cisterciense y un castillo. Su máximo esplendor llegó, naturalmente, con la victoria en Navas de Tolosa, en 1212. Este cerro, repleto de cuarcitas, adquiere más belleza si contamos que, junto a estas edificaciones, tenemos un conjunto de tres murallas que protegían esta «apacible» zona del interior peninsular.

En Calzada de Calatrava se encuentra el castillo de Salvatierra, que fue una importantísima fortaleza musulmana. La frontera se desplazó al sur hasta el valle del Guadiana y este castillo fue la primera línea de choque frente a los cristianos, liderados por la ya mencionada Orden de Calatrava en pleno s. XII. El castillo fue tomado por los calatravos, pero el desastre vino por parte de Alfonso VIII, tras la durísima derrota acaecida en la batalla de Alarcos, en 1195, a manos de los almohades, liderados por el califa Abu Yaqub Yusuf al-Mansur. Por cierto, este fue el mandatario que hizo concluir el alminar de la mezquita de Sevilla, es decir, lo que constituye el cuerpo principal de la Giralda..., para que nos entendamos.

Tras esta derrota, los musulmanes se hicieron con ambos castillos y frenaron la reconquista unos cuantos años, 17 exactamente. Mientras tanto, Castilla se desestabilizó y los almohades sembraron el terror por Extremadura, la Mancha y, sobre todo, por las cercanías de Toledo que, en aquel tiempo, era la punta de lanza de los cristianos.

Vista aérea de las ruinas del castillo de Salvatierra.
[Wikimedia / Juan Ángel Ruiz Sabina]

Ruinas del castillo de Salvatierra. José María Quadrado; F. J. Parcerisa (1853) Recuerdos y bellezas de España. Castilla la Nueva, II, Madrid: Imprenta de José Repullés

En 1198, en una operación audaz del maestre Martín Pérez, los calatravos, compuestos por 400 caballeros y 700 hombres a pie, se hicieron con el castillo de Salvatierra, siendo una isla rodeada de musulmanes hasta el año 1211. La venganza llegó solo un año más tarde con las Navas de Tolosa y el famoso «ataque de los tres reyes», Alfonso VIII de Castilla, Sancho VII de Navarra y Pedro II de Aragón.

Dos castillos separados por apenas dos kilómetros de distancia y que produjeron una gran cantidad de enfrentamientos durante muchísimos años. Dos castillos que quedarían en el olvido para entrar en un estado ruinoso tras la famosa desamortización del dictador Juan Álvarez Mendizábal en 1836.

BATALLA DE LAS NAVAS DE TOLOSA

¿Ha salvado España a Europa como tal en el pasado? Recientemente, en la memoria de todos está el día D, el día del desembarco de Normandía, pero hubo algunas ocasiones más, un poco más lejanas en el tiempo y, por qué no decirlo, con España en el centro del tablero.

Cuando Alfonso VIII logró que Inocencio III aprobara la cruzada sobre la península ibérica, la conocida como la Cruzada del Sur, franceses, alemanes e italianos se unieron para llegar a Toledo en aquel verano de 1212. Pedro II de Aragón acudió con 3.000 hombres, al igual que Sancho VII de Navarra, que llegó con 200. Diego López de Haro se personó como señor de Vizcaya, con sus soldados vascos, vizcaínos y alaveses. También llegaron los templarios del maestro de la orden, un tal Gómez Ramírez. Por lontananza aparecieron los caballeros hospitalarios de Gutierre Armíllez, los de Santiago, con Pedro Arias, y los de Calatrava, con Rodrigo Díaz de Yanguas. Alfonso IX de León y Alfonso II de Portugal no fueron en persona, pero sí que enviaron a sus tropas al mando de Fernán Gutiérrez de Castro. Total, unos 70.000 hombres, aunque la cifra se reduciría drásticamente días más tarde.

La decisión de Alfonso VIII de Castilla de dejar tranquilos a los judíos y musulmanes que vivían en paz en territorio cristiano, hizo que muchas de estas fuerzas, más papistas que el papa, no lo vieran claro y decidieran dar media vuelta dejando el problema almohade para quien de verdad tuviera ganas. Estos «desertores» fueron, principalmente, alemanes, franceses e italianos. El fantasma de la derrota en Alarcos, de años atrás, se iba haciendo grande hasta que encontraron un paso.

Ocupado Despeñaperros por los musulmanes, se dice que, San Isidro se le presentó a un pastor, Martín Hilaja (aparece hoy representado en la catedral de Toledo), para mostrarle el desfiladero del Salto del Fraile. Con aparición o sin ella, lo cierto es que el pastor, ni corto, ni perezoso, acudió con el cuento a la avanzadilla comandada por el vizcaíno Diego López de Haro para enseñarle el paso no vigilado por los musulmanes, y lo siguiente fue acceder al llano para establecer un campamento en Mesa del Rey. Era el 15 de julio, cuando ambos ejércitos se miraron y evaluaron sus dimensiones. A partir de ahí, ya sabemos, tuvo lugar la conocidísima batalla.

La batalla fue desigual y de ahí que su narración sea épica, puesto que lucharon 70.000 cristianos contra 100.000 almohades.

Alfonso VIII mandó a la caballería contra los denominados fanáticos de Muhammad An-Násir conocido como Miramamolín, los cuales lograron desbaratar dicha carga. La segunda y tercera filas almohades cargaron con todo y el temor entre las filas cristianas se hizo muy patente.

En este punto de no retorno, Alfonso VIII miró al arzobispo de Narbona, que estaba al frente de los cruzados, al maestre de los templarios y a sus pares de Navarra y Aragón, es decir, a Sancho VII y a Pedro II, y dio la orden de morir o vencer. El rey de Castilla, un tipo que siempre vestía de morado, cabalgó con ellos en lo que sería conocido como la carga de los tres reyes. Los «moros» alucinaron. Los tres reyes atravesaron las líneas hasta llegar al palenque, a la mismísima tienda de An-Násir, protegida por la guardia negra, una guardia que se encadenaba para proteger a su líder, los conocidos como los im-esebelen. Unos tipos entrenados para proteger a su líder con su propia vida. Sancho VII cortó las cadenas de estos africanos, son las cadenas que hoy están en el escudo de Navarra.

¿Cómo terminó la cosa? Pues con 25.000 cristianos muertos y 80.000 por parte almohade, retirada de estos últimos incluida. Además, la victoria cristiana sirvió para adentrarse en la actual Andalucía, la cual, hasta esa fecha, siempre había sido inaccesible.

El golpe definitivo vendría en 1492, pero el importante, el que cambió las cosas y en el que media Europa era consciente, fue el de Navas de Tolosa. Ese 16 de julio de 1212, los almohades dejaron de ser una amenaza invasiva. Ese día fue la primera vez que España salvó a Europa. Habría que esperar a 1571, para que España volviera a salvar nuevamente al viejo continente en Lepanto. Ninguna de estas dos fechas es festiva, no te canses.

JAIME EL CONQUISTADOR DE TIERRAS Y DE MUJERES

Estuvo 63 años en el trono de Aragón. Nunca un monarca de la península ha aguantado tanto como rey. Ya con 10 años, le hicieron reinar, y trató de sitiar Albarracín, pero no pudo con la ciudad. Guillermo de Moncada le quitó el Rosellón y, además, le encerró en la torre de Zaragoza. Aunque le soltaron, los nobles controlaban Aragón a su antojo. Gracias al arzobispo de Tarragona y a la Concordia de Alcalá, Jaime volvió a reforzar su posición como rey. Ya no era un niño, y comenzó a conquistar y a forjar su leyenda. Lo que no sabemos es si conquistó más tierras que mujeres, pues de él se dice que era atractivo y alto, y que estaba siempre con líos de faldas.

Los piratas afincados en Mallorca no paraban de incordiar a los barcos que salían o se dirigían a Barcelona, Tarragona y Tortosa, por lo que Jaime se fue a la isla con 155 barcos y 17.000 hombres. Venció en Santa Ponsa, y los pocos musulmanes que quedaron se resguardaron en Madina Mayurga (Palma de Mallorca), pero allí, mató o esclavizó, al 100 % de la población. Con tanta muerte, se montó una epidemia que diezmó a los aragoneses. Además, y por si fuera poco, los nobles catalanes se amotinaron para conseguir el botín. La «pela es la pela», ya se sabe...

Con Mallorca anexionada a Aragón, Jaime se casó con la hija del rey castellano Alfonso VIII, una tal Leonor. Luego se casó en segundas nupcias con Violante de Hungría y la hija de ambos, otra Violante, se casó con Alfonso X el Sabio. Aragón y Castilla estaban, así, unidas por los lazos matrimoniales de sus casas reales. Incluso, emparentó a sus hijos con las coronas de Francia y Sicilia. Tras anexionar Menorca, Ibiza y Formentera, el monarca continuó por tierras valencianas.

La primera ciudad en caer fue Morella (Castellón), para seguir con Burriana, Peñíscola y Cervera. Se podría decir que su fiabilidad en combate era total. En 1237, fue la batalla de Puig de Santa María, contra el tercer reino de taifa de Valencia de un tal Zayyán Ibn Mardanish. Este tipo se acabó rindiendo un año más tarde ante el asedio feroz de los aragoneses. Había caído Valencia. Gracias a unos fueros, se creó el reino de Valencia y quizás. por ello, luego se crearon los fueros de Aragón, que fueron dictados por el obispo de Huesca. A excepción de los mudéjares de las morerías, echó a todos los musulmanes de Aragón y, ojo, que estamos hablando del s. XIII, y aún faltaban siglos para la llegada de los Reyes Católicos.

Conquistó también Denia y Xàtiva, y ya en Murcia se dio de bruces con los castellanos. El infante Alfonso y él, se reunieron en Alicante para delimitar sus conquistas, quedando Murcia y parte de Alicante en Castilla.

Con una línea de costa kilométrica, con él se publicó el «Consulado del mar», el primer libro sobre costumbres marítimas de nuestra historia. Este consulado tenía hasta sus tribunales mercantiles para resolver conflictos.

En 1269, se fue a las cruzadas junto al rey francés, Luis IX, pero tras una tormenta, se dio media vuelta en menos de 48 horas. Ganas, lo que dice ganas, no tuvo muchas. Además, con la Iglesia no anduvo bien, puesto que le puso los cuernos a Violante y su confesor, un obispo de nombre Berenguer, se lo largó todo al papa, Inocencio IV. Como consecuencia, Jaime le cortó la lengua al obispo de Gerona. El papa Inocencio, por su parte, le excomulgó. Su hijo bastardo, Fernán Sánchez de Castro, se sublevó, pero su medio hermano, el infante don Pedro, lo arrojó al río Cinca atado a una piedra. Como vemos, ninguno de ellos se cortaba un pelo. Eran un poco tremendos todos.

La biografía de Jaime I la dejó escrita él mismo en catalán, y repartió el reino entre sus hijos, dando a Pedro III la parte peninsular y a Jaime II la insular.

ALFONSO X EL SABIO

«Bolo» de nacimiento en 1221, este rey apodado como el «sabio» tuvo por suegros a Jaime I el Conquistador y a Violante de Hungría. Su madre fue Beatriz de Suabia, y solo por ello, le hizo ser candidato al trono del Sacro Imperio Germánico, pero finalmente el elegido fue Ricardo de Cornualles y nuestro toledano se quedó con tres palmos de narices.

Su reinado será recordado por la creación del Concejo de la Mesta, una gran asociación de pastores procedentes de León y Castilla, que se aprovecharían de la creación de las famosas cañadas reales que recorrerían todo el territorio de la península. El objetivo final era aumentar las exportaciones hacia el norte de Europa y de la actual Italia. El producto para exportar era una lana de excelente calidad, pero lo realmente demandado en aquellos destinos europeos, era la carne y la leche de las ovejas churras, de ahí que nos haya llegado la frase de «no mezclar churras con merinas». La frase estaría incompleta si obviáramos lo otro realmente valioso, la lana de las merinas, que se exportaba a Flandes para la elaboración de los paños. Tanto era así, que sacar una merina de España estaba penado con la muerte. Para ello, este rey y visionario de la época fue un gran precursor de la reducción de los aranceles.

Fue un gran defensor de la conocida mundialmente como Escuela de Traductores de Toledo, y que, cogerían el testigo del denostado al-Hakam II en Córdoba. Él mismo participó en la traducción y redacción de innumerables manuscritos árabes y hebreos. Se volcó de lleno en la cultura y, sobre todo, en la historia, centrándose tanto en la historia de España, desde los orígenes bíblicos hasta su padre Fernando III, como en la historia general, con foco en otros países y culturas. Llegó a escribir, en parte, las Cánticas de Santa María en idioma galaico portugués. ¡Era un crack! Aficionado a la astronomía, en su reinado se escribieron las Tablas Alfonsíes con base en el firmamento de la ciudad de Toledo. De hecho, un cráter lunar se llama «Alphonsus» en su honor.

Con problemas digestivos, no podía comer demasiado y debía hacer ingestas de poca cantidad. Aunque el término «tapas» es muy posterior, hay quien afirma que, gracias a él, surgieron los aperitivos.

Aunque emparentó a su hijo con la casa real francesa, políticamente, fue un auténtico desastre. Fue tan polémico su reinado, que hasta muchos nobles castellanos pasaron de él y se aliaron con Muhammad I, el primer rey nazarí de Granada. A los benimerines, incluso, se les regaló Tarifa y Algeciras, y se hicieron fuertes hasta cercar Córdoba. Además, en otro frente, en la guerra por la sucesión navarra, este reino se incorporó a Francia, por lo que el debilitamiento de Castilla comenzó a ser notable.

Pese a ser un «picha brava», con 16 hijos de diferentes madres, su único heredero fue Fernando de la Cerda, que murió repentinamente en Ciudad Real. El tema sucesorio se trató en las famosas «Siete Partidas» que aún no estaban en vigor. Según ellas, el reinado debía recaer en los hijos del infante, es decir, en sus nietos, concretamente en el mayor, Alfonso de la Cerda. Se lio la mundial, ya que se formaron dos bandos. Por un lado, estaba la familia de los Haro, que apoyaba a Sancho, uno de los hijos del rey Alfonso X, mientras que los Lara y los franceses, apoyaban a los nietos del rey, a los de la Cerda, es decir, a los hijos del auténtico heredero que acababa de fallecer, Fernando de la Cerda. Alfonso de la Cerda, además, era sobrino del rey de Francia, ¿para qué queremos más? Finalmente, el rey se decidió por Sancho IV. Y eso que, Sancho se casó con la prima de Alfonso X, una tal María de Molina, un hecho que al rey no le había hecho ni una pizca de gracia. Para compensar a sus nietos, decidió que habría que crear un pequeño reino en Jaén, y claro, su mujer, Violante, se enfadó más que una mona, se cogió un carromato y se marchó a Aragón furibunda. Dejó a su marido de rodríguez. Las Cortes de Valladolid, en paralelo y por echar más leña al fuego, decidieron dar el reino a Sancho IV, que se coronó rey, en 1284, en Toledo, pese a haberse alzado en contra de su padre (las únicas ciudades que estuvieron del lado del Sabio fueron Córdoba y Sevilla, teniendo esta última en su escudo la palabra NO8DO en referencia al latín «atar con nudos», siendo el 8 la representación iconográfica del nudo). Ese fue el año en que murió Alfonso X el Sabio, de un cáncer maxilofacial que le había desquiciado hasta el infinito y mucho más.

Como anécdota, decir, que en el Alcázar de Segovia, su castillo favorito para visionar las estrellas desde la torre del homenaje, le llegó a decir a un monje franciscano que, este mundo habría sido mucho mejor si Dios le hubiera consultado antes. La leyenda dice que, esa misma noche, un rayo penetró por una de las almenas y se cargó a un par de centinelas. Su mujer le dijo, ¿ves? ¡Te ha sobrado un regate! Parece ser que tras este desafortunado hecho, el rey decidió hacer una sala del alcázar con un cordón franciscano que recorre toda la estancia. Es la que se conoce como Sala del Cordón, una de las estancias más llamativas del castillo segoviano. Lo dicho, ¡un crack!

MARÍA DE MOLINA, LE REINA ETERNA

Me apuesto lo que sea a que si te vas a una esquina de la calle María de Molina de Madrid y le preguntas a los viandantes que pasen por ella, que quién era aquella mujer que da nombre a la famosa vía pública, el porcentaje de silencios en las respuestas sería más bien elevado.

María de Molina es una de las mejores reinas que jamás tuvo Castilla, con el permiso de Isabel la Católica. María Alfonso de Meneses y Molina, conocida como María de Molina (hija de Alfonso de Molina), era prima y nuera de Alfonso X el Sabio, quien no vio bien el matrimonio con su hijo Sancho IV. Claro, a nadie le gusta que su hijo se case con su prima, ¿no?

Murió pronto su marido y fue regente de su hijo Fernando IV, al cual protegió de los intereses de Alfonso IV de Portugal, Jaime II de Aragón y otros nobles castellanos, pese a no tener dispensa papal en su matrimonio. Murió su hijo y fue regente de su nieto Alfonso XI. La llamaban la reina prudente y obstinada. Emparentó a sus hijos con las coronas de Portugal y Aragón, y fue una gran negociadora dentro de un mundo de hombres.

Tanto es así, que fue musa para una las grandes obras de un tal Tirso de Molina (el apellido seguro que no tuvo nada que ver) y para un poeta romántico, Mariano Roca de Togores, marqués de Molíns..., ¡y dale, que el marquesado tampoco tuvo nada que ver!

Una gran mujer, empoderada como dicen ahora, y muy adelantada a su tiempo.

GUZMÁN EL BUENO, EL QUE DESAFIÓ A LA TRAICIÓN Y A LA MUERTE

Alonso Pérez de Guzmán, más conocido como Guzmán el Bueno, hijo bastardo de Pedro, el adelantado mayor de Andalucía, nació en un parto en el que falleció su madre, en León. Pronto destacó como guerrero de éxito, pero tras algunas desavenencias familiares, se trasladó de Sevilla a Algeciras para ponerse a las órdenes del emir Abu Yusuf, a condición de no pelear contra cristianos. Estamos hablando de un periodo de la reconquista en el que todos pelearon contra todos. En el bando cristiano, por ejemplo, Alfonso X estaba peleando contra su hijo Sancho, hasta el punto de que pidió a Guzmán el Bueno que su emir le ayudara.

Una vez murieron Abu Yusuf y Alfonso X, pasó a las órdenes del rebelde Sancho IV y se casó con María Coronel. Esta, al ver que Guzmán iniciaba un romance, pidió que le nombrasen alcalde de

Tarifa, es decir, para que le cambiaran de destino. Es así como llegó a esta ciudad de las tres llaves. Llegó a conquistar Gibraltar.

El infante don Juan, hermano de Sancho IV, le disputó la corona, por lo que la guerra entre ambos estuvo servida. Lo curioso y, extremadamente, retorcido es que el hijo menor de Guzmán, Pedro Alonso, fue enviado a formarse junto al hermano del rey, por lo que, coincidencias del destino, Guzmán el Bueno servía al rey y su hijo estaba a las órdenes del infante.

El infante don Juan, futuro Juan I de León, Galicia y Sevilla, estuvo al servicio del rey de Fez, al que pidió ayuda para hacerse con la corona de Castilla a cambio de concederle, a los benimerines, la ciudad de Tarifa, una ciudad fundada por musulmanes.

D. Alonso Pérez de Gúzman. Las glorias nacionales : grande historia universal de todos los reinos, provincias, islas y colonias de la Monarquía Española, desde los tiempos primitivos hasta el año de 1852. [Fondo Antiguo de la Biblioteca de la Universidad de Sevilla]

Siendo difícil la conquista de Tarifa, el infante recurrió a su paje para realizar un chantaje con el hijo del gobernador de la ciudad, el hijo de Guzmán. Le mostró a su hijo y le dijo: «¡Alcalde, escucha! ¿Conoces a este hombre? Si quieres que le soltemos, rinde la villa. De lo contrario, aquí mismo lo mataremos». Ante este desafío, Guzmán respondió diciendo: «No hay más salida que una. ¡Vosotros, escuchad! No engendré hijo que fuese contra mi tierra. Haced lo que tengáis que hacer. ¿Queréis la villa? No puedo entregaros lo que no es mío, sino del rey mi señor. Tomad mi puñal». Y les arrojó una daga. A partir de ahí, el futuro del chico fue más bien negro. Hay quien dice que estas frases son pura leyenda, pero lo que sí sucedió es que bajo los muros de la ciudad degollaron al chaval, le cortaron su cabeza y la catapultaron hacia adentro de la fortaleza. Esto enrabietó a los cristianos y los benimerines no pudieron tomar la plaza.

Durante el asedio, y con un hambre generalizada, Guzmán abrió la panera para que la gente pudiera comer y, desde entonces, le llamaron «el Bueno». Si hubiera caído Tarifa, los cristianos habrían muerto con toda seguridad. Finalmente, una flota castellano-aragonesa rompió el asedio y la ciudad no cayó en aquel agosto de 1294.

Un alcalde del s. XXI dijo recientemente que Guzmán no debería ser el «Bueno» porque mató a su hijo. Sin comentarios.

ENRIQUE II Y PEDRO I EL CRUEL O EL JUSTICIERO

Fueron hermanos bastardos y malavenidos, unos tales Pedro I, el último rey Borgoña, y Enrique II, el primer rey Trastámara. A Pedro se le llamó el «Cruel» por sus enemigos y el «Justiciero» por sus amigos, es decir, en función del interés de la nobleza de turno. Si atendemos a los hechos con ojos actuales, nos saldría más del páncreas llamarle el Cruel, pero es que Pedro I no fue una excepción en una época en la que las cosas se dirimían por la vía rápida, sin contemplaciones, ni aguas calientes.

Pedro I, rey de mediados del s. XIV, se enamoró de María de Padilla, pero su mano derecha, Juan Alfonso de Alburquerque, le aconsejó casarse con Blanca de Borbón para establecer lazos con el país galo. Sí, ya tuvimos una Borbón reinando entre 1353 y 1361, aunque a la pobre solo la vio una vez en la vida el rey don Pedro, y es que al enterarse de que su suegro, el hermano del rey de Francia, financieramente estaba más tieso que la mojama, decidió pasar de su esposa para siempre. No fue la primera vez que lo hizo, ya que con su segunda esposa le paso exactamente lo mismo, Juana de Castro. Finalmente, se casó con su amada María de Padilla.

Cada vez que se sentía amenazado o traicionado no se cortaba, y es por ello por lo que, a su medio hermano Fadrique, al mostrarle su respeto al rey, le asesinó con una maza y, acto seguido, el rey se puso a comer mientras el cadáver seguía aún caliente yaciendo en la misma sala. Al infante don Juan también le dio con una maza y lo arrojó por una ventana en Bilbao. La propia Blanca, su mujer, fue apresada y ejecutada. Se cargó cruelmente a su tesorero, un judío llamado Leví, y también a uno de sus hombres de confianza, Fernández de Toledo. Al rey Bermejo, que usurpó Granada, le aceptó un regalo de joyas carísimas y a continuación lo ató a una mula y lo alancearon hasta la muerte. Y al propio Alburquerque lo envenenó cuando este se pasó al bando de los siete hermanos bastardos del rey. Podríamos afirmar que bruto era un rato.

Su hermano bastardo, Enrique II, hijo de Alfonso XI y Leonor de Guzmán, odiaba a Pedro I tras el asesinato de su madre, Leonor, de modo que sus enfrentamientos fueron tantos, que hay quienes afirman que protagonizaron la primera guerra civil de Castilla. Otra más. Antes de esta guerra, Enrique apoyó al rey de Aragón, que también estaba en guerra con Pedro I. Total, que llegó el momento en el que Enrique II se autoproclamó rey y comenzó el rock & roll.

El tema llegó a su fin en 1369, en el conocido cerco de Montiel, en el que Enrique acorraló a Pedro. Hay varias versiones, pero la más aceptada es la que dice que Pedro, para huir, entró en la tienda de campaña de un caballero francés a las órdenes de Enrique, Bertrand du Guesclin. Este, al ver a Pedro, le dijo a Enrique «este es vuestro enemigo», pues llevaban años sin verse. Pedro, más fuerte, se hizo con Enrique sin mucho esfuerzo, pero Guesclin le volteó las piernas haciendo que Enrique cogiera ventaja y pudiera apuñalar a Pedro I. Lo que nunca pronunció el francés fue la famosa frase de «ni quito, ni pongo rey, sino ayudo a mi señor». Y así, por culpa de una zancadilla, se cambió de dinastía, entrando unos Trastámara en Castilla que morirían con Juana la Loca y que llegarían a la cúspide con Isabel la Católica, ¡palabras mayores! Por cierto y para más inri, Isabel I fue tataranieta tanto de Pedro I, como de Enrique II, ya que la nieta de Pedro I, Catalina, y el nieto de Enrique II, Enrique III, se casaron y a partir de su hijo, Juan II, todos los miembros de los Trastámara llevaban sangre tanto Trastámara como Borgoña, además de sangre de Lancaster y de Aragón.

PAZ DE LAS TRES VACAS

El tratado de paz aún vigente y más antiguo de Europa tiene como protagonista a España, concretamente a Navarra, y tiene la friolera de más de 650 años. En las peleas, lo más fácil es pelearse entre vecinos, y eso fue lo que les pasó a dos valles navarros vecinos, el de Baretous, que hoy pertenece a Francia, y el de Roncal, que sigue dentro de la Navarra española.

Todo comenzó en 1372, por una disputa por una fuente de agua entre dos ganaderos, Pierre Sansoler (Baretous) y Pedro Carrica (Roncal). La disputa creció y se convirtió en una pelea entre dos pueblos vecinos después de que Carrica terminara matando a Sansoler. Como venganza, un primo de Sansoler, junto a unos vecinos, acudió a Roncal para matar a Carrica, pero en lugar de encontrar a este, encontraron a su mujer embarazada y la mataron. Carrica fue a continuación con sus amigos a la casa del primo de Sansoler, encontrándolo junto a sus amigos, la mujer y un niño pequeño. Menos a la mujer y al niño, mataron a todos. Tras este suceso, los franceses organizaron una emboscada a unos 25 españoles, a los que terminaron matando (España no existía como tal, pero así nos entendemos). El rey de Navarra y el vizconde de Foux trataron de poner paz en una historia que comenzaba a mezclar hasta seres fantásticos y mitológicos. Vamos, ¡estaban como cencerros! El culmen fue la batalla de Agincea, con más pueblos de valles vecinos y que deparó 53 bajas españolas y 200 francesas. Todo por una fuente de agua, !EN LOS PIRINEOS!

Como el rey y el vizconde no consiguieron frenar el tema, buscaron la imparcialidad de un tercero que conociera las leyes del lugar, concretamente, alguien del valle de Ansó, Alto Aragón (Huesca), es decir, su alcalde, que eligió a otros 5 hombres buenos que se reunieron en la iglesia de San Pedro en Ansó, los cuales escucharon a todas las partes durante 20 días.

La sentencia fue que todos los 13 de julio, y para siempre, el valle francés debía entregar al valle español 3 vacas. A cambio y durante unos meses, los franceses podían utilizar los pastos y la dichosa fuente. Se conoce como la «Paz de las tres vacas» y se celebra desde 1376. Las vacas deben ser sanas, iguales y de 2 años, y se entregan en la piedra de San Martín, que desapareció en 1858, y desde ese año se hace en la frontera, en el mojón 262. Desde 1376, hay un ritual de entrega que preside el alcalde de Isaba.

A día de hoy las vacas vuelven a Francia, aunque su precio se paga. A cambio, el valle del Roncal paga una fiesta con asado. Aunque con problemas, tras la revolución francesa y la guerra de la Independencia, los baretones han seguido cumpliendo el pago. En toda la historia, solo han impedido este acto los nazis, para impedir a los franceses huir a España durante la Segunda Guerra Mundial.

Curiosamente, una historia fea y de mal comienzo, ha tenido un excelente y duradero final.

Enrique II, el primer Trastámara y rey de Castilla, se las vio con el Príncipe Negro, Eduardo de Woodstock, primogénito de Eduardo III de Inglaterra. De este modo, Castilla se metió en la Guerra de los Cien Años del lado francés. Era la época en la que el almirante mayor de Castilla, era un genovés llamado Bocanegra. La duda era si Castilla sería una potencia marítima por méritos propios o si, sencillamente, los éxitos le venían por el atrevido Bocanegra.

Cuando presumimos de marinos españoles, el primero debería ser, sin duda, Fernando Sánchez de Tovar, un marino nacido en Lisboa, que junto a Bocanegra sirvió a Pedro I en contra de Aragón, pero que, en 1366, se cambió de bando y pasó junto a Bocanegra a las órdenes de Enrique II, el hermano bastardo de Pedro I el Cruel.

En la Guerra de los Cien Años, Tovar apresó al yerno del rey inglés. En 1373, se había hecho con toda la costa entre Burdeos y Ouessant, y tras la muerte de Bocanegra, Tovar fue el almirante mayor de la Mar para Enrique II. La enfermedad del Príncipe Negro y la senectud de Eduardo III, hicieron que el castellano, junto al francés Jean de Vienne, saquearan Rye, Folkestone, Lewes, Portsmouth, Dartmouth, Plymouth, Hastings, Poole y la isla de Wight. Pero si Tovar se hizo famoso por algo, fue porque en 1380, se metió hasta la cocina, remontando el Támesis desde North Foreland y llegando a Gravesend, a escasos km de Londres, y sembrando el pánico en la isla como jamás hubieran adivinado pensar.

Claro, estas cosas tan raras eran casi imposible de repetirlas, pero resulta que 25 años más tarde, en 1405, Pero Niño, conde de Buelna, un tipo con patente de corso, saqueó junto a otro francés, Charles de Savoisy, las ciudades de Saint Ives, Poole, Southampton y las islas de Portland y Jersey.

Pero Niño Laso de la Vega fue un vallisoletano criado junto al hijo de Juan I, el príncipe que sería más tarde Enrique III, y de este modo recibió la mejor de las educaciones posibles. Era un espadachín mejor que Errol Flynn, y ya a las órdenes de Enrique III se le encomendó limpiar el Mediterráneo de piratas, si bien, al final se ensañó con los bereberes y terminó haciéndose un pirata más, no solo en este mar, sino también en el Atlántico.

Así, en el Cantábrico, los piratas ingleses encontraron la horma de su zapato. Se hizo famoso por ataques relámpago, saqueo, incendio y huida rápida. Quiso emular a Sánchez Tovar atacando Londres, pero claro, los franceses alucinaron con él y para darle la razón como a los tontos, le llevaron a Southampton y le hicieron ver que aquello era Londres. Murió pensando que hizo la misma gesta que Tovar. ¿Qué habría pasado si hubiese atacado Londres de verdad?

Pero Niño dejó su vida escrita en «El Victorial», gracias a su alférez Gutiérrez Díez de Games, obra considerada como la primera biografía de la literatura española.

MADRID, CAPITAL DE ARMENIA

Madrid fue capital de otro país antes que de España, y los madrileños, por supuesto, ni se lo huelen. El 8 de mayo de 1561, Felipe II decide trasladar, permanentemente, la corte a Madrid y desde entonces es capital de España. Las razones fueron la revuelta comunera de Valladolid, la otra candidata a ser capital, la insalubridad de Toledo y el odio al clima toledano que tenía su tercera esposa, Isabel de Valois. Incluso las diferentes razones se conocen y exponen en documentos de la época, que aún se conservan en el Archivo de Simancas. Lo llamativo es que, en esta quiniela de ciudades candidatas, no entraran otras ciudades-urbes como Sevilla (ciudad que miraba a América), Lisboa (Felipe II era Felipe I de Portugal) o Barcelona (ciudad que miraba a Europa).

El traslado de la capital no fue sencillo y es que con el rey, se trasladaba todo quisque, es decir, la corte enterita, con funcionarios, clero, ejército y empleos indirectos. Así, un Madrid con unos 10.000 habitantes en 1561, se plantó con 90.000 en el año 1600. Claro, Madrid no podía alojar a tanto hijo de vecino y por ello, el rey ordenó que aquellas casas que tenían doble planta, debían dar alojamiento gratis en sus plantas superiores, estuvieran en las condiciones que estuvieran. Así, los madrileños comenzaron a construir sus casas con malicia, es decir, sacaban sus ventanas contrapeadas en sus fachadas y uno desde el exterior no sabía si una casa era de una o de dos plantas. A estas casas se las sigue denominando «casas de la malicia» y han llegado muchas hasta nuestros días.

Años más tarde, hubo cinco años de capitalidad en Valladolid (1601-1606), gracias al doble pelotazo que dio el duque de Lerma, el valido de Felipe III, el tipo más corrupto que había visto España hasta entonces.

Pero casi nadie sabe hoy día que, el rey armenio León V (bastión cristiano en tierra de cruzadas) fue apresado por mamelucos egipcios en 1375. Se tiró encerrado siete años en El Cairo, enviando cartas a los reyes europeos para que pagaran su rescate. El único que se atrevió a pagar dicho rescate fue Juan I de Castilla. En señal de agradecimiento, León V vino a Castilla a saludar a Juan I y este se vino arriba y le nombró señor de Madrid, Andújar y Villarreal (esta Villarreal es la actual Ciudad Real). Al residir León V en Madrid, esta fue capital de la Armenia Cilicia entre 1382 y 1393, ya que en aquel entonces se consideraba como capital el lugar de residencia del monarca. De hecho, en esos once años, los ciudadanos de Madrid fueron sus súbditos. La verdad es que el tema no sentó nada bien a los madrileños y, finalmente, cuando León V falleció en París, justo cuando buscaba más apoyos para su causa, Madrid volvió a ser súbdita del rey de Castilla. En honor a León V, Madrid le ha dedicado una calle en el sur de la ciudad.

EL PAPA LUNA, EL ANTIPAPA

Estando reciente la muerte de Benedicto XVI, me gustaría hablar de un Benedicto anterior y que la lio parda. Desde que Pedro fuera el primer papa de la Iglesia católica en el s. I, se han sucedido 266 papas hasta el actual Francisco I, y solo tres de ellos han sido españoles:

un gallego y dos valencianos. Dámaso I, el gallego, estuvo en la silla de Pedro del 366 al 384, Calixto III de 1455 al 1458 y Alejandro VI, de la familia de los Borgia y sobrino del anterior, de 1492 a 1503, siendo, además, un papa sobre el que se ha escrito mucho y en torno al cual, hay mucha leyenda negra.

Hubo un cuarto que no figura en el listado de 266 papas, Benedicto XIII, nacido en Illueca (Zaragoza) y que ejerció de papa de 1394 a 1423. Su nombre fue Pedro Martínez de Luna y Pérez de Gotor y ha pasado a la historia como el Papa Luna, pero también como el antipapa, puesto que fue elegido durante el Gran Cisma de Occidente o Cisma de Aviñón, y es que, en aquellos tiempos, hubo hasta tres papas, simultáneamente, atribuyéndose la silla papal.

Doctor en derecho canónico en Montpellier, había hecho previamente carrera militar, por lo que el tipo, ya de entrada, era peculiar. Inteligente, austero, trabajador y de carácter conciliador, terminó poniendo en jaque a todas las coronas europeas y a la institución de más poder de la época, la Iglesia.

Tras la muerte de Gregorio XI, se eligió a Urbano VI en un cónclave de 16 miembros, pero el tipo, con modos bastante dictatoriales que no terminaron de gustar, provocó que 13 cardenales le acusaran de haberle elegido bajo amenazas, y es que las turbas romanas exigían un papa romano o, al menos, italiano. Así, en Aviñón, eligieron a Clemente VII, en 1378, siendo el inicio formal del cisma, ya que ambos papas se excomulgaron mutuamente. En ambas facciones se sucedieron papas, siendo el más longevo el Papa Luna en la facción antipapal y, de hecho, hay quien afirma que el papa español fue el elegido por más cardenales antes del cisma. En el concilio de Pisa de 1409, se acusó a ambos de herejía y se eligió a un tercer papa, un profesor de Oxford de origen griego, que se enfundó la mitra papal bajo el nombre de Alejandro V. Solo duró un año y le sucedió Juan XXIII (tuvimos otro llamado igual en el s. XX), y ahí teníamos a 3 papas enfrentados, Juan XXIII, Gregorio XII y nuestro Papa Luna, Benedicto XIII.

Tras el concilio de Constanza se resolvió el cisma con Martín V, un claro líder en una Iglesia huérfana de ello durante 4 décadas.

Martín V trató de envenenar con arsénico al Papa Luna sin éxito, y nuestro papa, como buen aragonés, siguió convencido de ser el único papa hasta su muerte, en Peñíscola, en 1423 y con 95 tacos. Uno de sus últimos respaldos fue Escocia, en donde fundó la Universidad de Saint Andrews, la más prestigiosa y antigua de aquel país. De Benedicto XIII, además, viene el término «seguir en sus trece» y hay quien afirma que en el castillo del Temple de Peñíscola se siguen oyendo voces que dicen: «¡Soy el verdadero papa!».

El Papa Luna con Fernando I de Aragón, acompañado por san Vicente Ferrer, en 1414. Banco de Castellón de la plaza de España de Sevilla [Wikimedia].

S. XV. EL RENACIMIENTO Y LA LLEGADA DE LA EDAD MODERNA

Con el primer viaje de Cristóbal Colón, se da comienzo a la conocida como Edad Moderna, pero habría que esperar hasta finales del siglo XV, para adentrarnos en ella. El primer periodo es conocido como el Renacimiento y es que, hubo un renacer y un despertar en muchos y variados intereses, como por ejemplo el renovado interés por la cultura y el arte. Este interés se vio reflejado en numerosos campos como la literatura, la arquitectura y la escultura. Hubo un gran interés por el humanismo, es decir, por la dignidad y el potencial del ser humano, fomentando la educación y el pensamiento crítico.

Aun así, esta formación y educación estaba solo al alcance de unos pocos. La ampliación del mapa terrestre, gracias a grandes viajes como los de Colón y Magallanes-Elcano, hizo que muchísimos ciudadanos se plantearan una nueva oportunidad vestida de viaje al nuevo mundo. En una mayoría de los casos se trataba de hombres que, no es que no fueran dueños de la tierra que trabajaban, es que no eran dueños ni de las herramientas con las que trabajaban dichas tierras. Hombres hechos de otra pasta, que se lanzaron a conquistar un mundo totalmente desconocido. Hombres que huían de una Europa gris, llena de enfermedades y guerras.

En el Renacimiento hubo guerras, pandemias, nuevas tecnologías como la imprenta y viajes como el de Colón. ¡Menos mal que estas cosas ya no pasan! Es curioso como 500 años más tarde, seguimos estando en medio de pandemias, guerras, nuevas tecnologías a golpe de clic y nuevos viajes, esta vez a la Luna. Los retos siguen siendo los mismos, lo único que cambian son los medios y el contexto. ¿Seremos capaces de asumirlos, igual que los asumimos en el pasado?

RUI GONZÁLEZ DE CLAVIJO, EMBAJADOR EN UZBEKISTÁN

Uzbekistán, como tal, no existía a principios del s. XV. En aquella época, por aquí teníamos a Enrique III de Castilla, el tercer rey de los Trastámara. Fue un monarca que ya demostró que la familia lograría grandes cosas hasta el punto de que supo emparentarse con la corona inglesa, siendo su esposa una tal Catalina de Lancaster.

En un momento en el que los otomanos ya estaban dando bastante guerra (habría que esperar casi un siglo a que Colón intentara evitarlos viajando hacia el oeste, y casi dos hasta que Juan de Austria les pusiera en su sitio), este monarca buscó en un tal Rui González de Clavijo, un embajador que se metiera en el bolsillo al rey tártaro y ya septuagenario, Tamorlán, más conocido como Tamerlán el Grande, si bien el nombre venía de Amir Timur, o sea, Timur-i-Lang, un mote que significaba Timur el Cojo. Sin complejos andaban por aquellos lares. El objetivo de Enrique III era hacer la pinza a los malvados otomanos.

Este reino era una encrucijada entre oriente y occidente en plena ruta de la seda. Curiosamente, si vas a Samarcanda, la capital de aquel imperio de Timur entre 1336 y 1405, te vas a encontrar con un barrio llamado Motrit, en clara referencia a la actual capital de España. Y más curioso aún, es encontrar en aquella ciudad de Uzbekistán una placa en honor a aquel jefe de la cámara real que, es como se denominaba al cargo que tenía el tal Clavijo. El tipo tiene una calle en la avenida de Samarcanda. No todo el mundo puede decir lo mismo, y es que si en España conocemos a Marco Polo, este tipo no le anduvo a la zaga, aunque llegara bastante más tarde que el italiano.

La expedición duró tres años y se describió en una obra titulada «Embajada a Tamerlán», una obra literaria de referencia de finales del s. XVI, puesto que, se publicó en 1582, y que nos proporciona infinidad de detalles de numerosas ciudades de principios del s. XV. ¡Casi nada! No hay mucha literatura al respecto y de ahí que este libro sea una auténtica perla, si bien, siempre ha habido dudas de si fue el propio Clavijo quien lo escribió o si fue su compañero de viaje, Alonso Páez de Santamaría.

Tamerlán propinó varias derrotas al tal Bayaceto, más conocido como Beyacid I, sultán de los otomanos. Ya había estado por allí una expedición previa comandada por Pelayo de Sotomayor y Fernando de Palazuelo, los cuales presenciaron la victoria mongol en la batalla de Angora. Estos tipos regresaron a España acompañados de un embajador mongol llamado Mohamad Alcagí y de dos damas castellanas que tenía presas el tal Bayaceto. Para compensar, Enrique III envió a Rui para agasajar a Tamerlán y tratar de hacerse con una posición estratégica de interés para la corona de Castilla. La ruta se dice rápido, pero tras partir desde Cádiz, pasaron por Málaga, Ibiza, Mallorca, Gaeta, Roma, Rodas, Quíos, Constantinopla, Pera, Trebisonda, Zigana, Torul, Erzincan, Erzurum, Surmari, Ararat, Maku, Khoy, Tabriz, Miyana, Zanyán, Sultaniyya, Teherán, Simnan, Firuzcuh, Damghan, Jajarm, Nishapur, Andkhoy, Balkh, Tirnidh, Kish y Samarcanda. Tras llevar todo tipo de regalos, Tamerlán llamó a Enrique III «hijo mío».

Al regresar a España, Rui fue nombrado chambelán del rey en Alcalá de Henares y las buenas relaciones de ambos reinos marcaron una importante diferencia con respecto al resto de potencias europeas.

LA CONQUISTA DE LAS CANARIAS

La conquista del Caribe europeo es algo de lo que no se suele estudiar mucho, al menos, en la península. Se les llama «guanches» con mucha facilidad, pero este término solo hace referencia a los aborígenes de Tenerife. Estos nativos, de origen bereber, curiosamente, apenas sabían navegar y no tuvieron contacto entre las diferentes islas. Según Plinio el Viejo (escritor y militar romano destinado en Hispania), fue Juba II (el yerno de unos tales Cleopatra y Marco Antonio), rey de Numidia (norte de África) y posteriormente de Mauritania, quien interactuó tanto con romanos como con canarios. Es más, se cree que fue él quien dio el nombre a las islas debido a los canes tan feroces que allí había.

Los romanos trasladaron población desde Mauritania a Canarias, y fue Roma quien intentó colonizar las islas en primera instancia, habiendo restos de cerámica en la isla de Lobos (entre Lanzarote y Fuerteventura).

Tras la caída del Imperio romano, todo se mantuvo en calma, hasta que en torno a 1330, apareció por allí un genovés que buscaba una flor de enorme importancia, la orchía, un tal Lancelotto Malocello. Este tipo llegó a la isla de Titeroygacat, hoy llamada Lanzarote en su honor.

Tras un siglo XIV, sin demasiadas sorpresas, llegó un s. XV, en el que se conquistó el archipiélago en dos fases. La primera fase fue de 1404 a 1450, en donde se impuso un sistema feudal, primero con normandos y luego con castellanos. Los normandos fueron Gadifer de La Salle y Jean de Béthencourt, que fueron haciéndose con Lanzarote, Fuerteventura y El Hierro. En Lanzarote levantaron un castillo llamado Rubicón y mantuvieron un tratado de paz con el rey de la isla, Guadarfía, al que prometieron proteger la isla de otros invasores. Mientras La Salle estaba en la isla de Lobos y Bethencourt andaba por Cádiz, el gobernador del castillo, Bertín de Berneval, apresó a Guadarfía y a sus hombres, de modo que los nativos iniciaron una rebelión. Béthencourt regresó en 1404, con el objetivo de calmar los ánimos. Además, vino con el título de señor de las Islas de Canarias, regalo personal de Enrique III de Castilla. Esto enfadó a Gadifer, que había estado allí aguantando sin tener un rol demasiado visible para el rey de Castilla. Aun así, conquistaron Fuerteventura, construyendo el castillo Rico Roque y fundando el pueblo llamado Betancuria (de Béthencourt), el cuartel general de los europeos en el archipiélago. Su iglesia fue considerada catedral por orden del papa Martín V. Tras fracasar en La Palma, Bethencourt fue a El Hierro y la anexionó en 1405. Después de repoblar las islas con sangre normanda, vendieron sus posesiones a la nobleza castellana, que incorporó La Gomera en 1450.

Más tarde y ante un avance notorio de Portugal en la costa africana, los Reyes Católicos vieron que les faltaban 3 islas que debían añadir al territorio hispano antes de que alguien les adelantara por la izquierda. Enviaron al leonés Juan Rejón en 1478, que arribó a Gran Canaria para fundar la Villa Real de las Tres Palmas de Gran Canaria, en el noreste de la isla, en el actual barrio de Vegueta. La cosa estuvo tirante hasta 1483, año de la conquista de la isla del Roque Nublo. Digno de mención fue el guerrero Doramas (Addur Amas, que significa «el pariente de buena fama»), un tipo más que resistente y que procedía de la plebe de Telde. Al pobre le clavaron una lanza por la espalda y le cortaron la cabeza para exhibirla. Así, Alonso Fernández de Lugo completó la conquista. Este tipo llegó a La Palma para luchar contra el rey o mencey, Tanausú, al cual apresó. La última isla en hacerse querer fue Tenerife, con una resistencia guanche brutal. En 1494, Alonso fundó la ciudad de Santa Cruz de Tenerife en el lugar en el que plantó una cruz en la arena de una playa. En 1496, fundó San Cristóbal de la Laguna, capital hasta 1833, la primera sede del Cabildo de Tenerife y de la Capitanía General de Canarias. Los guanches se rebelaron y tuvieron lugar las famosas batallas de Acentejo, en las cuales, los guanches ganaron, en 1494, con un tal Tinguaro, pero los castellanos vencieron en 1495, y, oficialmente, desde 1496, las islas afortunadas pasaron a pertenecer a la corona de Castilla. Desde entonces y en consonancia con lo que pasara en América, se inició un mestizaje de bereberes, normandos, castellanos, portugueses y genoveses…, y hasta hoy.

Hoy Marruecos no reclama las islas Canarias en sí, pero sí sus aguas territoriales, y ya llevan bastantes décadas con la cantinela esa del «Gran Marruecos» que persiguen.

EL INFANTE FERNANDO, MÁRTIR DE CEUTA

Se llamaba Fernando de Avís y Lancaster y sin él, hoy Ceuta, seguramente, no sería española. Le llamaron el «infante Santo». Era hijo del rey Joao I de Portugal y hermano de Enrique el Navegante, es decir, del marino que intentó bordear África para sortear el tapón que los otomanos ejercían al este de Europa. ¡Ojo!, el tipo llegó hasta Sierra Leona, y encabeza el monumento de grandes marinos y descubridores que hay en Lisboa.

Su padre fue quien tomó Ceuta en 1415. Fernando no estuvo en aquella ocasión, pero sí que acompañó a Enrique, su hermano, el héroe nacional, en 1437. Ese año el objetivo portugués fue Tánger, pero se masticó la tragedia desde el inicio.

Para salvar el pellejo, la maniobra del listo de Enrique, fue prometerle al gobernador de Tánger, Salah ben Salah, que le entregaría Ceuta. A cambio le dejó a su hermano de rehén junto a unos cuantos portugueses más. ¡Pobrecillo! Cuando se despidieron, Fernando ya mencionó que sería la última vez que se vieran.

El problema fue que, Enrique tenía más interés por Ceuta que por su hermano. El tipo llegó a unir a España e Inglaterra de su parte, no en vano, su madre era inglesa, pero no consiguió demasiado. Nunca quiso entregar Ceuta a cambio de Fernando. Sabía que Ceuta era muy importante. Era tan importante que, siglos más tarde, los ingleses hicieron lo propio con Gibraltar. Al mismo tiempo y ante el giro inesperado de los acontecimientos, Fernando se retorció entre terribles sufrimientos en Fez.

Ceuta era un lugar estratégico y su potencial para la marina portuguesa era indiscutible y, de hecho, Portugal fue grande poco más tarde. Ceuta fue el inicio del éxito de Enrique el Navegante. Tras seis años de cautiverio, a Fernando le desgarraron el corazón, los órganos y los intestinos para dárselos a los presos y el resto del cuerpo lo colgaron de una de las almenas de la muralla.

Enrique no quiso regresar a Lisboa para no tener que dar parte a la familia, pero el tema de su hermano le fue carcomiendo poco a poco. A Fernando se le canonizó en 1470, y en él se inspiró Calderón de la Barca para escribir «El príncipe constante».

Si Enrique hubiera rescatado a su hermano, probablemente Ceuta sería hoy marroquí. Y con una Ceuta musulmana, el reino de Granada habría tenido más fácil pedir refuerzos dese el sur, por lo que, quién sabe si habría aguantado más años, o incluso décadas, el embiste cristiano.

Tras una crisis sucesoria, Portugal se incorporó a la monarquía hispánica en 1578, pero en 1640, cuando se separó de España, Ceuta no siguió a Portugal y permaneció en España. Y hasta hoy.

Por cierto, la OTAN no se hace cargo de las posesiones españolas en el norte de África, y en lo concerniente a estos territorios, no tenemos reciprocidad de defensa, como así se acordó en el Tratado de Washington de 1949, que en su artículo 5 señala lo siguiente: «al territorio de las partes en Europa o América del Norte, o las islas bajo jurisdicción de cualquiera de las partes en el área del Atlántico Norte, al norte del trópico de Cáncer». Así pues, eso, ¡a por uvas con Ceuta y Melilla!

LA SUCESIÓN AL TRONO DE LA REINA ISABEL LA CATÓLICA

La reina Isabel la Católica jamás debió haber sido reina o, mejor dicho, era la que peor lo tenía para terminar reinando. Viendo cómo quedaba ubicada su persona en su propio árbol genealógico, insisto, era la última entre sus hermanos con derecho al trono.

Su padre fue Juan II y se casó dos veces. Con su primera esposa, María de Aragón, tuvo 4 hijos, Enrique, que sería más tarde Enrique

IV, Catalina, Leonor y María. Estas tres últimas fallecieron muy jóvenes, con dos años de edad, en el caso de Catalina y Leonor y con apenas un año, María, a la cual, de hecho, no les dio tiempo ni a meterla en la relación de Princesas de Asturias.

Cuando falleció María de Aragón, Juan II se volvió a casar, esta vez con Isabel de Portugal. Con esta segunda esposa tuvo dos hijos más, Isabel (Isabel la Católica) y Alfonso. Por la ley sálica, Alfonso estaba antes que Isabel en la sucesión al trono.

«Doña Ysabel I, la Católica». *Las glorias nacionales : grande historia universal de todos los reinos, provincias, islas y colonias de la Monarquía Española, desde los tiempos primitivos hasta el año de 1852.* [Fondo Antiguo de la Biblioteca de la Universidad de Sevilla]

Así pues, Juan II tuvo 6 hijos de dos matrimonios y la última en tener derecho al trono era nuestra querida Isabel I de Castilla. Para que ella fuera reina, esto debía funcionar como la película de «Los Inmortales», es decir, solo podía quedar uno. Pues bien, cuando ella nació, ya habían fallecido sus hermanastras Catalina, Leonor y María. Así pues, el árbol de su familia es un poco engañoso. Ella realmente solo tenía por delante a Enrique IV y a su hermano, el Infante don Alfonso.

El caso es que, quien reinó de primeras, fue su hermanastro, Enrique IV. Este tuvo una historia similar a la de su padre. Se casó dos veces. Su primera esposa fue Blanca de Navarra, pero no tuvo hijos con ella. Al considerarla estéril, se divorció de ella unilateralmente, es decir, sin esperar a la venia de Roma. Esto fue un craso error, puesto que fue utilizado por Isabel años más tarde, cuando quiso acceder al trono.

Mientras tanto, Enrique IV tenía malviviendo en Arévalo a sus hermanastros Isabel y Alfonso con la madre de estos, Isabel de Portugal, totalmente apartados de la corte. Se dice que pasaban hasta hambre. Esto es importante afirmarlo porque, a día de hoy, hay quien trata a Isabel de golpista, de golfa, etc., pero la realidad es que, su hermanastro les maltrató bastante desde bien jóvenes.

La segunda esposa de Enrique IV fue Juana de Portugal. Con ella tampoco parecía que hubiera suerte, ya que tampoco llegaban los hijos. El caso es que el tipo, Enrique IV, era un mujeriego de narices e, incluso, hay testimonios de prostitutas segovianas que aseveraban haberse acostado con él. La presión era enorme por parte de la nobleza castellana y en la llamada «farsa de Ávila» se le decía «a tierra puto» (puto era un término para acusarle de ser homosexual, cuestión que en aquel entonces no era bien vista, sobre todo, por generar dudas en cuanto a tener descendencia). En esta «farsa de Ávila» se trató de investir rey a su hermanastro, el infante don Alfonso. Se dice, se cree que, en una comida con truchas, el rey envenenó al infante Alfonso, el cual terminó «matarile».

La presión iba creciendo y hasta del este de Europa vinieron unos judíos que protagonizaron el primer intento de fecundación in vitro de la historia. Sí, sí, has leído bien. Esto sucedió en el s. XV, ¡Brutal! El caso es que en una cánula de oro metieron el «material de combate» del rey y con ello intentaron fecundar a la reina Juana, pero vamos, ¡el «fail» fue de aquí te espero!

El caso es que al final sí que hubo descendencia. Los Jorge Javier Vázquez de la época, es decir, la prensa rosa que, no eran otra cosa que los juglares que iban de mercado en mercado y de ciudad en ciudad, contaron dos historias. La primera versión decía que Enrique IV había pedido a su mejor amigo, su valido, el duque de Alburquerque, que se acostara con su mujer. La segunda versión decía que, la reina Juana, cansada de los cuernos que le ponía el rey, decidió acostarse con el mejor amigo de este, su valido. Como el valido, el duque de Alburquerque, se llamaba Beltrán de la Cueva y la reina se llamaba Juana, a la niña, porque lo que tuvieron fue una niña, se la llamó Juana..., y se la conoció como Juana «la Beltraneja». La madrina de bautismo, para más inri, fue su medio tía, la infanta Isabel, la futura reina de Castilla.

Total, que la gente seguía diciendo que la Beltraneja no era hija del rey y, por lo tanto, en el Tratado de los Toros de Guisando, el rey, Enrique IV, decidió que quien reinaría tras su muerte sería su hermanastra, Isabel, y no su supuesta hija, Juana la Beltraneja. ¡Para qué queríamos más! Eso sí, a cambio, Enrique le buscaría marido a Isabel. Le buscó cuatro, uno de la casa de Mendoza (de los de la futura Princesa de Éboli), otro de la casa real inglesa y otro de la francesa. Bueno, me falta por mencionar uno, el mejor de todos, el segundo candidato que le buscó su hermanastro, nada más y nada menos que el rey portugués, Alfonso V el Africano. Este rey era el tipo más rico del planeta, una suma de Aristóteles Onasis, Bill Gates y Amancio Ortega. Un tipo que tenía todo el comercio con África para todo lo relacionado con el tema de esclavos y piedras preciosas. Isabel lo dejó en el último momento, casi tipo Julia Roberts en «Novia a la fuga». Bueno, no tan en el último momento, pero casi. El caso es que un buen día, Isabel dijo que se iba a visitar la tumba de su hermano en Arévalo y lo que hizo fue escaparse a Valladolid para contraer, en secreto, matrimonio con el rey Fernando II de Aragón, es decir, el que sería Fernando V de Castilla unos años más tarde (ambos eran primos segundos y descendientes de unos bisabuelos llamados Juan I de Castilla y Leonor de Aragón). Esto sucedió en el Palacio de los Vivero, con una bula papal falsa que le proporcionó el obispo de Toledo, Alonso Carrillo de Acuña, puesto que el papa se oponía. Lo que dijo Enrique IV al enterarse de la noticia debió ser de todo menos bonito. Decidió cambiar su testamento, que custodió un clérigo que marchó a Portugal y del que nadie, jamás, supo nada. Este testamento cayó en manos del rey Fernando en 1504, cuando la reina Isabel estaba en su lecho de muerte. Lo quemó. Jamás sabremos qué ponía en ese testamento, pero se supone que debía decir que quien debía heredar el trono a su muerte debía ser la Beltraneja y no Isabel. Pero eso no se sabe a ciencia cierta, es un suponer.

En 1474, falleció Enrique IV y ya solo quedaba Isabel, pero no, quedaba también su ahijada, Juana la Beltraneja. A esta la asesoró tanto el obispo de Toledo, el de la bula papal falsa, como el que debió haber sido valido de Enrique IV, pero que nunca lo fue porque le quitó el puesto un advenedizo, el supuesto padre de la criatura, el duque de Alburquerque, el mejor amigo de Enrique IV. Este tipo era Juan Pacheco, el marqués de Villena, el propietario de todos los castillos de la carretera de Alicante, antiguo camino de Madrid a Cartagena, es decir, el dueño de los castillos de Belmonte, Chinchilla, Alarcón, Villena, Almansa, etc. Este tipo, que estaba forrado, para meter baza, le dijo a la Beltraneja que se casara con su tío, nada más y nada menos que el rey de Portugal. Sí, sí, ese al que la reina Isabel había dado plantón a última hora y con el que no se casó. ¡Se lio parda!

Isabel se coronó reina el 13 de diciembre de 1474, en Segovia, pero mientras tanto, el marqués de Villena y el rey de Portugal, malmetieron y se generó la Guerra de Sucesión Castellana. Tuvo dos grandes episodios que, fueron la batalla de Toro, con victoria de Isabel, y la batalla de Guinea, ya que los Reyes Católicos se vinieron arriba y quisieron quitarle el comercio con África al rey portugués. En Guinea nos dieron los portugueses por todas partes. Así, tras una gran victoria por cada bando, se firmó el Tratado de Alcázobas, que básicamente decía que lo ocurrido en el terreno de juego debía quedar en dicho terreno de juego y así, Alfonso V se quedaba con el eje norte-sur del Atlántico salvo Canarias, unas islas en las que, como ya hemos visto, España llevaba casi un siglo dándose de tortas. Castilla, por su parte, se quedaba para Isabel.

Juana la Beltraneja se metió monja de clausura y, a día de hoy, no sabemos dónde se encuentra enterrada. Una pena, porque Enrique IV está enterrado en Guadalupe y podríamos hacerles una prueba de ADN para determinar si verdaderamente eran padre e hija, pero no sabemos qué fue de la Beltraneja. Por cierto, lo de Guadalupe es curioso, porque Extremadura fue el Marina D'Or de la época, al que acudían todos los reyes a morir, y es que el gran Carlos I de España y V de Alemania, pasó sus últimos días en el Monasterio de Yuste (Cáceres), curioso y bello lugar para los últimos días de este gran emperador.

Volviendo al tema, el caso es que, quien heredó el trono fue la reina Isabel I de Castilla, coloquialmente conocida como Isabel la Católica y, definitivamente, con ella, el mejor monarca que jamás tuvo Castilla y España. Digamos que con ella España entró en la Champions League. Que sí, que ya lo sé, que España aún no existía como tal..., ¡y dale!

EL YUGO Y LAS FLECHAS

Pues resulta que estas divisas, con un sesgo muy «facholi», tienen una historia de 30 siglos, ¡casi nada! Parece ser que corría el s. IX a. C., es decir, hace 3.000 años, cuando en el reino de Frigia estaban ya bastante cansados de que todo el que pasara por allí, arrasara. De hecho, los que pasaron y pasarían más tarde por allí, no eran otros que hititas, asirios, persas, egipcios, otomanos, macedonios, griegos, etc. Tenían tal paranoia con el tema de la seguridad, que tenían una diosa, la diosa de la madre naturaleza, que, además, era la diosa de la seguridad y no era otra que una tal Cibeles. Como dato curioso, decir que en la Cibeles de Madrid, donde los jugadores del Real Madrid depositan sus bufandas merengues en las celebraciones de los títulos, podemos observar que no tiene una corona o una tiara en su cabeza, sino que lo que posee es la muralla del reino de Frigia. Eso es lo que tiene la Cibeles en la cabeza. La preocupación por la seguridad llegaba hasta ese extremo.

Para que nos hagamos una idea, si la península ibérica fuera la península de Anatolia (actual Turquía), el reino de Frigia caería más o menos donde cae Extremadura en la península ibérica (suroeste y sin dar al mar). Pues bien, por allí pasó un buen día un tal Gordias. Cuando iba con su carromato por aquel lugar, de repente, se le posó un águila real. Que se te pose un águila real en el s. IX a. C., es equiparable al gol de Iniesta en la final del Mundial del 2010. Total, que se le acercaron para decirle que él era el elegido y que debía ser quien condujera al pueblo de Frigia a la prosperidad, bienestar, progreso, etc. Así pues, Gordias aparcó su carromato y lo ató con un nudo conocido como nudo gordiano. Aquel lugar se convertiría en la capital del reino y se llamaría Gordio o Gordión.

En al año 333 a. C., pasaba por allí Alejandro III de Macedonia, más conocido como Alejandro Magno. Un tipo se le acercó y le dijo que aquel que desatara aquel nudo gordiano gobernaría un imperio y conquistaría Asia. Que le dijeran algo así a Alejandro Magno era una auténtica provocación. Alejandro lo intentó una y otra vez, y no pudo desatar el nudo, de modo que desenvainó su espada y pronunció una frase que quedaría para la posteridad: «Tanto monta desatar que cortar», que más o menos significa algo así como, «¿qué me estás contando?». Y cortó el nudo dando solución al desafío. Es curioso que los matemáticos, a día de hoy, cuando un problema no tiene solución, lo llamen «problema gordiano». Alejandro Magno llegó hasta la India y el sur del Himalaya, y a su regreso hacia su Macedonia natal, falleció en Babilonia, el Nueva York de la época, la ciudad más importante del planeta en aquellos tiempos. Unos dicen que murió asesinado, y otros dicen que, tras padecer una enfermedad venérea, pero el caso es que los turcos, hoy día, dicen que no llegó a Macedonia porque no fue capaz de desatar el nudo. El pique entre griegos y turcos sigue asegurado.

Esta historia le encantaba al rey Fernando de Aragón, el conocido como Católico. Él y la reina Isabel I eran fans de Alejandro Magno, vamos, que eran sus más fieles followers. Las historias de Alejandro Magno les unían mucho. Total, que esta historia le encantaba al rey por la picaresca que encerraba en una España llena de pícaros. Para entender la figura del rey Fernando, hay que añadir que un amigo suyo escribió un libro que decía que el fin justificaba los medios. El libro se titula «El Príncipe» y el autor no es otro que un tal Maquiavelo. Se dice que esta obra está inspirada en el rey Fernando (otros dicen que en el papa Borgia), o al menos eso dicen las malas lenguas. Cuidado, Maquiavelo no escribió la frasecita famosa. La frase de «el fin justifica los medios» la escribió Napoleón en su ejemplar de El Príncipe en su última página. ¡Un gran resumen! Por cierto, no hay político de la actualidad que no ponga en práctica lo que se explica en este libro totalmente atemporal y de siempre rabiosa actualidad.

Resumiendo, que en el s. XV, cuando unos novios se casaban, existía la costumbre de que el novio le hiciera un regalo a la novia, y la novia le debía hacer un regalo al novio. Eso era lo que marcaba la tradición. El rey Fernando le regaló a la reina Isabel un yugo con el nudo gordiano cortado, ya que, además, la palabra «yugo» comenzaba con la letra «y», y es que con la «y» se escribía el nombre de «Ysabel» en aquel entonces. Y la reina Isabel le regaló a Fernando unas flechas que comienzan con la letra «F» de Fernando y que encierran otra historia de Alejandro Magno.

Dice la leyenda que, en una isla del Mediterráneo, un viejo sabio le pidió a Alejandro Magno extraer una flecha de un haz para quebrarla. Alejandro la extrajo y la partió. Luego le pidió que cogiera todo el haz de flechas y tratara de quebrarlo de una sola vez. Alejandro no pudo. El sabio le dijo que, esta enseñanza era para mostrarle lo importante que era permanecer unido, que no dejara a ninguna de sus provincias, conquistas, etc., a su libre albedrío y que las protegiera si quería mantener unido un imperio. Esta historia le encantaba a la reina Isabel en un momento en el que se estaban uniendo los reinos de Castilla y Aragón.

Ambas divisas se unieron y se pronunció la famosa frase de «tanto monta, monta tanto, Isabel como Fernando», que procede de donde procede y que viene a significar que, tienen el mismo peso los ciudadanos de Castilla, León, Aragón, Granada y Sicilia (Navarra no se uniría hasta 1512). Las flechas siempre estarían en horizontal, inclinadas hacia abajo o apuntando totalmente hacia abajo y es que, nunca se guardaban hacia arriba porque si no, el arquero, al coger una flecha podía lastimarse.

En 1931, con la llegada de la Segunda República, se arrasó con cualquier simbología sospechosa de pertenecer a la corona y se suprimieron la bandera roja y gualda, el himno de granaderos, el águila de San Juan y, por supuesto, el yugo y las flechas. En 1936, se produce el alzamiento por parte del bando nacional y recuperaron todos estos símbolos reales. Los nacionales lo que decían era que España estaba por los suelos y que había que levantarla. De hecho, no hablaban de golpe de Estado sino de alzamiento. Es más, su «claim» era «arriba España», y arriba debían apuntar las flechas siempre, las cuales se superponían en una misma divisa al yugo de Gordias. Esa es la diferencia entre un símbolo real del s. XV, y un símbolo franquista del s. XX.

INQUISICIONES EUROPEAS Y MIGUEL SERVET

¿Es España el único país que ha tenido inquisición? ¿Fue Torquemada el más malo de todos?

Desde luego que, si escribimos en Google la palabra «inquisición», en español o en inglés, lo que aparece es la inquisición española de 1478. Pero poca gente sabe que hubo una inquisición previa en Aragón con Raimon de Penyafort, que la primera de todas fue la francesa para perseguir a los cátaros, o que hubo otros tribunales que eran juez y parte, como el tribunal de Cromwell en Inglaterra, con peores números, por cierto, que Torquemada. Galileo no fue perseguido por Torquemada, sino por el papa y la inquisición romana, y a Juana de Arco le cogieron ojeriza, franceses e ingleses. Interesante es el tribunal que se instauró en Flandes, con números de película gore.

Aunque Google no nos lo proporcione, mucho cuidado con Lutero y Calvino, que no tuvieron nada que envidiar a nuestro Tomás de Torquemada. Y ahí tenemos a Miguel Servet. A este le persiguieron todos, pero quien lo odió de verdad, con ganas, fue Juan Calvino.

¿Cómo meterías a 100 aragoneses en un Seat 600? Pues diciéndoles que no caben. Como buen aragonés, Servet fue cabezón como pocos. El tipo pasó a la historia por descubrir la circulación pulmonar de la sangre, pero su pasión fue la religión, de hecho, además de médico, fue teólogo. A él las matemáticas no le daban para entender eso de que Dios era uno y trino, es decir, o era uno, o eran tres, pero que, salvo el lubricante, lo de la Santísima Trinidad, pues como que era difícil de asumir. El caso es que el antitrinitarismo fue perseguido como herejía por todos los cristianos, es decir, católicos y protestantes. Además, Servet no entendía por qué si Cristo fue bautizado a los 30 años, a los bebés se les bautizaba sin preguntarles y luego, para hacer apostasía de adultos, se les preguntaba infinitas veces si deseaban apostatar. Total, que él quería debatir y los cristianos del siglo XVI, todos sin excepción, debatir, poco.

Servet escribió hasta libros y, para más inri, se los enviaba al obispo de Zaragoza. Imaginaos la cara del obispo. En un momento en el que todos le perseguían, se dedicó solo a ser médico, pero la teología le perdía y volvió a escribir bajo el pseudónimo M. S., o sea, Michel de Villeneuve, ya que el tipo se llamaba Miguel y era de Villanueva de Sigena (el mismo pueblo del que la Generalitat de Catalunya extrajo, «by de face», el famoso y conocido como Tesoro de Sigena, y del que aún hay dimes y diretes).

Al final, Calvino pidió su detención porque supo que estaba en Ginebra. Le cogieron donde menos podía imaginarse, en un discurso al lado de Calvino. Parece tonta la cosa, pero era donde nadie le buscaba, pero sí, finalmente y para su desgracia, le reconocieron. Le metieron en un calabozo y durante días estuvo sin beber y sin comer, mientras sobrevivía entre sus propios excrementos. Finalmente, le sacaron desnudo a la calle en un mes de octubre y la pena impuesta fue hoguera a fuego lento, es decir, con troncos verdes, para sufrir más, especialidad cortesía de la inquisición calvinista. Al contrario que en España, los calvinistas tenían varias intensidades: al punto, al dente, hecho, muy hecho...

Servet pidió que le decapitaran por si en medio del sufrimiento se arrepentía, pero no, como buen maño, se mantuvo firme pese al sufrimiento lento que le marcó el alma «caritativa» de Calvino.

Sebastien Chatellion, un teólogo francés, le dijo a Calvino que, Servet había combatido con la pluma y que contestar con violencia no era defender un dogma, sino matar a una persona.

A día de hoy, en Ginebra (Suiza), en el Parque de los Bastiones, o sea, frente a una Universidad, en un país que todos tenemos por uno de los más desarrollados, pese a que la mujer comenzó a votar anteayer, o sea, muy a finales del s. XX, se mantiene un monumento pequeño y discreto, de más o menos unos 100 metros de largo, en honor a este ser llamado Calvino, y en honor también a otras «hermanitas de la caridad», como por ejemplo, Cromwell, Knox, Guillermo de Orange, Lutero o Zuinglio. Es un monumento, no solamente suizo, sino que en él intervinieron otros países que, en la época, fueron un dechado de tolerancia, como por ejemplo Inglaterra, Flandes, Hungría, Escocia, Francia, EE. UU., etc. El lema del monumento a estos reformistas es «Post Tenebras, Lux» (después de las tinieblas, la luz). Sí, que se lo digan a Servet. ¿Nos imaginamos qué pasaría si en España se decidiera levantar un monumento a Torquemada, aunque solo midiese la mitad, no sé, 50 metros por ejemplo?

TRIBUNAL DEL SANTO OFICIO DE LA INQUISICIÓN

En el último tercio del s. XV, hubo un prior dominico en el monasterio de Santa Cruz la Real de Segovia que alineó a toda la población española en torno a dos mensajes. Un mensaje era la corona y el otro la palabra de Dios. Para materializar mejor dicha alineación, decidió pedir una bula papal a un papa de nombre muy ordinal, Sixto IV, y con esta bula creó el Tribunal del Santo Oficio y de la Inquisición, más conocido como Inquisición Española o Santa Inquisición. Este tipo no era otro que el ya mencionado Tomás de Torquemada.

De Torquemada sabemos poco. Que lo educó su tío Juan en Valladolid, ya dentro de la orden de los dominicos, y que sus abuelos eran judíos. Sí, has leído bien.

Como lugartenientes tenía a dos tipos que han pasado de puntillas por los libros de texto españoles. Eran dos tipos que habían sido judíos y que, quizás por ello, debían demostrar que estaban fuera de toda sospecha y que eran más católicos que nadie, Alonso Espina, obispo de Burgos, y Alonso de Cartagena, obispo de Ourense. Estos dos obispos tenían muchísimo peligro, ya que estos sí que nominaban a quienes podían ser herejes. Al fin y al cabo, Torquemada no estaba para menudencias como los autos de fe. Antes de explicar qué eran los autos de fe, decir que estos tres personajes, Torquemada, Alonso Espina y Alonso de Cartagena, eran dominicos, y en el s. XV, no se les llamaba «dominicos» sino que se les llamaba, en latín, «dominicanus». Hay quien dice que la palabra «dominicanus» viene de dos términos latinos: «dominus» es decir, «señor» y «canis», perros. Así pues, estamos ante los perros del señor que persiguen con celo al hereje. Es más, en los edificios dominicos suelen aparecer los perros apresando zorros, es decir, los dominicanus atrapando herejes, y también aparecen muchas hogueras en donde se quemaban a los herejes en autos de fe. Y esto, además, concuerda con el fundador de los dominicos, Santo Domingo de Guzmán, un tipo de finales del s. XII, y que fue un icono hasta bien adentrado el s. XVI. Para más señas, decir que, la primera ciudad importante fundada por Colón en América, con catedral, castillo, muralla, etc., fue Santo Domingo, capital de la República Dominicana, ya que se fundó en honor al padre de Colón, que se llamaba Doménico Colombo. Pocos saben que el verdadero nombre de esa capital, a día de hoy, es Santo Domingo de Guzmán y no Santo Domingo a secas. Es para que nos hagamos una idea de la importancia que tenían los dominicos en el s. XV. Pues bien, santo

Domingo de Guzmán, la persona, se llamó así porque su madre tuvo un sueño en el cual, de su vientre salía un perro con una antorcha encendida en las fauces. Intrigada por tan surrealista sueño, peregrinó a un monasterio cercano a su Caleruega natal, en la actual provincia de Burgos, Santo Domingo de Silos. Allí fue consciente de que estaba embarazada y mira por dónde, en honor a aquel monasterio, le llamó a la criatura Domingo, que nació unos meses más tarde. Así pues, la importancia de los perros en esta orden es muy grande.

El símbolo de los dominicos, para explicar mejor esta orden creadora de la Inquisición, era una Santa Cruz. A un lado de la cruz había una rama de olivo y al otro lado había una espada. Si te arrepentías eras un penitente y se te perdonaba todo y, por tanto, te esperaba la rama de olivo. Si no te arrepentías eras un impenitente y te esperaba la espada, mejor dicho, la hoguera, es decir, la muerte.

En contra de lo que se dice, Torquemada era un tipo que caía muy bien en la época, puesto que, era un tipo humilde, no gastaba, era un hombre de palabra y, además, ofrecía los Madrid-Barca de la época, por lo que hoy día sorprende la cosa, pero es que es verdad, caía muy bien a los «españoles» de finales del s. XV. No hay nada peor que juzgar a los personajes históricos con patrones de la actualidad. Todos salen mal parados, pero Torquemada, más todavía. Normal por otra parte.

¿Qué eran los Madrid-Barca de la época? Pues los autos de fe que antes mencionaba. Las plazas se preparaban para ese espectáculo y la gente iba en masa a verlos. A veces acudían hasta los reyes. Un auto de fe era un juicio a los candidatos a herejes, que, o bien se libraban, o bien eran declarados herejes e iban directos a la hoguera.

Al hereje se le colocaba un capirote en la cabeza para que se le viera bien y se le ponía el saco bendito, de modo que se les paseaba por la ciudad para someterles a escarnio público. El saco bendito era un saco literal, al que se le hacía una abertura y se dejaba caer en el cuerpo de los juzgados a modo de chaleco o túnica. Yo no sé si las palabras «saco bendito» se decían muy deprisa, pero al final, el término evolucionó a «sambenito». Por cierto, el sambenito no se quemaba, sino que se llevaba a la iglesia del pueblo de origen del hereje para mayor vergüenza de la familia, de ahí, la expresión de «le han colgado el sambenito».

Y a los sodomitas, homosexuales, etc., se les hacía un auto de fe 2.0., que eran los emplumados. Se les desnudaba y aplicaba una pátina de aceite sobre el cuerpo. A los pájaros se les desplumaba, y las plumas, de diferentes colores, se pegaban en el cuerpo del hereje o emplumado. Alguien habrá escuchado la expresión «este tío tiene pluma» al referirse a un homosexual. O quizás cuando la policía detiene a alguien decimos «le han cogido y le han emplumado». Pues sí, son expresiones que vienen de los emplumados de la época de los Reyes Católicos. ¿Cómo se te queda el cuerpo?

Pues bien, lo mejor de todo es que si en Google escribimos, en español o en inglés, la palabra «inquisición», lo que obtenemos son resultados de la Inquisición de Torquemada de 1478. Si nos fiamos de Google, parece que no hubo más inquisiciones en la historia, pero claro, anterior a la de Torquemada ya hubo en España una inquisición en 1191, la creada por Fray Raimond de Penyafort, un tipo del Alto Penedés, que desarrolló una inquisición que se empleó muy levemente en la actual Cataluña. El tipo, que terminó siendo santo, fue uno de los hombres de confianza, precisamente, de Santo Domingo de Guzmán. Fue el encargado de todo el ordenamiento jurídico de los dominicos que, curiosamente, son conocidos en el resto de Europa como «Predicadores», ya que Santo Domingo de Guzmán creó la orden para predicar la palabra de Dios. Fray Raimond de Penyafort es, por tanto, y gracias a su labor en los dominicos del s. XIII, el patrón del derecho canónico, de los colegios de abogados, de los abogados y de los juristas.

Aun así, la primera inquisición fue la francesa, que se creó para perseguir a los cátaros en el Languedoc francés. Curioso es que, Santo Domingo de Guzmán creó la orden de los predicadores, precisamente, para combatir a los cátaros, que habían crecido mucho en el sur de Francia y en la Corona de Aragón.

Pero hubo más inquisiciones, como la romana que persiguió a Galileo, o las inquisiciones de los ya mencionados Lutero y Calvino que, en las actuales Alemania y Suiza, respectivamente (en aquella época no existían como tales países), tenían números de película gore. O la inquisición portuguesa, que quemó a miles de personas.

Y también hubo tribunales que no eran inquisiciones, pero que también eran juez y parte, como el tribunal de Flandes o el tribunal de Cromwell en Inglaterra que, sobre todo, se pasó mucho en Escocia. Dicho de otro modo, que se ensañaron a base de bien, ¡vaya!

¿Podemos dar números? Sí. Lo «bueno» de las inquisiciones es que dejaron todo registrado gracias a su monumental aparato burocrático. El hispanista británico, Henry Kamen, dice que el número de ejecuciones por parte de la Inquisición española está entre 2.000 y 3.000 personas en casi cuatro siglos de historia. Eso sí, la de Torquemada fue la inquisición más longeva de todas. Pues bien, la cifra se sitúa en torno a los 2800 herejes ejecutados. En la época más sangrienta de la Inquisición española, es decir, entre 1480 y 1530, se quemaron 59 brujas. Para tener una imagen real y comparativa de la época, se calcula que, en el resto de Europa, en un mismo periodo de 50 años, se quemaron a entre 25.000 y 50.000 brujas. Es más, el tema «brujas» se exportó a EE. UU., y de ahí que en Massachusetts, sean famosas las Brujas de Salem, que dieron lugar al archiconocido Halloween. El número de brujas quemadas por Calvino y Lutero fue de miles. Como ya hemos dicho, Calvino tiene hasta monumento en Ginebra.

Fijaos hasta dónde llega el tema que, había dos tipos de cárceles, las civiles y las de la inquisición. Parece ser que los presos de las cárceles civiles blasfemaban para ser trasladados a las cárceles de la inquisición española. Este último dato ya nos dice bastante, es decir, seguramente no eran hoteles, pero sí que debían tener mejores condiciones que las cárceles civiles.

Es en el s. XVI, es cuando Guillermo de Orange, la corona británica y la imprenta, comienzan a fabricar un relato, en el cual, se sustenta la Leyenda Negra de España. Una leyenda que, a día de hoy se manifiesta claramente al hacer una simple búsqueda en Google. Es más, en aquella época se publicó un libro por parte del británico John Foxe, que tenía muchos dibujos en un momento en el que la mayoría de la gente no sabía leer y escribir. Imaginemos que no sabes leer, abres un libro y eres capaz de comprender gracias a las representaciones gráficas. Sería flipante, casi una evolución a como es hoy un internet de las cosas. Digamos que, fue un avance brutal el poder imprimir dibujos. Pues bien, aquellos dibujos de John Foxe, no eran otra cosa que dibujos de torturas de la Inquisición española. ¡Para qué queremos más!

Así pues, no es de extrañar que en el mundo entero, Tomás de Torquemada sea conocido actualmente como el malo, malísimo y, sin embargo, tengan un perfil más bajo en términos negativos, pero por encima, con connotaciones reformistas un tanto «cool», los sanguinarios, ya citados, Calvino, Lutero, Knox, etc. ¡Injusto, muy injusto!

EXPULSIÓN DE LOS JUDÍOS

Es bastante desconocida la gota que colmó el vaso y que sirvió para expulsar a los judíos de «España» en 1492.

La verdad es que, nuevamente, si uno escribe en Google «expulsión de los judíos» en español o en inglés, lo que el buscador nos arroja es la expulsión de España del 31 de marzo de 1492. Pero no menos cierto es que, mucho antes, se les expulsó de Inglaterra hasta en tres ocasiones en el s. XIII, y, también, se les expulsó de países como Francia, Grecia, Polonia, Italia, etc. Está bien, Italia no existía como tal, pero se les expulsó primero del sur de la península itálica, más tarde de la zona de Roma y, finalmente. del norte. Y posterior a la expulsión de España, fue la expulsión de Portugal y también la expulsión de, por ejemplo, Navarra, que no se anexionó a España hasta principios del s. XVI. Raro es el país actual del este de Europa en el que los judíos no tuvieran problemas o no fueran expulsados en la edad media.

El caso es que, según la famosa Leyenda Negra, los judíos solo fueron expulsados de España, pero la realidad nos dice que eran el centro de las iras en toda Europa, sin excepciones.

Los judíos, aparte de profesar una fe diferente, eran buenos comerciantes y eso despertaba bastantes envidias. No habían tenido derecho a la propiedad de terrenos en muchas áreas geográficas y por eso se especializaron en un comercio que les proporcionó grandes beneficios.

Metiéndonos en harina, no muy conocidos son los casos de libelos de sangre de diferentes niños que se hicieron muy famosos entre los siglos XIII y XV.

En España teníamos a la Santa Inquisición de Torquemada, la cual tenía inquisidores repartidos por toda España. Volvemos a la figura de uno de los dos grandes ayudantes de Torquemada. Este no era otro que, Alonso Espina, obispo de Burgos. Alonso Espina escribió varios libros y en uno de ellos, titulado «El Infierno», hablaba sobre un caso que conmocionó a la sociedad del momento. El caso no era otro que el del Santo Niño de la Guardia. De hecho, se le venera, actualmente, en este pueblo toledano. Esta historia habla de un niño que estaba pidiendo limosna junto a su madre en la puerta de la catedral de Toledo, por lo tanto, estamos hablando de un estrato social muy bajo de la sociedad. Al niño lo raptaron unos judíos, concretamente, Yusif Franco y sus compinches. Por cierto, en una de las estancias de la Catedral de Toledo hay un dibujo enorme del «Rapto del Santo Niño de La Guardia». Estos judíos, junto al niño raptado, se fueron a este pueblo llamado La Guardia, en plena Mesa de Ocaña, en la actual provincia de Toledo. Allí crucificaron al niño, lo asesinaron, le extirparon el corazón y con él hicieron ritos en contra de la inquisición que, con tanto celo les perseguía. Finalmente, cogieron a estos judíos en el año 1489, pero importante es señalar que jamás hubo cuerpo del niño o cuerpo del delito. El juicio tuvo lugar en la plaza de Ávila en noviembre de 1491. No sé si desde entonces los juzgados españoles llevan ya dos años de retraso. El caso es que el juicio fue un auto de fe en toda regla, delante de Alonso Espina y, sobre todo, delante de Torquemada. Finalmente, se los condenó a la hoguera. Esta historia fue narrada por los juglares de pueblo en pueblo, de mercado en mercado, de ciudad en ciudad e, insisto, conmocionó a la sociedad de la época y fue la gota que colmó el vaso. La conclusión, por parte de

Torquemada, fue que, había que hacer lo mismo que en otras latitudes, es decir, expulsar a los judíos de España.

Cuidado, la historia escrita por Alonso Espina parece dura, pero lo curioso es que ya había ocurrido dos veces antes, y es que hubo dos historias exactamente iguales en el pasado, calcadas a la del Santo Niño de La Guardia. Una fue la de Santo Dominguito del Val en Zaragoza (aparece representado en una capilla de la catedral de Segovia) y la otra fue la del Niño de Sepúlveda en Segovia. Y alguien dirá, ¡jo, es que en España hubo tres casos! Pues no, el caso original fue el de William de Norwich, Inglaterra, s. XIII, y tuvo una secuela que fue la de Hugh de Lincoln, también en Inglaterra, en el s. XIII. De hecho, y como ya hemos indicado anteriormente, en Inglaterra se expulsó a los judíos tres veces en dicho siglo. Pero es que hubo más casos en otros países, como Simón de Trento en Italia, Werner el Niño del Valle del Rhin en la actual Alemania, Richard de Portoise en Francia, el Niño del río Lauter en Alsacia, Tomás de Cantimpré en Flandes, Rudolph de Suiza, Andreas de Tirol y más casos, innumerables, en países como Hungría, Eslovaquia, Grecia, Polonia y hasta Rusia. Es decir, a los judíos se les tenía manía en toda Europa, y lo más importante, el concepto de las *fake news* no existía, pero ya se practicaba, y Alonso Espina tenía un MBA en *fake news*.

Así pues, había que echar a los judíos y el «marrón» le tocaba gestionarlo al rey Fernando. Claro, uno de los mejores amigos del rey era un tal Isaac Abravanel, un judío que le había financiado todas sus empresas, entre ellas, la conquista de Granada. ¿Y ahora vas y me echas? ¿Con mi dinero? ¡Venga ya! Entonces, el rey decidió hacer algo que hacen mucho nuestros políticos actuales, que es moverse sin moverse, es decir, dejar enfriar la cosa para ver si así había suerte y el asunto se olvidaba hasta no tener que ejecutar el lanzamiento. Cuando se percató de la jugada, Torquemada se puso muy furibundo, casi en modo «sujétame el cubata» y se fue a por el rey. Hagamos un pequeño paréntesis. Imaginémonos una banda sonora de Hans Zimmer, a Tom Hanks en el papel del rey Fernando y a Russell Crowe en el papel de Torquemada. Este entró en los aposentos del rey y le arrojó un crucifijo a su cara y, además, le gritó literalmente: «Judas traicionó y vendió a Nuestro Señor Jesucristo por treinta monedas de plata y tú lo vas a hacer nuevamente por treinta mil! Se giró, y ahí lo dejó, como diciendo, ¡reflexiona! Como si le dijera ¡tío, no te enteras, obedece! Un tipo del que apenas sabemos nada, bueno sí, que sus abuelos, como ya hemos dicho, habían sido judíos. Un tipo que se elevó ante todo un rey como Fernando el Católico para cantarle las cuarenta y ordenarle lo que debía de hacer. Y así se expulsó a los judíos en España. Al rey no le quedó más remedio, mejor dicho, a los reyes no les quedó más remedio.

Se calcula que en «España» había entre 200.000 y 300.000 judíos, de modo que, salieron del país el 10 %, es decir, entre 20.000 y 30.000, más o menos. El resto se quedó en España a condición de convertirse al cristianismo. Pero muchos seguían practicando el judaísmo en la intimidad. Es por ello por lo que, se les empezó a llamar «marras». La palabra «marra» significa «fallo» en latín. Pero en lugar de llamarles «marras», ya había cierto humor socarrón y lo que se les llamó fue «marranos». Y para evitar ser llamados «marranos», los judíos se cambiaron sus apellidos que, por otra parte, eran muy característicos, de modo que como apellidos, adoptaron bien, o el nombre del pueblo o ciudad en el que vivían, o del que procedían, o bien su profesión. Si alguien tiene un apellido con estas características, no al 100 %, pero hay muchas posibilidades de que sea de origen judío.

EL DESCUBRIMIENTO DE AMÉRICA

Colón parece ser que llegó de chiripa a América y, además, no se enteró lo que descubrió. Si a eso le añades que la corona le ninguneó los dos últimos años de su vida y que ahora pintarrajean, destruyen y retiran sus monumentos, pues, ¿para qué queremos más? Pero mira por dónde, yo voy a reivindicar su figura. Me apasiona su historia, por lo que, adelante, ya se me puede criticar sin piedad y con furia, con mucha furia.

Cristóforo Colombo era genovés. Esta sí que es buena. Se le odia mucho en la actualidad por genocida, pero el caso es que medio planeta reivindica su nacimiento dentro de sus fronteras. ¡Por algo será! El tipo, en un contrato de mayorazgo en 1498, dijo que era genovés, su hijo Diego decía que su padre era genovés y en su testamento dejó buenas cantidades de dinero a amigos genoveses, por lo que, la gran pregunta de por qué hay países, regiones, ciudades, que reclaman su nacimiento. En fin, preguntes a quién preguntes, todo el mundo da por hecho que hay dudas sobre la procedencia de Colón. Recientemente un estudio genético afirma que procede del arco mediterráneo español, pero este estudio no logra demostrar que no fuera genovés.

Colón explica su descubrimiento al rey Fernando y a la reina Isabel (dibujado por John Gilbert). *Harper's Weekly,* 1868. [Library of Congress]

Colón había visto el mapa de Toscanelli de 1474, en el que aparecía un océano entre las Indias Orientales y Europa, y, además, había leído la obra de *Il Milione* de Rustichello, un tipo que la escribió a partir de las memorias de Marco Polo y que, hablaba de las riquezas, especias, metales preciosos, etc., que había en aquella parte del globo. Colón quería hacerse rico y comenzó a pensar en buscar una ruta alternativa, ya que los otomanos tenían colapsada la ruta habitual por el este.

Colón estuvo investigando y estudiando su viaje durante 14 años, desde 1470 a 1484, por lo que, eso, que llegó de chiripa. Viajó desde Sierra Leona (a esas latitudes ya había llegado Enrique el Navegante) hasta el norte de Europa e intuyó cómo funcionaban los vientos en función de la latitud. De hecho, llegó a América a la primera, y lo más difícil, volvió a la primera. En el s. XVI, los españoles viajaron por el océano Pacífico, llamado entonces Lago Español, como pollo sin cabeza, hasta que en 1564-65, Andrés de Urdaneta probó a hacer lo mismo que Colón 73 años antes en el Atlántico, y oye, que se dio inicio al Tornaviaje, al Galeón de Manila y a la primera globalización de la historia. Insisto, los españoles del XVI, tardaron en percatarse 73 años y, sin embargo, Colón completó el viaje de ida y vuelta, a la primera, en el Atlántico. Sí, Andrés de Urdaneta descubrió la corriente de Kuro-Shivo, pero lo que hizo fue copiar a Colón, el que llegó a América de pura suerte, o al menos, eso es lo que nos dice el relato una y otra vez. Colón no había oído hablar de la Fuerza de Coriolis, pero sabía e intuía como debía ir y volver, lo cual, hablando del s . XV, es decir mucho…, es decir, demasiado.

De 1484 a 1492, trató de vender su proyecto y siempre daba en hueso. ¡No hubo manera de venderlo! Menos mal que esas cosas ya no pasan. A todo aquel que tiene una buena idea, se la compran a la primera y sin rechistar. Al tipo le costó Dios y ayuda convencer a alguien de comprar aquella descabellada idea de ir por el oeste, a por las especias y a por el oro de China y Japón (entonces denominadas Catay y Cipango, respectivamente).

Italia, como tal, no existía como la conocemos actualmente y todos los ducados estaban medio en guerra o en guerra entera, por lo que los descartó como posibles mecenas de su proyecto. Su primera opción fue tratar de convencer a los portugueses. Alfonso V el Africano, el rey que ya hemos dicho anteriormente, que era el hombre más rico del mundo por aquel entonces, le respondió que no tenía ni la menor idea de lo que le proponía y que lo mejor era que hablara con la escuela de Sagres. En esta institución, ubicada cerca del cabo de San Vicente, los matemáticos y cartógrafos le dijeron que tenía mal calculada la distancia. Claro, Colón calculaba el viaje con millas italianas, y los portugueses le hablaban de millas árabes, midiendo unas 1,5 km y las otras casi 2 km. Lo que los portugueses le decían era que, ese error del 25 % de diferencia, trasladado al perímetro de la Tierra, suponía aumentar la singladura en dos tercios, es decir, si Colón calculaba una distancia de 6500 km, los portugueses elevaban la distancia a 21.000 km y, por supuesto, del tirón, una distancia así, no podría soportarla barco alguno.

Tras darle calabazas, se fue a España, a Castilla concretamente, y ahí, lo que le dijeron era que en el «mindset» hispano solo había ojitos para la conquista de Granada. Estaban a punto de caramelo de echar a unos musulmanes que llevaban en la península casi ocho siglos, y no era cuestión de distraerse con proyectos exóticos. Eso sí, la reina Isabel I de Castilla le dijo que su idea era muy atractiva, y le dejó su número de teléfono y email para volver a hablar en un futuro. Ojo, que aquí entra en juego un tipo de Toro que la historia ha olvidado, completamente, y no es otro que fray Diego de Deza y Tavera, un tipo que había sido, nada más y nada menos, que obispo de Zamora, Salamanca, Jaén y Palencia, inquisidor general de España y arzobispo de Sevilla. Antes de ostentar ninguno de estos cargos y estando en la escuela de Salamanca, fue el único que vio en Colón a un disruptor. Por cierto, en Salamanca también se le dijo que tenía mal calculada la distancia. Deza puso en nómina a Colón y este siempre encontró cobijo en el convento de San Esteban de Salamanca. Tanto es así que, en 1504 y estando ya en horas bajas, Colón escribió varias cartas en las que agradeció la labor de este buen hombre y llegó a afirmar que las Indias pertenecían a los Reyes Católicos gracias a Diego de Deza.

Lo intentó también con Inglaterra, pero estaban ocupados con la guerra de las Dos Rosas entre las casas de York y Lancaster, y en Francia, tres cuartos de lo mismo, estaban con la Guerra Loca

Francesa en una pelea por regentar al rey jovenzuelo, Carlos VIII, es decir, en ambos casos, disputas de poder.

Así pues, desesperado, se volvió a Portugal. Allí debieron decir: ¡menudo tío pesado! ¡Qué te hemos dicho que tienes mal calculada la distancia! ¡Cierra al salir! Es más, es que, encima, acababa de llegar al cabo de Buena Esperanza un tal Bartolomé Díaz, por lo que ellos ya tenían su ruta casi cerrada, sin arriesgar por un oeste totalmente inexplorado. No sería hasta 1497, cuando llegara a la India Vasco da Gama y, lo peor, Portugal no sabían que la costa oriental de África era el patio trasero del Islam y que se estaban metiendo en la boca del lobo sin saberlo. Los portugueses también dieron por sentado que entre Portugal y Cipango no había nada, y eso era suponer mucho, más tratándose de 21.000 km. ¡Lo que debió reírse Colón a partir de 1493!

Total, que el 2 de enero de 1492, se reconquista Granada por parte de los Reyes Católicos y allá que se fue el pesado de Cristóbal a vender su proyecto. Y justo ahí, comenzaron cien días de negociaciones muy duras. El tipo pedía el 10 % de todo, ser virrey, gobernador, la octava parte de futuros negocios, ser juez. Vamos, que le sobró un regate y los reyes le dijeron que verdes las había segado. Llegó a pillarse una pataleta y a marcharse de Granada, pero ahí apareció la figura de Luis de Santángel, digamos que, un *business angel* de los de ahora (le acompañaba hasta el nombre), y, finalmente, la reina dio el *ok* con la firma de las Capitulaciones de Santa Fe, el 17 de abril de 1492. Si no llegaba a las Indias Orientales, la recompensa sería cero patatero y no habría nada que perder por parte de la corona.

La leyenda dice que la reina se hipotecó y que se quedó hasta sin joyas, pero la realidad es que Isabel no puso ni una sola moneda de su bolsillo. Entre Santángel y fray Juan Pérez (un monje del monasterio de La Rábida de Palos de la Frontera), le ayudaron a encontrar fondos y barcos.

Las dos carabelas y la nao conseguidas para su viajes, se llamaban la Pinta, la Santa Clara y la Gallega. Sí, sí, has leído bien, se llamaban así. La Pinta que, era de un tal Quintero y que fue comandada por Alonso Pinzón, el Messi de los navegantes de la época en España, bien podría haberse llamado la «Pinza» en honor a este marino. Esta nave siempre fue la primera durante la navegación. La segunda carabela era la Santa Clara, propiedad de los hermanos Niño, y se rebautizó como la Niña. Y la nao La Gallega era de un cántabro de Santoña, Juan de la Cosa. La nave se construyó en Galicia, pero como Juan vivía en El Puerto de Santa María desde hacía unos años, se rebautizó como eso, la Santa María, y sería comandada por Colón. Esto de cambiarle el nombre a las empresas, proyectos, etc., es decir, el cambio en el «naming» y la evolución del «branding» son más antiguos que el rodapié de Altamira.

Salieron el 3 de agosto de Palos de la Frontera, y los navegantes, que se veían yendo por primera vez hacia lo desconocido, debieron decir algo así como «ahí va a ir tu prima». Tiene pinta que sabotearon la Pinta y se cargaron un mástil, de modo que perdieron casi un mes en Canarias para repararlo. Lo mejor que les pudo pasar, ya que evitaron llegar a América en plena época de huracanes. De hecho, el primer huracán que vio Colón fue en el cuarto viaje. Sí, al final, algo de chiripa tuvo. La suerte fue mayor de lo que se piensa y es que, adelantándonos un poco a los hechos, Colón llegó el 21 de octubre de 1492. Sí, no es dislexia, no es que confunda el 12 con el 21 de octubre. La fecha fue el 12 de octubre de 1492 del calendario juliano. Al cambiarse el calendario por el gregoriano en 1582, se mantuvo la celebración el día 12, ya que, si no, habría que reescribir todas las efemérides conocidas, siendo una de ellas el descubrimiento de América, que debería celebrarse el 21 de octubre tras los reajustes de calendarios. Esta avería en el mástil les salvó de llegar a principios de octubre y siempre nos quedará la duda de qué habría sucedido si hubiera llegado antes, pero no es descabellado pensar que hubieran tenido más posibilidades de haberse enfrentado a un huracán, fenómeno que es particularmente peligroso entre finales de septiembre y principios de octubre.

Los navegantes de aquel primer viaje no debían ser ni monjes, ni soldados, ni mujeres, ni traductores. ¿Para qué, se dijeron? Era solo una cata para ver qué se encontraban. El viaje costó 2 millones de maravedíes, es decir, 1,2 millones de euros de los de ahora. Los capitanes cobrarían 35.000 maravedíes, es decir, unos 21.000,00 € actuales y los grumetes 8.000 maravedíes, o sea, unos 4.000,00 €. Como vemos, las cifras eran muy de andar por casa. ¡Qué mal ha pagado España siempre, por Dios!

Colón hizo un Excel con las millas que se recorrían cada día y se lo mostraba a la tripulación, pero en paralelo, tenía un Power BI en el que ponía la distancia real, que era bastante superior a la del Excel. Tonto, lo que se dice tonto, no era.

Tuvo varios motines y, de hecho, en octubre se topó con el Mar de los Sargazos, es decir, con el Triángulo de las Bermudas, y apenas se movieron por ausencia de vientos. Ahí el crack fue Pinzón, que, tras discutir con Colón, consiguió cambiar el rumbo a una latitud diferente y lo clavó. ¡Era un crack!

Un último motín sucedido el 10 de octubre, hizo que Pinzón le diera un ultimátum a Colón, 24 horas más, y Colón le dijo que sin problemas, que llegarían a tierra. Aquí, hay gente que dice que Colón sabía más de la cuenta, que poseía información privilegiada. Su suegro, Perestrello, fue gobernador en las Azores y hay quien asegura que sabía de algunos navegantes que, mucho antes que Colón, vinieron del oeste. ¿Quizás, por eso, supo regresar a la primera? De hecho, Bartolomé de las Casas y Mártir de Anglería hablaron, en 1475, de un tal Alonso Sánchez de Huelva, el prenauta, un tipo que tiene un monumento en Huelva y que, dicen que vino de América 17 años antes que Colón.

En fin, que por lo que sea, continuaron y a las 2 de la mañana del 12 de octubre, Rodrigo de Triana gritó «¡lumbreeee!», y es que lo que vio fue el fuego de los nativos. Nunca gritó «tierra». Eso lo dejamos para las películas de Ridley Scott como *1492: la conquista del paraíso.* Sí que es cierto, que el día antes habían visto pájaros, por lo que la proximidad a la tierra ya la presuponían tras el ultimátum de Pinzón. Habían llegado a Bahammas y la llamaron o bautizaron como San Salvador, vamos, ¡que les vino Dios a ver!

A partir de ahí, se dividieron porque Pinzón y Colón no se podían ni ver y, mientras tanto, Alonso Pinzón cogió la sífilis, enfermedad desconocida en Europa. ¡Criatura! ¿Qué haría? El caso es que, el 24 de diciembre, llegó Colón a la Española (actual Haití) y encalló la Santa María, justo cuando volvieron a coincidir con Pinzón. A este se le debió quedar una cara de risa que le tuvieron que hacer la cirugía estética. Total, que con el barco encallado decidieron hacer un fuerte llamado Navidad y dejaron a unos cuantos hombres que ya no se encontraron allí cuando regresaron en el segundo viaje. ¡Vaya!, que los nativos se los cargaron o se los comieron, o vete tú a saber.

La vuelta no fue fácil, ya que, en lugar de pillar el omnipresente anticiclón de las Azores, lo que pillaron, nada más salir, fue una borrasca o una DANA, o como se diga ahora. Así, ambos barcos se separaron. El primero en llegar, una vez más, fue Pinzón y envió un mensajero a los reyes desde Galicia con las buenas nuevas. Se adelantó, en plan trepa, a Colón, el director del proyecto. Menos mal que estas cosas ya no pasan. Algunos creen que los reyes ya no les esperaban y Alonso Pinzón comenzó a hacer de dircom (director de comunicación) y a apuntarse todos los tantos. Esto enfadó muchísimo a Colón cuando se enteró de todo al llegar a España. ¡Buen rollito!

Días más tarde, Colón llegó a Lisboa. ¡Qué raro! ¿No? ¡Con lo buen navegante que era, va y en lugar de llegar a Cádiz, ¿vas y te presentas en Portugal? Pues sí, debió decirle a Joao II, el rey por aquella época, ¡toma, os lo dije, esto os pasa por no hacerme caso! Colón, probablemente, desconocía el ya mencionado, anteriormente, Tratado de Alcazobas, que, básicamente, asignaba Castilla para Isabel I, y el eje norte-sur del Atlántico, salvo Canarias, para Portugal y, claro, Joao II le dijo a Colón que eso que había descubierto era de Portugal y no de Castilla. Total, que se tuvo que meter Roma de por medio con el papa valenciano, Borgia, para que se firmara el Tratado de Tordesillas. Los españoles no querían dar muchas leguas a Portugal, pero finalmente y tras poner 370 leguas sobre el mapa, la reina dijo «sea», y claro, ¡error!, ya que, en el año 1500, un tipo llamado Pedro Álvares Cabral descubrió tierra firme antes de cubrir esas 370 leguas, y hoy en día ese algo se llama Brasil. Vamos, que por fallo técnico hispano, se le dio la mano a Portugal y esta se tomó el brazo entero. El rey Fernando le dijo a Colón, que para qué narices, tuvo que ir a Lisboa a pavonearse. O sea, descubres algo que es la repera y te cae una bronca de tu jefe. ¡Menos mal que esas cosas ya no pasan! ¡Le cayó una buena bronca y con razón!

Y a partir de ahí, Isabel la Católica fue la arquitecta de un imperio y, se podría afirmar que, fue el mejor monarca que hemos tenido jamás. España fue la envidia de toda Europa, de todo el mundo.

Y ahora viene lo más raro. Un tipo como Colón, altivo, cabezón, introvertido, va y descubre el Orinoco en el tercer viaje de los cuatro que protagonizó. Colón forzaba en las cartografías una isla como Cuba, que trataba de asemejar al Japón del mapa de Toscanelli, pero un río como el Orinoco, tan al sur, no podía ser. Claramente, era un río de un enorme continente, no de una islita pequeña. Y para colmo, en el cuarto viaje, los nativos de la actual Panamá le dicen que, a unos pocos kilómetros, al oeste, hay otro mar enorme que jamás han podido navegar. ¿Es descabellado pensar que, si Colón hubiera afirmado que aquello adonde había llegado no eran las indias orientales y que se trataba de otro continente, entonces, las Capitulaciones de Santa Fe habrían sido papel mojado? Ese contrato tan ventajoso para él, ¿seguiría vigente si Colón decía que aquellas tierras eran un nuevo continente? Los Reyes Católicos, vamos a ver, tontos no eran.

Al final, lo que queda es lo que he comentado al principio, Colón llegó de chiripa y no se enteró, ni siquiera, de donde había llegado. ¡Vaya tela! Esto a los británicos no les pasa.

Colón muere en 1506, y, desde 1505, ya nadie le consulta nada, ya se ha abierto la Casa de Contratación de Sevilla y ya todo pasa por las manos de Juan Rodríguez Fonseca. Pero insisto, Colón murió en 1506, y ya en 1503, un tal Pedro Mártir de Anglería habla del Nuevo Mundo. Este término lo pasa al latín un tal Américo Vespucio en 1504, y él habla de Mundus Novus. Vespucio viajó con la corona española y trabajaba para unos mentores florentinos a los que describía cosas como que la gente iba desnuda, que había selvas vírgenes, animales de colores, que los nativos hacían el amor a la vista de todos, etc. Esos escritos en una Europa gris, de pestes, de guerras, fueron la bomba y se convirtieron en los *best sellers* más vendidos del momento. Total, que esto llegó a oídos de un tal Martin

Waldseemüller en 1507, y bautizó un mapa con el nombre de América. Era la ley de la doble «A», es decir, el nombre de un continente debía empezar y terminar por «A», y así se escribía Aeuropa (la primera letra era la unión de la «A» y la «E»), Asia, África, y luego serían Australia, Antártida y, por supuesto, América, nombre que cumplía esa ley y desde el punto de vista del marketing, el nombre fue un bombazo. Más tarde, este tipo fue consciente de su error y trató de rebautizar al nuevo continente con el nombre de «Terra Incognita» pero ya no se podía hacer nada, puesto que todo el mundo había comprado el nombre de «América». ¡Qué error más grande! Este continente se debería haber llamado «Colombia».

Retrato de Cristóbal Colón conservado en la biblioteca del Congreso de los Estados Unidos de América. Copia del siglo XIX a partir de un grabado de Aliprando Caprioli.

Tampoco debemos obviar que ha quedado demostrado que los aborígenes entraron por Bering milenios antes y que incluso los vikingos llegaron entre 4 y 5 siglos antes, pero descubrir significa, según la RAE, «quitar la cubierta y dar a conocer» y no hay duda de que, quien difundió la existencia de esas tierras fue Colón y su mejor *dircom* fue el rey Fernando. Recapitulando, Colón estuvo estudiando este viaje de 1470 a 1484, trató de vender su proyecto a Portugal, Castilla y otras potencias europeas desde 1484 a 1492 y, finalmente, tuvo unas durísimas negociaciones hasta que en abril de aquel año, obtuvo el visto bueno de, sobre todo, Isabel I, en las Capitulaciones de Santa Fe.

Colón murió en 1506, más tarde, la caída de Tenochtitlán fue en 1521, los 13 de la Fama con Pizarro se retrasan a 1526, y también sucedieron al genovés personajes como Magallanes, Elcano, Orellana, Inés Suárez, Cabeza de Vaca, Menéndez de Avilés, etc., y la conclusión es que Colón es genocida, y sus monumentos se vandalizan, destruyen o se retiran. A veces pienso que la humanidad debería ser destruida por su ignorancia, pero bueno, es lo que hay, la condición humana, la envidia o vete tú a saber.

Y ya, para más inri, tras el movimiento Black Lives Matter (movimiento muy respetable), se ha intensificado el vandalismo contra la figura de Colón (en todos sitios cuecen habas), pero bueno, tampoco es tan preocupante la cosa porque este movimiento surgido a partir del asesinato de un joven de color en 2020, ha llegado a derribar monumentos a Junípero Serra (un tipo que enseñaba a leer y a escribir a los nativos) y, por supuesto, han vandalizado el monumento a un genocida mayor, un tal Cervantes. En fin, sin palabras.

CISNEROS, EL RICHELIEU ESPAÑOL

Francisco Jiménez de Cisneros, cuyo nombre de pila era Gonzalo, fue el primer estadista del Renacimiento, sin duda. Impulsado por el cardenal Mendoza, este franciscano madrileño de Torrelaguna, saltó a la vida pública en 1492, ya cuando tenía 56 años y es que, fue entonces cuando le nombraron confesor de, nada más y nada menos que, Isabel la Católica. A la muerte de Mendoza en 1495, la reina no dudó en hacerle arzobispo primado de Toledo, es decir, este clérigo comenzó a hacerse famoso una vez era ya sexagenario. Aceptó el cargo a cambio de dos condiciones, no dejar sus hábitos conventuales y no residir jamás en la corte.

En 1501, fundó lo que hoy conocemos como Universidad Complutense, ubicada en la ciudad de Alcalá de Henares. Esta Universidad será el modelo de las universidades que más tarde se abrirían en América. La actual Universidad de Alcalá, con su paraninfo a la cabeza, fue declarada patrimonio de la humanidad por la Unesco, y en ella se entrega el premio Cervantes. En esta institución fundada por Cisneros se han formado tipos como Antonio de Nebrija, Francisco de Quevedo, Lope de Vega, Tirso de Molina, María de Guzmán, Ignacio de Loyola, Juan de la Cruz, Domingo de Soto o Calderón de la Barca. El estilo de la edificación aúna lo mejor de los estilos renacentista y mudéjar, y es conocido como estilo Cisneros. Curioso es que, haya políticos, a día de hoy que, protesten y se desnuden en el interior de la capilla de la Complutense reclamando la eliminación de los espacios católicos en una Universidad fundada por católicos.

Pero si Cisneros es recordado por algo, es por ser un gran estadista. Fue uno de los ministros principales de los Reyes Católicos, hasta el punto de ser quien convertiría al cristianismo a los mudéjares del reino de Granada; y también es recordado, por ser el que cogería el mando de la evangelización del Nuevo Mundo. Visto con la mirada de hoy parece fácil, pero nada más lejano de la realidad. Muerto el príncipe Miguel, muerta la reina Isabel y muerto el egoísta de Felipe el Hermoso, Cisneros fue un tipo que quiso entablar relaciones con Francia para desmantelar el reino de Aragón. La figura de Cisneros adquirió una relevancia sobresaliente.

Los franceses, ante el giro que experimentó la política gracias a él, denominan, a día de hoy, a su cardenal Richelieu como el Cisneros francés. No encontramos una figura como la suya en aquel comienzo del Renacimiento en toda la cristiandad. Paradójicamente, hoy llamamos a Cisneros el Richelieu español.

Cisneros fue el que le amargó la vida, de verdad, a la reina Juana , ya que le ofreció la regencia al rey Fernando y estableció una línea de continuidad en un momento en el que, tras tanta muerte acaecida en la corona, parecía que todo iba a romperse y a saltar por los aires. No es casualidad, por tanto, que Cisneros llegara a ser regente de Castilla hasta en dos ocasiones. Fue el precursor de que el rey Carlos I acaparara coronas para ser lo que, finalmente, fue, rey de casi todo.

Cisneros fue quien pensó en lo público representado por la corona, frente a lo privado representado por la nobleza. Seguramente, de haber tenido que elegir, habría pensado en el reino antes que en el rey y, quizás, por ello, y aunque muchos le culpen del cautiverio de Juana, él consideró que el futuro de una «España» bajo el reinado de Carlos era mejor que el de una Castilla bajo el gobierno de Juana. Como estadista, antepuso la unidad antes que la fragmentación.

Aunque fue el inquisidor general en su época, esta inquisición franciscana nada tuvo que ver con la inquisición dominica de Tomás de Torquemada. Este tipo reformó el clero para proporcionarle una mayor formación, y Alejandro VI, nuestro papa Borgia, es quien le apoyó en esta reforma eclesiástica. Su reforma se adelantó a la de Lutero, que más que una reforma, fue un auténtico cisma. Amigo de la ciencia y admirador de Erasmo de Rotterdam, creó universidades porque consideraba que la ciencia y la religión no tenían por qué estar reñidas. Incluso, publicó la Biblia Políglota Complutense, que se elaboró entre 1514 y 1517, recurriendo a judíos para traducir la Biblia al hebreo. Esta obra es considerada la mejor obra del Renacimiento español.

Murió en 1517, en Roa (Burgos), a los 81 años de edad, justo cuando acudía a recibir a un joven Carlos I de España y V de Alemania, el hombre al que le había hecho la cobertura antes de su llegada a la regencia de Castilla, mientras la pobre Juana permanecía encerrada en Tordesillas. Fue enterrado en el colegio de San Ildefonso de la Universidad de Alcalá de Henares.

Cisneros, bachiller en leyes, fue un fuera de serie en un momento en el que España dispuso de muchos fuera de serie a todos los niveles, como lo fueron la reina Isabel, Cristóbal Colón o el Gran Capitán. España siempre le obedeció como a un rey.

EL PAPA BORGIA. «QUE TENGAN CUIDADO ELLOS CONMIGO»

Nacido en Xàtiva y sobrino del papa Calixto III, Rodrigo Lanzol y de Borja fue nombrado papa en 1492, en pleno apogeo de Castilla y Aragón, y con una incipiente ayuda del Gran Capitán, a una Italia (no existía como tal) tomada por los franceses. Llegó a papa comprando favores y a golpe de talonario. Estuvo once años como Alejandro VI y el tipo puso a dedo, en cargos importantes, a toda su familia y amigos. ¡Menos mal que estas cosas ya no pasan! Su familia, los Borja, llamados «Borgia» en italiano, se consolidó entre la nobleza trasalpina gracias a Rodrigo.

Ojo, el tipo hizo un máster en «networking» y a nivel organizativo fue un crack. Abrió avenidas como la Via Alessandrina en pleno foro romano y patrocinó a todo tipo de artistas y pensadores.

Ya como cardenal, en 1470, inició una relación sentimental con Vannozza Cattanei, con la que tuvo cuatro hijos, Juan (futuro duque de Gandía), César, Lucrecia y Jofré. Cuidado con Lucrecia, a la que la historia y escritores como Víctor Hugo trataron como mujer fatal sin pruebas y es que se casó con el señor de Pésaro, luego con el príncipe de Salerno y, finalmente, con el duque de Ferrara. De casta le venía a la galga, ya que su padre, además de Vannozza, tuvo más amantes, siendo sonado el romance que mantuvo a sus 60 años con la adolescente Julia Farnesio (Giulia Farnese, ancestro de un familiar directo de Isabel de Farnesio, la segunda esposa de Felipe V), conocida como «la ramera del papa» y cuya relación fue consentida por el propio marido de esta, Orsino Orsini..., sí, sí, la chica ya estaba casada a sus 15 años de edad. Gracias a esta relación, Julia consiguió que su hermano Alejandro llegara a cardenal, el llamado «Cardenal de las Faldas» gracias a las enaguas de su hermana. Casi, por muy poco, no es antepasada de nuestro rey actual, que desciende de un pariente de esta. Julia tuvo tres supuestos hijos con el papa valenciano, siendo estos Juan, Rodrigo y Laura. Y bueno, tuvo más amantes, de hecho, se le acusa a este Borgia de ser aficionado a las orgías. Debía ser cuestión del apellido.

Cuando su primogénito Juan apareció muerto en el Tíber, sufrió un ataque de nostalgia (ahora se dice depresión) y hay quien dice que Miguel Ángel se inspiró en este chaval y en la cara de sufrimiento de Vannozza para hacer la Piedad.

Involucrado en las guerras de Italia y Nápoles, aumentó el territorio de los estados pontificios. Aunque en Italia tiene aún mala prensa, el tipo se preocupó por desarrollar la educación en aquel país. En España animó al cardenal Cisneros a fundar la Universidad de Alcalá de Henares, vía bula papal, e igual hizo con la de Valencia. Su mala imagen le persigue a día de hoy, y es que, aunque fue un papa más en tener hijos, en gastar dinero y en practicar el nepotismo, nunca le perdonaron ser extranjero. Siguen sin perdonárselo. El posterior papa Julio II, dijo de él «es marrano, circunciso y catalán», es decir, judío y forastero, un bárbaro, o sea, lo peor de lo peor para tener la mitra papal.

A nivel político, medió entre Castilla y Portugal en el ya explicado Tratado de Tordesillas para repartirse el mundo entero, y fue quien promulgó el edicto de Granada de la famosa expulsión de los judíos en «España» en marzo de 1492, cuando aún le faltaban 6 meses para ser papa. Fue, además, quien llamó con el sobrenombre de «Católicos» a los reyes de Castilla y Aragón, y hasta ahora.

Sus enemigos le difamaron, puesto que, claro, en el ámbito sexual no había motivos. Diez hijos tuvo y en aquella época eran llamados «sobrinos». El marketing, que en aquella época estaba poco «trabajado». En un banquete murió envenenado hasta el apuntador, incluido el papa, y solo se salvó su hijo César, al que acusaron de aquella idea que no tenía como fin envenenar a su padre, pero nada se sabe a ciencia cierta. Hay quien afirma que Maquiavelo se inspiró en este papa para escribir «El Príncipe», pero se cree que se inspiró más en su coetáneo Fernando de Aragón.

En el Vaticano hay una estancia dentro de los Museos Vaticanos, que mandó crear este papa, y que contiene mucho oro y toros, muchos toros, es decir, el estereotipo nos lo venimos currando desde hace tiempo. Si algún guía turístico te la enseña algún día, te dirá que era un destrozador de dinero, un mal papa, en definitiva, como si el resto de papas, italianos en su mayoría, hubieran sido ejemplos a seguir en aquellos siglos (salvo honrosas excepciones). Es el único papa, junto a su tío Calixto III, que no está enterrado en el Vaticano, sino en la Iglesia de Santiago y de Santa María de Monserrat de los Españoles de Roma, en la misma capilla en la que se enterró a Alfonso XIII, el abuelo de nuestro emérito. Un tal molt honorable Eduardo Zaplana restauró la capilla en el año 2.000, año jubilar. ¡De la Comunidad Valenciana tenían que ser!

BEATRIZ GALINDO Y LUISA MEDRANO

Nacida en 1484, en Atienza (Guadalajara, pero perteneciente a Soria en aquella época), Luisa de Medrano Bravo de Lagunas Cienfuegos, conocida en la época como Lucía de Medrano y llegando a nuestros días, sencillamente, como Luisa Medrano, fue una latinista, poetisa, pensadora y profesora de la Universidad de Salamanca en un momento en el que estos menesteres no estaban permitidos a las mujeres. Procedía de un alto linaje, puesto que su abuelo conquistó el castillo de Atienza en apoyo de Isabel la Católica y en contra de su hermanastro, Enrique IV. Pariente de la casa de Alba, era descendiente de Guzmán el Bueno, es decir, de la casa de Medina Sidonia y prima de la familia del posterior Juan Bravo.

Su padre y su abuelo murieron en la conquista de Granada; y huérfana de padre, con solo ocho años, la propia reina se hizo cargo de su educación y, seguramente, por ello tuvo la posibilidad de cultivarse. La cosa, además, fue fácil porque su hermano Luis era el rector de la Universidad de Salamanca.

Como oradora, parece ser que no tuvo igual y todo aquel que la escuchaba quedaba impresionado, siendo, además, y he aquí su importancia, la primera mujer europea que fue catedrática, y así lo atestigua la historiadora y escritora alemana Thérèse Oettel. La pena es que, Carlos I, años más tarde, mandó destruir todo lo concerniente a esta mujer adelantada a su tiempo y es por ello, por lo que, no nos ha llegado ningún escrito de ella. En 2015, Castilla-La Mancha creó un premio sobre igualdad de género llamado «Luisa de Medrano».

En paralelo, y un poco mayor que Luisa Medrano, tuvimos a Beatriz Galindo, humanista, niña prodigio y profesora de, nada menos que, Isabel la Católica. Con grandes dotes para el latín, comenzó a ser conocida como «la Latina», destacando como alumna en la Universidad de Salamanca. Experta en griego y en Aristóteles, iba para monja cuando fue llamada para educar y aconsejar a la reina. A ella se debió el hospital de la Latina que, se ubicó en un barrio que, a día de hoy, ha heredado el nombre de tal hospital y que se refiere a su apodo, el barrio de la Latina de Madrid. Numerosos son los centros educativos que también portan su apodo o su nombre, y hasta un Airbus se ha bautizado con el nombre de esta humanista y poetisa de los s. XV y XVI.

Y, por último, también disponemos de un edificio muy singular en el distrito Salamanca, el edificio Beatriz, en honor a esta gran mujer, sito en la esquina de las calles Velázquez y Ortega y Gasset de Madrid, justo en el lugar que ocupaba el primer convento de las monjas Jerónimas, fundado por Beatriz Galindo en 1509, muy a las afueras de Madrid y que fue sede del Banco Popular Español. La fachada, de estilo brutalista, es la primera fachada portante de España (sostiene al edificio). En su interior aún se conserva la reja del coro del convento y la fachada, precisamente, está inspirada en dicha reja de las monjas jerónimas.

S. XVI. LA CONQUISTA DE AMÉRICA

La Iglesia Católica, con dominicos y franciscanos al frente, promovió una evangelización del nuevo mundo como herramienta principal para exportar la cultura y la lengua a un continente que mide 15.000 km de norte a sur.

El siglo de oro comienza con una gran variedad de artistas en pintura y en literatura que sorprenderá al mundo.

La monarquía hispánica, por su parte, hará algo que otras potencias europeas tardarían décadas, siglos en hacer. Comienza a fundar hospitales y universidades para acercar el bienestar y la formación a las poblaciones indígenas. Gracias a las Leyes de Burgos se les dotará de derechos, pero estos instrumentos no observaban de cerca a muchos conquistadores que, en muchas ocasiones, pronunciaron la frase de «ancha es castilla» y es que no tuvieron cerca a quienes podrían haberles puesto límites. Hubo héroes y villanos, como en todas partes.

EL PENÚLTIMO VIAJE DE LA REINA ISABEL LA CATÓLICA

Si preguntamos por Cebreros, pocos sabrían ubicarlo dentro de nuestra geografía, pero se trata de un pueblo de Ávila que tiene su aquel. Para algunos es el pueblo del primer presidente democrático, es decir, la localidad natal de un tal Adolfo Suárez. A otros, les debe sonar el nombre porque en su término municipal está instalada la estación de seguimiento de satélites de la ESA (Agencia Espacial Europea). Pues bien, para Isabel la Católica este fue «horribilia» o lugar horrible por excelencia.

La reina pasó por este pequeño pueblo hasta en cuatros ocasiones, siendo las visitas pares en las que le sucedió absolutamente de todo.

En su segunda visita de paso a este pueblo abulense, en la entonces llamada calle de los Mesones, tuvo un aborto tardío del que habría sido su primer hijo varón. Era el 31 de mayo de 1475, tras haber pasado una noche de contracciones y de un sangrado vaginal. Por aquel entonces, la reina solo había dado a luz a la princesa Isabel. Este habría sido, estratégicamente, su deseado sucesor, pero no pudo ser. Un médico judío, Lorenzo Badoc, fue quien le extrajo al varón no nato, en plena guerra de sucesión castellana, una guerra que aconteció entre 1474 y 1479. Tendría todavía otro aborto de un varón mortinato en 1482, mellizo de la infanta María.

Pero aquí no acaba la relación de la reina con Cebreros. Una vez fallecida, el 26 de noviembre de 1504, su cuerpo volvió a pasar por estas tierras. Su lecho de muerte estuvo en Medina del Campo (Valladolid), pero su último deseo fue descansar en Granada, la ciudad que puso fin a la presencia musulmana en la península, y no en el mausoleo que había mandado construir en Toledo, el convento de San Juan de los Reyes. Había costado ocho siglos expulsarles y su deseo era ese.

Dicen las crónicas que la peregrinación del cortejo fúnebre ocupó 19 largos días en los que no se divisó ni el sol, ni la luna, debido a que no paró de llover, ni de noche, ni de día, según dejó escrito Mártir de Anglería. Les cayó la mundial. Fue una DANA, seguro. La comitiva la compusieron 200 personas, entre damas, nobles, clérigos, guardias, cocineros, etc. A la tipa la trasladaron en ataúd de madera, revestido de metal y ataviada con hábito franciscano. El tiempo fue apocalíptico, y al pasar por Cebreros, treinta braceros tuvieron que ayudar a vadear un río que iba demasiado crecido. Es más, fue en este pueblo en donde un carpintero debió reforzar el armazón de madera sobre el que iba el féretro entre unas mulas.

Un 17 de diciembre, avistaron Granada y debieron descansar para recomponerse de aquel viaje de perros y aprovechar, asimismo, para adecentar con nuevos paños un féretro que llegó como pudo después de tantas tormentas. Parece ser que nadie quiso abandonar la comitiva en aquellos duros días de finales de 1504.

El 18 de diciembre, el cuerpo fue inhumado en el Monasterio de San Francisco de la Alhambra y hubo de esperar 12 años, para ser acompañada por su esposo, que en aquellos años tuvo segundas nupcias con Germana de Foix. Granada entera se vistió de luto.

Su último viaje lo mando hacer su «nietísimo», Carlos I, para trasladar a sus abuelos a la capilla real adosada a la catedral de Granada, una capilla fundada por ellos mismos. A este emperador le dieron igual los últimos deseos de su abuela, que prefería la Alhambra. Y ahí sigue.

EL GRAN CAPITÁN QUE CAMBIÓ EL ARTE DE LA GUERRA

Gonzalo Fernández de Córdoba y Enríquez de Aguilera era de Montilla (Córdoba), y teniendo un hermano mayor, podríamos decir que, era el segundón de una familia de alcurnia. Pasó a las órdenes de Isabel I y pronto destacó; hasta el punto de que en Granada se especializó en asedios y fue el encargado de negociar la rendición con Boabdil, el último rey nazarí.

Tras la reconquista, Fernando V de Aragón, el Católico, tenía a su familia Trastámara reinando en Nápoles, pero un Anjou, Carlos VIII, el rey de Francia, la lio parda entre españoles y franceses, en 1495, debido a que reclamó para sí los santos lugares. Fernando el

Católico les debía algún favor previo, pero tras la toma del sur de Italia, el rey aragonés mandó a Gonzalo para ayudar a su primo.

Gonzalo llegó en 1495, en minoría a un puerto en Calabria, en el sur del país, en el mismo punto que eligieron, siglos después, los aliados en la 2.ª Guerra Mundial para adentrarse en la península itálica. Tomó el sur de Italia y perdió, estrepitosamente, en Mesinara. Allí aprendió rápido y, al igual que en Granada, rectificó para pasarse a emprender asedios. Así, tomó ciudades pequeñas con castillos y fortalezas en el interior del sur de Italia de modo continuado, en plan «agile». Ante su avance lento y firme, los italianos y franceses empezaron a llamarle Gran Capitán. Tomó los puertos de Gaeta y Ostia, le dieron los ducados de Santángelo, Terranova, Andría, Montalto y Sessa y el papa le colmó de regalos en 1498.

Tras apagar la revuelta de las Alpujarras en 1500, fue enviado a una Venecia tomada por otomanos. Le costó meses recuperar el castillo de San Jorge, pero lo consiguió con el padre de los Pizarro y con el Sansón de Extremadura. En agradecimiento, Venecia le otorgó títulos de la república y mucha pasta, dinero que repartió entre los suyos y esto hizo que su ejército se mantuviera compacto.

En Italia, también puso el ojo el nuevo rey de Francia, Luis XII, que entró en 1503. Fernando volvió a recurrir a Gonzalo, que llegó con un ejército tres veces inferior. Nuevamente, y a la granadina, se hizo con plazas pequeñas en el interior más montañoso, y es que el tipo era un todoterreno. Regaló sus propias posesiones a señores italianos, con lo que la balanza se fue equilibrando a su favor en cuanto a número de efectivos. Tras tomar Barletta y Ruvo di Puglia, se podría decir que el imperio español se inauguró, en 1503, en Cerignola, un imperio que terminó en Trafalgar tres siglos después, si atendemos al tema batallas. Realmente, como todos sabemos, el imperio terminó en 1898.

Con algunos hombres más que Luis de Armagnac, el duque de Nemours, pero con mucha menos artillería y caballería, tomó Cerignola y construyó un talud con trincheras, distribuyendo de forma ordenada y repetitiva a 1.000 arcabuceros (se les solía desdeñar por lentos), 2.000 ballestas, infantería, una caballería escasa en los flancos y con sus solo 17 cañones en lo alto. La temida caballería francesa lo vio todo como pan comido, atacó de una sola vez y en un instante, los arcabuceros españoles los destrozaron. Lejos de huir, buscaron otra entrada, pero las ballestas y arcabuceros les rompieron nuevamente. La infantería francesa atacó de repente y sin descanso, y los españoles aguantaron el tirón. El golpe final lo dio la escasa caballería hispana. Una hora duraron los franceses. El alucine fue tal, que todos los italianos pro franceses se hicieron pro hispanos sin dudarlo.

Luis XII no se acható y mandó a su ejército al río Garellano. Allí, los españoles habían tomado el castillo Nuevo y el del Huevo. Sí, curiosos nombres. En minoría, Gonzalo resistió y nadie se atrevía a cruzar el río. En la Navidad de 1503, Gonzalo pidió una tregua de dos días para celebrar el 25 y 26 de diciembre, pensando los franceses que los españoles estaban ya en las últimas, pero en la madrugada del 27 al 28 de diciembre, Gonzalo mandó construir un puente a toda prisa, de modo que, al amanecer, los franceses fueron sorprendidos sin anestesia. Tuvieron 8.000 bajas en un santiamén. El temor fue tal, que Gaeta se rindió y Gonzalo entró en Nápoles, siendo aclamado. Fue virrey de Nápoles. Será recordado siempre por el manejo combinado de infantería, caballería, artillería y fuerza naval, y fue el embrión de los tercios..., ahí es nada.

Fallecida Isabel la Católica, el rey Fernando se casó con Germana de Foix, sobrina del rey francés. Tras no se sabe si por celos de Gonzalo, lo devolvió a España y aunque le prometió ser el maestre de la orden de Santiago, al final no lo hizo. Además, las posesiones de los caballeros de Gonzalo se regalaron a los franceses y con ello, Gonzalo fue ninguneado a los ojos de todos. Hasta le pidieron cuentas de su virreinato de Nápoles y aunque esto entra dentro de la leyenda, se dice que el Gran Capitán facilitó el Excel adjunto.

LAS CUENTAS DEL GRAN CAPITÁN

Great Captain — Para el contador Juan Bautista Spinelli

Virrey de Nápoles

Budget & Forecast 1504-1507

Concepto	Ducados
Picos, palas, azadones	100.000.000,00
Limosnas para frailes, monjas y pobres que rezasen por españoles	200.736,90
Espías de los cuales había entendido los designios de los enemigos y ganado muchas victorias	770.940,00
Aguardiente para los soldados en días de combate	50.000,00
Guantes perfumados para que los soldados no oliesen a hedor en la batalla	100.000,00
Reponer campanas averiadas a causa del continuo repicar a victoria	170.000,00
Paciencia por tener que descender a estas pequeñeces del rey a quien he regalado un reino	100.000.000,00
TOTAL GASTOS	**201.291.676,90**

Ambos, rey y general, murieron con un mes de diferencia, es decir, el rey Fernando y el Gran Capitán tuvieron vidas muy paralelas. Sus restos, los de Gonzalo, fueron llevados a San Jerónimo de Granada por expreso deseo suyo, 37 años después de su muerte, y allí dicen las crónicas que había muchos de sus soldados en Italia. Los franceses expoliaron su tumba a comienzos del s. XIX, llevándose, el general Horace Sebastiani su espada (una copia, la auténtica se robó en 1671, y se cree que está en la Real Armería de Madrid) y su calavera, y en su lápida, ahora, se cree que ya no están sus restos sino otros.

Hubo que esperar 400 años para tener un monumento suyo. El olvido de este héroe fue brutal en toda Europa y vergonzoso en España, pero con una excepción brillante, Cervantes lo menciona en el Quijote. ¡Menos mal que estas cosas ya no pasan!

EL SANSÓN DE EXTREMADURA

Diego García de Paredes, otro hombre procedente de Trujillo, participó en el asedio a Granada en 1492. Tras este episodio, se fue a Roma y habló con un cardenal español, Bernardino Carvajal, para trabajar junto al papa Alejandro VI, el papa Borgia. No fue necesario aquello, porque el papa le vio en un juego llamado «la lanzada de la barra». En una disputa contra italianos, y siendo agraviado, Paredes cogió la barra de hierro y repartió tortas a diestro y siniestro. Se enfrentó a veinte italianos y mató a cinco, hirió a diez y los otros cinco salieron por patas. Solo con verlo, el papa lo nombró su guardaespaldas y jefe de la guardia papal, pero tras matar a un capitán, el papa mandó detenerle y Diego huyó.

Su leyenda comenzó en Cefalonia (isla de Grecia en el mar Jónico). A las órdenes del Gran Capitán, luchó contra 700 turcos que tenían una máquina con garfios, con la que capturaban al enemigo, lo arrastraban a lo alto de la muralla y allí lo mataban. Al ir en primera fila, lo cogieron, pero a base de mamporros, fue eliminando a turcos uno tras otro durante tres interminables días, hasta que al final consiguieron rendirle por cansancio y hambre. Le encerraron y escapó rompiendo las cadenas y echando abajo la puerta de su celda. ¡Era fuerte de narices el tipo! Dicen que, mató él solo a la mitad de los turcos. Ahí le llamaron el Sansón o Hércules de España, pero los españoles le llamaron el Sansón de Extremadura. Cuidado que, además, sabía leer y escribir, algo nada común en aquellos tiempos.

El papa le perdonó y le contrató nuevamente para tomar varias ciudades. Se ganó el título de coronel, hasta que en 1501, volvió con el Gran Capitán. Estuvo con él en Cerignola y Garellano en 1503. El Gran Capitán decía que nuestro Sansón podía partir a un francés en dos con su alabarda. Tras algunas desavenencias estratégicas con el Gran Capitán, se lanzó sin permiso a un puente para atacar una guarnición de 2.000 franceses, el historiador Miguel Muñoz de San Pedro dijo que, se cargó a 500 hombres él solito. Tuvieron que ir a por él antes de que la artillería le aniquilara. Era una bestia parda de 120 kg y más de 2 metros de altura.

Como duelista, en su vida tuvo más de 300 duelos y los ganó todos. La excepción fue el desafío de Barletta, en el que los franceses dijeron que los españoles e italianos no estaban a su altura. Él estaba herido y no quería participar, pero en su equipo de once miembros le echaban de menos y el Gran Capitán le ordenó participar. Tras acorralarles y desmontar a todos los franceses y pese a la mejor condición española, se dictaminaron tablas. Suerte que el Sansón estaba herido.

Hecho marqués de Colenetta por el rey Fernando el Católico, se le despojó del marquesado tras acusar a diferentes nobles de calumniar al Gran Capitán en presencia del propio rey Fernando. Paredes lanzó un guante para batirse en duelo con los cobardes que criticaban a su jefe. Nadie se atrevió a coger ese guante. Tras esperar un rato, el rey le devolvió el guante, poniendo en valor la defensa que hizo del que fuera su anterior jefe.

El papa Julio II se lo llevó a las cruzadas y, posteriormente, trabajó como Caballero de la Espuela Dorada para Carlos I de España y V de Alemania, no sin antes haber sido pirata en el Mediterráneo, complicando la vida a franceses y berberiscos.

Murió de forma tonta en 1533, cayendo de su caballo en un juego con niños. Una cuerda atada entre dos alcornoques se llevó su garganta mientras cabalgaba. Está enterrado en Santa María la Mayor de Trujillo. Dijeron quienes vieron su cuerpo que estaba repleto de cicatrices.

JUANA LA LOCA O QUIZÁS NO TANTO

Juana I de Castilla, estuviera loca o no, fue educada para no ser reina. Su madre, la Católica, no soportaba que pasara de rezar e ir a misa, y dejó claro en su testamento que no reinaría.

Pero mira por dónde que van y se mueren su dos hermanos mayores y sus hijos, sobre todo Miguel de la Paz, que iba a ser el primer rey de toda la península, y hala, para España a reinar.

Antes, los Reyes Católicos casaron a sus hijos con futuros monarcas europeos para hacerle la pinza a Francia, el gran enemigo entonces, y clave fue la boda entre Juana y Felipe el Hermoso. Juana se fue para Flandes con 20 barcos y 3500 hombres. Se suponía que la esperarían allí, pero no, el Hermoso estaba en Tirol y es que al emperador Maximiliano I le estaban intentando convencer de que la esposa debía ser francesa. La espera duró un mes en Lier. Vamos, que la espera fue de aúpa, y Juana demostró humildad y aguante. Y cuando por fin se vieron y conocieron los novios, saltó la chispa y se casaron al día siguiente.

Juana tenía que quitarle las mosconas a Felipe, ¡un mujeriego de narices! Celosa ella, en una fiesta en Gante, parió a Carlos I en un retrete, el que sería el hombre más poderoso del mundo. ¡La tía era rara y era percibida como tal!

Haciendo deporte en Burgos, a Felipe le dio un síncope bebiendo agua fresca, según la versión oficial. La oficiosa dice que fue envenenado. Se le enterró, pero fue entonces cuando la Loca recordó que quería ser enterrado en Granada. Total, que exhumó al marido y montó una procesión de ocho meses por las noches castellanas, puesto que las viudas no debían ser vistas de día. Cuando quería, abría el féretro y le daba besos a su difunto, puesto que ella guardaba la llave. En mitad del cortejo fúnebre dio a luz a su hija Catalina. ¡Alucinante!

Grabado de Juana I. [Museo Rijksmuseum]

El rey Fernando, acordándose del testamento de su anterior esposa, la encerró en Tordesillas por loca y se encargó de Castilla; a su muerte, el relevo se lo dio Carlos I de España y V de Alemania.

Estuvo 46 años encerrada, que se dice pronto. Los comuneros la quisieron liberar, puesto que Carlos no sabía castellano y estaban hartos de que para cargos importantes, se designara siempre a flamencos que se llevaban de Castilla las materias primas. Juana la Loca negoció con ellos, puesto que para los comuneros era la verdadera reina, pero al final se echó para atrás por respeto a su hijo.

Dicen que en su encierro terminó gritando que la liberaran, y es que para entonces dicen que estaba como un cencerro. Claro, ¿qué esperaban? Estuvo encerrada de 1509 a 1555. Sus carceleros, los marqueses de Denia, fueron implacables con ella. Se dice que, de su abuela materna heredó su tendencia a la depresión y obsesión. La chica solo quería a su marido, pero se le murió demasiado pronto.

Seguramente, no estaba tan loca, pero a su padre y a su hijo, la extravagancia del cortejo fúnebre de ocho meses les vino de perlas. Cuñada de Enrique VIII y tía de Bloody Mary, fue madre de reyes y reinas de España, Alemania, Flandes, Portugal, Hungría, Dinamarca, Suecia, Noruega, Bohemia, Croacia, etc. Podría haber sido la primera reina de España, pero en la práctica no lo fue. Terminó siendo musa del Romanticismo.

EL LAGO ESPAÑOL

El 25 de septiembre de 1513, Vasco Núñez de Balboa descubre lo que Magallanes más tarde llamará Océano Pacífico. Balboa lo llamó Mar del Sur, por estar al sur del istmo de Panamá, aunque quien lo divisó primero fue Andrés Contero, uno de los 13 de la Fama, los que se quedaron con Pizarro para con pocos caballos y un navío, conquistar el imperio Inca. Él fue quien apresó a Atahualpa.

El Pacifico se conoció como Lago Español hasta el s. XVIII, y este nombre no se lo pusieron los españoles, y es que solo España tenía el control y las agallas para adentrarse en lo desconocido. Se descubrieron y cartografiaron las Marianas (llamadas así en honor a Mariana de Austria), las Carolinas, las Marshall, Guam, Palau, Vanuatu, Nueva Guinea, Nueva Zelanda, las Filipinas (llamadas así en honor a Felipe II), Antártida, Australia (se llamó Austrialia en honor a los Austrias, pero un copista de cartografía en el interior de Europa, lo cambio por error por el concepto austral y así se quedó), Galápagos, Pascua, las Cook, las Hawái (pese a que se quieren atribuir a Cook, un tal Villalobos anduvo por allí dos siglos antes). De hecho Cook trataba tan mal a los nativos que, maldición de su nombre, literalmente lo cocinaron y se lo comieron, practicando el canibalismo. Lo mejor de todo es que, le cambió el nombre a las islas, y ya es mala suerte que te apellides Cook y te coman en las Islas Sandwich. De traca fue cuando la primera y última reina hawaiana, Liliuokalani, de viaje oficial en Londres, dijo que por sus venas corría sangre británica. Se troncharon de ella las *ladies* que le insinuaron que, quizás, alguno de los intrépidos marinos británicos había hecho concubina suya a alguna de sus abuelas. Ella les contestó que no, que uno de sus abuelos era uno de los que se comió a Cook. Dejaron de reírse de ella al instante.

Añadir también, que el primer embajador de Japón en Europa vino a España en el s. XVII a través de este océano y con el cambio de emperador habido en Japón, le dio miedo volver a su tierra y es, por tanto, el origen del apellido Japón en España.

Muchos hombres murieron en centenares de expediciones en el Pacífico, sin saber siquiera, si volverían al partir.

Hasta que Andrés de Urdaneta descubrió la corriente de Kuro-Shivo y se pudo regresar de Filipinas a México en unos pocos meses. También descubrieron la corriente de Humboldt. Hubo quien dijo que se fiaban más de la experiencia de los españoles que de los adelantos técnicos de ingleses y holandeses.

Y, para terminar, Malaspina hizo en 1789, una expedición científica de cinco años, catalogando centenares de especies, islas, idiomas y etnias, mucho antes de que Darwin pisara por allí. Algunos de estos casos los veremos con más detalle en los capítulos de los s. XVI y XVII.

EL DESCUBRIDOR DE FLORIDA

Juan Ponce de León fue un vallisoletano nacido en 1460, en Santervás de Campos, que ha pasado a la historia por ser el descubridor de la Florida, de la Corriente del Golfo y por colonizar Puerto Rico, ¡casi nada! Unos dicen que llegó a América en el segundo viaje de Colón en 1493, y otros aseguran que no fue hasta 1502, que llegara con Nicolás de Ovando, el entonces gobernador de la Española, es decir, el cuartel general de la corona de Castilla en tierras americanas del Caribe.

En esta isla y ya como capitán de Santo Domingo de Guzmán (la capital de la actual República Dominicana) ayudó a sofocar el segundo levantamiento de los indígenas en Higüei. En la capital encontró el amor de una nativa a la que bautizaría con el nombre de Leonor y con la que tendrá hasta cuatro hijos (tres niñas y un niño).

Los nativos siempre le dijeron que al sur de la Española había muchas riquezas, es decir, al otro lado del canal de la Mona y para allá que se fue Ponce. Esas tierras, efectivamente, le esperaban con mucho oro, tanto que, a día de hoy, se conocen como Puerto Rico. Tampoco es que se mataran poniendo nombres originales. Pues eso, que la ciudad principal, en honor a San Juan Bautista, se terminaría llamando San Juan de Puerto Rico. No en vano, él también se llamaba Juan.

Con el permiso de Ovando explotó la isla a partir de 1508, teniendo una excelente relación con el cacique taíno Agüeybaná que, básicamente, le recibió con una alfombra roja. Otra cosa sería con el sucesor de este cacique, Agüeybaná II el Bravo, que le complicó la existencia en 1510, cuando ya era gobernador de la isla gracias al excelente «feedback» que dio de aquellos terrenos al rey Fernando el Católico. Se detuvo la producción de oro y españoles e indios boriquén se liaron a tortas.

En 1511, y tras un largo proceso, el hijo de Colón, Diego, consiguió para sí los derechos que su padre había conseguido en las Capitulaciones de Santa Fe. Se le designó virrey, pero no pudo deponer a Ponce de León, un tipo muy respetado por el propio rey.

Con todo y con eso, el rey le designó para poblar otras islas de gran riqueza que había al norte de la isla Juana (la Cuba actual y llamada así entonces en honor a Juana la Loca). Esas eran las islas Bímini, la parte más occidental de las islas Bahamas, que se encontraban a tan solo 80 km de tierras continentales. Navegando, navegando, el 27 de marzo de 1513, Juan Ponce de León fue el primer europeo, desde los vikingos, en ver tierra norteamericana. Aquel día era el Domingo de Resurrección, es decir, el día de la Pascua Florida y con aquel motivo denominó a esa gran isla como la Florida, solo que aquello no era una isla, sino una gran península. Había llegado a lo que hoy es EE. UU. Tomó tierra en un punto entre Cabo Cañaveral y Jacksonville.

De vuelta un 21 de abril, una maldita corriente les hacía retroceder incluso en ausencia de viento. Acababa de descubrir la corriente del Golfo (de México), esa misma corriente que intuyó el mismísimo Cristóbal Colón y que facilitaba, y mucho, el tornaviaje a España. Así pues, sus hallazgos le hicieron ganar puntos para con la corona y las envidias no se hicieron esperar. Le acusaron de casi todo en materia financiera, antes de que el rey Fernando le nombrara adelantado, gobernador y juez de la Florida.

En 1521, se decidió por ascender un peldaño y colonizar la Florida. Tras montar un campamento permanente durante más de cinco meses, los indios Calusa le alcanzaron con una flecha envenenada. Las fuentes de la época dicen que solían emplear veneno de cobra. Regresó muy herido a La Habana, ciudad en la que falleció, si bien su tumba se localiza en la catedral de San Juan (Puerto Rico).

Para los más «gañanes», Ponce de León es el tonto que estuvo buscando sin descanso la fuente de la eterna juventud en Bímini, pero no existe documento alguno, ni en España, ni en América, que atestigüe dicha búsqueda. Aun así, el romanticismo de dicha búsqueda alcanzó su cénit dentro del guion de «Piratas del Caribe», con un Jack Sparrow pretendiendo encontrar dicha fuente.

Por cierto, Fernando VII vendió la Florida en 1821, a EE. UU. porque tras la invasión napoleónica, España estaba canina y necesitaba cash, y los yanquis nos hicieron un «simpa».

LOS COMUNEROS, 270 AÑOS ANTES QUE LA REVOLUCIÓN FRANCESA

Uno de los capítulos más importantes de la historia de España tuvo lugar entre los años 1518 y 1521, y el escenario se conserva en parte, un escenario que es el segundo más fotografiado de España. La parte que falta en ese escenario es desde las que los turistas hacen sus fotografías sin ni siquiera sospechar lo que existió allí hace ya cinco siglos.

Me refiero a la Guerra de las Comunidades. Una guerra que estalla en un momento en el que Carlos I de España y V de Alemania, designaba en Castilla para todos los cargos importantes a flamencos que no sabían ni el idioma local. Un gobernador que no era rey y que exportaba materias primas para traer más tarde a Castilla productos elaborados, dejando la balanza comercial por los suelos y tocando la moral a los castellanos. Sí, Castilla se adelantó 271 años a la famosa Revolución Francesa. Esto no se cuenta así, quizás, porque esta revolución no triunfó.

De fondo, además, el encierro en Tordesillas de su madre, a la que los comuneros llegaron a liberar por considerarla su verdadera reina, pero Juana I no quiso ir en última instancia en contra de su hijo, de modo que el tema se terminó solucionando como se resolvían las cosas en aquella época, a tortas.

Al frente de los comuneros estaban Juan Bravo, Padilla y Maldonado, que antes de ser unas calles fueron unos señores. Y enfrente de ellos estaban los imperiales, cuyo jefe, el emperador, era conocido como el César, y es que fue coronado como tal por el papa Clemente VII el mismo día de su cumpleaños del año 1530, en la ciudad de Bolonia. ¿Cuál fue el escenario de este enfrentamiento? Pues el alcázar de Segovia, el monumento más fotografiado de España por detrás de la Alhambra de Granada. En el alcázar estaban ubicados los imperiales, ¡y que bien les vino una torre que construyó Juan II a mediados del s. XV! ¡Un visionario! ¿Por qué vino tan bien esta torre que se levanta imponente a la entrada del alcázar? Pues, porque desde donde los turistas sacan sus fotos hoy día, se hallaba la imponente catedral de Santa María, con dos torres que se levantaban a escasos metros del alcázar y en donde los comuneros se hicieron fuertes.

El levantamiento comunero se expandió por toda Castilla, es decir, Toledo, Ávila, Madrid, Soria, Valladolid, pero lo sucedido en Segovia fueron palabras mayores. Adriano de Utrecht, el enviado flamenco del joven emperador, acudió a Medina del Campo junto a Antonio Fonseca para abastecerse de artillería y de paso incendiar la ciudad. Hoy, enfrente de la plaza de San Martín de Segovia, está otra plaza presidida por un monumento a Juan Bravo y llamada en recuerdo de aquel episodio, Plaza de Medina del Campo. De hecho, ambas plazas parecen formar una sola plaza más grande.

La guerra fue cruenta y la catedral quedó destruida cuando el 23 de abril de 1521, fueron ejecutados los líderes comuneros en Villalar. Mención especial merece la mujer del general Padilla, María Pacheco, la conocida como «leona de Castilla» que, no tiene calle la pobre, al menos en Madrid, y que siguió haciendo frente a Carlos I en Toledo casi un año más, hasta 1522. Curioso fue también el detalle por el que Juan Bravo pidió subir al cadalso antes que sus leales amigos, Juan de Padilla y Francisco Maldonado.

Una vez terminada la guerra, Carlos I decidió dos cosas. La primera fue dañar y borrar todos aquellos escudos de casas hidalgas, nobles y solariegas que lucían en las fachadas de aquellas familias que decidieron apoyar a la causa comunera. No sé si esto habrá sucedido muchas veces en la historia, que creo que no (una de esas ocasiones fue cuando Tutankamón sucedió como faraón a su padre Akenatón y a Semenejkara, los faraones de Amarna, momento en el que Egipto trató de eliminar toda la simbología del dios Atón y de los anteriores faraones). La segunda decisión fue construir, para compensar, una nueva catedral en otro emplazamiento dentro de la ciudad de Segovia, en la plaza Mayor y que, llegó a ser el edificio más alto de toda España, con una torre cuya cúpula estaba hecha con la primera caoba que vino de América (desapareció tras un incendio en 1614). La altura fue tal, que recibió el nombre de «Madre de todas las Catedrales». Curioso es que a la catedral actual, la de Nuestra Señora de la Asunción y San Frutos, se llevaron partes que se conservaban de la vieja catedral gótica de Santa María, como el claustro de Juan Guas, el coro de madera en honor a Enrique IV y Juana de Portugal, y algunas de las rejas, una de ellas también realizada en caoba. La nueva catedral se inauguró con una misa en la que se pidió perdón por aquella guerra, desde la hoy llamada Puerta del Perdón, la que mira al espacio vacío que dejó la catedral de Santa María, la que mira al Alcázar, ese castillo en el que dicen, se inspiró Walt Disney (sí, se inspiró en el Alcázar de Segovia y en otro castillo alemán, el de Neuschwanstein).

HERNÁN CORTÉS Y LOS AZTECAS

Natural de Medellín, este tipo, nacido en 1485, era hijo de Martín Cortés y de Catalina Pizarro, es decir, más Pizarros de Extremadura, por si no teníamos bastantes. Antes de partir a América, estudió leyes en la Universidad de Salamanca.

Una vez ya en América, comenzó a hacer dinero a la sombra del gobernador de Cuba, un tal Diego de Velázquez (no el pintor, este era otro, pues el artista aún no había nacido).

Diego de Velázquez le encomendó una expedición con la que partió con unos 800 o 1.000 hombres, es decir, 550 soldados, 200 indios y algunos esclavos negros. Unos cuantos cañones y 16 caballos era todo con lo que contaba. Así se adentró en el reinado de Moctezuma, pero con un problema añadido, y es que parte del contingente quería regresar a Cuba, y Cortés, ni corto, ni perezoso, mandó quemar la flota, es decir, no había vuelta atrás y esa imagen con las llamas de los barcos ardiendo acompañarían su imagen hasta la eternidad.

No muy lejos de la costa, comenzó a trabar alianzas con pueblos sometidos por la temida Tenochtitlan y así conoció Cempoala, pero la más importante fue la alianza con Tlaxcala y es que, los tlaxcaltecas estaban realmente «quemados» con los mexicas, también denominados aztecas.

Mientras tanto, Moctezuma seguía con sus ofrendas para lanzar un claro mensaje de que no se iba a dejar amedrentar por esos barbudos malolientes que habían llegado desde no se sabe muy bien dónde. Estudios recientes basados en testimonios de la época, señalan que, en un periodo de sequía, en 1485, es decir, siete años antes de la llegada de Colón, los aztecas habían llegado a asesinar en ofrendas a cerca de 20.000 personas en solo cuatro días. Eran múltiples y simultaneas las ofrendas, y siempre existió debate de si era posible llegar a esa cifra en solo cuatro días, pero parece ser que sí, que no tardaban más de 30 segundos por persona y al haber varios lugares de ofrenda, la cifra era asumible a la par que terrorífica.

En Cholula, Cortés se olió una emboscada y fue él mismo el que terminaría haciendo un baño de sangre entre la nobleza cholulteca, lo cual facilitó el camino de los españoles hasta la capital azteca, que estaba en una isla comunicada por puentes levadizos. Sí, sí, lo que hoy es México DF, hace cinco siglos era una isla rodeada de aguas lacustres. Evidentemente, esas aguas han sido devoradas por la civilización y ya no queda nada de aquella isla. Los españoles quedaron maravillados por las infraestructuras de una capital que, ya en aquel entonces, contaba con 250.000 almas. Es importante señalar las cifras y es que, españoles, lo que se dice españoles, con casco, con barba y con armas, eran 550, y aunque sus armas eran mejores, la cosa no es que estuviera equilibrada precisamente. Aun así, los españoles fueron recibidos fastuosamente después de su batalla en Cholula.

Cortés era el único que había pasado por la Universidad y aquello le sirvió para entablar relaciones con multitud de pueblos que no podían con la cultura mexica. Estamos hablando, posiblemente, del pueblo más sanguinario y atroz que haya contemplado la historia. En estas negociaciones y buenas relaciones adquirió un papel importante la Malinche, también conocida como doña Marina, la amante aborigen y olmeca de Cortés en tierras mexicanas. Ella le sirvió de intérprete y le allanó el camino en innumerables ocasiones.

En cuanto a los sacrificios humanos, los monjes españoles llegaron a decir que las ofrendas que hacían los mexicas, no las hacían con maldad. Los aztecas cogían al tipo que iban a sacrificar y le hacían una incisión en el pecho para extirparle el corazón. A continuación, le cortaban la cabeza y tanto el cuerpo como la cabeza eran arrojados desde lo más alto de la pirámide. En la base de la misma se les desmembraba y, a continuación, se separaban las diferentes partes de los cuerpos para ser cocinados y servidos en la mesa. Al emperador, chamanes y alta nobleza se les reservaba las palmas de las manos de los niños, un plato que para ellos era el caviar de la época. Sí, así se comportaban estos «angelitos» que tanto se reivindican en el s. XXI. Ojo, estos aztecas actuaban así, porque lo tenían muy asumido en su cultura y consideraban que ese era el mejor de los comportamientos, pero reivindicar esto en el s. XXI es para hacérselo mirar.

Dicho esto, este es el paisaje que se encontró Cortés en la famosa Tenochtitlan. Vamos, para salir corriendo y no mirar atrás. Tampoco era fácil salir corriendo de una isla comunicada con puentes levadizos, de modo que Cortés, sin complejos, decidió secuestrar a Moctezuma, con el que convivió unos cuantos meses en el palacio de Axayácatl.

Pánfilo de Narváez, enviado por un desconfiado Diego de Velázquez, pronto selló pactos con Moctezuma que aún conservaba un gran poder dentro de unos aztecas que flipaban con el trato que estaban dispensando a esos españoles advenedizos. En este punto, no obstante, la presencia española era delicada, puesto que había dos facciones, la de Cortés y la de Pánfilo. Hernán Cortés abandonó la ciudad, temerario de perder todo lo conseguido hasta ese momento. En su lugar dejó a un Alvarado, que terminó neutralizando a los de Narváez, dando así una victoria al lado extremeño. En cualquier caso, Cortés, por desobediencia, temía a su jefe, a Velázquez.

Ya con todos los españoles presentes unidos, Cortés regresó a la ciudad y, mira por dónde, que se encuentra un paisaje dantesco. Parece ser que, ante una festividad mexica, Alvarado, bien temeroso o bien porque se viniera arriba, decidió masacrar a la población y nobleza mexica, y, automáticamente, la presencia española allí ya no fue bienvenida. La furia y el ataque mexica iba a ser inminente.

Ante el miedo y el asedio de los indígenas, Cortés sacó a la azotea del palacio a Moctezuma para clamar a sus súbditos, pero ni por esas. Los mexicas se cargaron de una pedrada a su emperador. Estaban hartos de Moctezuma, de los españoles y de la Iglesia Católica. Cortés estaba en un callejón sin salida y sin un Moctezuma que le sirviera como moneda de cambio.

Así, se planeó una salida, pero los mexicas se apostaron en los diferentes pasos. Aquello pasó a la historia como la «noche más triste» y es que, fueron muchos los españoles y tlascaltecas que perdieron la vida en aquella operación salida. Dicen que Cortés fue a llorar al día siguiente a la sombra de un ahuehuete, un árbol enorme típico de la zona y del cual hoy tenemos un ejemplar en El Retiro de Madrid (se dice que es el árbol más antiguo de Madrid).

Con todas y con esas, Cortés venció en la batalla de Otumba y regresó a Tlaxcala, donde fueron atendidos.

Hernán, viendo la fisonomía de Tenochtitlán, diseñó un ataque anfibio a desarrollar en el lago Texcoco que rodeaba la capital. Bergantines e infantería atacaron al unísono, junto a innumerables aliados que les tenían ganas a los mexicas. Además, el desabastecimiento de la capital también hizo de las suyas.

Tras dos meses de asedio, el 13 de agosto de 1521, los españoles apresaron al último emperador mexica, un tal Cuauhtémoc, justo cuando trataba de huir. Durante 200 años, aquella ciudad había sido una de las más fuertes de Mesoamérica, pero los españoles se hicieron con ella y, actualmente, en su lugar está México DF. ¡Mucho ojo con lo siguiente! Y es que, los nativos que iban con Cortés se querían comer, literalmente, a los aztecas. Los odiaban a muerte, pero el español evitó una película *gore*, de modo y forma, que podríamos decir que gracias a Hernán Cortés surge lo que hoy conocemos como México.

Murió en 1547, cerca de Sevilla, en Castilleja de la Cuesta, y en su testamento dejó dicho que con su fortuna debía construirse un hospital en Nueva España, si bien otras fuentes señalan que murió en la más absoluta pobreza. De hecho, Cortés fue el que construyó el primer hospital de América, siendo, además, el que convenció al emperador Carlos I para no considerar esclavos a los aborígenes americanos. Hoy, los restos de Cortés se encuentran en la capilla del hospital de Jesús Nazareno, un hospital fundado por él mismo y que, a día de hoy, sigue en funcionamiento. Aunque él siempre quiso descansar en Nueva España, quizás sea el momento de devolverle a su Medellín natal y es que, aunque el 99% de las tropas que entraron en Tenochtitlan eran mesoamericanas, es decir, del actual México, el relato actual es muy diferente y de hecho, en el 500 aniversario de la toma de la ciudad, hubo que proteger la entrada a la capilla porque una multitud de imbéciles quisieron atacar sus restos. Estamos hablando de los restos de un tipo que cambió el mundo o, como mínimo, esa zona del mundo.

PRIMERA VUELTA AL MUNDO

Dos inmigrantes llevaron a España a los altares, primero el genovés Colón, y después el portugués Magallanes. El portugués le pidió financiación a Manuel I para buscar una nueva ruta de las especias y al igual que pasara con Colón, el monarca lusitano dijo que ni hablar, que ya tenían su ruta, de modo que el rebote fue tal que Carlos I sí le compró la idea a Magallanes. Así, España pagó la primera vuelta al mundo.

Partieron desde Sevilla cinco naves con unos 250 hombres, un 10 de agosto de 1519, y desde Sanlúcar de Barrameda, un 20 de septiembre. Tres años más tarde, llegaron 18 tipos desarrapados en la ruinosa nao Victoria, el 6 de septiembre de 1522, y es que aquello no fue un crucero de placer.

La cosa pintaba tan mal, buscando un paso al oeste, que hubo motín y entre los amotinados estaba un tal Elcano, al cual se perdonó por necesitar gente que arrimara el hombro. Y es que, claro, al no haber mapas, la cosa era difícil, de hecho, al llegar a la desembocadura del Río de la Plata, la incertidumbre fue mayúscula. Aquello era agua dulce y tras internarse, llegaron a un callejón sin salida. No sabían que allí fue donde se comieron los charrúas, unos años antes, al navegante Juan Díaz de Solís.

Descubrieron tipos altos de patas grandes, los patagones, o sea, Patagonia. Veían fuegos de tribus en tierra firme, de ahí Tierra del Fuego. Cuarenta días infernales tardaron en pasar un estrecho al que llamaron de Todos los Santos y de las 11.000 vírgenes, hoy llamado de Magallanes en su honor. Al último cabo lo llamaron el Deseado. Fueron los primeros europeos en verlo. Tras ello, el Pacífico y cien días sin ver tierra firme, llegando el escorbuto, el hambre, la sed. Las ratas se pagaban a un ducado. Se comieron hasta el cuero de los mástiles, literal.

En Filipinas, Magallanes moriría al subestimar a Lapulapu, hoy considerado un héroe independentista. Al poder entender la lengua, aquí se apeó el traductor, Enrique de Malaca, en 1521, esclavo de Magallanes de 1511 y que España liberó. ¿Fue el primer hombre en dar la vuelta al mundo? ¡Será posible!

Elcano tomó el mando en las Molucas y regresó obviando el Tratado de Tordesillas, eso sí, evitando a los portugueses. Llegaron a Sanlúcar con especias por valor de ocho millones de maravedíes, un 5 de septiembre, pero en España el calendario marcaba el 6-sep. ¡Habían perdido un día! Verne le dio un giro de tuerca al tema y en

Mapa de la primera circunnavegación del mundo. [Wikimedia]

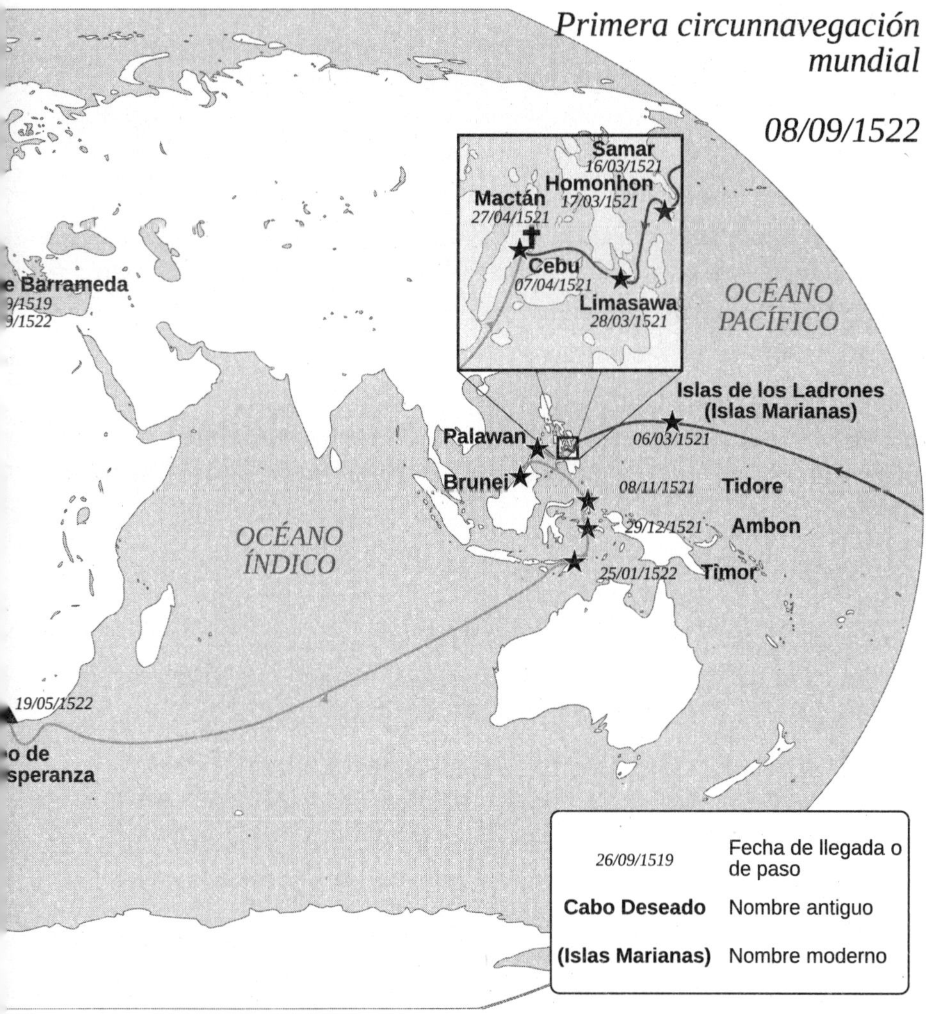

«La vuelta al mundo en 80 días», el viaje lo hizo hacia el este para ganar un día.

España cambió las relaciones en el planeta para siempre, y aquel barco fue el primero en dar la vuelta al mundo en un solo viaje. ¡Hace ya 500 años de la HAZAÑA! Eso sí, en 1577, Francis Drake se adjudicó el ser el primero en dar la vuelta al mundo y también dijo que había inventado la tortilla francesa y la pizza. ¡Pobrecillo! Y peor aún, en Antena 3, en el quinientos aniversario de esta primera circunnavegación, señalaron que la ruta de Magallanes/Elcano pasó por Suez. Lo que no sé es por qué dieron tanta vuelta y no pasaron por Panamá. ¡Poco nos pasa!

LA PRIMERA MAESTRA DE AMÉRICA

Aprovechando la fecha en la que estamos y aprovechando que España debe pedir perdón sin discusión, sí o sí, por su pasado histórico, me voy a tomar la licencia de hablar sobre una mujer que ni los más puristas conocen.

Catalina de Bustamante fue una española de ese s. XVI, tan horrendo, por el que todo español debe avergonzarse, y que, ¡oh, sorpresa!, fue la primera maestra de América. Sí, una malvada española de la terrible Extremadura, tierra de conquistadores, nacida en el año 1490, y que anduvo por la tierra de la mexicana Texcoco.

El 5 de mayo de 1514, partió con sus dos hijas y con su marido, Pedro Tinoco, desde Sanlúcar de Barrameda destino Santo Domingo. Una vez falleció su marido, decidió ayudar como maestra de hijas de hidalgos y caciques de la zona, pero sintió especial compasión por las niñas indígenas, las grandes olvidadas de la película para aquellos menesteres de la formación, y buscó la colaboración de otro gran malvado de nuestra historia, un fraile franciscano llamado fray Toribio de Benavente. Este clérigo la ayudó a cumplir su sueño de ser maestra de niñas indígenas. Ella, malvada católica, les enseñó a escribir y a leer aprovechando que quería enseñarles religión, pero no cualquier religión, sino la fe cristiana. Con esta formación, las elevó ante abusos de poder (menos mal que esas cosas ya no pasan) y las enseñó a defender su dignidad y las empoderó, un verbo, por cierto, que parece haber sido inventado en el s. XXI.

Un regidor se encaprichó de dos niñas indígenas y ante tal injusticia, Catalina, gracias al obispo Zumárraga, le hizo llegar una carta al mismísimo emperador Carlos I. Su esposa, Isabel de Portugal, una reina malvada, se interesó por el tema y ayudó para que a partir de ese momento, esos excesos fueran perseguidos oficialmente. Es por ello por lo que, le envió maestras a la propia Catalina para que la ayudaran con la formación de este sector poblacional un tanto discriminado.

Esta tipa de la que nadie se acuerda actualmente, ni siquiera en un 8 de marzo, sentó las bases de la educación en América, cuando a Harvard ni se la conocía ni se la esperaba. Esta señora desafió las desigualdades de género a comienzos del s. XVI, para ampliar las oportunidades de niñas y también de niños, y trató de minimizar las diferencias en aquel entonces. Formó a 4.000 mujeres. Esta dirección que tomo el sector educativo desembocó en una ristra de universidades por toda América, de norte a sur, que impartieron enseñanza tanto en español, como en las lenguas indígenas. ¡Ojo!, que esto no lo hicieron ni ingleses, ni franceses, ni holandeses, ni nadie, solo los malvados españoles. Que no se te olvide su nombre, Catalina de Bustamante, de Llerena, provincia de Badajoz.

Por cierto, fue acusada, por intereses oscuros de algunos españoles y caciques locales, de ser proxeneta de muchas de aquellas chicas a las que ayudó y formó. ¡Menos mal que estas cosas ya no pasan! Así paga España, también, a sus heroínas.

Castilla y Aragón habían dejado ya muy atrás su lucha contra los musulmanes, el rey Fernando de Aragón, gracias al Gran Capitán, se había hecho con gran parte de la actual Italia, y el matrimonio de Juana la Loca con Felipe el Hermoso había otorgado a su hijo, Carlos I, el Sacro Imperio Germánico, por lo que Francia, de repente, estaba rodeada. Así, el rey Francisco I decidió atravesar los Alpes para hacerse con el Milanesado e iniciar una ofensiva que equilibrara la balanza.

Corría noviembre del año 1524, cuando el rey francés se hizo con Milán. Ese fue el momento en el que 1.000 españoles, junto a 5.000 lansquenetes alemanes (mercenarios) y 300 jinetes, con una artillería compuesta por 53 piezas, se refugiaron en la ciudad de Pavía. A las órdenes del riojano Antonio de Leyva, se hicieron fuertes en dicha ciudad. De ahí, no se movieron ni un centímetro.

El asedio fue durísimo. Iban pasando los meses y los 32.000 galos no dieron tregua. Los 6300 hispano-alemanes estaban a la espera de refuerzos, pero estos no llegaban. Lo que sí llegó, fue el hambre, las enfermedades y los impagos, puesto que, en condiciones así, era imposible que los soldados cobraran sus nóminas y recibieran las pagas en sus cuentas bancarias. Aquello fue muy duro.

Total, que un buen día los refuerzos aparecieron, concretamente, un día 24 de febrero de 1525. Ese era el día del emperador Carlos I, sin duda, puesto que, un día así de 1500, como ya hemos dicho, nació en un retrete de Gante y en un día así, pero de 1530, sería coronado en Bolonia ante el papa Clemente VII como emperador del Sacro Imperio Romano Germánico. Todo lo importante de Carlos I, siempre sucedía un 24 de febrero. Pues eso, que aquel día de 1525, por lontananza, aparecieron 24.000 hombres de los tercios provistos de 17 cañones. Seguían siendo minoría, pero estamos hablando de los «boinas negras» de la época. La batalla no se hizo esperar.

Los franceses atacaron con todo o, al menos, esa fue la baza que jugó el rey Francisco I. Siendo más, subestimaron a los españoles. Los tercios, por su parte, decidieron que formarían en cuadro. Nunca antes los galos se habían enfrentado a una táctica militar similar. En estas formaciones en cuadro, las picas asomaban como un auténtico erizo y el acceder a las defensas españolas y alemanas no era nada fácil. Lo dicho, que al rey francés le pudieron las ganas y se lanzó al ataque con todo. Los arcabuceros españoles hicieron mucho daño, mientras que las picas seguían destrozando a la infantería. *Levantaron tanto polvo que hasta Greta Thunberg se levantó de la siesta.*

Al ver aquel espectáculo, los hambrientos y desesperados soldados del interior de Pavía salieron para atacar a los franceses que, de repente, se vieron en medio de dos frentes, el de los refuerzos y el de los sitiados. Volvieron a subestimar a los soldados que provenían desde Pavía, pero esta vez el golpe fue definitivo. Murieron 1500 españoles, por 13.000 franceses, pero lo mejor es que los galos quedaron atrapados y sin escapatoria. Tanto fue así, que el soldado Juan de Urbieta Berastegui y Lezo apresó a lo que tenía toda la pinta de ser un mando francés. Vestía muy bien el tipo, portando una armadura y casco diferentes, a la par que distinguidos. Lo que no se imaginaba el soldado era que ese mando no era alguien cualquiera, era el mismísimo rey de Francia.

Francisco I, apresado, fue encarcelado en Madrid durante un año, concretamente en la Torre de los Lujanes, en el corazón de la capital, en la mismísima plaza de San Salvador, hoy conocida como plaza de la Villa. Este detalle lo sabemos gracias a un tal Lope de Vega, que años más tarde vivió a la vuelta de la esquina, en plena calle Mayor.

Con esta victoria, Carlos I se hizo fuerte ante el papa, se hizo fuerte ante Europa y debilitó a una Francia que debió permanecer en barbecho antes de volver a rechistarles a los tercios de la incipiente monarquía hispánica.

EL PLAGIO INGLÉS POR EL QUE NOS ROBARON A JUAN ORTIZ Y A ULELEH

Walt Disney nos enseñó la historia, de 1607, entre Pocahontas y John Smith, que antes de ser una marca deportiva, fue un señor, pero lo que nos ha ocultado el mundo del cine es que ochenta años antes, hubo un romance similar entre un barbudo y maloliente andaluz, Juan Ortiz, y una bella y joven nativa llamada Uleleh, hija del cacique Hirrihigua. Esta fue la verdadera historia y la de Pocahontas un plagio.

Sí, una vez más, los españoles llegaron antes, incluso, hasta para esto del amor. Es más, los españoles practicaron el mestizaje desde el primer momento. Que sí, que lo sé, que todavía no podemos hablar del término «españoles»..., ¡que pereza!

En 1528, Ortiz estaba en un barco llamado Bahía de Tampa, que formaba parte de la expedición de Pánfilo de Narváez. Atraídos a la costa de la Florida por, se supone, unos indios no muy hostiles, cuatro hombres se acercaron a la orilla para ver cómo tres de ellos eran aniquilados y otro más, Juan Ortiz, era capturado y llevado a la ciudad de Uzita, mientras sus compis del barco lo dejaban a su suerte.

El jefe, Hirrihigua, ordenó que lo ataran a un estante sobre un fuego, pero la tal Uleleh, que algo debió ver en el chico, rogó que, por favor, le soltaran. No fue la única vez, ya que este cacique malhumorado le llegó a condenar un total de tres veces, pero Uleleh siempre intercedió por él, alegando que el chaval no suponía peligro alguno.

Otro cacique aborigen, Mucozo (castellanizado como Mocoso), quemó Uzita y el pueblo de Uleleh decidió que Ortiz les traía mal fario y que había que cocinarlo a fuego lento. Total, que Uleleh le advirtió y lo condujo al pueblo Mocoso (el poblado se llamaba igual que su cacique) y que estaba ubicado en la bahía de Tampa.

En 1539, pasó por allí Hernando de Soto y atacando a los nativos, se enteró de que un cristiano andaba por aquellas tierras de Florida gritando algo así como que era sevillano. Lo liberaron y ejerció de intérprete. Once añitos estuvo cautivo junto a la joven Uleleh.

Pues bien, hay quien dice que esta historia de amor entre estos dos jóvenes es una leyenda, si bien, todas las fuentes hablan de que la chica era de carne y hueso, y que siempre salvó de la muerte al sevillano. Ahí había tema, seguro.

Y lo mejor de todo es que, en el s. XVII, tenemos una historia calcada con John Smith, Pocahontas y su padre, Powhatan. La traducción de esta historia, la de Richard Hakluyt, es copia de la narración de la expedición de Hernando de Soto realizada por Fidalgo de Elvas y que se publicó en Londres en 1609, es decir, unos años antes del relato del plagiador John Smith. A mediados del s. XIX, los norteamericanos, ya independientes de los ingleses, necesitaron de historias que hablaran de un pasado glorioso y reinventaron la historia de Ortiz y Uleleh, para que, finalmente, Disney la encumbrara con un apoyo de taquilla a nivel mundial, incluido el hispano. Nada nuevo bajo el sol. Pues eso, que la historia auténtica fue la de este sevillano que murió en Arkansas en 1542, y que, por cierto, también narró un tal Inca Garcilaso de la Vega.

FRANCISCO PIZARRO Y LOS INCAS

Procedente de Trujillo e hijo ilegítimo de Gonzalo Pizarro y Francisca González, criada de su tía Beatriz, nunca mostró interés por la cultura, nunca supo leer y escribir, y le encargaron cuidar una piara de cerdos que, por cierto, terminó perdiendo tras enfermar la totalidad de los puercos. Después de este desafortunado episodio, se enroló en los tercios españoles destinados en Nápoles y Sicilia. En 1502, viajó a América, a la isla de la Española, con fray Nicolás de Ovando. Acompañó a Núñez de Balboa cuando este descubrió el océano Pacífico, formó parte del grupo que fundó la ciudad de Panamá y fue aquí donde comenzó a acumular riquezas ayudando a someter a los indígenas de Veragua.

Con Pedro Arias Dávila se le encomendó, junto a Diego de Almagro, ir a conquistar el actual Perú, es decir, el entonces Imperio

Inca y es que, se hablaba de que poseían una gran riqueza y, claro, por eso había dejado su Extremadura natal. Él quería hacer fortuna y para eso había ido a aquellas latitudes. Aunque la frase no era aún esa de «vente pá Alemania Pepe», esa ya era la verdadera idea desde un inicio. Hemos de tener empatía y ponernos en los zapatos de un tipo del s. XVI.

En 1524, lideró su primera expedición, que resultó ser un completo fracaso. Un nuevo viaje protagonizó en 1526, bajo el nombre de «conquista de los reinos de Perú», sentando las bases de lo que se debería conseguir. En este viaje sucedieron tres episodios importantes: en primer lugar, se enteraron de la muerte del emperador inca Huayna Cápac, en segundo lugar, aconteció la Porfía de Atacames, en la que se enfrentaron a pecho descubierto, almagristas y pizarristas y, finalmente, en tercer lugar, se desarrollaron los acontecimientos de la isla del Gallo, en donde se trazó una línea en la arena de la playa para ver quien le seguía. Lo que dijo Pizarro fue: «Por aquí —señalando al sur— se va al Perú a ser ricos, por allí —señalando al norte— se va a Panamá a ser pobres». Fueron trece las personas que cruzaron aquella línea marcada en el suelo y seis años más tarde fueron asquerosamente ricos, tras hacerse con los tesoros del Imperio Inca, también conocido como Tahuantinsuyo. Estos hombres pasaron a la historia como «los 13 de la fama». Se llamaban Francisco Pizarro, Hernando de Soto, Hernando Pizarro, Juan Pizarro, Gonzalo Pizarro, Juan de Rada, Sebastián de Belalcázar, Francisco de Jerez, Pedro de Candia, Francisco de Chávez, Martín de Jerez, Alonso de Riquelme y Pedro Alconchel.

Con la autorización de los reyes y ya con casi 60 años, regresó hacia América con familiares, amigos y paisanos. En 1532, fundó la primera ciudad española en Perú, San Miguel de Tangarará y de ahí partió al encuentro de Atahualpa en Cajamarca para conquistar a unos incas que, a su vez, tenían sometidos a los quechuas, aymaras, chancas, wankas, chimúes, chachapoyas y cañaris. Atahualpa, previamente, había tenido una guerra civil con su propio hermano, Huáscar, quien le había precedido tras la muerte de los últimos monarcas legítimos, Huayna Cápac y su padre Túpac Yupanqui (se cree que fallecieron a consecuencia de las armas de destrucción masiva que llevaron los españoles al continente, es decir, infinidad de nuevos virus como la gripe, la viruela, el sarampión, la escarlatina, la varicela, la difteria, el tifus o la peste bubónica).

En Cajamarca, con muy pocos efectivos, Pizarro fue subestimado por un Atahualpa que, acudió acompañado de uno 7.000 hombres (en las proximidades tenía hasta 80.000). Los incas, después de un banquete lleno de excesos, acudieron a masacrar a un Pizarro en clara minoría, sin embargo, fue Pizarro quien, con solo 168 hombres, planeó una emboscada para terminar secuestrando al rey Atahualpa. El cura Vicente de Valverde trató de cristianizar así, sin anestesia, al inca (la palabra inca significa «jefe» o «señor») y al decirle este que verdes las habían segado, salió corriendo de vuelta y dirigiéndose a Pizarro gritó: «¡Qué hace vuestra merced que Atahualpa está hecho un Lucifer!». Junto a los 102 hombres y 66 caballeros de Pizarro, había cuatro cañones y al escuchar los estruendos y las explosiones, los incas salieron despavoridos. Se calcula que en la estampida y en el cuello de botella que generó la huida inca en aquella plaza de Cajamarca, perecieron unos 2.000 hombres asfixiados y pisoteados. Sí, aparte de armas de destrucción masiva, los españoles jugaban con armas de última generación (tampoco iban con metralletas) y con el factor sorpresa.

En medio del caos, un español trató de asesinar a Atahualpa y esto lo impidió Francisco Pizarro anteponiendo su mano, en la que fue herido. Dijo algo así como «nadie hiera al indio so pena de vida». Vamos, que se cargaba a quien lo matase.

¿Por qué? Pues porque por el rey inca pidió mucho oro a cambio de ser liberado. Es famoso el Cuarto del Rescate y es que, allí, Atahualpa, viendo que los españoles se volvían locos por encontrar determinados minerales, ofreció llenar aquel cuarto de oro hasta una altura en la que él alzase la mano y otros dos cuartos más llenos de plata. A los españoles les hicieron los ojos chiribitas. Incluso ayudaron a los incas a transportar todo aquel cargamento de oro y plata. ¡Faltaría más! En aquella espera, Atahualpa ofreció como esposa de Pizarro a su propia hermana. En aquella espera,

Atahualpa se hizo amigo de un hermano de Pizarro, de Hernando, y este llegó a afirmar que el indio, pese a haberles subestimado, era un tipo inteligente que pronunciaba frases que hacían bastante que pensar. Incluso llegaron a entablar tal amistad, que hasta jugaron al ajedrez (otros dicen que a un juego inca parecido). Por allí pasó Diego de Almagro que al ver a trece hombres asquerosamente ricos y comprobar que él no se llevaría nada de nada, dijo de asesinar al inca, pero lo impidieron por la inestabilidad que aquello podría suponer.

El Cuarto del Rescate medía 22 pies de largo y 17 de ancho. Fundieron el material recibido y aquello supuso 1,3 millones de pesos de oro y casi 52.000 marcos de plata. A repartir entre trece.

Pero Pizarro nunca cumplió su promesa de liberar a Atahualpa, pese a haberse hecho inmensamente rico. Siendo ya poseedores de aquella inmensa riqueza, Pizarro le sometió a juicio. Todo muy cuidado. Las preguntas fueron: ¿Qué mujeres tuvo Huayna Cápac? ¿Era Huáscar hijo legítimo y Atahualpa bastardo? ¿Tuvo Huayna Cápac otros hijos aparte de los citados? ¿Cómo llegó Atahualpa a adueñarse del Imperio? ¿Fue Huáscar declarado heredero de su padre o este le destituyó? ¿Cuándo y cómo tuvo lugar la muerte de Huáscar? ¿Atahualpa forzaba a sus súbditos a sacrificar a sus dioses, mujeres y niños? ¿Fueron justas las guerras que promovió y en las que murió mucha gente? ¿Derrochó las riquezas del Imperio? ¿Favoreció a sus parientes en estos derroches? Hallándose preso, ¿dio órdenes para que se diese muerte a los españoles? La sentencia fue clara. Culpable de idolatría, herejía, regicidio, fratricidio, traición, poligamia e incesto. Y no le cayó blanqueo de capitales de milagro.

Con el oro que consiguieron y con Atahualpa sentenciado, se le condenó a morir quemado, pero eso significaba no pasar a otra vida según la religión inca. Así pues, el cura, Vicente Valverde, le bautizó y Atahualpa eligió el nombre de Francisco, ¡toma ya! Gracias a ello, le sometieron al garrote vil. Por cierto, el cuerpo lo recuperaron los incas para, seguramente, enterrarle según sus ritos. Atahualpa fue ejecutado el 26 de julio de 1533. Vamos, que le hicieron la «tanganilla».

Pizarro se casó con la hermana de Atahualpa y Huáscar, llamada Quispe Sisa y españolizada como Inés Guayalas Yupanqui. Esta princesa fue la que Atahualpa ofreció en matrimonio para ser liberado. Con ella, en 1535, Pizarro fundó la ciudad de los reyes, en el valle de Limac, actual Lima. Y con ella tuvo dos hijos, Francisca y Gonzalo. Al mismo tiempo, tuvo como concubina a la nieta del inca Viracocha, sobrina del inca Pachacútec, prima de Huáscar y esposa de Atahualpa. ¡Sin complejos! Se llamaba Cuxirimai Ocllo, y fue conocida como doña Angelina Yupanqui. Por todo esto, Francisco Pizarro es, posiblemente, el conquistador español más difícil de defender en la historia de España. Con esta concubina tuvo otros dos hijos, Juan Francisco y Francisco. Esta chica, doña Angelina, siendo ya viuda de Pizarro, escribió «Suma y narración de los incas», es decir, la historia de los incas antes de la llegada de los españoles al Perú, entonces denominado «Birú».

Más tarde, hubo una guerra civil entre pizarristas y almagristas, que se pelearon por el poder en la ciudad de Cuzco y es que, Diego de Almagro, aparte de sentirse perjudicado en el reparto de tierras, había resultado perdedor en su intento de conquistar Chile. En 1538, Almagro perdió ante Pizarro en la batalla de las Salinas y Pizarro mando ejecutarle sin más dilación. Tenían buen rollito.

Tras escuchar la existencia de la ciudad de la Canela y El Dorado, Pizarro trató de hallar ambos lugares. Recorrieron los Andes, páramos helados y sierras impenetrables. Dieron con la canela, pero no con El Dorado y, para colmo, árboles de la canela tampoco hallaron tantos como para hacer negocio.

Alguna derrota también sufrió Pizarro de vez en cuando, como la impartida por Manco Inca, que trató de aplacar a los españoles en la conquista de Lima.

En 1541, tuvo lugar el que se conoce como primer golpe de Estado de la América hispana. Doce almagristas armados y liderados por el hijo de Diego de Almagro, se dirigieron a la casa de un Pizarro septuagenario que venía de escuchar misa. Aunque Pizarro y sus colegas estaban en la planta superior de la actual casa del presidente de la República, lo cual favorecía a Pizarro y a sus acompañantes, puesto que la escalera era estrecha y angosta, los almagristas fueron aniquilándolos desde los pisos inferiores y se quedaron a solas con un Pizarro, muy ducho en el manejo de la espada. Hubieron de sacrificar a un almagrista, mientras otro le daba una estocada cerca de la garganta. Furibundo y dibujando una cruz en el suelo con su propia sangre, un tercero le golpeó en la cabeza con un enorme recipiente de plata. Su cuerpo permaneció 12 horas en aquel lugar. Sus adeptos recuperaron su cuerpo y fue enterrado en el patio de los naranjos de la iglesia de Lima y nunca fue decapitado como tradicionalmente se ha señalado, y es que Pizarro solía decapitar a sus enemigos. Tras varios traslados de su cuerpo, se le perdió la pista, casi definitivamente, pero cuando ya no había esperanzas de encontrarle, en 1977, en unas obras de la catedral de Lima, se encontraron dos cajas, las cuales contenían los restos de Francisco Pizarro, el señor marqués que descubrió y gobernó el Perú.

A día de hoy, es cuestionado por las nuevas generaciones y su figura es controvertida, siendo conquistador para unos y genocida para otros. No sucede lo mismo con los incas, unos tipos que sometieron a sus pueblos vecinos y que, para evitar catástrofes naturales, eran muy de sacrificar a niños y niñas, llegando a nuestros días multitud de momias. Estos rituales eran conocidos en el idioma quechua como la «capacocha», un ritual por el que el niño andaba durante meses mascando hojas de coca para ser sacrificado con un golpe en la cabeza en lo alto de una montaña. Todo muy «soft».

CABEZA DE VACA, EL PRIMER CAMINANTE DE EE. UU.

El primer caminante de Norteamérica fue un tal Álvar Núñez Cabeza de Vaca, un jerezano que exploró el sur del actual EE. UU., desde Florida a Luisiana. Ya hacia el interior, el tipo llegó a adentrarse hasta Arizona, la tierra del famoso Monument Valley, más que visto en las pelis del Oeste, para finalizar en el golfo de California, anexionando todo el territorio al virreinato de Nueva

España. Fue el primer europeo en ver bisontes. Ya con los títulos de adelantado, de capitán general y de gobernador del Río de la Plata, en un segundo viaje, fue quien descubrió las cataratas de Iguazú. En España, por supuesto, la gente conoce a David Livingstone y no a este buen hombre.

En cuanto a su procedencia, unos dicen que venía de un pueblo de Badajoz llamado Cabeza de Vaca, y otros aseguraban que su ancestro era aquel pastor que mostró el famoso paso a Alfonso VIII para vencer a los almohades en Navas de Tolosa, un paso o sendero marcado con cráneos de sus vacas muertas y de ahí el nombre.

Cabeza de Vaca llegó a América de la mano del gobernador Pánfilo Narváez. El objetivo era conquistar Florida y encontrar la fuente de la eterna juventud. Y todo esto, sin tomar ninguna sustancia psicotrópica.

Ya en América, salió desde la base de operaciones de aquel entonces, es decir, desde Santo Domingo. Partieron cinco barcos con 600 hombres, pero 140 marinos abandonaron, «by the face», antes de comenzar, y una tormenta en Cuba redujo la cifra de valientes considerablemente. Llegando a tierra continental, en Aguas Claras, hoy llamada Clearwater (no es broma), los indígenas les mostraron un camino para encontrar oro. ¡Para qué queríamos más! Buscaron las Siete Ciudades de Cíbola y Quivira (similares a El Dorado, pero en América del Norte).

En su trayecto sortearon huracanes, zonas pantanosas y más de veinte naciones indígenas diferentes. La sorpresa de encontrar cocodrilos fue mayúscula, de modo que los españoles les llamaban simplemente «lagartos». Los «Chiquitos de la Calzada» ingleses «inglesificaron» el término y los llamaron «alligator» (tampoco es broma).

Tras construirse sus propias barcazas y pasar bastante hambre, llegaron al río del Espíritu Santo, hoy conocido como Misisipi (aquí ya había llegado antes un tal Alonso Álvarez de Pineda). A su llegada a la isla de Galveston, ya solo quedaban 15 hombres y fueron «acogidos» por los carancaguas, unos indios que los esclavizaron a cambio de comida, y así estuvieron seis años. Ejerciendo de chamán y sin tener ni idea, no se sabe cómo, pero Cabeza de Vaca salvó al hijo de un cacique. Así, si haces determinados tours por Texas, te confirman que es considerado como el primer cirujano de aquel estado. Como consecuencia y recompensa, los liberaron. Fueron cuatro los supervivientes: Andrés Dorantes de Carranza, Alonso del Castillo Maldonado, el esclavo Estebanico el Negro, y nuestro Cabeza de Vaca.

Tras buscarse la vida como mercaderes, coincidieron con gente de su expedición y juntos, reanudaron su viaje. Imponiendo manos y rezando en latín, se consagraron en el sector de los curanderos y «cantamañanas». En 1536, y después 16.000 km, volvieron a tomar contacto con el virreinato en el río Sinaloa. Estamos hablando de que solo llegaron cuatro hombres de aquellos 600 iniciales.

El mito del oro de las Siete Ciudades continuó y el posterior soldado Andrés Docampo llegaría a caminar 32.000 km. Era gente hecha de otra pasta.

EL GRAN CAÑÓN Y EL REINO DE LAS SIETE CIUDADES DE ORO DE CÍBOLA

Viendo el inicio de «Indiana Jones y la última Cruzada» en Utah, si te preguntasen por un sitio que visitar en EE. UU., probablemente, dirías que el Gran Cañón del Colorado. Sí, hay más cosas que ver, como por ejemplo, el Mississippi, el Monument Valley, las cataratas del Niágara, ciudades como Nueva York, etc., pero, seguramente, muchos optarían por uno de los mayores cañones del planeta, considerado, además, patrimonio de la humanidad por la Unesco. Un cañón que deja a la vista rocas con 2.000 millones de años de historia.

El Gran Cañón del Colorado no es cualquier cosa y es que, es una gigantesca garganta excavada por el río Colorado y situada entre Utah y Arizona. Mide 446 km de largo, 29 km de ancho y 1,6 km de profundidad. ¡Es una pasada! Lo que no mucha gente conoce es que, quien lo descubrió, lo llamó la Gran Barranca. Sí, ese nombre solo se lo podía poner un español. Fue García López de Cárdenas y Figueroa, en 1540, un pacense que trató de bajar al mismísimo río para abastecerse de agua, pero que tuvo que desistir porque salvar aquel desnivel era una misión imposible. Eso sí, fue el primer hombre blanco en ver aquel espectáculo de la naturaleza. Por cierto, el río se veía tan lejos que pensó que era un simple arroyo. Fue otro español, Fernando de Alarcón, el primer europeo en navegar aquel río a cientos de kilómetros del Gran Cañón, y otro hispano, Francisco de Ulloa, el primero en divisar dicho río un poco antes, en 1539. Hubo que esperar a 1604, para que Juan de Oñate lo llamara Colorado.

García López de Cárdenas partió desde Compostela, (actual Jalisco) en busca de una de las Siete Ciudades de Oro de Cíbola y Quivira. El mandamás de aquella expedición era un tal Francisco Vázquez de Coronado y Luján. Este salmantino delegó en el de Badajoz y en otros doce hombres más para que encontraran el gran río del que les hablaban los indios Hopi. El río al que, inicialmente, llamaron Tizón, no era el objetivo principal, puesto que en torno a él se suponía que debía haber una serie de ciudades de oro. El mito indígena y la imaginación de los españoles hicieron el resto. Por cierto, la amabilidad de Vázquez de Coronado para con los indígenas siempre estuvo en entredicho y hasta el visitador Francisco Pérez de Sandoval le sometió a juicio por su elevada crueldad.

Como curiosidad añadir que hasta un jovencísimo Indiana Jones le intentó arrebatar, al inicio de la última cruzada, una supuesta Cruz de Coronado a unos ladrones, iniciándose así una típica escena de acción de Steven Spielberg.

FRANCISCO DE ORELLANA Y EL AMAZONAS

Orellana fue un extremeño de Trujillo y amigo, pariente y paisano de los hermanos Pizarro. Siguiendo órdenes de Francisco Pizarro, partió desde Quito hacia el este para buscar el país de la canela y El Dorado, una ciudad legendaria hecha de oro.

Rumbo al este cruzaron los Andes con 340 españoles y cerca de 4.000 indígenas. Después de 140 bajas españolas, Gonzalo Pizarro le mandó navegar aún más hacia el este para buscar alimentos, y decidió navegar un río como si fuera a batirse en duelo con el mar, y recorrer el mundo en su velero, y navegar, «nai na na». Total, que, para cuando pudo acceder a alimentos, habían recorrido 900 km y la tripulación dijo que no regresaban ni de broma. Este episodio se conoce como la «traición de Orellana».

A lo tonto, a lo tonto, recorrieron 4800 km en siete meses, que se dice rápido, y se enfrentaron y sortearon a tribus caníbales y de todo pelaje, si bien el tema por el que se hizo famosa su expedición fue por el episodio en el que fueron atacados por las míticas amazonas, similares a las de la mitología griega, y cuya reina se llamaba Conori. En cualquier caso, atravesaron aquella red fluvial, la más caudalosa del planeta, y llegaron a su desembocadura el 26 de agosto de 1542. En honor a aquellas mujeres, bautizaron al río como Amazonas.

Al llegar a España le estaban esperando los hermanos Pizarro y le acusaron de todo. Tras arduas negociaciones, Carlos I le exoneró de toda culpa y le nombró gobernador de las tierras que había descubierto, mientras que si los Pizarro le llegaban a pillar, lo crujían seguro. Aquellas tierras se conocieron como Nueva Andalucía.

El tema es que te nombraban gobernador, pero el resto de las cosas te las tenías que buscar tú, es decir, financiación, barcos, hombres, armas, etc. A punto de zarpar, le prohibieron partir por tener mucho extranjero entre la tripulación y es que, se debía viajar con castellanos. La calidad de los barcos no era buena, le faltaban armas, en fin, un desastre de proyecto, por lo que podría decirse que partió de «extranjis», casi como un polizón en su propia expedición y por ello, se puso una camisa blanca, un pantalón vaquero y una canción, ¿dónde irá?, ¿dónde irá? Y se marchó...

Finalmente, de los cuatro barcos que partieron desde Sanlúcar de Barrameda, llegó uno al Amazonas (dos se hundieron en la travesía y uno más fue abandonado al llegar a América porque estaba en las últimas), y para más inri, los indios caribes abatieron a 17 hombres y Orellana, tristemente, terminaría muriendo por una flecha envenenada. Sí, así murió el primer tipo en recorrer el Amazonas, su descubridor. ¡Y en el cielo descubrió, gavio-o-tas y pintó estelas en el mar!

PEDRO DE VALDIVIA, EL CONQUISTADOR DE CHILE

De Villanueva de la Serena (Badajoz), con 40 años de servicios a sus espaldas y héroe en la batalla de Pavía en 1525, Pedro de Valdivia dio el salto a América para ayudar a Pizarro en la guerra civil de Perú entre los propios conquistadores. Derrotó, en la ya mencionada batalla de las Salinas, a Diego de Almagro en 1538 (descubridor de Bolivia y Chile), y esto le sirvió para hacerse con un nombre y esperar su oportunidad. Es más, le recompensaron con minas de plata en Potosí.

En 1535, dirigió una expedición a Atacama y se le considera el conquistador de Chile, pero la verdad, de aquella primera incursión vinieron diezmados y exhaustos. Aun así, obtuvo de Pizarro la autorización para conquistar ese territorio al sur de Perú. Se endeudó para hacer su expedición y, en 1540, salió con diez españoles y cientos de indios. Le acompañaba su amante, Inés Suárez, una joven de Plasencia que pasaba por ser su sirvienta. Poco a poco, se le fue uniendo gente como Pedro Sancho de la Hoz, un tipo que conspiró más tarde contra él. A finales de 1540, llegaron al Valle del río Mapocho y, en febrero de 1541, fundaron en honor al apóstol Santiago, el patrón de España, la ciudad de Santiago del Nuevo Extremo o de Nueva Extremadura, es decir, la actual Santiago de Chile.

Allí, en terreno hostil, pasaron mucha hambre. Además, los indios picunches mataron a muchos de ellos, y asaltaron y quemaron la ciudad. Tras reconstruirla, cuando los indios regresaron, los españoles, ya más espabilados, les derrotaron e Inés decapitó a siete caciques, de modo que enseñó sus cabezas en la plaza para aterrorizar al personal. *¡Con un par!*

Pedro de Valdivia. Retrato de 1854. Obsequio de la Reina Isabel II de España a la Ilustre Municipalidad de Santiago. [Wikimedia]

En 1546, con 60 jinetes y unos 100 porteadores, Valdivia llegó a 500 km al sur de Santiago. Allí, temibles fueron los 20.000 indios mapuches que no pararon de atacar. Aquello duró casi tres siglos, que se dice pronto, y es que estos tipos ya habían tenido experiencia en esto de la guerra con los incas, unos vecinos con los que no se llevaron nada bien.

Fue gobernador de Chile y el virrey del Perú, Pedro de la Gasca, le mandó separarse de Inés, que se casó pronto con otro conquistador, Rodrigo de Quiroga y López de Ulloa (futuro gobernador de Chile). En 1550, y con una nueva expedición destinada a amansar a los mapuches, murieron entre 1.500 y 2.000 indios en Andalién, por solo un español. A 200 cautivos se les cortó la nariz como castigo. Hartos de Valdivia, los mapuches encontraron un toqui (su líder) en un tal Lautaro, un tipo que había sido prisionero de los españoles y que se había fugado. Así, en 1553, este líder local organizó a los mapuches y masacró sin piedad a los españoles. Solo sobrevivieron Valdivia y un fraile. Se dice que a Valdivia lo torturaron, le cortaron los músculos de los brazos, los asaron y se los comieron, para luego decapitarle.

RUY LÓPEZ DE VILLALOBOS, EL COLONIZADOR DE FILIPINAS Y DESCUBRIDOR DE HAWÁI

Un malagueño descubrió Hawái, pero antes de eso, colonizó y buscó un nuevo nombre para las islas Filipinas. España y Portugal estaban a la gresca por las Molucas que, según el Tratado de Tordesillas, no se sabía si pertenecían a unos o a otros. Total, que se firmó el tratado de Zaragoza, por el cual, la parte portuguesa del globo era mayor que la parte española y las Molucas, así, caían del lado lusitano. Estas islas, gracias a las especias, le daban un «cash flow» a los portugueses demasiado bueno. España, tras esa mala negociación, se saltó el límite establecido en innumerables ocasiones y Portugal hizo lo propio en el otro extremo de aquel reparto. Hoy lo llamamos Brasil y sí, se pasaron tres pueblos y el cuarto a la derecha.

Esta es la época en la que, al perder las Molucas, se da la orden de buscar nuevas rutas comerciales y colonizar las islas de Poniente o de San Lázaro. La expedición partió de Nueva España con seis naves y 800 hombres. El «project manager» fue Ruy López de Villalobos y el tipo rebautizó a las islas como Filipinas en honor al entonces Príncipe de Asturias, Felipe II. Corría el año 1543. No le fue fácil la labor colonizadora ante unos tagalos realmente hostiles. Hambre, tormentas, enfrentamientos, enfermedades. ¡Lo pasaron genial!

Este tipo descubrió muchas islas como las islas Revillagigedo, Marshall, Carolinas (en honor a Carlos V), Mindanao y Palaos, entre otras. Descubrió y bautizó a Papúa Nueva Guinea por la similitud del color de piel de los indígenas con los de la Guinea africana.

Fue el que llegó a Japón, la famosa Cipango que buscaba Colón. Fue, por lo tanto, el primer europeo en pisar Japón.

El pesado de Cook se apropió el descubrimiento de Hawái en 1778, pero lo cierto es que cuando llegó, los hawaianos, parece ser que, ya chapurreaban algo de castellano. Los mapas españoles de la época se refieren a la isla de Maui como La Desgraciada, a la de Hawái como La Mesa y a otra serie de islas como Los Monjes. Todas ellas fueron llamadas Islas del Rey. El tema era descubrir una ruta de vuelta a América y con ese fin, por allí que estuvo el tal Villalobos en 1543, es decir, 235 años antes que el «chupacámara» de Cook, que las bautizó como islas Sándwich. Como ya dijimos anteriormente, los nativos se lo comieron. El karma.

Por su parte, Villalobos falleció en el dichoso y desconocido tornaviaje en 1546, por culpa de unas fiebres palúdicas. Habían sido capturados en las Molucas y murió en prisión.

UNIVERSIDADES Y HOSPITALES EN AMÉRICA

España fundó en América, entre los siglos XVI y XVIII, un total de 23 universidades y 135 hospitales, estos últimos, muy ligados a las universidades de medicina en la que se formó a médicos y cirujanos. Solo en el s. XVI, se fundan más de 25 hospitales y se llevan más de 30.000 libros a la Nueva España.

Siguiendo el modelo de las Siete Partidas de Alfonso X, España funda Universidades y colegios mayores, apareciendo así Generales, Oficiales o Mayores y particulares, privadas o menores. La primera Universidad fue la Real y Pontificia Universidad de Santo Tomás de Aquino de Santo Domingo de Guzmán, en República Dominicana, fundada en 1538, y que dejó de funcionar en 1823, tras la independencia del país, hecho que desgraciadamente ocurrió en muchas universidades, no en todas.

Precisamente, los dominicos tienen a dos eminencias algo olvidadas a día de hoy que son Francisco de Vitoria, padre del derecho internacional, y Bartolomé de las Casas, padre de los derechos humanos y base, en gran medida, de nuestra Leyenda Negra (también hay que decirlo).

En estas universidades se formaba a españoles, criollos y nativos. De hecho, Juan de Sessa (Juan Latino) fue un etíope considerado el primer negro que estudió en la Universidad de Granada en el s. XVI, y, es más, fue poeta, latinista y catedrático en dicha Universidad, mientras que, por ejemplo, hay que esperar hasta 1948 (400 años más tarde), para que en la Universidad de Oklahoma ingrese el primer negro universitario de EE. UU. de la historia, George McLaurin, eso sí, sentadito en una esquinita aparte, no sea que pegase algo malo al resto de alumnos. Y no será por ausencia de universidades, ya que la famosa Harvard es de 1636.

Portugal, por ejemplo, espera hasta finales del s. XVIII, para hacer algo similar y en muchísima menor cuantía, mientras que franceses y holandeses ni siquiera contemplan fundar universidades para nativos. Fundaron pocas universidades, pero para su gente, no para nativos. Así y solo por tener datos comparativos, entre los s. XVI y XVIII, las potencias europeas abrieron en sus territorios de ultramar el siguiente número de universidades y centros superiores: Portugal 1, Italia 5, Países Bajos 5, Francia 7, Inglaterra 24 y el Sacro Imperio 41. Casi todos inaugurados en el último tercio del s. XVIII. Ah, se me olvidaba, España 55 y en todas ellas podían ingresar los nativos. En el s. XVII, académica y culturalmente, México y Lima no tienen nada que envidiar a las universidades europeas, puesto que están al mismo nivel.

La enseñanza de Medicina, Lengua (con la exigencia del idioma nativo), Teología y Derecho estaban garantizadas en las universidades generales, y la cultura y las artes en las universidades menores. También hay que recordar que antes que universidades hubo colegios mayores, el primero en 1533, el de Santa Cruz de Tlatelolco, Tlatelolco, México.

En 1503, con una Isabel I cada vez más apagada, los Reyes Católicos ordenan la creación de hospitales en cada pueblo de América. Este auge es consecuencia de la cultura de nuestro Siglo de Oro.

Las cifras son claras, y es que 150.000 licenciados salieron desde el s. XVI, de las universidades españolas de América, y el resultado es que España es el país que creó más bienes culturales reconocidos como Patrimonio de la Humanidad.

Universidades fundadas por España en América
y Filipinas. [Wikimedia / Nagihuin]

SE ARMÓ LA DE SAN QUINTÍN

¡Vaya año complicado el de 1557! Con un Imperio, el de Carlos I, que había pasado un año antes a las manos de un joven de 29 años; Felipe II, con la «herejía» protestante campando a sus anchas por media Europa y con una Francia, la de Enrique II, y un papa napolitano, Paulo IV, aliados y combatiendo en Italia contra España. Fue un año en el que nuestro rey también era Felipe I de Inglaterra, gracias a su matrimonio con María Tudor.

Con ese paisaje, Francia invadió Italia y allá que tuvo que ir el duque de Alba para rechazarlos y aislar a un papa antiespañol. Tanto fue así que el papa excomulgó a Felipe II.

Instalando el cuartel general en Cambray, un total de 60.000 hombres salieron de Flandes, en julio de 1557, con la sola idea de saludar a los gabachos y, mira por dónde, allí recibió el rey hispano a un señor que le llevó un libro con su horóscopo. El tipo se llamaba Nostradamus, el adivinador por excelencia. El rey lo agradeció educadamente y luego, a sus espaldas, rompió el libro hoja por hoja, diciendo que aquello era del todo inútil.

Al frente de la tropa estaba un duque, Manuel Filiberto de Saboya, apodado *Testa di Ferro*, el virrey de Sicilia, otro tipo con 29 años y con cuentas pendientes con los franceses, que le habían robado casi todo a su familia. Fingió una invasión en Champaña y de ahí, con el enemigo engañado, se fue con todas las tropas a San Quintín, en el norte de Francia. Allí puso sitio a la ciudad. Y claro, allá que fueron los franceses con el condestable Anne de Montmorency, un mando que fue derrotado y hecho preso por España en Pavía, es decir, otro con ganas de venganza. Se juntaron el hambre con las ganas de comer.

San Quintín era una ratonera ubicada entre el río Somme y un bosque, por lo que Montmorency mandó a su sobrino con una avanzadilla a la ciudad, mientras esperaba con el grueso en el bosque. Finalmente, le pudo el ansia viva y avanzó con todo, saliendo del bosque y, mira tú, que los españoles resultaba que también habían cruzado el río y les dieron tortas hasta en el carné de identidad gracias a los arcabuceros. Un conde flamenco al servicio de Felipe II, Lamoral de Egmond, atacó con la caballería por los flancos y las picas españolas dejaron a los franceses para el arrastre.

El soldado Pedro Merino de Sedano cogió preso al condestable francés y tras darle un arcabuzazo, mandó curarle antes de presentarlo ante *Testa di Ferro*. El soldado, un hombre de Pesquera de Ebro (Burgos), como premio, recibió 10.000 escudos. Con la pasta levantó en su pueblo una capilla dedicada a San Lorenzo y Felipe II, casi igual, levantó el Real Monasterio de San Lorenzo de El Escorial, en honor al mismo santo y es que la victoria fue el 10 de agosto, el día de San Lorenzo.

Murieron 9.000 franceses y 2.000 imperiales, hubo otros 2.000 heridos y Felipe II apresó a 8.000 hombres. Esto supuso el fin de la amenaza francesa, y claro, este episodio no se estudia en Francia y, por supuesto, tampoco en España.

EL TORNAVIAJE

Andrés de Urdaneta es el descubridor de la ya citada corriente de Kuro-Shivo o Kuroshio, que significa «corriente negra» por el color de sus aguas, aunque más bien es azul oscura. Es un término japonés que se refiere a una corriente que arranca desde Taiwán, pasa por Japón y en latitudes medias se desplaza hacia el este hasta llegar al norte de EE. UU. y desciende hasta la Baja California.

Dicho así, suena un poco rollo, pero históricamente se conoció como Ruta del Tornaviaje y fue lo más.

El tema era que en el s. XVI, y desde América, los marinos españoles se adentraban en el océano Pacífico, pero no sabían cómo regresar y si no, que se lo pregunten a Ruy López de Villalobos. ¿Cuántos murieron en aquellas expediciones? Ni se sabe. ¡Miles de hombres! El caso es que iban como pollo sin cabeza, daban más vueltas que un hámster y no daban con el camino de vuelta, lo cual era un problema.

Total, que en una expedición de «el Adelantado» Miguel López de Legazpi, un señor que conquistó las Filipinas, viajó también el tal Urdaneta. Felipe II mandó llamar a este fraile agustino que en el pasado fue un crack de la navegación y que estaba prejubilado y enclaustrado en un monasterio. Urdaneta pasó a la historia por hacer lo mismo que hizo Colón en el Atlántico, pero esta vez en el Pacífico que, es bastante mayor. Pues eso, que Urdaneta resolvió el reto y estableció un camino de regreso. Esto sirvió para hacer la primera globalización. Sí, y corría el año 1565, ¡casi nada!

Esta nueva ruta permitió establecer la relación comercial y cultural más larga de la historia entre Asia y España, y que se extendía al resto de Europa. Se conoció como el Galeón de Manila y, también, como Galeón de Acapulco para los filipinos o Nao de China. Así, desde Asia a Europa y viceversa, llegaban productos, personas y conocimientos hasta entonces desconocidos, siendo las bases de esta gran ruta las ciudades de Manila, Acapulco, Veracruz, Cádiz y Sevilla. ¿Alguien se ha preguntado de donde viene y el porqué del mantón de Manila? ¡Pues eso! Una relación comercial dirigida por «españolitos» que, básicamente, se dejaron la piel y, a veces, la vida en estos viajes. De hecho, éramos la envidia del mundo y entre esa envidia, huracanes y tifones, uno de cada cinco galeones desaparecía.

Gracias a este tornaviaje, el real de a ocho llegó a ser la primera divisa internacional en los cinco continentes y todo el mundo deseaba tener y acuñar sus sellos en nuestra moneda, la más potente de la época.

Las Cortes de Cádiz fusilaron esta aventura del tornaviaje en 1813, y el último Galeón de Manila, el San Fernando, navegó en 1815, o sea, 250 años más tarde del viaje de Urdaneta. Casi 400 años más tarde, llegó la CEE, hoy conocida como UE y que, pone en común el mercado de los países de esta organización supranacional. Urdaneta, un tipo que inventó, sin saberlo, la globalización y que apenas tiene una calle en su Villafranca de Ordizia natal, otra en San Sebastián, un colegio en Bilbao y una calle enana en el sur de Madrid.

EL REAL DE A OCHO

El real de a ocho fue la primera divisa internacional de la historia. Su valor eran ocho reales y estaba hecha con una plata muy pura procedente de Potosí y también de las minas de México. Fue la utilizada de forma legal en EE. UU. hasta 1857, como *spanish dollar*, es más, en el mercado de acciones de EE. UU., la base era el octavo hasta 1997. Hasta los británicos resellaban reales de a ocho españoles debido a que, era la moneda de referencia en todo el mundo, gracias, entre otras cosas, a la pureza de su plata. Otras veces la descomponían de modo que, le quitaban el centro de la moneda (quince peniques) y la parte exterior se reconvertía en una moneda a modo de anillo con valor de cinco chelines.

Existen resellos en China, Arabia, Zanzíbar, Birmania, Tailandia, Filipinas, etc., puesto que en el Imperio español jamás se ponía el sol y esta moneda siempre estaba presente en todas las transacciones económicas. Muchas monedas surgieron como copias a su imagen y semejanza, como el peso y el dólar. El tálero o thaler de Bohemia surgió en 1518, y formó parte, a partir de 1520, del imperio de Carlos I. Los anglosajones cogieron el término, daller y al real de a ocho lo llamaron *spanish daller* y, más tarde, *spanish dollar*. De hecho, fue la primera moneda oficial en las trece colonias británicas.

Pasó luego a denominarse *dollar* a secas y cono símbolo cogió las Columnas de Hércules del *spanish dollar* o real de a ocho (Ceuta y Gibraltar). También adoptó la banda con el lema Plus Ultra, es decir, hay algo más allá de Ceuta y Gibraltar, en clara alusión al viaje de Colón y de ahí el archiconocido símbolo del $.

JUAN FERNÁNDEZ, PILOTO MAYOR DE LOS MARES DEL SUR

Cartagenero de nacimiento, un tipo con un nombre tan poco sexy como Juan Fernández, descubrió en 1576, un lugar que hoy conocemos como Nueva Zelanda..., y ojo, que no fue lo único que descubrió.

Con 22 años llegó a Chile, en 1550, en una época en la que los españoles y los nativos andaban a tortas. Por allí había un tipo llamado Juan Jufré, un visionario de la época que ya había estado con Pedro de Valdivia, el conquistador extremeño encargado de conquistar Chile. Con Jufré, Juan Fernández recorrió toda la costa suroccidental americana.

En aquel s. XVI, la distancia de unos 2400 km que separan la chilena Valparaíso de la peruana Lima se recorrían en un mes yendo de sur a norte y en unos seis meses si el recorrido era a la inversa. La singladura era tan fastidiada que había que parar de noche por miedo a despertar y no saber dónde te encontrabas.

En paralelo, el gallego Hernando de Lamero (el descubridor de las Islas Marquesas y la Isla Salomón) había desarrollado un Power BI en el que aplicó su inteligencia y conocimiento apuntando regímenes de vientos y mareas, según las diferentes estaciones del año. Así, Juan Fernández, en 1564, harto del viaje de vuelta que había experimentado durante 15 largos años, se lio la manta a la cabeza y probó suerte con su nave, la Nuestra Señora de los Remedios, y, efectivamente, puso remedio al reto. Se alejó hacia el oeste de Callao y, además, de regalo, se topó con el archipiélago de Juan Fernández. Muy originales poniendo nombres no eran, la verdad. La distancia recorrida fue mayor, pero el tiempo se redujo de seis meses a treinta días. Como el «naming» siempre ha sido una asignatura pendiente en España, hoy esa corriente es conocida como la corriente de Humboldt, el famoso geógrafo alemán, considerado como padre de la Geografía Física. La realidad es que, científicamente, quien la descubrió fue José Acosta en 1590, pero el *naming* final se lo adjudicó el alemán, en 1807.

No contentos con esto, el tal Juan Jufré tenía entre ceja y ceja llegar a un archipiélago ya avistado por los españoles. Para ello, recurrió a Juan Fernández y con el primer ok del gobernador, pero sin el visto bueno del virrey, Jufré y Fernández, unos tipos de 60 y 50 años, respectivamente, se pusieron por objetivo llegar a «Tierra Australis Incógnita». Así, Fernández puso el pie en Nueva Zelanda, pero cuando quiso sacar pecho, Jufré le dijo que se callara porque el virrey había denegado la propuesta por ser tierras que estaban demasiado lejos.

Finalmente, fueron los holandeses quienes bautizaron a estas tierras que, quizás, deberían haberse llamado Nueva Fernández, ¡quién sabe!

Por añadir algo más, en 1578, advirtió la llegada de un tal Drake y no se lo puso fácil. Fue Piloto Mayor de los Mares del Sur y, sobre todo, es conocido por descubrir una corriente ubicada en el ecosistema más numeroso y área pesquera más productiva del planeta…, y en España, naturalmente, es totalmente desconocido.

LA BATALLA DE LEPANTO

Cuando hablamos hace unos capítulos de Navas de Tolosa, comentamos que España salvó a Europa hasta en dos ocasiones. Pues bien, esta fue esa segunda ocasión. ¡Para enmarcar!

Fue hace cuatro siglos y medio, un 7 de octubre de 1571, del que apenas se festeja nada en la actualidad. Los otomanos de Selim II, comandados por su yerno Ali Bajá, amenazaban a media Europa y al Mediterráneo. Habían llegado a Viena, conquistando Chipre, tras un proceso siempre expansivo, hasta amenazar Venecia y Sicilia.

En esta ocasión se creó la Liga Santa gracias a Felipe II y al papa, y estando al frente el hermanastro del rey, Juan de Austria, asesorado por el gran cerebro de Luis de Requesens, un catalán que fue comendador de Castilla y al que la historia y el mismo Juan de Austria han tapado injustamente. Se unieron España, Roma, las repúblicas de Venecia, Génova, los ducados de Saboya y Toscana y las órdenes de Malta y de Calatrava. Así, en la ciudad griega de Náfpaktos (Lepanto por su nombre en italiano) se frenó en seco a los otomanos, protegiendo así de su avance a la vieja Europa.

Sobresalió un tal Álvaro de Bazán, marqués de Santa Cruz, un almirante que jamás perdió una batalla, que utilizó las picas de los tercios para abordar al enemigo y que pasó a la historia militar por introducir en estas operaciones navales a la infantería de marina, evolucionando así, y mejorando mucho las operaciones anfibias.

La Santa Liga concentró 200 barcos, 30 de los cuales eran la escuadra de Nápoles, liderada por este andaluz. Se hizo cargo de la retaguardia, lo cual podría haber sido tomado como un insulto hacia su persona, pero la realidad es que tuvo visibilidad sobre todos los flancos y les pudo prestar su ayuda más rápida y velozmente. Fue el principal artífice de la victoria. Madrid honra su persona en la plaza de la Villa.

Digna de resaltar en esa batalla y en esa fecha, es la herida en una mano izquierda que quedó inutilizada en un manco que describió esta contienda en sus Novelas Ejemplares y en el mismísimo Quijote, «la más memorable y alta ocasión que vieron los siglos, ni esperan ver los venideros».

Quedó, pues, establecida la festividad de La Virgen del Rosario el 7 de octubre, también llamada en aquel entonces Virgen de las Victorias, hoy patrona de los predicadores, o sea, de los dominicos, archiconocidos por su gran fundador santo Domingo de Guzmán, y «startaperos» en eso de emprender como inquisidores en España y América.

Es importante señalar que, tanto en 1212, en Navas de Tolosa, como en 1571, en Lepanto, los cristianos, en sendas batallas, fueron minoría.

DON ÁLVARO DE BAZÁN JAMÁS PERDIÓ UNA BATALLA

Hubo un granadino nacido en 1526, que jamás perdió una batalla. Don Álvaro de Bazán ya podía presumir con 28 años de ser capitán general de la armada. Por proteger a los barcos que venían de las indias cogió fama combatiendo ante todo quisque, es decir, contra corsarios ingleses, franceses y piratas berberiscos. El tipo cosechó victorias en Orán, Gibraltar, Vélez de la Gomera y Malta. *Era más duro que un Nokia,* y con 40 años se le nombró capitán general de las galeras de Nápoles y Felipe II le dio el título de marqués de Santa Cruz.

En 1571, estuvo en Lepanto, en la cual y como ya hemos dicho, fue decisivo. En 1573, estuvo en la batalla de Túnez, y en 1576, en Trípoli, consolidando el poder hispano en el Mediterráneo occidental. Gracias a su perfeccionamiento de las operaciones anfibias, es estudiado en West Point. En 1576, por fin, fue nombrado capitán general de la Escuadra de Galeras de España.

En 1582, venció en la primera batalla de la historia que tuvo lugar en medio de un océano, en la Isla de Terceira (Islas Azores), y, en 1583, pudo tomar la isla con una exquisita ejecución de operación anfibia.

Como dato curioso, decir que don Álvaro de Bazán es conocido como marqués de Santa Cruz y es que su título se refiere a Santa Cruz de Mudela, un pueblo de Ciudad Real. Pues bien, cerca, en un pueblo llamado Viso del Marqués (Ciudad Real), estableció su residencia este héroe nacional, ya que, en este lugar del centro peninsular, el marino consideró que se encontraba equidistante de las escuadras de Cádiz, Cartagena y Lisboa con respecto a la capital, Madrid. Sí, sí, en medio de Castilla-La Mancha. Casi destruido por los austracistas a comienzos del s. XVIII, fue arrasado en la guerra de la Independencia para ser establo y hospital y, finalmente, cárcel en la Guerra Civil. En 1948, se destinó para ser el Archivo General de la Marina. Vamos, lo último que te esperas en tierras castellanas es toparte con un edificio para fines marítimos. Es un edificio renacentista con 8.000 m^2 en frescos. Felipe II alucinó tanto que, a los pintores, César de Bellis y los hermanos Giovanni Battista y Esteban Perolli, todos ellos de origen italiano, les encomendó El Escorial y el Alcázar de Toledo. Dice el dicho que el marqués de santa Cruz se hizo un palacio en el Viso, porque pudo y porque quiso.

Lope de Vega escribió sobre este héroe: «El fiero turco en Lepanto, en la tercera el francés y en todo mar el inglés, tuvieron de verme espanto. Rey servido y patria honrada, dirán mejor quién he sido por la cruz de mi apellido y con la cruz de mi espada."

Asimismo, en el capítulo XXXIX de las «Aventuras del Ingenioso Hidalgo don Quijote de la Mancha», (la primera parte del Quijote) en el capítulo en «Donde el cautivo cuenta su vida y sucesos», Cervantes se acuerda de la captura de La Presa, una galera cuyo capitán era el hijo de un tal Barbarroja. Quien la capturó fue, según nos cuenta literalmente don Miguel, «la capitana de Nápoles, llamada La Loba, regida por aquel rayo de la guerra, por el padre de los soldados, por aquel venturoso y jamás vencido capitán don Álvaro de Bazán, marqués de Santa Cruz».

LA BATALLA DE SAN MIGUEL

La primera vez que se produjo una batalla en mar abierto y la primera vez, además, que una batalla fue llevada a cabo por galeones de guerra, la ganó la flota española. Se la conoce como batalla de San Miguel o batalla de la Isla Terceira, en las Azores. Al mando de la flota española iba don Álvaro de Bazán.

La Batalla de San Miguel se produjo cuando nuestro Felipe II fue reconocido como Felipe I de Portugal, cosa que no cayó bien en Inglaterra y Francia por el poder que suponía la suma de los imperios español y portugués, de ahí que Francia e Inglaterra se pusieran del lado de Antonio, prior de Crato.

En 1581, la isla de San Miguel prestó sumisión a Felipe II. Un año más tarde y con 27 naves, arribó en San Miguel don Álvaro de Bazán, mientras que en representación de Enrique II, rey de

Francia, acudía a tal enclave Philippe Strozzi, también con el apoyo de Catalina de Médicis e Isabel I de Inglaterra, la cual estaba interesada en unas Azores que sirvieran como base a su piratería.

Para cuando llegaron los españoles, los rebeldes de la isla ya se habían surtido de armas y apoyos. Tras una derrota española en 1581, y varias refriegas en 1582, el 26 de julio de aquel año ambas flotas quedaron frente a frente con todo a favor del lado de Strozzi, es decir, posicionamiento, vientos, etc. Además, el galeón español San Mateo cometió una equivocación exponiéndose solo ante el fuego enemigo. Hay quien dice que más que un error fue un acto audaz protagonizado por el capitán Lope de Figueroa. Hubo un momento en el que cuatro barcos atacaron al San Mateo mientras otros cuatro le cerraban el paso. Dos horas y 5.000 proyectiles después, el san Mateo resistía y los refuerzos llegaron, es decir, justo lo que Strozzi quería evitar. El cuerpo a cuerpo puso en retirada los barcos de Strozzi, precisamente, por el temor al abordaje de los de Bazán, los más imponentes y temidos de la época.

Hay quien asegura que este hecho hizo de España la dueña absoluta de los mares. Por cierto, un tipo que presumió de estar ahí, a las órdenes de Figueroa, fue nada más y nada menos que Lope de Vega.

CALENDARIO GREGORIANO Y FRAY LUIS DE LEÓN

En el calendario actual, el calendario gregoriano, tuvo mucho que ver un manchego de Belmonte (Cuenca), que figura en un monumento imponente enfrente de la fachada de la Universidad de Salamanca, Fray Luis de León. También fue necesario, por la parte de la Escuela de Salamanca, el toledano Pedro Chacón y Chacón, matemático y teólogo, además de amigo de El Greco, y sin olvidar a personajes europeos como el astrónomo y jesuita alemán, Christopher Clavius, el médico y astrónomo italiano Luigi Giglio y un tal Galileo.

En el concilio de Nicea del año 325, se vio lo importante que era adecuar el calendario civil al litúrgico, de modo que era necesario fijar la fecha de la Pascua y en relación con esta, fijar el resto de festividades.

Hemos de recordar que, antiguamente, los romanos tenían un calendario inexacto con 10 meses que duraban 36 días. Tras la llegada de Julio César a Egipto, este se da cuenta de que el calendario egipcio conjuga a la perfección el calendario solar y el calendario lunar, cosa nada fácil. Por cierto, Julio César adopta este calendario conservando los nombres del calendario romano e introduciendo, además, un año bisiesto con un día más de duración cada cuatro años, ya que el año duraba algo más de 365 días, concretamente, unas seis horas más. El descabale era tal en aquel momento que, para hacer el ajuste como era debido, aquel año 46 a. C., fue el más largo de la historia, es decir, duró 445 días. Ese fue el llamado calendario juliano, llamado así en honor al famoso general. No, Julio César no fue un emperador romano.

Y así, comenzaron a pasar los años, hasta que, en Nicea, se vuelven a dar cuenta de que el desaguisado ya comienza a ser considerable. ¿Por qué? Pues porque un año terrestre no dura 365 días y 6 horas, sino 365 días, 5 horas, 49 minutos y 12 segundos.

Así, a finales del s. XVI, la necesidad ya era imperiosa y consideran que era necesario volver a hacer un ajuste, ya que esos casi 11 minutos multiplicados por 1582 años suponían que las estaciones no concordaban y las fiestas judías y cristianas había que diferenciarlas.

Este ajuste se hizo gracias al papa Gregorio XIII, el 15 de octubre de 1582, y es por ello que, nuestro calendario actual se llama «calendario gregoriano». Este calendario necesitará de más ajustes que ya están previstos, puesto que la velocidad de traslación y rotación de la Tierra irán disminuyendo con el paso de los siglos. Es más, el ajuste de esos casi 11 minutos por año ya están previstos y el primer ajuste se debería haber hecho en el año 2000, pero en 1582 ya incluyeron ese reajuste, y el primero, de verdad, tendrá lugar en el año 2400 y a partir de ahí, siempre habrá un reajuste de un día cada 400 años y en los años que terminen en mil, es decir, en el 2400, en el 2800, en el 3000, en el 3200, en el 3600, en el 4000 y así sucesivamente. Es decir, el calendario gregoriano ya prevé los futuros ajustes.

Así, la monarquía Hispánica comienza a adoptar este calendario desde el inicio, en 1582, pero no así el resto del planeta, de modo que, por ejemplo, Inglaterra lo adopta en 1752 y Rusia a comienzos del s. XX.

¿Quiénes ayudaron a Gregorio XIII a confeccionar este calendario? Pues, entre otros, la escuela de Salamanca con los manchegos Pedro Chacón y Luis de León a la cabeza y, por supuesto, en España, ni idea.

Como curiosidades, decir que el 23 de abril, es el Día del Libro, declarado así por la Unesco, porque se conmemora la muerte en el mismo día del mismo año, 1616, de nada más y nada menos que, de Cervantes, Shakespeare y del Inca Garcilaso de la Vega. Además, Shakespeare nació también un 23 de abril. Así pues, la fecha estaría bien escogida, salvo por un pequeño detalle, y es que, estos 3 monstruos de las letras murieron en días diferentes. Cervantes murió el 22 de abril de 1616. El Inca Garcilaso el 23 de abril de 1616 y Shakespeare el 3 de mayo de 1616. Lo de este último es curioso, ya que España adoptó el calendario gregoriano actual en 1582, pero no así Inglaterra, que lo adoptó 2 siglos más tarde. Shakespeare murió el 23 de abril de 1616 del calendario juliano, pero claro, conservamos las fechas del calendario vigente para cada país en cada momento, porque si no, habría que fijar una nueva fecha para cada efeméride anterior al cambio del calendario. Así pues, por aproximación, el 23 de abril es una buena fecha para festejar el día del libro, pero la realidad nos dice que estos tres genios murieron en fechas diferentes, aunque muy próximas y del mismo año, 1616.

Asimismo, el calendario gregoriano se adoptó, como ya hemos señalado, en octubre de 1582, de modo que, más que interesante fue el último día del calendario juliano, el 4 de octubre de 1582, el mismo día que falleció Santa Teresa de Jesús ¡Menuda coincidencia! Pues bien, la santa fue enterrada al día siguiente, es decir, el 15 de octubre de 1582, del calendario gregoriano. Si uno busca qué ocurrió en España entre los días 5 y 14 de octubre de 1582, se dará cuenta de que esos días jamás existieron.

EMPEL Y LA INMACULADA CONCEPCIÓN

El 8 de diciembre, se celebra el aniversario del Milagro de Empel, que encierra una heroica página de la historia de España.

En la guerra de los 80 años, corría el mes de diciembre de 1585, cuando en la isla de Bommel, al sur de Países Bajos, entre los ríos Mosa y Waal, uno de los tercios españoles, el denominado Tercio Viejo de Zamora, el del maestre Francisco Arias de Bobadilla, estaba siendo sitiado por el almirante Felipe van Hohenlohe-Neuenstein. Este liberó los diques para inundar el campo enemigo y los soldados españoles se refugiaron en un pequeño montículo llamado cerro de Empel, es decir, la única solución cortoplacista a la ratonera en la que se encontraban. Hohenlohe propuso la rendición española y los nuestros prefirieron no rendirse y luchar en un momento en el que no había ni comida ni ropa seca, y es que, preferían la muerte a la deshonra.

El 7 de diciembre, excavando una trinchera con la que poder defenderse, un soldado español encontró una tabla flamenca de vivos colores pese a estar enterrada. La tabla tenía como motivo la Virgen de la Inmaculada Concepción. El maestre Bobadilla se la enseñó al tercio, asegurando que se trataba de un milagro y así levantar los ánimos del lado español en un momento en el que todo estaba perdido.

Esa noche sopló el viento y bajaron las temperaturas, de modo que, el río Mosa se congeló, hecho que no ocurría desde hacía siglos, provocando que los barcos flamencos retrocedieran para no encallar. Lo que ocurrió el 8 de diciembre, finalmente, fue lo inesperado y es que, lejos de esperar un ataque, los españoles fueron los que atacaron consiguiendo la victoria.

Hohenlohe tildó su derrota de milagro diciendo que Dios debía ser español. Dos siglos y medio más tarde se designó el 8 de diciembre, como día festivo y la Inmaculada Concepción se convirtió en la patrona de la Infantería.

LA GRAN Y FELICÍSIMA ARMADA Y LA CONTRA ARMADA

En 1509, emparentaban las coronas de España e Inglaterra con Catalina de Aragón, hija pequeña de los Reyes Católicos, y Enrique VIII, el cual se casó 6 veces, concretamente, con 3 Catalinas, 2 Anas y 1 Jane. A alguna que otra les cortó la cabeza. Al dejar a nuestra Catalina, su primera esposa (hoy yace en Peterborough) arrancó el anglicanismo. En el Reino Unido se le respeta mucho, pero lo cierto es que este tipo está a la altura de nuestro denostado Fernando VII.

Al morir Enrique VIII, la nieta de los Reyes Católicos, María Tudor, reinstauró el cristianismo y persiguió con saña a los protestantes, de modo que una bebida es en honor a ella, el bloody mary. Se casó con su resobrino, medio primo, nuestro Felipe II, es decir, también Felipe I de Inglaterra. Los ingleses olvidan con facilidad que quien convenció a María Tudor para liberar de su encierro a su hermanastra, Elisabeth, fue él mismo. No era buena esa persecución que la reina hacía con los anglicanos y, principalmente, personalizada en su hermanastra, la hija de Ana Bolena. Cuando la Tudor murió sin descendencia, Felipe regresó a España y Elisabeth I, su medio cuñada, ascendió al trono inglés. Lejos de llevarse bien con su cuñado, la cosa empeoró gracias a la grandeza de España a nivel internacional. La intromisión de Inglaterra en Flandes por motivos de poder y de religión hicieron el resto, hasta envenenar una relación que no muchos años antes era francamente buena. De hecho, hubo intento de boda entre ambos, pero Felipe se decidió por la francesa Isabel de Valois, su tercera esposa. La leyenda negra dice que quiso casarse con Elisabeth I, y no al revés. Aquí hay versiones de todo tipo, desde que Felipe no quiso casarse con ella por un tema físico, que la nueva reina inglesa era estéril o que Elisabeth dio calabazas al rey español. En cualquier caso, la enemistad fue «in crescendo» y dio lugar a unos episodios que se escribieron con sangre entre españoles e ingleses.

El tema entre ambos monarcas y ambos países se envenenó tanto que la guerra entre España e Inglaterra estalló en 1585, después de los ataques del pirata y criminal de guerra Francis Drake a los barcos españoles en el Atlántico y del respaldo de la reina inglesa a los protestantes flamencos. La guerra duró 19 años, terminando con la Paz de Londres, en 1604, estando ya en el trono Felipe III, un inútil que heredó un imperio sobre el que no se ponía el sol.

¿Cómo comenzó el episodio más popular de esta guerra? Dicen que en 1588, Drake vio llegar a la Grande y Felicísima Armada y, aun así, terminó su partida de bolos. Nadie comentó esta anécdota en 1588, y la primera mención a la dichosa partida de bolos es, realmente, de 1730, con una mención al marino Walter Raleigh (falleció en 1618), el mismo que popularizó el tabaco en Europa. La verdad es que los ingleses estuvieron bastante asustados al ver aparecer a La Gran Armada por el horizonte, pero en aras de no quitarles mérito, todo les salió a pedir de boca.

Sí, efectivamente, la guerra duró dos décadas y podría afirmarse que la ganó España por lo firmado en Londres en 1604. En esta guerra hubo muchas batallas y, parece ser, que la más importante fue la de 1588, siempre según la Pérfida Albión. Una batalla en la que la realidad nos dijo que España jugó contra los elementos y contra la descoordinación entre el marqués de Santa Cruz y los duques de Medina Sidonia y Parma. De aquí, la famosa frase de Felipe II al saber de las malas noticias: «No mandé mis barcos a luchar contra los elementos». Cuidado, los ingleses aseguran que nunca tuvieron que enfrentarse a una flota de semejante tamaño, pero la maldita hemeroteca ya nos informa de que hubo flotas mayores que atacaron Inglaterra en el pasado, como la normanda de 1066, y la francesa de 1545. Es más, en esta batalla de 1588, los ingleses igualaron el número de barcos españoles gracias a barcos de mercancías, por lo que la inferioridad tampoco fue tal o, al menos, no lo fue como nos la quieren vender.

Al año siguiente, un 14 de mayo de 1589, una heroína española dijo aquello de «quien tenga honra que me siga» y la vergüenza se apoderó de Inglaterra. Mira tú por donde que, Elisabeth I envió a más de 150 navío con 23.000 hombres para dar sopas con honda a los hispanos en la costa norte de la península ibérica y, de paso, hundir el máximo número de barcos posible. Así, el 4 de mayo de 1589, llegaron a una Coruña desprotegida, sin apenas armas y con solo seis barcos y 1500 hombres para defenderla. A esta flota se la llamó la Contra Armada y estaba comandada por un tal John Norreys y por el ya mencionado criminal de guerra, Francis Drake.

Los propios civiles plantaron cara y fueron numerosas las bajas. Los ingleses tomaron el barrio de las afueras de la ciudad, el de la pescadería y, además, exigieron la rendición inmediata. Como esta no se produjo, trataron de entrar con escalas. Como tampoco pudieron, bombardearon la muralla. Finalmente, gracias a una mina, hicieron una brecha en la muralla. Tras ella se inició una batalla de lo más gore. Un tal Gregorio Rocamonde, de oficio carnicero, murió de un arcabuz. Era el segundo esposo de María Pita, la tipa que pronunció la ya citada frase ante la sorpresa de gallegos e ingleses. La chica le quitó la espada a su esposo y se fue a por un guiri que se aproximaba con la bandera británica. Le dio un espadazo, le quitó la bandera, la alzó, y los coruñeses se vinieron muy arriba. Aquel hombre al que acababa de aniquilar era el hermano del mismísimo Drake.

En España hubo 900 muertos, pero los ingleses perdieron entre 40 y 80 buques y sus bajas oscilaron entre las 8.000 y 15.000. Nunca sabremos las cifras exactas porque Inglaterra jamás habla de sus derrotas. ¡Menos mal que aquí eso tampoco pasa!

Lejos de venirse abajo, la Royal Navy se dirigió a Lisboa, puesto que, nuestro Felipe II también era Felipe I de Portugal. Debían hacer débil a España y qué mejor idea que, alentar a Lisboa contra los hispanos y ofrecerle la corona lusa a Antonio de Crato, pero dieron nuevamente en hueso. Allí estaban los aguafiestas del conde de Fuentes, Martín de Padilla y Alonso de Bazán para darles hasta en el carné de identidad. Los ingleses cosecharon tremenda derrota. Estos, ya medio moribundos, decidieron que alguna victoria debían obtener. Salieron rumbo a Azores, pero las flotas española y portuguesa les persiguieron como perros de presa para, efectivamente, hacer que se fueran de regreso a Inglaterra con el rabo entre las piernas, mientras los ingleses pensaban qué explicaciones ofrecer a su monarca. Es curioso el olvido que sobre este episodio hay en la memoria colectiva.

Cuando Elisabeth I de Inglaterra preguntó qué cuernos había pasado, Francis Drake y sus colegas dijeron que les habían dado una tripulación llena de becarios. Aparte de perder a su hermano, la reina le despojó durante seis años de la posibilidad de comandar más expediciones. A Drake se le quedaron los ojos de Candy Candy. En 1595, volvió a su oficio de criminal de guerra y terminó muriendo en el Caribe. Los españoles, que no pararon de amargarle la vida.

Por su parte, María Pita se casó hasta 4 veces antes de fallecer en 1643, y disfrutar de un sueldo vitalicio cortesía de Felipe II.

Y por mucho que Hollywood insista en describir un Felipe II fuera de sí, el tipo fue un gran rey, el rey de un Imperio, cosa que no era fácil. Por ejemplo, instauró la jornada de ocho horas, cosa que casi nadie sabe a día de hoy. Se trataba de un tipo culto y leído y no el psicópata «petardo» que interpreta Jordi Mollá en la película *Elizabeth: la edad de oro.* Tuvo sus defectos, pero no tenía esa personalidad vomitiva que aparece en la película y que hasta los españoles han comprado sin rechistar. Tanto hemos comprado la versión inglesa que hasta la primera ministra Margaret Thatcher, en la guerra de las Malvinas, envió a la zona una placa recordando el episodio de 1588, y así insuflar ánimo a los británicos, pero nadie le narró a esta Dama de Hierro lo ocurrido con la Contra Armada en 1589, es decir, la historia de nuestra María Pita. Quizás por ello le hemos dedicado una plaza a la Thatcher en el mismísimo centro de Madrid, como si en España no tuviéramos heroínas a las cuales recordar. ¡En fin!

En cualquier caso y por terminar, muchos conocen el episodio de 1588, en aguas inglesas y pocos el acaecido en 1589, en A Coruña, con la derrota de Drake y sus secuaces al servicio de la corona británica, y es que, donde las dan, las toman *my friend.*

Derrotado en 1568, en San Juan de Ulúa (Veracruz, México), la cucaracha de Francis Drake comenzó a masticar su rencor hacia todo lo español. Su venganza llegó cuando arrasó Cartagena de Indias, cuando hundió unas cuantas naves en Cádiz y cuando capturó cierto galeón español cargado de monedas de oro. Como buen pirata, llegó a defraudar a su propia reina, Elisabeth I, pero eso, a día de hoy, no interesa sacarlo a la luz. No deja de ser menos cierto que, su reina nunca le echó de menos cuando sus días llegaron a su fin.

Se trataba de un ser sin principios, sin escrúpulos y sin respeto por las leyes. No lo digo yo, lo dice el historiador británico Anthony Beevor. Cuando perdió en San Juan de Ulúa, huyó sin avisar y dejando a sus colegas tirados como colillas. Este fue el verdadero Drake.

En Smerwick (Irlanda) degolló a 600 italianos enviados por el papa que ya se habían rendido y los arrojó al mar desde un acantilado. Los ingleses, por el contrario, le veneran y presumen de él siempre que pueden.

Además de cobarde y criminal, era tonto como él solo, puesto que décadas posteriores a la primera vuelta al mundo de Magallanes y Elcano, concretamente en 1577, afirmó, como ya hemos visto, que había sido él el primero en hacer esa vuelta al globo.

En 1595, y con el apoyo de la corona inglesa, se le envió a un Caribe mejor fortificado para disgusto suyo. Recibió palos en Las Palmas y posteriormente en Puerto Rico y Panamá. El tipo no sabía ni por donde le entraban las collejas. Visto lo visto y como buen cobarde, se centró en pequeñas aldeas en donde robó, violó, saqueó, incendió y asesinó como si no hubiera un mañana.

Si capturaba un barco, mataba primero y luego preguntaba. Con ese reguero de sangre, España le tenía cogida la matrícula y así llegamos a 1596. Aquel año, este prenda y junto a otro pirata de renombre como Hawkins, perdería un combate frente a Bernardino de Avellaneda y Juan Gutiérrez de Garibay. Los ingleses perdieron 17 naves y 2500 hombres y en Inglaterra jamás se habló de aquello. Y precisamente allí, Drake se cogió una disentería como la copa de un pino. Murió en Portobelo y hoy veneran en su tierra natal a este parlamentario y comerciante de esclavos.

MARTÍN DE PADILLA, EL ADELANTADO

Elisabeth I de Inglaterra, tras perder estrepitosamente en Coruña en 1589, envió a su favorito, al conde de Essex, a vengar dicha derrota junto a barcos neerlandeses a aguas del Mediterráneo. Una armada de 35 barcos, nada más y nada menos, zarpó en 1591, con el objetivo de saquear un Levante español algo desprotegido desde la victoria en Lepanto.

Los ingleses, venidos arriba, se las prometían muy felices cuando por el horizonte asomó un soriano de Calatañazor (allí no hay mar), Martín de Padilla y Manrique, que venía desde la costa veneciana. Este marino, el adelantado, ya había estado en Lepanto, y en Lisboa para repeler a Francis Drake y hundirle cuatro barcos, por lo que el tipo no era desconocido para la Royal Navy.

Padilla, con menos hombres y navíos, ordenó dar caza a los intrusos y la dureza con la que arremetió hizo que los ingleses huyeran rápidamente. Capturó 20 barcos holandeses y 3 ingleses, y al resto los dejó para el arrastre. Su entrada en Almería fue triunfal y reafirmó el poderío de los barcos españoles en sus propias aguas.

Años más tarde, en el verano de 1597, tuvo lugar la expedición Essex-Raleigh, conocida en inglés como *Islands Voyage* y cuyo objetivo era destruir la flota de Ferrol del entonces capitán general del mar océano, es decir, de Padilla. De paso, deseaban hacerse con unas Azores pertenecientes a Felipe II e interceptar desde ese punto a los barcos que regresaban desde América. Al mando estaban el II conde de Essex, el conde de Suffolk, el tal Walter Raleigh, el conde de Southampton, el barón Astley y el holandés Jacob van Wassenaer. Por su parte, Padilla, junto a Alonso de Bazán, Diego Brochero, Pedro de Zubiaur y Juan Gutiérrez de Garibay hizo que esta expedición fuese la última intentona de Elisabeth I de hacer daño en aguas españolas. Se le quitaron las ganas. Mientras, Essex y Raleigh, tras la derrota, no pararon de echarse la culpa «each other».

En 1601, los holandeses volvieron a saber de Padilla. En esta ocasión, los neerlandeses iban apoyados de piratas escoceses y franceses. Los seis barcos de Padilla se enfrentaron a los doce navíos de los nórdicos y Martín de Padilla hundió dos barcos enemigos y capturó al resto, entrando así, definitivamente, en el olimpo de los grandes marinos hispanos. Murió en 1602, en El Puerto de Santa María de un ataque de hemiplejia. Por cierto, no tiene película, ni tampoco calle, ni siquiera en su Calatañazor natal.

ANTONIO PÉREZ, EL MAYOR TRAIDOR DE ESPAÑA

Antonio Pérez fue el secretario de cámara y del Consejo de Estado de Felipe II e hijo del que fuera secretario de Carlos I. En aquella época, el medio hermano del rey, un tal don Juan de Austria, el que fuera hijo de Carlos I y de su amante, la alemana Bárbara Blomberg, era un tipo alto, fornido, rubio, de ojos azules, que era listo, atlético y todo lo hacía bien. Hoy el término sería metrosexual. Pues bien, Juan de Austria había estado en la rebelión de las Alpujarras, en Lepanto, en Túnez, en Italia, en Flandes y, claro, el tipo necesitaba también un secretario..., y lo tuvo. Juan de Escobedo se llamaba.

Las relaciones entre Felipe II y Juan de Austria no eran las mejores debido a las decisiones a tomar en Países Bajos e Inglaterra y con ello jugó Antonio Pérez en beneficio suyo. El problema es que el advenedizo de Juan de Escobedo llegó a la corte para explicar las verdaderas intenciones de servicio de su jefe, Juan de Austria, lo cual dejaba al descubierto a Antonio Pérez. Por ello, Antonio Pérez protagonizó una huida hacia delante y culpó a Escobedo de las propias ambiciones de Juan de Austria.

En paralelo, Ana Hurtado de Mendoza de la Cerda y de Silva y Álvarez de Toledo, más conocida como la princesa de Éboli, mantuvo relaciones con Felipe II cuando ambos eran jóvenes, en la época de Isabel de Valois, la tercera esposa de Felipe II. Además, y una vez se quedó viuda del valido de Felipe II, Ruy Gómez de Silva, se enrolló con Antonio Pérez, es decir, pleno total. Sí, parece ser que estuvo primero con uno y luego con otro y de ello estuvo al tanto Juan de Escobedo, el tipo más listo de la clase.

La princesa de Éboli vivía enfrente de lo que hoy es la catedral de la Almudena y en esa esquina con la calle Mayor, cuatro tipos enmascarados asesinaron a Escobedo. El escándalo estaba servido. Así, la princesa de Éboli, famosa por su parche en el ojo debido a que lo perdió con su profesor de esgrima (al profe le metieron en un ERTE, fijo) la encerró Felipe II en la torre de Pinto, primero y, finalmente, en el palacio ducal de Pastrana, del cual ya no pudo salir. Por su parte, Antonio Pérez dio con sus huesos en la cárcel de la Casa Cisneros de Madrid, acusado de matar al secretario de don Juan de Austria. En un bis a bis con su esposa, se cambiaron la ropa y Antonio salió huyendo vestido de mujer. Llegó a Inglaterra y allí prestó sus servicios como espía a Elisabeth I de Inglaterra, la enemiga número 1 del reino de España. De hecho, gracias a él, los ingleses llegaron a tomar Cádiz en 1596, a través del almirante Charles Howard, el conde Essex y la ayuda de las Provincias Unidas de los Países Bajos. Desde entonces, Antonio Pérez fue considerado como el mayor traidor de España. Es más, hay quienes afirman que la famosa leyenda negra de España comenzó a coger tintes muy oscuros en aquellos tiempos, y es que Pérez trató de verter acusaciones en Felipe II, desvelando la relación que mantuvo con su prisionera favorita, la princesa de Éboli.

EL CAMINO ESPAÑOL

¡Qué difícil es poner una pica en Flandes! ¿Y de dónde viene la frase? Pues viene de una de las mayores operaciones logísticas y de disciplina llevadas a cabo por un ejército en la historia y, además, de un modo sostenido en el tiempo, 55 años. Desde 1567 a 1622.

Tras la revuelta surgida en Flandes en 1567, en contra de Felipe II y el catolicismo, el rey designó al III duque de Alba para tomar el mando en unas tierras que estaban a 1500 km de distancia de Madrid. El canal de la Mancha desaconsejaba surtir de víveres y soldados por vía marítima, puesto que Francia e Inglaterra estaban a la gresca en dicho lugar, además de haber presencia de piratas. Así pues, el duque de Alba que, en un principio no quiso aceptar el marrón, ideó un camino de 1.000 km de distancia que comunicaba el norte de Italia con Bruselas.

El camino pasaba por el Milanesado, los Alpes, el Ducado de Saboya, el Franco Condado, Lorena, Luxemburgo, el Obispado de Lieja y Flandes. El Camino Español que, así es conocido, puso 123.000 picas en Flandes. Parece fácil.

Existieron 300 zapadores que ensancharon el camino, hicieron puentes, túneles, etc. Antes de cada etapa, unos enviados se adelantaban a cada ciudad para contratar y asegurar comida y alojamiento para la expedición, dinamizándose así la economía de las diferentes ciudades que estaban en el camino. El esfuerzo era tal, que era como una ciudad andante, ya que junto a una media de 3.000 soldados, también se desplazaban cocineros, criados, lavanderas, herreros, etc...., y hasta prostitutas, es decir, una auténtica locura.

La primera expedición trasladó a 10.000 efectivos en 1567. La duración del viaje era de 55 días, a una media de 25 km diarios, si bien se llegó a realizar, incluso, en solo 32 días. El éxito al inicio fue tan grande que, el Gran Duque de Alba guardó en secreto el mapa del camino para mantener oculto el mismo, frente a enemigos directos.

Una vez el conde Richelieu obtuvo el apoyo del duque de Saboya, Francia anexionó territorios al este y ello supuso el fin del Camino Español, un auténtico logro de la logística militar que prolongó la guerra con Flandes durante décadas.

Curiosamente, en el otro extremo solemos decir «esto es una bicoca», ya que, en aquella batalla de Bicoca de 1522, muy cerca de Milán, los soldados suizos impagados apenas mostraron oposición a los tercios españoles, de modo que la victoria fue muy fácil y ha quedado como dicho para designar algo que se consigue sin apenas esfuerzo.

¿Se llevaba mal Góngora con Quevedo? Pues sí, muy amigos no eran. Góngora era culterano, y para decir una cosa la adornaba, pero a base de bien. Mientras, Quevedo era conceptista, es decir, lo bueno, si breve, dos veces bueno. Se sacaban bastante edad y para hacerse notar en la corte, en Valladolid, Quevedo vio oportuno burlarse de un Góngora más que consagrado, para ir así cogiendo puntos. Góngora entró al trapo y eso, amigo mío, no se debe hacer ni siquiera en el Facebook y menos aún en X. Total, que la batalla comenzó y ya no tuvo fin. Góngora llamaba a Quevedo «Qué Bebo» por ser un borrachín, y Quevedo llamaba a Góngora «érase un hombre a una nariz pegado», por no decir que también le llamaba «judío» que, por otra parte, era lo peor que te podían llamar, porque la Inquisición siempre podía estar amenazante.

Góngora se arruinó y terminó viviendo de alquiler en lo que hoy es la esquina de las Calles de Quevedo con Lope de Vega. El dueño de la vivienda le vendió el edificio a Quevedo y este lo adquirió con el bicho dentro. Pues bien, a la primera distracción, al primer retraso en el pago, Quevedo echó a Góngora y don Luis se tuvo que ir a su Córdoba natal. ¡Lástima que no tuviera a un Stop Desahucios que le ayudara! ¡Menos mal que estas cosas ya no pasan!

Otra gran rivalidad fue la de Lope de Vega con Cervantes. Don Miguel había meses en los que no escribía una sola línea, mientras que don Lope no paraba de estrenar obras de teatro que buscaban satisfacer al vulgo, según palabras de Cervantes. El manuscrito de la primera parte del Quijote cayó en manos de Lope antes de publicarse, de modo que a este se le atribuye un «Quijote apócrifo» que sirvió de crítica a la obra de Cervantes (cuidado, también se le atribuye a un tal Alonso Fernández de Avellaneda, un «Nick» que escondía la verdadera personalidad de Jerónimo de Pasamonte). Y es por ello que para tapar a este Quijote apócrifo, Cervantes se puso manos a la obra con el objetivo de escribir la segunda parte, la oficial, y de este modo tenemos las aventuras del ingenioso hidalgo primero y las del ingenioso caballero después.

Y no menos sonado fue el enfrentamiento entre Calderón de la Barca y Lope de Vega, ya que el primero, persiguiendo a un actor, Pedro Riquelme, con el que se quería dar de tortas por haber herido a su hermano con una afilada espada, se refugió en el convento de las Trinitarias en el que estaba Sor Marcela, una de las hijas de Lope de Vega. El escándalo fue tal que, Lope de Vega estuvo buscando a Calderón para tener más que palabras. Por cierto, en este convento es donde se ha encontrado el cuerpo de Cervantes recientemente. ¡Ah!, y los restos de Lope de Vega y Calderón los hemos perdido y es que, para pasar a la historia en Madrid como un «crack», Madrid debe perder tus restos, que lo sepas. Así se han perdido en Madrid los restos de Quevedo, Calderón, Cervantes, Lope de Vega, etc.

No obstante, debería ser para presumir que, en pocos km^2 y en muchas ocasiones, simultáneamente, hayan pasado por el barrio de las Letras de Madrid, tipos como los ya mencionados, más otros como Bécquer, Benavente, Zorrilla, Espronceda, Valle-Inclán, Echegaray, Moratín, Azorín, Larra, etc. Esto les pasa a ingleses o franceses y montan un parque temático.

LA LEYENDA NEGRA LEYENDA ES

¿Qué es la leyenda negra y por qué muchos españoles la han comprado? Responder bien requiere mucho más que un par de páginas, la verdad.

Los Reyes Católicos, Carlos I, Felipe II, etc., fueron las personas más poderosas del planeta y esto despertó recelos, sobre todo, en Flandes e Inglaterra. Guillermo de Orange y la imprenta, desarrollaron un relato basado en hechos reales como son la inquisición (inquisiciones y similares, como juez y parte, hubo en toda Europa como ya vimos anteriormente), la expulsión de los judíos (antes que en España se les echó de casi todos los países europeos) y la conquista de América (siempre ha habido conquistas, antes y después del s. XVI, a lo largo de los cinco continentes).

Dicho de otro modo, si en Google escribimos, en español o en inglés, «inquisición» o «expulsión de los judíos», lo que Google arroja son las relacionadas con España, es decir, Guillermo de Orange nos posicionó en SEO.

En 1598, un panfleto inglés se refería a los españoles como medio visigodos, semijudíos, semiafricanos y semimoros. ¿Pero cuándo se incrusta la leyenda negra en España? Cuando el último Austria, Carlos II, muere sin descendencia, se inicia la guerra de sucesión entre austracistas y Borbones, ganando Felipe de Anjou (Felipe V), el cual comenzó a reinar en España con medio país en contra. Tanto fue así que, muchas cosas no las decidía él, sino su abuelo, Luis XIV.

¿Qué se encontraron los Borbones al llegar al trono? Un imperio con superávit gracias a la labor del conde de Oropesa, un tipo al que casi nadie conoce hoy día. Así pues, los Borbones afirman que los Austrias fueron malos gobernantes y que en España todo se hizo mal hasta llegar ellos, aunque eso supusiera borrar el siglo de oro. Como dice la historiadora Elvira Roca, en todo el s. XVIII, no hubo un solo español que escribiera un solo libro sobre la historia de España, hasta que en 1782, Masson de Morvilliers, encargado de escribir sobre España en la Enciclopedia Metódica, nos insultó tachándonos de pigmeos y preguntando «¿qué ha aportado España a Europa? (...) ¿en los últimos 10 siglos?». La respuesta implícita era nada. Vamos, que le tocó escribir un capítulo que gustar, gustar, no le gustó mucho. Ahí sí saltó el conde de Aranda y alguno más, pero muy poco, no sea que dejaran de salir en la foto. Hasta Dumas dijo que Europa comenzaba en los Pirineos. El que en España se quejaba o disentía, sencillamente, era apartado. Es que hasta en 1808, el pueblo llano a quien siguió no fue a los reyes, ni a la nobleza, ni al clero. El pueblo a quien siguió fue a los alcaldes de Móstoles (eran dos).

En mi opinión, cada país debe ser dueño de su propia historia y de su propio relato. Si no, la leyenda negra es un claro ejemplo de cómo la propaganda y las narrativas históricas pueden moldear a su antojo la percepción pública de una nación entera y de su historia. Y así llevamos ya casi cuatro siglos.

S. XVII. LOS AUSTRIAS MENORES

Comienza el declive de la monarquía hispánica, no solo en lo político, sino también en lo económico. A medida que el reino se expandía, las cargas económicas y las guerras iban en aumento. Además, las tensiones sociales se fueron incrementando en territorios no muy lejanos como, por ejemplo, Portugal y Cataluña.

Los validos o primeros ministros de la época, muchas veces despabilados, estaban a la altura de reyes mediocres como Felipe III o Felipe IV. Hicieron y deshicieron a su antojo y siglos más tarde pusieron de rabiosa actualidad una frase ya pronunciada anteriormente: ¡Qué buen vasallo si tuviese buen señor!

Por cierto, seguimos en el siglo de oro. No todos los países pueden presumir de un elenco de artistas y científicos como tuvo España en aquella época.

EL DUQUE DE LERMA, FELIPE III Y FERNANDO DE AUSTRIA.

Felipe II fue un rey que, a su muerte, nos dejó a su hijo, un regalito con lazo incluido. Felipe III fue un tipo no muy listo que tiene el honor de presidir la Plaza Mayor de Madrid. Rezaba nueve rosarios diarios y ha pasado a la historia por ser el primer tipo en morir de protocolo. Un buen día, en el antiguo alcázar de Madrid, se encontraba cerca del fuego y le comenzó a dar un sofoco. Pidió que apagaran el fuego, pero el protocolo dictaba que la persona que le acompañaba, el marqués de Tovar, no era quien debía apagarlo. El rey no se levantó y para cuando encontraron al encargado, el duque de Uceda, el rey ya estaba más para allá que para acá. No lo contó.

Estatua del Duque de Lerma en el interior de la Capilla del Colegio de San Gregorio, Valladolid. [José Luis Filpo Cabana]

En el reinado de Felipe III, el realmente listo fue su valido, el duque de Lerma, Francisco de Sandoval y Rojas. Este tipo, al morir Felipe II, en 1598, comenzó a ser el hombre de confianza de Felipe III y emprendió la compra de casas y terrenos en Valladolid. Así, en 1601, nadie sabe cómo, pero convenció al rey para cambiar la capitalidad de España a Valladolid. Con el rey se desplazaba toda la corte, parte del clero, nobles, funcionarios, etc. Toda esta gente necesitaba encontrar donde vivir, y ¿quién estaba allí para vender? Lerma compró por 80.000 maravedíes y vendió por 55 millones. Al propio Felipe III le vendió un palacio por 30 kilos.

No contento con ello, con el cash-flow obtenido comenzó a comprar barato en Madrid y se hizo con todo Recoletos, el Paseo del Prado, Bailén y medio Madrid de las Letras en un momento en el que los carteles de «for sale» abundaban. Madrid pidió retornar la capitalidad y pagó 250.000 ducados sin esperar nada a cambio. De aquella pasta, la tercera parte fue a parar al bolsillo del duque de Lerma, unos 93 millones de maravedíes. Y así, el duque comenzó a comerle la oreja al rey nuevamente, y no se sabe qué carajo le dijo, pero en 1606, Madrid volvió a ser la capital. ¿Quién estaba en Madrid para vender caro? Exacto, el tal Lerma. Con lo ganado, se hizo una «choza» más grande que el alcázar de su jefe. Ese casoplón en cuestión es el palacio de Uceda, esquina de las calles Mayor con Bailén.

Total, que por un caso parecido a las Tarjetas Black, la esposa del rey, Margarita de Austria, le cogió la matrícula a Lerma y estuvo a punto de llevarle a la horca. A este cadalso de la Plaza Mayor fue el ayudante del duque de Lerma, Rodrigo Calderón de Aranda, pero el duque lo evitó porque gracias a su «networking», consiguió entrar en el clero como cardenal. Así, el pueblo comenzó a cantar una coplilla que decía «para no morir ahorcado, el mayor ladrón de España se viste de colorado».

Este fue el primer caso de corrupción urbanística de la historia. ¡Menos mal que estas cosas ya no pasan!

El tema fue a más cuando el sexto hijo de los reyes, Fernando de Austria, fue nombrado cardenal cuando solo tenía 10 años de edad. El «cardenal infante» se le llamó. Sí, solo 10 años, ¡récord Guinness!

Su madre, Margarita, lo animó a meterse a cardenal para postularse como arzobispo de Toledo, el mayor cargo de la cristiandad después del papa. La razón que se defendió fue que nunca antes, un miembro de la casa real había sido arzobispo de Toledo y ya iba siendo hora, pero la verdadera razón era competir contra el duque de Lerma que le había puesto el ojo a esa mitra, pues otorgaba la gestión de 250.000 ducados, nada más y nada menos. ¡No era listo Lerma! Lo curioso de Fernando de Austria es que, al contrario de su padre, fue un tipo bastante avispado. Aparte de cardenal, termino siendo virrey de Cataluña, y gobernador y general de los Países Bajos. Sí, sí, un cardenal general, y como todos los Borbones, un loco por las faldas.

EL PRIMERO EN VER AUSTRALIA

España envió tres expediciones para descubrir Australia, entonces denominada «Tierra Australis Incógnita». Este continente no fue descubierto por Álvaro de Mendaña primero (descubrió las Islas Salomón, las Marquesas y Guadalcanal), ni por el portugués Fernández de Quirós después, pero este mismo marino partiría en 1605, desde el puerto de El Callao para tratar de zanjar el tema en aquel tercer viaje. Fueron en tres barcos, el San Pablo, comandado por él, el Tres Reyes y el San Pedro, comandado por un tal Luis Váez de Torres.

En 1606, llegaron a Vanuatu (Nuevas Hébridas) y la denominaron Austrialia del Espíritu Santo, en honor a los Austrias y a la tierra austral, pero no, Quirós se equivocó. Volvieron a zarpar para descubrir más sobre ese continente, pero tras una tormenta, Quirós regresó a Nueva España y Váez de Torres, después de esperarle 15 días, certificaría que aquello solo era una isla.

A partir de aquí, este marino español se hizo grande. Tan grande que, han pasado de él ingleses, australianos y holandeses. Para empezar, dicen de él que era portugués, pero lo cierto es que le llamaban el «Bretón», apelativo al que se recurría para referirse a los gallegos, como así ha asegurado, finalmente, la historiadora naval australiana Miriam Estensen. En cualquier caso, el viaje lo pagó España.

Este tipo quiso descubrir el continente austral siguiendo las instrucciones del virrey de Perú y para ello viajó hacia el suroeste. Los arrecifes de coral hacían difícil desplazarse de las islas del norte a las del sur, por lo que surcó lo que hoy se conoce como Estrecho de Torres en su honor. Dentro de esta ruta, tocó Nueva Guinea, bautizada por él como Magna Margaritae, en honor a la reina. Tras cansarse de un mar muy bravo, viró al norte para dirigirse a Filipinas. Los últimos estudios demuestran que tomaron la ruta del estrecho de Endeavour y que, por tanto, fueron los primeros en divisar el cabo de York, es decir, la península de Queensland. Sí, un gallego fue el primero en avistar Australia, ¡cómo no! Pero no lo supo. No fue consciente. ¡Manda narices!

Más que interesantes son los mapas elaborados por el leonés Diego de Prado y Tovar. Se cree que, al poco tiempo, falleció Váez de Torres y como siempre, el episodio se lo han adjudicado otros. Los neerlandeses con Willem Janszoon llegaron meses más tarde. En 1770, llegó por allí un tal James Cook. Incluso, Portugal dice haber llegado antes que los españoles, en 1522, gracias a un tal Mendonça. Llamativo es el listado extenso de islas que descubrió y bautizó Torres, y que hoy poseen nombres ingleses en su mayoría. En cualquier caso, los españoles le dieron un nombre castellano a un continente que habla inglés y eso ya es decir mucho.

OCTAVIO CENTURIÓN, EL BRÓKER DEL SIGLO DE ORO

Este genovés era hijo de una importante familia financiera. Sus padres eran Cristoforo Centurione y Liquienetta Negro. A sus 25 años, es decir, recién llegado a su mayoría de edad, ya pudo ser enviado por su familia a España para hacer negocios. Junto a sus hermanos fundó dos bancas, una en Génova y otra en Madrid.

La monarquía hispánica llegó a suspensión de pagos de deuda internacional hasta en dos ocasiones a principios del s. XVII, como la ocurrida en 1627. En el imperio español no se ponía el sol y mantener todos esos territorios no era ni fácil, ni barato. Así, financieros como Octavio Centurión eran necesarios para facilitar un préstamo detrás de otro (entonces se les llamaba «asientos») según los intereses de la corona. Estos préstamos, en muchas ocasiones, eran de millones de ducados, es decir, de cientos de millones de euros actuales. Por ejemplo, en la época de Felipe III y el duque de Lerma, en 1603, este tipo le consiguió a la corona un asiento de nueve millones de ducados y este préstamo, efectivamente, no fue el único que pasó por las manos de Octavio Centurión.

El tipo llegó a ser tan influyente que fue camarero de la reina, mayordomo mayor de la infanta María Teresa de Austria y Borbón (la mujer de Luis XIV, el rey Sol), consejero del Consejo de Hacienda, consejero del Consejo de Guerra y tesorero general de los Presidios y Fronteras. Siendo genovés llegaría, incluso, a ser noble castellano, puesto que obtuvo el título de marqués de Monasterio.

La inestabilidad política en el s. XVII, era generalizada en toda Europa y la presencia de estos tipos fue definitiva, ya que, las decisiones de estos banqueros, influía directamente en el futuro de muchos países. ¡Menos mal que estas cosas ya no pasan!

Se ganó la confianza de dos de nuestros peores monarcas, Felipe III y Felipe IV. Esto le permitió a la corona española acceder a los mercados financieros internacionales. El tener influencia financiera le llevó a ser, también, influyente en lo político y en lo social.

Muchos palacios que vemos hoy en España con esos mármoles travertinos, esas columnas y todo tipo de dinteles, esos tapices, esas gárgolas, esas chimeneas adornadas, esas policromías, esos materiales de alta calidad, tenían como origen complejas operaciones financieras que permitían el abastecimiento de materiales a reyes, validos, duques y marqueses que endeudaron sin mesura las arcas de un país exhausto y que, poco a poco, ya perdía su soberanía financiera en los siglos XVI y XVII.

Este Botín del siglo de oro falleció a los 78 años y pasó cincuenta de ellos entre Madrid y Valladolid, y es que, si querías dedicarte a la banca, uno de los mejores clientes, si no el mejor, era la corona española.

EL CONDE DE GONDOMAR, EL MEJOR EMBAJADOR DE LA EDAD MODERNA

Aunque cueste pensarlo, hubo una época en la que los ingleses, en tiempo de piratas y patente de corso, tuvieron en alta estima a uno de los nuestros. Un embajador que se metió en el bolsillo al mismísimo rey Jacobo I y al que el historiador John Phillips Kenyon definió como «un hombre más inteligente que cualquiera en Inglaterra». Cuesta pensar que, el granuja del duque de Lerma lo escogiera como embajador en Inglaterra, pero es que, Lerma, aunque corrupto, no daba puntada sin hilo.

Nacido en Astorga y criado en la vecina Galicia, Diego Sarmiento y Acuña, el conde de Gondomar, fue el más listo de la clase de largo. Comenzó a hacerse hombre como cabo en un inicio y como gobernador después, defendiendo así, a las costas gallegas de sir Francis Drake.

Con su mujer que, además, era prima lejana suya, formó una biblioteca de 7.000 volúmenes en un momento en el que los lectores no abundaban, pese a tener un siglo de oro en auge en lo que a literatura se refiere. Su afán por aprender no cesaba y esto le permitió ser un polímata experto en casi todo. Dicen quienes le conocieron que fue el mejor «storyteller» de la época. Fue corregidor en Valladolid en el momento en el que Lerma dio el ya mencionado «pelotazo urbanístico» con el cambio de capitalidad, siendo, entonces, cuando se fijó en Diego Sarmiento. Tras la paz de Londres de 1604, y tras armadas y contra armadas invencibles, ser embajador en Inglaterra era un papelón de órdago. Además de la piratería, estaba la cuestión del protestantismo, y encandilar a Jacobo I no era tarea fácil, puesto que el interés de España era que Inglaterra no metiera sus narices en el Sacro Imperio.

Al llegar a Portsmouth, el conde de Gondomar coincidió con la nave capitana de Inglaterra. El protocolo mandaba arriar las velas en señal de sometimiento, pero Gondomar, sin complejos, no lo hizo. ¡Porque yo lo valgo! Esto le abrió las puertas de par en par para verse obligado a dar explicaciones al rey inglés. A este le dijo que su lema era «Osar morir, da la vida». Se hicieron amigos a la primera de cambio. El conde de Gondomar y el rey inglés, al hablar de ellos mismos, se referían como «los dos Diegos» e incluso bebían de la misma botella, de modo que se ganó el sobrenombre de «el Maquiavelo español». Hubo quien le llamó «el caballero negro», puesto que muchos británicos recelaron de la amistad que cultivó con el monarca de la Pérfida Albión. A Jacobo I le atraían su ingenio y cultura.

Tuvo entre ceja y ceja al corsario Walter Raleigh por saltarse todos los acuerdos de paz y consiguió que le condenaran a muerte decapitándolo. Este embajador, considerado el primer masón español, fue culpable de que España viviera en paz unos cuantos años, fue declarado corregidor perpetuo, y aunque siempre tuvo el respeto de la corona, murió como los grandes españoles, en la ruina.

LA CONJURA DE VENECIA Y QUEVEDO COMO ESPÍA

Miope y con cojera por haber nacido con una malformación en los pies, no pudo ser militar, pero sí espía. Francisco Gómez de Quevedo Villegas y Santibáñez Ceballos, más conocido como Quevedo, además de escritor, fue diplomático en la corte. Trabajó para el III duque de Osuna, Pedro Téllez-Girón y Velasco, conocido como Pedro el Grande, el virrey de Nápoles y caballero del Toisón de Oro. Era cuando la monarquía hispánica tenía Nápoles, Sicilia, Cerdeña y el Milanesado.

La Serenísima República de Venecia rivalizaba con España por acaparar el comercio en el Mediterráneo, pero al estar los turcos de por medio, firmaron la paz con Felipe III. Giovanni Bembo, héroe de Lepanto, subió al poder en 1615, como 92.º dux de Venecia, mientras el duque de Osuna, a espaldas de Felipe III, fomentó la piratería en contra de Venecia para tratar de aumentar su influencia en la zona, pero Venecia hizo lo propio pagando a corsarios franceses que actuaban en contra de España.

Poco a poco, Venecia fue perdiendo poder y el 19 de mayo de 1618, sus canales aparecieron llenos de cadáveres y cuerpos colgados en las calles, siendo, muchos de ellos, corsarios franceses. Esa fecha era fiesta para los venecianos, la «Festa della Sensa». En ella, el dux, a bordo del Bucintoro (el Falcon de los barcos venecianos), soltaba un anillo en el mar en aras de la unión de la República con el mar (el papa Alejandro III había regalado un anillo al dux Sebastián Ziani, en 1177). Ese día de 1618, se hizo una caza de brujas en contra de los extranjeros, matando a 300 personas. Quevedo, experto en *fake news* contra Bembo, debía desestabilizarle para que luego entrara España a poner orden, pero ese día huyó con más miedo que vergüenza. Disfrazado de mendigo, cojo y encorvado, no lo tuvo difícil, la verdad. Esta conjura veneciana tenía como argumento que, España pretendía dar un golpe de Estado para anexionarse la república. También se conoce como Conjura de Bedmar, el título que tenía el embajador en la ciudad, el marqués de Bedmar, amigo personal del duque de Osuna. Jamás hubo pruebas.

Lo curioso es que, todos cayeron en desgracia. Quevedo, caballero de la Orden de Santiago, terminó malviviendo en Madrid después de este episodio, hasta que Felipe IV lo nombró secretario real en 1632. Y el duque de Osuna, el gran virrey de Nápoles que siempre sirvió a Felipe III, vino a España a desmentir que quisiera independizarse (ese fue el bulo que lanzaron los napolitanos), pero el rey hispano se murió de protocolo, y su sobrino, el conde-duque de Olivares, el ya valido de Felipe IV, encerró en el castillo de Barajas a este héroe nacional que jamás había perdido una batalla. Murió allí.

Así pagaba España a sus héroes. Menos mal que esas cosas ya no pasan. Tras su muerte, su flota entró en decadencia.

Aunque esto alimentó la leyenda negra, se cree que esto fue un autogolpe de Venecia para quitarse de en medio a España.

GARCÍA SILVA DE FIGUEROA, PRIMER ARQUEÓLOGO DE LA HISTORIA

¿Saben los españoles que la capital de Persia fue descubierta y descrita por un extremeño? Así es y es que, a Persépolis llegó a principios del s. XVII, un tal García Silva de Figueroa.

Parece ser que los españoles no paraban de vencer a los otomanos en el este de Europa y las noticias llegaron a Persia, actual Irán, concretamente al shah Abbás I.

García Silva, licenciado, buen militar y corregidor de Jaén y Badajoz, se convirtió en el embajador perfecto para Felipe III. Cabe decir que su paso por Persia hizo que desempeñase funciones de naturalista, etnógrafo, geógrafo, historiador, arqueólogo y corresponsal. A él se deben las primeras descripciones que llegaron a Occidente de ciudades como Persépolis o Palmira, ciudades castigadas por ISIS en la guerra de Siria en la segunda década del s. XXI.

García Silva, incluso, dictaminó que el cuneiforme no era simple decoración, sino un lenguaje escrito más antiguo que el caldeo, el arábigo o el hebreo. Y claro, estas cosas no se explican en los colegios, no sea que nos sintamos orgullosos. ¿Para qué? El tipo sorprendió a los persas tanto que les llegó a hablar de antepasados persas que ellos mismos desconocían, como era el caso de Sofi Hismael, el Jeque Aidar o el Shah Thamas, ancestros del tal Abbás I, artífice de la bella Isfahán. Debieron alucinar con él, ya que al escucharle hablar de la propia historia persa dedujeron que el extremeño debía tener mucho más de 120 años y, por lo tanto, debía ser inmortal. Total, que para quedar bien con él y su mujer, le agasajaron con concubinas y, claro, a la mujer de García, gracia, lo que se dice gracia, no le hizo. García Silva no paraba de rechazar tales agasajos y por supuesto, la conclusión fue que el tipo, además de inmortal, era impotente. Vamos, que el cachondeo debió ser de órdago y para García Silva la situación debió ser surrealista.

Así pues, García Silva estuvo en Isfahán entre 1614 y 1624, detectó los restos de Persépolis, la ciudad de Darío que destruyó Alejandro Magno y de la Palmira de la reina Zenobia. Y todo esto a España, por supuesto, le dio bastante igual. De este modo, hubo que esperar al s. XIX, para que la asiriología cogiera una gran dimensión gracias a los de siempre, es decir, Alemania, Francia e Inglaterra, pero el primero en hablar sobre el asunto fue un español de 66 años, un extremeño, uno de nuestros primeros arqueólogos y que, además y para más señas, era inmortal.

PEDRO PÁEZ, DESCUBRIDOR DE LAS FUENTES DEL NILO

Poco se sabe acerca de que el primer blanco en identificar y ver las Fuentes del Nilo fue un tal Pedro Páez, madrileño, de Olmeda de las Fuentes, el 21 de abril de 1618, y no James Bruce de Kinnaird que llegó 150 años más tarde adjudicándose todos los honores.

Estas fuentes eran las que quisieron conocer Alejandro Magno, Julio César o Heródoto cuando pasaron por Egipto. Desde Jartum, el Nilo se divide en Blanco (sus fuentes las descubrió en el s. XIX, John H. Speke) y Azul, descubiertas por este español.

Pedro Páez estudió en las Universidades de Belmonte, Alcalá y Coímbra y sabía hablar varios idiomas. Era la época en la que Portugal y España estaban bajo el poder de Felipe III y, por lo tanto, las colonias portuguesas lo eran también de España. Pedro fue un jesuita que tuvo como destino la ciudad de Goa (India). Al saber de la necesidad de un reemplazo en Etiopía, se embarcó junto a Antonio de Montserrat y tres jesuitas más, camino de Omán, en 1588. Pero fueron primero secuestrados por piratas y luego vendidos a un comerciante de esclavos turco con el que padecieron malaria. Tras una tormenta perdieron sus turbantes y al descubrir que eran cristianos les acusaron de espías. Los llevaron ante el jeque de Yemen y es por ello por lo que, también fue el primer europeo en atravesar en las peores condiciones y a pie los desiertos de Hadhramaut (su nombre significa recinto mortal) y Rub al-Jali de la península Arábiga. Ningún occidental volvería por allí hasta 1931. Estuvo como galeote, es decir, en galeras, hasta que su ausencia llegó a oídos de la corona y Felipe II pagó su rescate en 1595.

Pedro Páez. [Dominio público]

En época de Felipe III, en 1603, decidió insistir y esta vez zarpó solo, llegando, por fin, a Etiopía. Allí convirtió al cristianismo al emperador Da Zengel y, posteriormente, a su sucesor Suisinos Segued III. Este le dio a probar una extraña bebida, siendo así el primer europeo en probar el café. En cierta visita que Pedro Páez hizo a uno de los territorios bajo el mando de Suisinos, es cuando descubrió las Fuentes del Nilo Azul, cerca del lago Tana. Él no era explorador, pero su formación le permitió reconocer un hecho tan importante que así lo dejó reflejado en su obra de 1100 páginas, «Historia de Etiopía». Se hicieron dos copias, una conservada en Portugal y editada sin mucho éxito durante la 2.ª Guerra Mundial y otra en el Vaticano. Es alucinante, pero su obra se ha publicado y dado a conocer en España en 2014, es decir, antes de ayer.

FELIPE IV, EL REY «PLAYBOY»

Si con Felipe III se llegó al cénit de la monarquía hispánica con claros síntomas de cansancio, con Felipe IV se confirmó una decadencia notable, comenzando a perderse territorios, precisamente, con el monarca más longevo de la dinastía de los Austrias. Este tipo tenía cara de «alelao» y por eso se le llama el rey «Pasmado», siendo imposible no acordarse de la cara de Gabino Diego en el cine. También fue conocido como el rey «Planeta» o «El Grande» y es que, además, fue rey de Portugal hasta 1640.

Tan grande se vio que, tras descubrir a Velázquez, quiso que su estatua ecuestre fuese la primera en la historia en tener las patas delanteras del caballo en el aire. Aquel avance tecnológico fue como la IoT en nuestros días. El boceto fue de Velázquez, el escultor fue Pietro Tacca, con ayuda de Juan Martínez Montañés y Juan de Bolonia, pero, sobre todo, la solución la proporcionó un tal Galileo. Este genio fue el que sugirió dejar la parte delantera del monumento totalmente hueca para desplazar así el centro de masas. La estatua ubicada entre el Palacio Real y el Teatro de la Ópera de Madrid, es estable gracias a que se apoya sobre las dos patas traseras y sutilmente en la cola del caballo.

Felipe IV no supo amortiguar el secesionismo portugués y tampoco el catalán. Este monarca estuvo siempre más a sus amoríos. En su adicción al sexo disparaba en todas direcciones: doncellas, viudas, casadas, aristócratas, sirvientas. Le llamaban el rey Galante. De este frenesí se benefició su valido, el conde-duque de Olivares, el hombre fuerte del rey para todo lo relacionado con gobernar. No olvidemos que estamos hablando de nuestro Siglo de Oro.

Con su primera esposa, Isabel de Francia, una Borbón, tuvo siete hijos (once si contamos los que nacieron muertos o en los que tuvo abortos). Al morir esta, se casó con su sobrina de 12 años, Mariana de Austria, con la que tuvo otros cinco hijos (seis si contamos otra niña que nació muerta). El más pequeño fue su heredero, el enfermizo Carlos II. El guirigay viene con los hijos bastardos. Según las fuentes consultadas y no es dislexia, unos señalan que tuvo 23 hijos y otros 32. El padre Flórez, un historiador del s. XVIII, apunta a que tuvo entre 30 y 60 hijos, entre los matrimoniales y extramatrimoniales. ¡Una pasada!

Sonado fue su romance con la Calderona. La chica se llamaba María Inés Calderón. Había sido abandonada al nacer en la casa de un conocido empresario teatral, Juan Calderón. De él adoptó el apellido y de ahí su apodo, aunque también era conocida como Marizápalos, debido a que cantaba una canción homónima. Fue una actriz muy conocida en el Corral de Santa Cruz y también en el Corral de Comedias, de la hoy plaza de Santa Ana. Este recinto es hoy el Teatro Español. En estos escenarios fue donde el rey se quedó prendado de ella. Fue su gran amante. Eran habituales los eventos a celebrar en la Plaza Mayor de Madrid, corridas de toros, justas literarias, etc., y en uno de esos eventos, el rey asistió acompañado tanto de su esposa Isabel como de su amante. Esto fue la comidilla de todo el mundo y a Isabel de Borbón, evidentemente, no le hizo ninguna gracia. Le exigió a su marido que aquella situación no volviera a repetirse. Para ello, Felipe IV mandó construir para su amada un balcón en la Plaza Mayor, para que tuviera la mejor visión de los eventos a celebrar. La ubicación de ese balcón es justo en el lugar opuesto a la Casa de la Panadería, que era el lugar reservado para los monarcas. La Plaza Mayor tiene una serie de arcos que se identifican con las diferentes salidas de la plaza, salvo uno, el único que no tiene salida y en el que se ubicó el «balcón de la Calderona o Marizápalos».

La reina tampoco es que se quedara atrás. Harta de los cuernos de su marido, le echó el ojo al conde de Villamediana, Juan de Tassis y Peralta, un poeta aficionado al toreo. Se fijó en él después de vencer en una justa literaria en plena Plaza Mayor de Madrid. Se dice que, en cierta ocasión, el rey entró en los aposentos de la reina y esta estaba de espaldas. La reina pensó que quien entraba era su camarera y le dijo que el conde «picaba muy bien», refiriéndose a su afición al toreo. Felipe IV le contestó diciendo que, «pica bien, pero pica alto». La presión sobre el conde fue brutal y se libró por poco en un proceso de sodomía en el que murieron cinco mozos en la hoguera. Dicen que, esa fue la coartada de su propio asesinato, pero el caso es que, al final, se le dio matarile en la calle Mayor y su crimen quedó impune. ¡Que parezca un accidente! De este episodio escribieron sus amigos Góngora y Juan Ruiz de Alarcón, su enemigo Quevedo y en el s. XX, escribieron sobre ello el duque de Rivas, Joaquín Dicenta y hasta Fernando Fernán Gómez. ¡A la mierda!

LA OLVIDADA VICTORIA EN LA BATALLA DE HONNECOURT

En la Francia de 1635, de Luis XIII y del cardenal Richelieu, se firmó una alianza con las Provincias Unidas para atacar al enemigo común, España.

La monarquía hispánica se acababa de hacer con las ciudades de Tréveris (Alemania) y Lovaina (Bélgica), mientras que los neerlandeses se habían hecho con Diest (Bélgica) y los franceses con Tienen (Bélgica). Así, España pasó a enrocarse en Bruselas a la espera de la ayuda del Sacro Imperio Romano.

El cardenal infante Fernando de Austria, es decir, uno de los hermanos pequeños de Felipe IV, el joven que había sido cardenal con solo diez años para fastidiar al duque de Lerma, invadió el norte de Francia en 1636, pero la falta de hombres le impidió obtener una rápida victoria dentro del marco de la guerra de los 30 años.

Los años posteriores fueron años muy malos para España, puesto que, en 1637, Francia se hizo con las ciudades de Le Cateau-Cambrésis y Landrecies y Países Bajos se hizo con Breda (ciudades actuales de Francia y Países Bajos, respectivamente). Además, en 1639, España perdía ante Países Bajos la batalla naval de las Dunas, cerca de Kent (Inglaterra) y, en 1640, se produjeron las revueltas de Portugal y Cataluña. También cayó Artois, en 1641, en manos de Francia y se añadieron La Bassée, Lens, Bapaume y Aire-sur-la-Lys, localidad en la que terminó muriendo nuestro cardenal infante.

Antes de fallecer, Fernando de Austria, encargó a los Países Bajos un gobierno interino formado por Francisco Melo de Portugal y Castro (virrey de Sicilia, marqués de Vellisca y conde de Asumar), Antonio Sancho Dávila y de Toledo (marqués de Velada), Peter Roose (conde de Fontaine), el arzobispo de Malinas y el maestre de campo napolitano Andrea Cantelmelo. Así y atacando desde Flandes, Francisco Melo se hizo con Lens y La Basse, en 1642. Entonces, la brillante estrategia de Melo fue cruzarse y se interpuso entre las fuerzas francesas para que no se pudieran unir.

Melo llamó a filas al barón Jean de Beck y a Carlos Buenaventura de Longueval, conde de Bucquoy. También vino en su ayuda el barón de Enckevort. Así, España avanzó sobre el mariscal de Guiche para presentar batalla en la ciudad en la que se había atrincherado, Honnecourt-sur-Escaut. Fortificados sobre una colina, Guiche no detectó a los españoles hasta que estos estaban a dos leguas. Le pillaron por sorpresa y con el pie cambiado. España se hizo con 3400 hombres, 10 piezas de artillería y 500 carros.

La carga de la infantería la comenzaron los tercios españoles, seguidos de los italianos, los valones, los alemanes y los irlandeses, considerados como españoles por su fidelidad a la monarquía hispánica. Su maestre de campo era un tal Owen Roe O'Neill, uno de los oficiales más competentes, según el cardenal infante.

Tras muchas cargas de los franceses sobre su enemigo, fueron los tercios españoles de Melo los que llegaron a ejecutar hasta cuatro ataques encarnizados contra las fuerzas galas. La tozudez hispana hizo que a la cuarta llegara la vencida. A partir de aquí, aquello fue una película *gore*. Tras entrar en el campamento, los franceses no se rindieron y la contraofensiva de la caballería francesa fue, a su vez, repelida por los hispanos. Los franceses se dieron finalmente a la fuga. Muchos terminaron ahogados en el río Escalda y otros, unos 3200 hombres, probaron las espadas de los tercios para morir. Los galos perdieron todas sus banderas y estandartes, incluida la Cornet Blanche, es decir, el estandarte blanco del general y que nunca había caído en manos enemigas tras 200 años de combates por media Europa.

Melo y sus hombres pudieron descansar unos días para fijar la posición y evitar rehacerse al ejército francés, pero aquello no duró mucho tiempo, puesto que debieron acudir a Colonia a repeler a mercenarios a sueldo de Francia. Así, Melo tuvo que dividir a sus hombres en tres frentes. De no haber existido estos mercenarios, quizás España hubiera atacado el corazón de Francia y quién sabe si la historia se hubiera escrito de otro modo. Como esta fue una gran victoria de la época, por supuesto, apenas es conocida actualmente.

DIEGO VELÁZQUEZ, EL PINTOR DE PINTORES

Diego Rodríguez de Silva y Velázquez, Velázquez para los amigos, fue un pintor sevillano del barroco que ha sorprendido a todas las generaciones. Tiene que ser chulo poder decir que eres descendiente de Velázquez, ¿verdad? Pues bien, nietos suyos son unos tales Sofía, Felipe VI y Leonor. Sí, mucha gente no lo sabe, pero resulta que los descendientes de Velázquez comenzaron a escalar socialmente, de modo que, emparentaron con la aristocracia germana, más tarde con la reina Victoria I de Inglaterra en parentesco de primos, una princesa de Prusia, el rey Pablo I de Grecia y de ahí a la reina Sofía y nuestros actuales Felipe y Leonor.

Casado con María Pacheco, el tipo tuvo varias amantes, entre las que destaca la modelo italiana Olimpia Triunfi, con la que tuvo un hijo reconocido, Antonio. Curioso es el caso del cuadro «La venus del espejo», en donde la venus es su amante y el cupido de la pintura es su propio hijo. ¡No se cortó lo más mínimo!

Después de muerto fue demandado y condenado por desfalco, y su yerno tuvo que hacerse cargo de la deuda. ¡Menos mal que estas cosas ya no pasan en la familia!

Con 28 años, ya como pintor de cámara, pasó a cobrar 400 ducados anuales y se infló a pintar al conde duque de Olivares y al rey Felipe IV. Tuvo a su propio esclavo (algo habitual entonces), Juan de Pareja, un gran pintor al que ayudó a obtener carta de libertad. Viajó a Italia y flipó con Tiziano, Miguel Ángel y Rafael, sin olvidar su amistad con el flamenco Rubens.

Se dice también que Felipe IV le habló en la penumbra al retrato del capitán general Adrián Pulido, pensando que era el propio Adrián en persona.

Aunque decir Velázquez es decir «Las Meninas», el cuadro de «Las Hilanderas» tiene su miga. El nombre oficial es «La fábula de Aracne» y versa sobre unas trabajadoras de la Real Fábrica de Tapices, inspiradas, a su vez, en la Capilla Sixtina de Miguel Ángel. Se trata del primer cuadro de la historia que representa el movimiento, pero lo curioso es que, Velázquez pinta un cuadro de Tiziano que copió su amigo Rubens y que terminó copiando él mismo, convirtiéndolo en tapiz.

Acabó siendo aposentador real y uno de sus últimos trabajos tuvo lugar en la isla de los Faisanes, una islita del río Bidasoa que se alternan cada seis meses España y Francia…, una de esas fronteras raras que aún se mantienen. Allí se firmó el Tratado de Paz de los Pirineos, que incluía la boda de Luis XIV con la Infanta María Teresa. El enlace tuvo lugar el 10 de junio de 1660. Cada mitad de la isla era decorada por cada país y, parece ser que el encargado francés delegó en el español que no era otro que Velázquez. Al final, el sevillano se encargó de la isla entera tras el escaqueo del gabacho. ¿Quién pintó aquello? Pues un francés llamado Jacques de Laumosnier que retrató a la perfección la labor desarrollada por Velázquez. Aquel trabajo de decorador le agotó demasiado. Murió un par de meses más tarde, justo seis días antes que su mujer.

Pintó unas 130 obras y su reconocimiento universal, ¡cómo no!, llegó tarde, a mediados del s. XIX, si bien los entendidos en el arte de la pintura le conocían desde siempre.

LOS 300 SOLDADOS DE LOS TERCIOS QUE LIBERARON BUDA

Tras la caída de Constantinopla en 1453, los turcos se cruzaron a Europa. Cansinos ellos, sembraron el terror y llegaron a lo que hoy serían Italia y Austria. Ya en 1529, un proyecto de UE les imprimió una severa derrota, y ya no digamos una alianza liderada por el mismísimo D. Juan de Austria y el infalible marqués de Santa Cruz, en la conocida batalla de Lepanto. Les dimos hasta en el carné de identidad. La corona de Felipe II estaba por aquel entonces harta de los piratas berberiscos, de los corsarios otomanos y de la rebelión morisca en las Alpujarras.

Ciudades como Viena o Buda, promontorio magiar de origen romano a orillas del Danubio y que hoy es la mitad de la capital húngara, eran el lugar perfecto en el que conseguir mujeres para los burdeles de ciudades como Orán, Damasco, Bagdad o Estambul y la cantera de esclavos con el que surtir la demanda de mano de obra gratuita en el Medio Oriente.

Pasaban las décadas y corría el año 1686, cuando los euroescépticos no paraban de tener derrotas ante el gigante turco. Se decidió enviar a voluntarios que protegieran la zona casi que a la desesperada. Así, 75.000 hombres curtidos en toda suerte de batallas se dirigieron a la fría Buda. El nieto de Felipe III, un tal Leopoldo I de Habsburgo, decidió cortar por lo sano y remangarse ante aquella situación tan hostil para la vieja Europa.

Cuando los turcos ganaban siempre había recompensa, pero si se perdía, el trato era horrendo y en la memoria colectiva perduraba aún la ejecución del visir Kara Mustafá que fue estrangulado por órdenes del sultán Mehmed IV, en 1683, llevando su cabeza a Adrianápolis, donde aún descansa. Ese era el percal.

Los bombardeos ininterrumpidos durante un mes por parte de los cristianos abrieron un boquete en la muralla de Buda. Los jenízaros se sorprendieron cuando el 22 de julio, no cesaban de lloverles bombas incendiarias. ¿Quiénes estaban en primera línea de batalla? Los «boinas negras» de la monarquía hispánica, es decir, los tercios españoles. Ellos, los mejores del bando aliado, tenían el honor de ser los primeros en ir al choque. Trescientos tipos más duros que un roble.

Ojo, que la artillería española también les hizo mucha pupa hasta que, en septiembre, los turcos dijeron «basta». Los cadáveres y los incendios aparecían por doquier. Los primeros en entrar en la ciudadela fueron los 300 españoles comandados por el duque de Béjar, un tal Manuel López de Zúñiga, un grande de España. Muchos de ellos cayeron, pero las expectativas de aquellos hombres se cumplieron y hoy Europa es lo que es, gracias, quizás, a aquellos hombres que se jugaron la vida en aquel infierno para delimitar nuevamente el este de Europa y liberar una ciudad que hoy les recuerda con una placa con el escudo de la Segunda República y el Águila de San Juan. ¡Vaya mezcla! No sé si este monumento pasa el filtro de la Ley de Memoria Histórica, pero la razón de que ambos convivan en Budapest es porque se hicieron en los años de la II República. Al menos, en Hungría nos lo reconocen. Aquí, ni se plantea.

CARLOS II, UN REY NO TAN HECHIZADO

La leyenda negra nos habla de un rey enfermizo, enclenque, delgaducho, epiléptico, que apenas se mantenía en pie y que jamás vio el mar pese a reinar un imperio. Un rey al que había que ocultar para no dar una imagen de debilidad ante la nueva pujanza de Francia. Un chaval del que se dice que no sabía contar hasta cien y que, encima, no tuvo descendencia. ¿Alguien da más?

Entonces, ¿por qué, tras su muerte, España era un imperio con superávit? En ese éxito económico algo tuvo que ver su valido, el conde de Oropesa, un tal Manuel Joaquín Álvarez de Toledo Portugal y Pimentel. Entonces, ¿cómo pudo convencer a su segunda y egoísta esposa de no regalar todas las obras pictóricas de la corona al hermano de esta, Juan Guillermo de Palatinado? ¿Por qué logró mantener a buen recaudo territorios que con monarcas anteriores habían tenido revueltas como Cataluña o Nápoles? ¿Por qué mantuvo buenas relaciones con Portugal y, sobre todo, por qué mantuvo a raya a la Francia de Luis XIV, el monarca más competente de aquella época? ¿Por qué pudo defender Italia y, más o menos, los Países Bajos gracias a diferentes alianzas? ¿Cómo pudo reorganizar la hacienda castellana y sanear la economía tras los periodos convulsos de su padre y abuelo?

Pues eso, que nos han vendido un rey malo y, seguramente, lo fue, pero no tanto como se dice, pese a que no fue debidamente educado para desempeñar el cargo. Estuvo bien rodeado y trabajó como el que más. Se empeñó en tratar todos los asuntos con sus ministros y todos los días estuvo concentrado en su visión-misión...

Fue el único hijo de Felipe IV que llegó a la mayoría de edad. Era el hijo pequeño de su segunda esposa, su sobrina Mariana de Austria. Era el resultado de la endogamia de los Austrias y el tipo no era precisamente agraciado. Obviando el discurso de sus sucesores Borbones, como rey, seguro que no fue tan malo y tonto como siempre nos han dicho, sino más bien normalito y trabajador, pero sí que fue de salud débil. No olvidemos que, los Borbones, con el rey Sol a la cabeza, dirían tras su muerte que, solo ellos iban a hacer las cosas bien en España. Otros reyes posteriores lo hicieron mucho peor que él, como Carlos IV o Fernando VII y, quizás, solo los posteriores, Felipe V y Carlos III, fueron mejores que él, pero tampoco demasiado.

El «trending topic» de su mal afamada historia fue su hechizo y es que no tuvo hijos, ni con su primera esposa, María Luisa de Orleans, ni con la segunda, Mariana de Neoburgo, una hija de una mujer que gestó 24 veces y que fue fichada por su ADN como si de una «crack» se tratase. Más bien fue un «bluf», si bien, la raíz del problema fue la genética del propio rey. En una cultura supersticiosa, entre unos y otros le practicaron exorcismos y de traca fueron los diferentes testimonios inquisitoriales al respecto. Casi volvieron loco al chico y hasta el embajador inglés Stanhope llegó a afirmar que el rey estaba triste a todas horas. ¿Cómo estaría uno si el debate político se centrara en saber si el demonio te ha poseído una o veinte veces? Pues eso, que además, y por su carácter enfermizo, murió a los 39 años y dejó un problemón de herencia que se disputaron como hienas los Borbones y los austracistas. ¡Jo, es que tras aquella circunstancia nos robaron hasta Menorca y Gibraltar!

Retrato alegórico de Carlos II de España de Romeyn de Hooghe. [Rijksmuseum]

S. XVIII. ESPAÑA VS INGLATERRA

España encontró una nueva dinastía, los Borbones, una de las peores dinastías que han dado las casas reales europeas. No es un tema monarquía-república, es un tema «Borbones».

El rey Sol decidía absolutamente todo y Francia se emparentó con España. El que opinaba que el Siglo de Oro fue algo extraordinario, era poco menos que un mequetrefe y solo los Borbones estarían en condiciones de decir algo inteligente. Los españoles fueron meros espectadores en lo político, pero auténticos héroes en lo militar.

España se da de palos con Inglaterra y sus piratas a todas horas. Inglaterra sabía que España y Francia eran las potencias a batir y no nos darían respiro alguno. Espectaculares, desde la perspectiva histórica, fueron los enfrentamientos por mar. Por tierra, Inglaterra era incapaz de vencer a los furiosos soldados españoles, pero por mar, la Armada y la Royal Navy dejaron un resultado de tablas.

A finales del siglo anterior, se había dado comienzo a la Ilustración, un movimiento intelectual que ponía el acento en la ciencia, en la razón y en la libertad individual, como medios para el progreso de la sociedad. Los mimbres fueron el racionalismo y pensamiento crítico para comprender y tomar mejores decisiones alejadas de la superstición; los derechos individuales y la democracia que sirvieran como base a una sociedad más justa en la que los gobiernos debían proteger a sus ciudadanos y, finalmente, la educación y difusión del conocimiento para acceder a una educación universal que empoderara a los individuos, siendo el máximo exponente la enciclopedia.

MALDITA GUERRA DE SUCESIÓN

El último Austria, Carlos II, falleció sin descendencia y se abrió la caja de Pandora. En su testamento señaló que quien debía sucederle era Felipe de Anjou, nieto de María Teresa de Austria, hija de Felipe IV. Un rey francés uniría a dos potencias, España y Francia. Al enterarse, Carlos de Habsburgo se postuló como pretendiente. Era hijo de Leopoldo, el rey del Sacro Imperio Romano Germánico, y nieto de Ana María de Austria, hija de Felipe III y hermana de Felipe IV.

Este enfrentamiento supuso una guerra de sucesión de España y Francia, contra la Gran Alianza formada por el Sacro Imperio Romano Germánico, Gran Bretaña, la República Holandesa, Pro Habsburgo España, Prusia, Saboya y Portugal.

Felipe fue proclamado rey en el Palacio de Versalles de París, dos semanas después de morir Carlos II y fue reconocido por Castilla, Aragón, Nápoles y Flandes pese a padecer neurosis maniaco-depresiva. El nuevo rey, medio zumbado él, tenía trastorno bipolar, pesadillas, astenias e hipocondría. Tenía alucinaciones y llegó hasta creer ser una rana. No quiso ser rey desde un inicio y se comió 45 años en el trono, el reinado más largo de la historia de España.

Pero ante la juventud del nuevo rey, quien realmente tomaba las decisiones era el rey Sol, su abuelo, un tal Luis XIV. Este señor siempre estuvo muy interesado en los virreinatos españoles. Lo tenía todo planificado.

Más tarde, París ratificó los derechos de Felipe para, también, ser rey de Francia, es decir, España y Francia podrían ser un solo país, o sea, la repera. Ante eso, Inglaterra, Flandes y Austria ayudaron a coronar al archiduque como Carlos III, pero solo con el apoyo de Aragón y no con el de Castilla. Carlos desembarcó en Barcelona para que le proclamaran rey en las cortes de Barcelona y Valencia, y también pasó por Madrid, pero sin recibir un gran entusiasmo.

No muy lejos se repetía la película y es que, José I, el hermano de Carlos, murió sin descendencia en 1711. Así, el archiduque Carlos heredó su trono y si, además, ganaba en España, se uniría nuevamente al sacro imperio y sería toda una potencia. Pasase lo que pasase, el resultado sería la formación de una gran potencia, por un lado, o por otro.

Con la firma del Tratado de Utrecht en 1713, gracias a las negociaciones de Luis XIV, con Ana de Inglaterra, España cedió Gibraltar y Menorca a Inglaterra, debiendo Felipe V poner fin a su derecho a la corona francesa. Inglaterra, además, obtuvo derechos comerciales en América que no tenía antes. Austria se quedó con Nápoles, Flandes, Cerdeña y el Milanesado, y el duque de Saboya se quedó con Sicilia.

Ya como rey, con los decretos de nueva planta, Felipe V reorganizó el territorio al modo francés y se abolieron los fueros, a lo cual se opusieron Aragón, Barcelona y Mallorca, y así, Felipe V ordenó el asedio a la ciudad y más tarde hizo lo mismo con Mallorca, en 1714, dándose fin a la guerra. De este modo, España ganó la paz, pero lo cierto es que la firma de aquella paz le trajo pérdidas, se mirara por donde se mirara, y es que España perdió por todas partes a cambio de tener a un Borbón como rey. La gran pregunta es: ¿qué habría pasado si el vencedor hubiera sido el archiduque Carlos? Siendo los negociadores quienes eran, me temo que el resultado habría sido similar, pero eso nunca lo sabremos.

GIBRALTAR ANACRÓNICO

En plena Guerra de Sucesión, la flota angloholandesa de George Rooke y el príncipe Hesse-Darmstadt, virrey de Cataluña, estaban al servicio del archiduque Carlos. Básicamente, se posicionaban con él porque no querían un Borbón que ayudara a establecer una superpotencia unida, como sería el caso de una unión entre España y Francia.

Estos tipos tomaron Gibraltar, el 4 de agosto de 1704, y desde entonces, adiós a Gibraltar (el Jebel Táriq por el que llegó Táriq a la península en el año 711). Parece ser que, los gibraltareños a quien querían era al francés, a Felipe V.

Entraron por la Bahía de Algeciras unos días antes y curioso es el caso de los que desembarcaron por la parte oculta de Gibraltar, la cara que da al Mediterráneo. A esa playa hoy se la llama Catalan Bay, es decir, por donde desembarcaron los catalanes del príncipe Hesse-Darmstadt.

La operación fue un desembarco de 34.000 hombres y 4.000 cañones contra una ciudad de 5.000 habitantes protegida por apenas 100 hombres. Aun así, los valientes invasores tardaron casi tres días en tomar la ciudad, la cual capituló el famoso 4 de agosto. Los franceses intentaron retomar la ciudad el día 24 de aquel mes, pero tras 13 horas de combate desestimaron la iniciativa.

La paz definitiva llegó entre 1713 y 1715, concretamente, con el Tratado de Utrecht. España firmó un contrato, una paz, como se decía entonces, por el cual renunciaba a la plaza más estratégica del Mediterráneo y es que los ingleses, que tomaron Gibraltar para el austracista Carlos, decidieron que, finalmente, aquello sería para ellos y solamente para ellos. Las negociaciones, como ya se ha señalado, fueron entre Gran Bretaña y Francia, con Luis XIV, como protagonista en la sombra. Sí, así se firmó la cesión de Gibraltar y a callar. España fue ninguneada, pero cuidado, porque a los neerlandeses también les hicieron la jugarreta y les dejaron fuera del acuerdo de Gibraltar. Por cierto, además de Gibraltar, se quedaron con Menorca, la cual fue recuperada años más tarde por parte de España.

En Utrecht lo que cedió España fue la ciudad de Gibraltar, el castillo, el puerto y las defensas y fortalezas que le pertenecen. ¿Qué hizo Gran Bretaña? Coger el istmo entero, es decir, 6 km de norte a sur por 1,5 km, de media, de este a oeste. Básicamente, Gran Bretaña se cogió más de lo que dice el Tratado de Utrecht. En el tratado también se firmó que no debía existir ni comunicación ni camino que uniese por tierra ambos territorios, a no ser que existiese emergencia de desabastecimiento por mar. Esto, a día de hoy, creo que tampoco se respeta gracias a acuerdos posteriores.

Al norte se estableció, posteriormente, y con el debilitamiento de la España tomada por Napoleón, una zona neutral que añadía más territorio a lo firmado en Utrecht. Estamos hablando de un espacio que no debía ser ocupado por nadie, si bien, en teoría, la mitad al norte correspondería a España y la mitad al sur a Gran Bretaña.

En el siglo XIX, hubo dos episodios de epidemia de fiebre amarilla y Gibraltar solicitó ocupar su parte para aislar a la población enferma de la sana, que se quedaba en la ciudad de Gibraltar. Jamás devolvieron ese espacio. Más pardilla no pudo ser España. En 1908, el Reino Unido levantó una verja en ese nuevo límite y hoy, el aeropuerto de Gibraltar ocupa dicha zona que jamás se firmó en el Tratado de Utrecht. Curiosamente, es la parte más ancha de la colonia y la que mejor opción da para levantar una infraestructura semejante.

Francisco Franco se apuntó un tanto nada más entrar en la ONU, ya que en 1960, la ONU habló de la descolonización de Gibraltar. El Reino Unido hizo un referéndum en 1967, con mayoría aplastante del pueblo gibraltareño a favor de los británicos, y se levantó una verja en 1967, por parte de Franco. Esta verja desapareció en 1985, y en 1986, España entraba en la CEE, hoy conocida como la UE. En 2006, el ministro principal de Gibraltar volvió a insistir en que los gibraltareños jamás aceptarán la Declaración de Bruselas y tampoco la resolución de la ONU de descolonización. Es decir, los tratados y acuerdos de paz se aceptan siempre en función de lo que interese o deje de interesar. Y sí, los gibraltareños opinan lo que opinan, y al respecto nada que objetar, pero los gibraltareños de 1704, esos, sin opinión, esos fueron desplazados y de ellos no queda ni uno en el actual Gibraltar.

España intentó recuperar Gibraltar en el s. XVIII, con tres asedios, pero no hubo nada que hacer. Gibraltar quiso ser devuelta a España a cambio de espacios mucho mayores en América, pero España siempre se negó, de modo que hoy no tenemos ni Gibraltar, ni nada en América. ¡Las vueltas que da la vida!

Gibraltar hoy apela a la libre determinación y dice que fue cedida en un acuerdo de paz, que hoy no se respeta ni por superficie entregada, ni por relaciones comerciales que, se supone, no deberían existir.

Hoy, Gibraltar es un paraíso fiscal en el que los gibraltareños desconfían de los españoles, lo cual no me extraña porque por estos lares todo el mundo dice eso de: ¡GIBRALTAR ESPAÑOL!

LUIS I, EL REY MÁS BREVE DE TODOS

Tras el fallecimiento del último Austria y la posterior guerra de sucesión, Felipe de Anjou terminó alzándose con el trono y pasó a ser Felipe V, dando inicio así la dinastía de los Borbones. La suerte perseguía a España, pero España era más rápida.

Claro, Felipe V comienza a reinar en una España dividida, ¡qué cosa más rara! Media España había sido borbónica y la otra media austracista. Así, tras gobernar muy poco con su primera esposa, María Luisa Gabriela de Saboya, esta se murió y se casó en segundas nupcias con la italiana Isabel de Farnesio. Hay quien dice que era la reina la que manipulaba a Felipe V y la que le convence para que, en ese marrón de país, abdicara en 1724, en beneficio de su primogénito, Luis I, el hijo que tuvo con su anterior esposa. El chaval accedió al trono de un imperio el 15 de enero de 1724, cuando solo tenía 17 años y medio.

Total, que a Luis I había que casarlo y entre las candidatas había una francesa de la casa de Orleans, Luisa Isabel de Orleans. La chica era bisnieta de Luis XIII, y su padre había sido regente del país galo, Felipe II de Orleans.

El caso es que al principio la cosa iba bien, pero claro, el joven comenzó a ver lagunas en su matrimonio de conveniencia y es que

Luisa Isabel andaba por palacio tirando eructos, repartía flatulencias sin reparo, se paseaba como Dios la trajo al mundo delante del servicio y lo mismo te trepaba un árbol que se tiraba al suelo para fregarlo, vamos que, la chica no estaba del todo en su sano juicio. Ya con su caso estudiado, parece que la Luisa Isabel tenía trastorno límite de la personalidad y, además, de regalo, padecía bulimia.

Luis I, parece ser que a su padre le decía aquello de: papá, yo no lo veo. El joven andaba confuso.

Contra todo pronóstico, Luis I contrajo viruela y esa enfermedad, a comienzos del s. XVIII, tenía mala solución. Lo curioso es que, ya una vez enfermo, Luisa Isabel le cuidó como si no hubiera un mañana y la joven terminó por enamorarse locamente. Estuvo con él, con su amado rey, hasta el último suspiro. Luis I murió 7 meses y medio más tarde de acceder al trono, concretamente, el 31 de agosto de 1724. Isabel de Farnesio ordenó entonces que, a la reina, a la que estaba como un cencerro, se la llevaran a París, y a ella y a Felipe V no les quedó más remedio que volver a reinar ese marrón que entonces se llamaba España. Vamos, que ganas, lo que se dice ganas, no tenían muchas.

Felipe V murió en 1746, y le sucedió su segundo hijo (también de su primer matrimonio) Fernando VI, es decir, el hermano de Luis I. Y cuidado que, Fernando VI murió también sin descendencia y tuvieron que traer de Italia, esta vez sí, a Carlos III, el primer hijo que tuvo Felipe V con Isabel de Farnesio, la marimandona. Así pues, casi todo el s. XVIII, fue reinado en España por padre e hijos.

Lo curioso de Luis I, para los que son aficionados a la numismática, es que, reinó solo siete meses en 1724, y, claro, su padre, Felipe V, reinó de 1700 a 1746. Los numismáticos siempre se suelen poner nerviosos al encontrarse una moneda de 1724, ya que, o es de Felipe V o es de Luis I. ¿Por qué se ponen nerviosos? Pues porque monedas del padre hay muchas, pero del hijo hay muy pocas y suelen tener un valor diez veces superior. Apenas se acuñaron monedas de Luis I.

Sí, así, comenzaron los Borbones en España. Ya podemos intuir que la cosa no terminó de mejorar con los años. *Quod natura non dat, Salmantica non praesta.*

A partir del mes de marzo de 1740, fue cuando Blas de Lezo alcanzó el nivel de mito. La verdad es que, ya lo había alcanzado antes y se le llamaba el «Medio Hombre» debido a sus cicatrices de guerra. Había perdido un ojo, un brazo y una pierna en actos de servicio. Jamás perdió una batalla. Pues bien, a partir de 1739, se inicia la Guerra del Asiento, también conocida como la de la Oreja de Jenkins. Resulta que en 1731, la nave Isabela, comandada por Juan León Fandiño, capturó en Florida la nave Rebecca comandada por Robert Jenkins. Esas no eran aguas para barcos británicos. Fandiño le cortó la oreja a Jenkins y le dijo: «Ve y di a tu rey que lo mismo le haré si a lo mismo se atreve», o sea, sin complejos. El tal Jenkins, que no debía estar muy bien, metió su oreja en formol y con ella, siete años más tarde, se presentó en la Cámara de los Comunes para chivarse de la frasecita de Fandiño. El primer ministro Walpole se vio obligado a declarar la guerra a España un año más tarde y se armó el lío padre en 1739.

Así, la pérfida Albión mandó al almirante Vernon, en 1739, con 186 barcos y 27.000 hombres y tuvo varios éxitos iniciales. El primero de ellos en La Guaira y un mes más tarde en Panamá, en Portobelo; de hecho, uno de los mercados más «cool», a día de hoy, en Londres es el de Portobelo. El caso es que las victorias eran muy fáciles y sin apenas oposición. Gracias a esa abrumadora ventaja británica, Vernon percibió muy cerca la victoria definitiva.

¿Y dónde estaba Lezo? Pues Lezo estaba en Cartagena de Indias, una ciudad con un puerto natural que recordaba al de Cartagena en España. Y para allá que fue Vernon pensando que iba a ser todo un paseo triunfal y es que, ante sus 27.000 hombres y 186 barcos, en Cartagena de Indias solo le esperaban 4.000 hombres, la mayoría nativos y solo seis barcos, pero había un problema, el jefe al mando era Blas de Lezo. Cuidado, se trató del desembarco más grande de la historia, solo superado dos siglos más tarde por el desembarco de Normandía, es decir, ¡la cosa fue brutal!

La confrontación en esta plaza duró, más o menos, dos meses y resulta que el que ganó la contienda fue D. Blas de Lezo y Olavarrieta, para mayor vergüenza británica. No busquéis este episodio en los libros de historia del Reino Unido, pero lo peor de todo, no lo busquéis en los libros de texto de la enseñanza obligatoria española, de hecho, jamás estuvo. Menos mal que ahora se va contando un poco más y la gente comienza a conocer a uno de sus máximos héroes de guerra, no en vano, un barco de la armada siempre lleva el nombre de este tipo nacido en el País Vasco, concretamente, en Pasajes (Guipúzcoa).

La plaza estaba defendida por once cañones y ante la que se venía encima, Lezo ordenó hundir sus seis barcos para taponar el puerto y así impedir el acceso de la flota inglesa. Así pues, los ingleses debían bajarse de sus barcos si querían tomar Cartagena de Indias.

Blas de Lezo.
[Fondo Antiguo de la Biblioteca de la Universidad de Sevilla]

Vernon también bloqueó el puerto con su enorme flota y los españoles se resguardaron en el Castillo de San Felipe para defenderse como gato panza arriba. Aquí, Vernon lo tuvo tan claro que cometió su gran error, que fue enviar un mensajero a Londres para decir que habían obtenido la victoria. El ganar significaba el haber tomado una zona de América a través de la cual se canalizaba, en el s. XVIII, gran parte del comercio entre España y América, y esto no era importante, sino que era importantísimo.

Pues eso, que el mensajero llegó a tierras del Támesis y la alegría fue tal que se cantó el himno del «God Save the King», se dio nombre al barrio de Portobelo y se llegaron a emitir monedas en las que se veía a Blas de Lezo arrodillándose ante el almirante Vernon. Por cierto, Blas de Lezo en estas monedas aparece enterito, con dos piernas, dos brazos y dos ojos, ya que vencer a un medio hombre no tenía mucho mérito. Hoy, estas monedas son de coleccionista y valen una pasta.

El 19 de abril, los ingleses, con la ayuda de jamaicanos, fueron con todo y al llegar a las murallas las escalas no servían, puesto que Lezo había excavado fosos bastante profundos y ¡oh cielos!, ya era tarde para huir. Aquello fue una brutal carnicería en la que los muertos ingleses se contaban por miles. A pesar de las miles de bombas que se lanzaron sobre la ciudad, Cartagena de Indias resistía y, sin embargo, la moral por el lado de inglés no podía estar peor, ya que estaban rodeados de cadáveres, enfermos, con la mitad de los barcos destruidos y con más hambre que Carpanta, por lo que Vernon se batió en retirada junto al hermano de George Washington, Lawrence. Tardó un par de años en regresar a Londres para dar la noticia de que su mensajero fue un *fake* y que la guerra en Cartagena de Indias se había perdido completamente. El rey Jorge II ordenó no hablar de este episodio vergonzante para la historia británica y retiró de la circulación las famosas monedas. No en vano, hubo 10.000 bajas por el lado inglés y solo 600 por el lado español.

Al salir de Cartagena de Indias, Vernon dijo su célebre frase de «God damn you, Lezo», es decir, «Que Dios te maldiga Lezo». Blas, asimismo, le respondió, «Para venir a Cartagena es necesario que el rey de Inglaterra construya otra escuadra, porque esta solo ha quedado para llevar carbón de Irlanda a Londres, lo cual les hubiera sido mejor que emprender una conquista que no pueden conseguir». A Lezo también se le atribuye una frase que dice: «todo buen español debería mear siempre mirando a Inglaterra».

Como gran figura hispana, no hubo que esperar mucho tiempo para hablar mal de ella y tratar de menoscabar su reputación, puesto que el nuevo virrey, un navarro llamado Sebastián Eslava, tuvo con Lezo una relación digamos que un tanto difícil, pese a que el propio virrey luego hizo una labor encomiable en su virreinato. Tampoco duró mucho la cosa, puesto que Lezo terminaría muriendo meses más tarde, en septiembre de aquel mismo año, por tabardillo, un piojo muy agresivo. Las condiciones de salubridad que dejaron los ingleses tras aquel asedio no fueron las mejores. Murió solo, con la sola compañía de su mayordomo.

Hay quien dice que Disney se inspiró en Blas de Lezo para recrear la figura del malvado de la película de Peter Pan, el Capitán Garfio.

En 2014, el alcalde de Cartagena de Indias, Dionisio Vélez, tuvo a bien honrar a los miles de ingleses caídos en este episodio de la historia, los mismos que intentaron acabar con Cartagena de Indias. La placa que se ubicó en el mismo castillo de San Felipe decía, «En memoria al valor y sufrimiento de todos los que murieron en combate intentando tomar la ciudad y el fuerte de San Felipe, bajo el mando del almirante Edward Vernon». «No comments». Para ello invitó al príncipe Carlos de Inglaterra y a Camila Parker Bowles. Las críticas le empezaron a llegar una tras otra, cada cual más ingeniosa y, finalmente, el lumbreras del alcalde mandó retirar la placa, que ya había recibido unos cuantos martillazos de ciudadanos con más sentido común, no sin antes decir sorprendido que: «Nunca imaginé que fuera a despertar una reacción tan negativa». ¡Criatura!

Hoy en día Vernon tiene en la Abadía de Westminster una placa con reconocimiento a todos sus servicios prestados a Inglaterra, y cuando se llega a la parte de Cartagena, figura lo siguiente: «(—) at Carthagena conquered as far as naval forces could carry victory», es decir, «(…) y en Cartagena conquistó hasta donde la fuerza naval pudo llegar victoriosa». Básicamente, el pobre, con 186 barcos no pudo contra 6, como tampoco pudo ganar teniendo una superioridad en hombres de 9 a 1. Efectivamente, el tipo no pudo, y es que el responsable fue D. Blas de Lezo, un marino del que no sabemos dónde está enterrado, vamos, como suele hacer España con gran parte de sus «grandes». ¡Una pena!

En España apenas se la ha tenido conocimiento de este episodio y ha comenzado a saberse de su historia a comienzos del s. XXI. Además del buque de la Armada, en Madrid tiene una calle desde principios de los años 2.000, en las afueras, y gracias a una iniciativa privada, hay un monumento en la plaza de Colón de la capital española, en una esquinita, eso sí, mientras que la plaza contigua a la Plaza de Colón se llama con el nombre de una presidenta británica, el de la Dama de Hierro, plaza de Margaret Thatcher. Con todos mis respetos, ni la mitad de hierro que fue D. Blas de Lezo y Olavarrieta. ¡Dios le tenga en su gloria!

JORGE JUAN, EL HOMBRE QUE ACHATÓ LA TIERRA

¿Por qué tratamos tan mal a nuestros héroes en España? Por ejemplo, ¿sabemos quién es el tipo que aparecía en el último billete de 10.000 pesetas? Y no me refiero al rey. Pues bien, es Jorge Juan y Santacilla, el español que acható la Tierra y el primero que cifró con exactitud, entre 1736 y 1744, un grado del arco de meridiano.

Desde el s. XV, se sabía de la medición entre paralelos, pero no así la distancia entre meridianos. Gracias a las buenas relaciones entre Felipe V y Luis XV, Jorge Juan participó en una expedición francesa, La Condamine, en la que el científico español junto a Antonio de Ulloa, lo clavó, confirmando así lo que suponían Newton y Halley (a estos sí les conocemos en España, «of course»).

El tema era tan importante como que muchas disputas en América dependían de medir bien la distancia, como por ejemplo, lo que sucedía con el Tratado de Tordesillas, o sencillamente saber cuánto mide la Tierra.

Jorge Juan en *Historia de la Marina Real Española : desde el descubrimiento de las Américas hasta el combate de Trafalgar.* [Fondo Antiguo de la Biblioteca de la Universidad de Sevilla]

Este hombre fue tan prestigioso en su momento que formó parte de la Real Academia de las Ciencias de París y de la Royal Society de Londres, en la que explicó sus conocimientos geodésicos.

Al regresar de la expedición francesa, el rey en España ya era otro, Fernando VI, y pasaron de publicarle sus trabajos aquí en España, aunque eso sí, le echó el ojo un tal marqués de la Ensenada, uno de los mejores políticos que jamás tuvo España de no ser porque ha pasado a la historia por perseguir con inquina a toda la etnia gitana. El marqués sabía que los ingleses tenían avances navales que comprometían la continuidad hegemónica de España en América, y ahí que envió a Jorge Juan a Londres como espía. Sí, sí, fue espía y fue admitido al mismo tiempo en la Royal Society, ¡con un par! Cenó con almirantes y hasta con el mismísimo ministro Bedford. Para cuando mandaron apresarle, Jorge Juan ya había escapado y contratado a los mejores ingenieros ingleses para implantar sus avances en los astilleros y en la flota española.

En definitiva, un tipo que, con solo 21 años se lanzó a zanjar el largo debate que duraba ya un siglo y que versaba sobre la longitud del perímetro de la Tierra, que tuvo como maestro a un tal Blas de Lezo y que, al igual que le sucede a D. Blas, tampoco sabemos dónde tenemos enterrado su cuerpo, o sea, «typical spanish». Por cierto, la calle en Madrid, muy bonita..., ahí ha tenido más suerte que el Medio Hombre.

EL MARQUÉS DE LA ENSENADA Y LOS GITANOS

El riojano y marino, Zenón de Somodevilla y Bengoechea de la Ensenada, organizó tan bien la escuadra destinada a la reconquista de Nápoles en la Guerra de Sucesión de Polonia, que se le facilitó el título de marqués. Tras este título, fue secretario del Consejo del Almirantazgo, intendente del Ejército y Marina, secretario de estado, notario de los reinos de España, superintendente de las Rentas y Tabacos, y ocupó, al mismo tiempo, tres de los cuatro ministerios existentes, es decir, Guerra y Marina, Hacienda e Indias. Todo esto con Felipe V, porque con Fernando VI, además, fue secretario de la Reina. Se le conoció como el «secretario de todo».

El marqués de la Ensenada, en definitiva, fue un gran político ilustrado y por añadidura, caballero del Toisón de Oro y de la Orden de Malta.

Como ministro universal, tuvo que gestionar el enfrentamiento contra Inglaterra. Buscó el apoyo de Francia, con la cual hubo muy buena sintonía gracias a los Borbones. Para ello, trató de hacer más eficiente el comercio con América y mejoró, y de qué manera, la armada. Para esto último contó con la inestimable ayuda del ya mencionado Jorge Juan y la de los «espías industriales» distribuidos por toda Europa.

Realizó un catastro de la riqueza del país que no gustó a los más pudientes. Simplificó la Hacienda y construyó canales y carreteras como si no hubiera un mañana. Enemigo público número uno de los intereses ingleses, la acción de la política británica del embajador Benjamin Keene, unida a los ricos que pagaban más impuestos, consiguió sus frutos en 1754, año en el que el marqués de la Ensenada desapareció del Gobierno. Fue desterrado a Granada y de ahí al Puerto de Santa María. Carlos III le liberó, pero poco más tarde fue acusado de participar en el motín de Esquilache, por lo que lo volvieron a desterrar a Medina del Campo. Que bien ha pagado España a sus héroes. El tipo fue un gran político que siempre miró por los intereses de España.

Su enorme mancha, la que le persigue hasta hoy en día, fue la Gran Redada o Prisión General de Gitanos. Quiso separarlos por sexos para terminar con la etnia. Solo el primer día detuvo a unos 10.000 y los encadenó para realizar trabajos forzados. Este tema no fue puntual, ya que la persecución se demoró desde 1749 a 1763. El tipo decía que es que no se integraban.

Fue un gran estadista salvo por este «pequeño» detalle de payos y gitanos, que fue un gran error que puso muy en duda toda su labor anterior. Llegados a este punto, hay que afirmar, igualmente, que la persecución sobre los gitanos fue deporte nacional en la Alemania de 1800, que el País Vasco francés hizo lo mismo en 1802, Portugal e Inglaterra condenaron a los gitanos a trabajos forzosos en sus colonias, en Rumanía y Hungría les esclavizaron en el s. XIX, que en Suecia se les esterilizó desde el año 1900, por ser considerados «indeseables» y que los nazis mataron a 500.000 en 1944. Mal de muchos, consuelo de tontos, ya se sabe. El caso es que a algunos les ha faltado tiempo en España para recordar este episodio vergonzante, como la placa conmemorativa de la represión del «Estado español» en Pineda de Mar (Barcelona), o como otros casos muy relacionados con el cautiverio gitano como el castillo de Santa Bárbara de Alicante o la Casa de Misericordia de Zaragoza.

Por cierto, los gitanos, muy bohemios ellos, han sido llamados «bohemios» en muchos países europeos por creer que procedían de Bohemia, salvo en España y Reino Unido. En estos dos países se creía, desde la época de los Reyes Católicos, que eran una etnia que procedía de Egipto (en realidad procedían de la India). Pues bien, el gentilicio de Egipto en aquella época era, bien egipcio, bien egiptano. De ahí viene el apelativo actual en castellano. Y en Inglaterra se les llama «gipsy», término que procede del gentilicio «egyptian».

EL GLORIOSO

El Glorioso fue un barco español al que el cine le debe una película, sin duda. Fue construido en La Habana, en 1738, y fue bautizado con el nombre de San Ignacio de Loyola. Comenzó su andadura en una época en la que España e Inglaterra no paraban de darse de tortas en alta mar. Un momento en el que la España borbónica y Francia, pretendían sumar y hacer sombra a la flota británica.

Se trataba de un barco robusto, que llegó a portar 70 cañones. En 1747, El Glorioso volvía de América con cuatro millones y medio de pesos fuertes y siete millones de maravedíes de plata para sufragar la guerra de sucesión en Austria, además de innumerables regalos y especias que el virrey de Filipinas quería hacer llegar al rey Fernando VI. Es en esas circunstancias, cuando dos escuadras inglesas, muy superiores, le esperaban a 200 km al norte de las Azores, una detrás de otra.

El capitán Crookshanks vio en El Glorioso una presa fácil y atacó por la noche con una fragata llamada Lark, un paquebote de nombre Montagu, el barco de guerra Beaufort y un navío, el Warwick, pero no pudieron con él. La fragata se hundió y Crookshanks fue expulsado de la armada. El Glorioso, dañado tras horas de combate, antes de llegar a Finisterre y con diez cadáveres en su cubierta, se encontró nuevamente con barcos ingleses, concretamente con la balandra Falcon, la fragata Shoreham y el navío Oxford, sumando todos ellos muchos más hombres y cañones que la nave comandada por Pedro Mesía de la Cerda. Otra vez mandaron a la balandra y a la fragata, previamente, para hacer daños, pero las maniobras y pericia de Pedro Mesía de la Cerda sorprendió a los ingleses y, muy dañados, debieron batirse en retirada. De hecho, el capitán Callis fue sometido a consejo de guerra.

Dos días más tarde, El Glorioso llegaba a Corcubión, donde solo estuvo un día y no pudo ser reparado completamente. Allí dejó su carga que hoy estaría valorada en 4.000 millones de euros. Partió rumbo a Cádiz sin aprovisionarse al 100 % de munición, su gran error, ya que dicha munición le fue denegada, pero eso sí, ya sin el tesoro a bordo y con un Pedro Mesía de la Cerda recién ascendido a jefe de escuadra por el mismísimo marqués de la Ensenada.

Cerca del cabo de San Vicente se topó con cuatro fragatas corsarias inglesas, la King George, Prince Frederick, Duke y Princess Amelia. Se las conocía como la Royal Family. Al mando, George Walker, con 120 cañones y casi 1.000 hombres y, además, tenía patente de corso para hacer guerra a España. Tardaron horas en ver la bandera de la Cruz de Borgoña y, para entonces, El Glorioso hundió a la King George, mientras las otras tres fragatas le perseguían buscando venganza. En esas que, para colmo, aparecieron los navíos Rusell y Darmouth con 130 cañones más. El Prince Frederick duró poco, pero es que el Darmouth saltó por los aires y Pedro Mesía de la Cerda, para más inri, se giró para plantar batalla a los 3 barcos restantes.

El Glorioso siguió combatiendo toda la noche con mástiles dañados, 33 muertos y 130 heridos sobre la cubierta. Al amanecer se quedaron sin munición y El Glorioso, chorreando sangre por babor y estribor, arrió la bandera para rendirse. No podían hacer más. El mando británico, el capitán Buckle, confesó a Pedro Mesía de la Cerda que, si la contienda hubiera durado 30 minutos más, se habrían quedado también sin munición y habrían tenido que retirarse.

Los ingleses se llevaron el barco a Lisboa para repararlo y quedarse con él, pero los destrozos fueron tan grandes que, finalmente, no lo repararon. De este modo, el Glorioso jamás estuvo al servicio de la Royal Navy. Toda la tripulación fue ascendida y Pedro Mesía de la Cerda fue general de la mar y, finalmente, virrey de Nueva Granada.

DEL REY DE PATONES AL REY DE ESPAÑA

Al igual que el anuncio del lavavajillas, tenemos un Patones de Arriba y un Patones de Abajo. Hablamos, pues, del Patones de Arriba, ya que el Patones de Abajo es la derivada de los siglos, un lugar más cercano al río y mucho más fácil de habitar, y al que se desplazaron en los años 60 del s. XX, los habitantes del de Arriba. Pero el de Arriba es el originario, el auténtico. Cercano a la presa del Atazar que sirve de agua a la capital, vecino de unas cárcavas que simulan un paisaje lunar y a escasos dos kilómetros de la vecina provincia de Guadalajara, este pueblo castellano es uno de los más visitados de la Comunidad de Madrid, gracias a una arquitectura negra basada en la pizarra y gracias a su particular historia.

Por una parte, lo que se nos dice de Patones de Arriba es que cuando los franceses invadieron España en 1808, el único lugar al que no llegaron fue a este pueblo de la sierra madrileña. ¿El motivo? No lo vieron, estaba escondido. Para hablar de Patones hay que decir que el lugar se las trae. Pocos sitios hay en España en donde te vas a encontrar en escasos cinco kilómetros, terrenos de la era primaria, secundaria, terciaria y cuaternaria. Más arriba de Patones tienes el primario. En el propio Patones tienes las calizas del secundario, las mismas que vemos en la cercana presa del Pontón de la Oliva. En Patones de Abajo y Torremocha del Jarama, tienes un valle del Jarama con terrenos del cuaternario y al otro lado del río, en la vecina Uceda, ya en Guadalajara, tienes el terciario con arenas del mioceno. Todo esto para decir que, efectivamente, desde el río Jarama no se divisa un pueblo oculto entre sus pizarras y las calizas tan características de la zona. Así pues, los franceses pasaron de largo.

Sus fundadores fueron tres hermanos procedentes de la vecina Uceda, esto es, Asenjo, Pero y Juan Patón. En Patones dicen que su monarquía es hereditaria y que se pierde en la noche de los tiempos. Incluso hay quien sumerge el origen de esta dinastía en los visigodos. Vamos a ver, en 1555, el pueblo tenía siete vecinos que, además, dependían de Uceda para absolutamente todo. Curiosa es la leyenda que dice que en época del emperador Felipe II, el rey de

Patones le escribió una carta que decía: «Del Rey de Patones, al Rey de España». Parece ser que entre ellos se entendieron y nombraron un rey que, se supone, desapareció en 1769, cuando el lugar recibió la categoría de aldea.

La primera referencia del rey de Patones proviene del s. XVII, concretamente del año 1653, cuando el cardenal Moscoso se reunió con el dichoso rey, un tipo que le estaba pidiendo una ermita. Curiosa monarquía que ni siquiera tenía para construir una ermita, ¿no?

El final de la dinastía «patonera» se produjo por lo de siempre, por la pasta, concretamente por un tema de impuestos. El último rey de Patones, una tal Juan Prieto, envió una misiva a Caros III para independizarse de Uceda y pagar menos impuestos. ¡Menos mal que estas cosas ya no pasan! Carlos III, en plan sibilino, concedió la autogestión para impartir justicia a nivel local, pero al mismo tiempo, flipó con aquella autodenominada figura de rey y la suprimió para siempre. O quizás no para siempre, ya que años más tarde vino el episodio napoleónico y los gabachos pasaron de largo, haciendo que la leyenda de Patones volviera a hacerse grande y alcanzara, incluso, hasta un punto romántico, y es que no deja de ser bonito que una simple aldea tuviera su propio rey, el rey de Patones.

LA PRIMERA ESCUELA DE NEGOCIOS DE ESPAÑA

La primera escuela de negocios de España fue la Real Sociedad Económica Matritense de Amigos del País. Se creó en Vascongadas (este territorio se llamaba así en aquella época), en 1765, por el conde de Floridablanca. Vinieron muchas más detrás, si bien, la segunda y la de mayor relevancia fue la de Madrid, creada en 1775, en época de Carlos III. Su objetivo era difundir las nuevas ideas y conocimientos científicos y técnicos de la Ilustración, eso sí, sin saber que su nieto, Fernando VII, sería *más tonto que un submarino descapotable* y que amargaría la existencia a un Godoy que siempre persiguió el fomentar la cultura y la educación. Godoy, de hecho, fue el director entre 1792 y 1798.

Esta sociedad en Madrid fue iniciativa de Pedro Rodríguez de Campomanes, el conde de Campomanes. Este organismo tuvo competencia en industria, comercio y patentes y revisó las ordenanzas de los gremios. También desarrolló actividades de beneficencia y su labor más noble fue la educación. Todos sus miembros, desde entonces y hasta la actualidad, portan una medalla en la que se puede leer, «Socorre enseñando». Se creó una escuela de taquigrafía, se crearon cátedras de Economía Política, Economía Industrial, Estadística, Paleografía, Patología Vegetal, Fisiología, se creó una escuela de sordomudos que derivó en la actual ONCE, se reimprimió la Agricultura general del agrónomo, se creó un Ateneo Científico y Literario y la Sociedad Nacional de Hacienda y de Crédito Público para propagar y mejorar la educación en una sociedad eminentemente analfabeta y sin estudios.

El ministro de Justicia que, bien podría haber sido un rey mago, Gaspar Melchor de Jovellanos, quiso incluir a las mujeres en esta sociedad, si bien el diplomático Francisco de Cabarrús dijo que no, que por qué tendrían que «estar zascandileando» cuando deberían estar a otros menesteres. Jovellanos insistió diciendo que para qué denegarles el acceso, si total, tampoco es que fueran a aportar mucho. ¡Vaya dos cracks! Hoy no pasarían ningún filtro en materia de igualdad.

Dentro de sus paredes se guardan todos los ejemplares de uno de los periódicos más antiguos de Europa y que hunde sus raíces en el año 1662. Tú ibas al quiosco y tenías que decir: por favor, ¿sería tan amable de darme un ejemplar de la Relación o Gaceta de algunos casos particulares, así políticos como militares, sucedidos en la mayor parte del mundo hasta finales de 1660? Este fue el primer periódico de información general que surgió en España y uno de los primeros en Europa.

En 1762, un siglo más tarde, Carlos III se hizo con él y es por ello por lo que, en esta sociedad se guarda un número de cada edición. Para entonces, este periódico había pasado a denominarse la Gaceta de Madrid y, finalmente, en época de Carlos III, sencillamente, La Gaceta. En ella se reflejaban los criterios y decisiones del gobierno. ¡Menos mal que estas cosas ya no pasan!

En 1836, ya con Isabel II de reina, bueno no, que esta era aún una «cría». En época de la reina regente María Cristina de Borbón-Dos Sicilias, la madre de la joven Isabel II, este periódico establecía que todos los decretos, órdenes e instrucciones del gobierno se considerarían de obligación desde su publicación en La Gaceta. Hoy lo llamamos BOE.

AYUDA DE ESPAÑA A LA INDEPENDENCIA DE EE. UU.

Joe Biden, presidente de EE. UU., fue y le dijo a Felipe VI en la cumbre de la OTAN de Madrid de 2022, que «algunos dicen que no seríamos un país independiente sin vosotros, chicos», ¡y se quedó tan a gusto! Vamos a ver, es la pura verdad. Es tan verdad que, ni siquiera, os llamaríais USA y de eso, casi nadie es consciente ni en EE. UU., ni en España.

En la Guerra de los Siete Años, España y Francia perdieron contra Inglaterra, pero lejos de rendirse dos países amigos unidos por los Borbones, volvieron con más fuerza. Con Carlos III y Floridablanca, España era aliada de Francia. Los franceses declararon la guerra a Inglaterra para, entre otras cosas, defender a EE. UU.; y eso le ha permitido llevarse todo el protagonismo. España le terminó declarando la guerra a Inglaterra, estando como trasfondo Gibraltar y Menorca, pero siendo también aliada de Francia. Oficialmente, no era para aliarse con EE. UU., pero al igual que la canción, los amigos de mis amigas son mis amigos. La cosa era tal, que, oficial u oficiosamente, si Francia llevó a 5.000 hombres, España llevó a EE. UU. 11.000, si bien en Yorktown la gloria fue para los galos. España ayudaba encubiertamente a los revolucionarios norteamericanos no fuese que el tema se extendiese al Virreinato de Nueva España y nos pasase lo mismo que a los ingleses. Esta es la razón de la ausencia total de relato.

George Washington llegó a pedir ayuda a España porque con Francia la cosa no bastaba. Así pues, pocos saben que gracias a nuestro embajador, Diego María de Gardoqui, un tipo tan raro que ya sabía hablar inglés, el ejército revolucionario norteamericano vestía y portaba ropa y armas de origen español.

Y ahí estuvo Bernardo de Gálvez en su bergantín, un virrey malagueño que echó a los ingleses de Florida en la batalla de Pensacola, lugar que, desde entonces, tiene un escudo con el lema «Yo solo». Porque así es como entró el mandatario en una bahía llena de ingleses, «El que tenga honor y valor que me siga». Hoy es un héroe allí y un desconocido aquí, nada nuevo bajo el sol. ¿Pero, qué ha prevalecido en la memoria colectiva? El regalo francés tras el primer centenario, la Estatua de la Libertad.

Y lo mejor de todo, otro malagueño, Luis de Unzaga, Gobernador de Luisiana, que trazó una red de espías que podrían ser la primera CIA de aquel país, envió, en 1776, una famosa carta al general Reed, ayudante de George Washington. En esa carta le llama general de los Estados Unidos Americanos, es decir, nada de revolucionarios y nada del término «thirteen» que siempre aparecía en alusión a las 13 colonias. La carta la llegó a leer George Washington en público, viendo cómo una potencia extranjera les reconocía como país. ¡Y ojo!, además Luis de Unzaga bautizó, sin saberlo, al nuevo país, «Estados Unidos Americanos». Esto tampoco se sabe, ni allí, ni aquí, ¡por supuesto!

Y ya no hablamos de un pasado español previo en el que, aguerridos españoles, hechos de otra pasta, atravesaron California, Florida, Nuevo México, Alabama, Lousiana, Nebraska, Montana, Utah, Arkansas, Tennessee, Oklahoma, Missouri y hasta la mismísima Alaska, y todo ello siglos antes de la llegada de los ingleses. En muchas ciudades figura en su escudo el escudo de Castilla y León, como en Los Ángeles. Y banderas de la cruz de Borgoña, innumerables, en Alabama, Arizona, Texas, Puerto Rico, etc. La ciudad más antigua del país es San Agustín y fue fundada por Menéndez de Avilés. Junípero Serra evangelizó y educó en California y Hernando de Soto fue el primero en adentrarse en el oeste en 1541.

En definitiva, la historia de EE. UU. no sería la misma sin su pasado español y es por ello por lo que el presidente Thomas Jefferson dijo: «la historia de Estados Unidos se escribe en español». ¿Qué habría dicho Joe Biden de haberlo sabido?

CUERNO VERDE Y JUAN BAUTISTA DE ANZA

Al contrario de lo que se cree, la relación entre indios y españoles en Norteamérica fue muy buena, no así entre indios e ingleses, de hecho, el general Sherman dijo que, «el mejor indio es el indio muerto».

Aun así, hubo dos tribus que siempre fueron hostiles con todo bicho viviente, apaches y comanches. Eran expertos rastreadores, grandes jinetes, excelentes guerreros y crueles, muy crueles con sus enemigos.

En 1777, tuvo lugar en la frontera entre españoles y comanches el inicio de uno de los duelos más terribles. Un duelo a todo o nada, a vida o muerte y no, no hay película del oeste que lo rememore.

Los comanches estrenaron jefe, Tabivo Naritgant, que significaba «Hombre Peligroso», aunque todos le conocían como Cuerno Verde por su tocado de cabeza de bisonte con sus cuernos pintados de verde. Por el otro bando, en Nueva España, se estrenaba gobernador, Juan Bautista de Anza.

El padre de Cuerno Verde fue matado por los españoles en Ojo Caliente (Nuevo México) y el padre de Juan Bautista de Anza fue matado por los indios en Primería Alta (Arizona). Ambos se conocían perfectamente, odiaban la cultura del otro y solo les faltaba decir eso de «me llamo Íñigo Montoya, tú mataste a mi padre, ¡prepárate a morir!».

Cuerno Verde era temido, entre otras cosas, porque era un experto en crear pueblos fantasma aniquilando a mujeres y niños incluidos. *El tipo era más fuerte que un pistacho «cerrao».*

Anza, nacido en Sonora y de ascendencia vasca, a los 26 años ya era capitán de los Dragones de Cuera, unos militares en los que se inspiró el Séptimo de Caballería, pero sin llegar a estar tan bien equipados como los dragones españoles, ¡ya hubieran querido! Unos dragones que guardaban 4.000 km de frontera desde San Francisco a Nueva Orleans.

En agosto de 1779, y hartos del descalabro que suponía Cuerno Verde, Anza salió con 1.000 hombres en unas latitudes que jamás habían visto semejante ejército. Salieron desde Santa Fe con destino muy al norte para atacar por la retaguardia a la comanchería.

Marcador de Cuerno Verde en el parque Greenhorn Meadows en la carretera 165 de Colorado. [Wikimedia / Pi3.124]

Sin saberlo, ambos acamparon uno al lado del otro y un 3 de septiembre, tuvo lugar la batalla. En una zanja los dragones esperaban al enemigo y desde el norte se taponó la retirada comanche. Cuerno Verde impresionó por carecer de sentido común, yendo el primero, jaleando a los suyos e insultando a los españoles. Cuando se dio cuenta de la encerrona solo pudo ir a más, en una huida hacia delante, pero terminó siendo abatido.

Anza le dio el tocado, el escudo, el carcaj y las flechas de Cuerno Verde al virrey, y este, a su vez, se lo entregó todo a Carlos III. En 1780, la Guardia Suiza del Vaticano rindió honores al nuevo embajador de España que traía consigo todo lo de Cuerno Verde de parte del rey de España para regalárselo al papa Pío VI. Desde entonces, todo se puede ver en los Museos Vaticanos, es decir, a miles de kilómetros de las tierras comanches de Nuevo México, Arizona y Colorado, y muchos años antes de que existieran el general Custer, Billy el Niño o Buffalo Bill.

Actualmente, se sigue celebrando en Tubac (Arizona) el día de Anza.

LUIS DE CÓRDOVA Y SU DOBLE CONVOY

El sevillano Luis de Córdova y Córdova fue un almirante de 73 años al que los aliados franceses no querían por viejo, pero al que defendió el conde de Floridablanca, el primer ministro del aburridísimo Carlos III (un monarca que se levantaba todos los días para hacer siempre las mismas rutinas).

Corría el año 1780, cuando la Royal Navy fue enviada a cubrir dos conflictos abiertos de la pérfida Albión, esto es, la guerra contra las trece colonias en América y la guerra colonial en la India. Lo de siempre, que Inglaterra era el perejil de todas las salsas. El doble convoy partió desde Portsmouth al mando del comodoro John Moutray.

Los espías españoles hicieron bien su trabajo e informaron de la operación a Floridablanca y este, a su vez, le dio el soplo a Luis de Córdova. Nuestro almirante partió desde el estrecho de Gibraltar en dirección al Atlántico con unas pocas fragatas y 27 navíos en línea para encontrarse con la Royal Navy. Junto a él, le acompañaron una fragata y nueve navíos franceses. Córdova, además, navegaba en un barco conocido como «El Escorial de los Mares». Era el Nuestra Señora de la Santísima Trinidad, un barco de La Habana de 140 cañones que ostentaba el honor de ser el único buque de la época con cuatro puentes. Además de grande, el buque era muy aerodinámico.

En la madrugada del 9 de agosto, al oeste del cabo de San Vicente, una fragata española hizo una señal después de haber avistado las velas británicas. Con esta información, el Santísima Trinidad dejó un farol encendido en lo alto del trinquete del palo de proa, lo cual fue un excelente cebo, puesto que los ingleses creyeron que esa era la señal de su propio comandante. Se metieron en la boca del lobo. Una vez se acercaron a la flota española fueron conscientes de su error, pero para entonces ya era demasiado tarde. Trataron de huir, pero las órdenes hispanas eran cañonear como si no hubiera un mañana y capturar, sobre todo eso, hacer presas.

Y así, la sorpresa española fue mayúscula al comprobar que lo que habían capturado era un doble convoy antes de separarse. El botín fueron 57 buques entre fragatas, bergantines y paquebotes, y

294 cañones valorados en 600.000 libras esterlinas, 80.000 mosquetes, 30.000 barriles de pólvora, equipamiento para doce regimientos de infantería y un millón de libras esterlinas en lingotes de oro. Este hecho es conocido como el mayor desastre de la historia de la armada inglesa. El bofetón fue tal, que el rey Jorge II, un monarca que invirtió en tres valores de la bolsa de Londres, sufrió una lipotimia al recibir la noticia. La bolsa de Londres bajó 18 puntos porcentuales una semana más tarde y la compañía aseguradora Lloys's perdió el 60 % de su valor de forma instantánea. Este hecho derivaría en la recuperación de Menorca por parte de España y en la derrota británica en EE. UU., es decir, ayudó a la independencia de EE. UU.

No contento con todo esto, este tipo, un año más tarde y ya con 74 años, apresó otro convoy de 24 barcos ingleses en el canal de la Mancha. A Carlos III no le quedó otra que nombrarle director general de la Armada Española, en 1783, para después nombrarle capitán general.

Por su parte, el Santísima Trinidad fue derrotado 22 años más tarde, en la Batalla de Trafalgar. Este barco, botado en 1769, quiso ser remolcado por los ingleses en 1805, pero el destrozo que le provocaron hizo que se hundiera al sur de Cádiz. El Santísima Trinidad es considerado como el símbolo del fin del poderío español, pero jamás estuvo al servicio inglés.

¡Ah!, por cierto, este tipo, Luis de Córdova, tampoco tiene una calle en su honor. No la busques, ni con «b» ni con «v».

LA EXPEDICIÓN MALASPINA

¿Somos conscientes de que antes que Darwin fue Malaspina? Alessandro Malaspina y José de Bustamante y Guerra protagonizaron la Expedición Malaspina a finales del s. XVIII, en un momento en el que España disponía de un enorme imperio y de la segunda mayor flota, la cual no solo se empleó para fines militares, sino que también destinó el mayor presupuesto del momento para fines científicos.

El alma mater de la expedición fue Malaspina. Quisieron estudiar la situación de las colonias para realizar las pertinentes reformas, estudiar las lenguas, etnología, geografía, astronomía, climas, fauna, flora, suelos, minerales, organizar la mayor colección conocida para los futuros Museos Nacionales y trazar la Carta Hidrográfica del Pacífico para establecer las mejores rutas comerciales. Floridablanca y, por supuesto, Carlos III, apoyaron el proyecto y lo financiaron, ya que, sin conocer América, ¿cómo era posible gobernarla? Tampoco se sabía si existía el paso del noroeste y gracias a Malaspina supimos que no.

El viaje lo hicieron con 208 hombres y dos corbetas, la Descubierta y la Atrevida, y duró cinco años. Viajaron desde la Patagonia hasta Alaska, pasando por Filipinas, Macao, Australia, Nueva Zelanda y centenares de islas de la Polinesia. El resultado fue cientos de miles de dibujos, 14.000 plantas estudiadas, 500 especies animales, 70 nuevas cartas náuticas, etc. El cúmulo de información fue enciclopédico y hoy el material está repartido por museos de Londres, Sídney, Manila, México, Moscú y Madrid.

Al regreso del viaje les esperaba otro rey, Carlos IV, y Malaspina, al inmiscuirse en tramas con Godoy (el valido del rey), entró en declive y fue encarcelado en Coruña por conspiración. Al salir de prisión regresó a su Italia natal, pero quería seguir sirviendo a España. Su trabajo se publicó noventa años más tarde, pero para entonces otros científicos ya se habían llevado el reconocimiento.

GRANADERO MARTÍN ÁLVAREZ, INFANTE DE MARINA

¿Se puede ser carretero y héroe? Pues sí, y si no que se lo digan a Martín Álvarez Galán, un extremeño de Montemolín, de 31 años, metido a granadero. Tras morir sus padres, se decidió por la carrera castrense y tras ver en él buenas aptitudes, sus superiores le destinaron a la Infantería de Marina.

Tras el Tratado de San Ildefonso con Francia, España le declaraba la guerra a Inglaterra y Portugal. Con este trasfondo, el 14 de febrero de 1797, unos barcos de la armada fueron detectados en el cabo de San Vicente por una escuadra inglesa inferior, que estaba al mando del almirante John Jervis. Tenían menos barcos y menos hombres, pero estaban mejor adiestrados. Además, conservaban la línea, mientras que los españoles andaban a por uvas.

Solo siete naves españolas entraron en combate y causaron baja cuatro. Además, fueron apresados el San Isidro, el Salvador del Mundo, el San José y el San Nicolás de Bari, que fueron abordados por el entonces comodoro Horatio Nelson. El resto salió por patas y si te he visto no me acuerdo. Tanto es así que, el Santísima Trinidad arrió la bandera a órdenes de José de Córdova y Ramos, pero el Pelayo, con el brigadier Cayetano Valdés al frente, fue en su ayuda y le dijo que, o izaba la bandera, o le cañoneaba él mismo.

Un marino inglés llamado John Butler narró un hecho sorprendente y es que en el abordaje al San Nicolás de Bari de 74 cañones por el HMS Captain, el comandante Tomás Geraldino situó en la toldilla, donde ondea la bandera en la plataforma superior de popa, a un infante de marina con orden de que nadie la arríe y rinda el navío.

Muerto el comandante y arrinconados los oficiales en el castillo de popa, fueron cayendo uno a uno mientras el granadero extremeño continuaba sable en mano. Una vez vencidos los marinos españoles, el sargento William Norris no hizo caso a la señal de «alto» del granadero y trató de arriar la bandera, pero Martín, que se había perdido todos los cursos de Vaughan, le metió un sablazo que lo clavó en un mamparo utilizado para dividir compartimentos. Al no poder liberar el sable, mató a un oficial y a otros dos tipos más de ojos azules con su fusil a modo bate de béisbol.

Nelson, que había presenciado la escena y que siempre tuvo manía a los franceses, pero que siempre respetó a los españoles, tras ordenar tirar a los muertos al mar atados a una bala de cañón, ordenó que a este infante lo envolvieran en una bandera de España para arrojarlo al mar con todos los honores. La sorpresa fue que el infante de marina aún estaba vivo, de modo que lo llevaron a un hospital portugués en Lagos, en donde le salvaron la vida.

En consejo de guerra de la Armada por la cruel derrota, no entendían que el extremeño afirmara que estaba en el San Nicolás de Bari y que, además, dijera que nunca se rindió. El extremeño dijo: «el San Nicolás de Bari no se rindió, sino que fue abordado y tomado a sangre y fuego».

Cuatro años más tarde murió de tuberculosis tras haber ascendido a cabo con pensión vitalicia de cuatro escudos mensuales. Murió sin saber que un buque de la Armada siempre llevaría su nombre, ni que en Gibraltar quedaría un cañón con una placa en la que se lee «Hurra por el Captain, hurra por el San Nicolás, hurra por Martín Álvarez» y que en el Museo Naval de Londres se conserva el sable con el que atravesó al sargento Norris y con el que protegió una rojigualda, hecha trizas, de un navío que jamás se rindió.

La batalla del cabo de San Vicente, 14 de febrero de 1797 de Robert Cleveley [National Maritime Museum, Greenwich, London]

LA BATALLA DE SANTA CRUZ DE TENERIFE

Uno de los deportes nacionales es hablar mal de nuestra historia y, sobre todo, magnificar al enemigo y resaltar lo desastre que somos. Quien haya visitado Londres se habrá hecho una foto en la plaza de Trafalgar, con la columna del Almirante Horatio Nelson en el centro del lugar. Yo, si fuera inglés, la verdad, presumiría de él, pero como no lo soy, presumo de Antonio Gutiérrez de Otero.

Resulta que nuestro Antonio le dio sopas con ondas a Horatio Nelson entre los días 22 y 26 de julio de 1797, hace ya más de dos siglos. ¿Por qué? Pues porque las islas Canarias eran un caramelo para hacer escalas y «by the face», había que quitárselas a los españoles. Nelson arribó en Santa Cruz de Tenerife con una flota de diez barcos y 3700 hombres, mientras que nuestro Antonio, al cual nadie conoce, tenía solo 1600, entre los que la mayoría eran simples ciudadanos, labradores, pastores, etc., aunque Nelson llegó a mentir diciendo que españoles, por lo menos, había 11.000. No se cortó un pelo.

Durante varios días y varias noches, los profesionales de la Armada Británica no hacían nada más que dar en hueso y es que, ni despistando con diferentes anzuelos, consiguieron que Gutiérrez de Otero y el Regimiento de Garachico picaran. El de Aranda de Duero, finalmente, terminó por desesperar al héroe inglés. De hecho, el español ya era experto en desesperar a ingleses porque hacía ya un tiempo que les había echado de las Malvinas y de Menorca. ¡Un crack!

Tan desesperado estaba Nelson que, una noche en la que trataba de aprovechar la oscuridad para acceder al muelle y a la playa de la capital canaria, una metralla le hizo perder un brazo. Sí, un españolito anónimo fue el culpable de que aparezca más bien manco en la columna de Trafalgar Square. Se dice que, desde una de las troneras del castillo de San Cristóbal, se disparó un cañonazo desde nuestra artillería. El arma, además, tenía nombre, «Cañón Tigre», pero para ser sensatos, si fuera cierto habría dejado manco, no solo a Nelson, sino al resto de los que iban en aquella barcaza, por lo que se cree que esto es más bien leyenda y que quien dejó manco a Nelson fue una bala de mosquete. Eso sí, un mosquete canario.

Aun así, el chicle se estira todavía más y la Armada rinde homenaje al Cañón Tigre con el montaje artillero MK-45 del cañón naval 127 mm que lleva instalado en la fragata F-102, mostrando además un dibujo alegórico de un tigre que porta en sus fauces el brazo del almirante inglés.

A fin de cuentas, Horatio ha pasado a la historia, sobre todo, por la batalla de Trafalgar, en donde perdió la vida. Una batalla que fue decisiva para la época. Lo que no se suele contar nunca es esta estrepitosa derrota que tuvo en nuestras islas afortunadas, en esta batalla de Santa Cruz de Tenerife. Pues eso, que no estaría de más recordar a finales de cada mes de julio al tipo que hizo que las Canarias sigan hablando español. Un tipo que, además, despidió con honores, vino y fruta fresca, a Nelson después de haberle dejado manco y haberle ganado en la batalla. El Mariscal Antonio Gutiérrez de Otero, un burgalés que en aquel 1797, tenía ya 68 años, ¡a punto de jubilarse!

Sir Horatio Nelson cuando fue herido en Tenerife, la noche del 24 de julio de 1797. [National Maritime Museum, Greenwich, London"]

S. XIX. UN SIGLO PARA OLVIDAR

Napoleón entró con permiso en la península, se le dio la mano y se tomó el brazo. Fue el inicio de una mala racha que dura hasta la actualidad. España entró en barrena al ser conquistada por los gabachos y perder el pulso a las tierras de ultramar. En América se comenzaron a independizar y el Borbón más imbécil de nuestra historia fue el más deseado.

Fernando VII repuso el absolutismo, y tras su muerte, España se sumergió en tres guerras sucesorias y una primera república que será recordada como una auténtica caricatura. Los ricos cada vez eran más ricos y los pobres cada vez más pobres. Así, Marx y Engels comienzan a desarrollar sus ideas comunistas y en España hay quienes comienzan a desear ese paisaje frente al glamour y la ostentación de la corona, de la aristocracia y de la burguesía.

El desastre del 98, sería el postre para un siglo desastroso de principio a fin. Fue el fin del Imperio y el ascenso de los EE. UU. como principal potencia a desarrollar en el siglo siguiente.

REAL EXPEDICIÓN FILANTRÓPICA DE LA VACUNA

La primera campaña de vacunación internacional de la historia fue la Real Expedición Filantrópica de la Vacuna, llevada a cabo por España.

A finales del s. XVIII, y principios del s. XIX, la viruela hacía estragos entre la población mundial. El investigador inglés Edward Jenner, observó que las lecheras cogían una enfermedad parecida a la viruela, pero más leve, la viruela de vaca o vacuna, de ahí el término para la posteridad. Si padecías la viruela vacuna quedabas inmune para la viruela humana. La viruela afectaba a entre el 20 y 50 % de la población, observándose más virulenta en pueblos indígenas de todo el planeta.

Francisco Javier Balmis quiso hacer una expedición a América y Filipinas, vendió su proyecto a Carlos IV y contó con su beneplácito, ya que el primogénito de su abuelo, el ya mencionado Luis I, falleció de viruela después de ser el monarca más efímero de la historia de España, siete meses.

Así se puso en marcha la primera campaña de vacunación internacional que se conoce. Pero el reto era de órdago. ¿Cómo llevar la vacuna a América y Asia en 1803? El alicantino Francisco Javier Balmis fue el líder de la expedición y su ayudante, el catalán José Salvany, fue en el rol de subdirector. En este proyecto, además, estuvo la considerada como primera enfermera internacional de la historia, una tal Isabel Zendal (según algunas fuentes conocida como Isabel López Gandalla). Ella estaba al cuidado de los niños expósitos de A Coruña y es que, la vacuna se llevó a través de 22 niños de entre 3 y 9 años, procedentes de inclusas de Madrid y A Coruña, ya que no consiguieron voluntarios.

La vacuna se pasó en el largo viaje de un niño a otro. Parece macabro, pero era seguro y no había más alternativas. Partieron en noviembre de 1803. Se dirigieron hacia Canarias y allí comenzó la campaña.

Al llegar a América, Balmis se dirigió al norte en lo que hoy sería América Central y la mitad sur del actual EE. UU., y Salvany al sur en lo que sería todo América del Sur. Ya no volverían a verse. Balmis, incluso, llegó a ir a Filipinas y China, aprovechándose de las colonias portuguesas como Macao, sin importar demasiado si los beneficiarios no pertenecían a territorios de la corona. Lo importante era salvar vidas, cuantas más mejor. Incluso, llevó la vacuna a islas bajo soberanía británica como Santa Elena.

Si Balmis se encontró con tifones y piratas chinos, Salvany tuvo que sortear a piratas ingleses. Salvany murió de tuberculosis, en 1810, en la actual Bolivia, antes de regresar a España, mientras que Balmis regresó a la península en 1807. Ambos cruzaron mares, desiertos, cordilleras, etc., y vacunaron a decenas de miles de personas.

La viruela se considera erradicada desde 1979. Humboldt, no muy amante de España y padre de la geografía moderna junto a Ritter, dijo: «Este viaje permanecerá como el más memorable de los anales de la historia». Asimismo, Jenner, el descubridor de la vacuna, dijo: «No puedo imaginar que en los anales de la historia haya un ejemplo de filantropía más noble y más amplio que este». Por cierto, el 15 de marzo de 2020, el ejército español, y frente al coronavirus, inició lo que se llamó «Operación Balmis».

LA BATALLA DE TRAFALGAR

No habría que olvidar derrotas que tuvimos en el pasado porque algunas de ellas tuvieron como protagonistas a auténticos héroes nacionales que se dejaron la vida luchando hasta el último instante.

En un lugar muy atractivo y con unas playas maravillosas, Los Caños de Meca, en Barbate (Cádiz), la Tercera Coalición (Reino Unido, Austria, Rusia, Nápoles y Suecia), intentaba hacer frente a Napoleón un 21 de octubre de 1805. Hay que decirlo porque de modo acomplejado, se considera que aquello, por tener lugar en aguas hispanas, debió ser una guerra entre solamente España e Inglaterra, pero no fue así. La guerra, y aquella batalla en particular, fue una disputa multinacional que, sencillamente, pasaba por aquí. Bueno, quizás tampoco habría que reducirlo tanto. Un bando era el compuesto por solo España y Francia.

Importante es señalar que, al frente, ni siquiera estaba un español, sino el inútil de un francés llamado Villeneuve. Previamente, los franceses habían intentado invadir las islas británicas, pero lejos de conseguirlo, terminaron huyendo hacia el sur, es decir, hacia España. Napoleón, erre que erre, animó a Villeneuve a limpiar el Mediterráneo de barcos ingleses, pero el almirante francés le desobedeció y siguió atracado en puerto. Además de tonto, resentido, y es que al enterarse de que Napoleón le quería sustituir por otro almirante, François Étienne de Rosily-Mesros, decidió partir de Cádiz con una flota combinada con barcos españoles que, pobres ellos, iban al matadero.

Tres días más tarde el encontronazo entre ambas escuadras fue de órdago. A las órdenes de aquel inútil, los españoles perecieron en una gran mayoría y el almirante Horatio Nelson pasó a la gloria imprimiendo su nombre con letras de oro en la historia británica. Pero para ser honestos, la verdad, Horatio no pudo ser más pardillo. El tipo subió al puente en medio de la batalla, vestido con su uniforme de gala, con medallas y dorados deslumbrantes, ¡antes muerto que sencillo!, vamos, como una mosca en la leche y, claro, duró menos que el parpadeo de un chino. Le atravesaron la columna. El disparo, por cierto, vino de un barco francés.

Por parte española, a las órdenes del teniente general Gravina, hay que destacar al brigadier Cosme Damián Churruca y Elorza, un tipo que, al mando del San Juan Nepomuceno, ya había dejado escrito que les debían cuatro sueldos y que les hacían trabajar sin descanso. ¡España, que siempre paga mal! El tipo murió en la batalla perdiendo una pierna de un cañonazo y, sobre todo, murió ante la admiración inglesa tras luchar contra seis navíos ingleses a la vez. Un día antes de la batalla le escribió a su hermano que «si llegas a saber que mi navío ha sido hecho prisionero, di que he muerto», es decir, era o todo o nada para él. Y mira lo perversa que es la historia a veces, que su navío fue capturado y remolcado hasta Gibraltar, en donde fue expuesto, conservando, en la cámara del comandante y con letras de oro, el nombre de «Churruca». Fue nombrado almirante a título póstumo y recordado por Galdós en los «Episodios Nacionales».

La victoria inglesa no frenó a los ingleses que, además, se vinieron arriba en casi todos los mares, sobre todo en el Mediterráneo, pero tampoco supuso, como muchas veces se ha afirmado, la destrucción de la flota española. Ya se sabe, la historia la escriben los que ganan.

DOS DE MAYO DE 1808 EN MADRID

El 2 de mayo de 1808, fue el levantamiento popular contra la invasión napoleónica y que Goya plasmó en los «Fusilamientos del 3 de mayo». Murieron los oficiales Daoiz y Velarde y las heroínas Clara del Rey y Manuela Malasagne (Malasaña en español, ya que su apellido era francés, puesto que su padre fue un tipo que emprendió un negocio de panadería en el centro de Madrid).

Los madrileños sabían que los franceses querían sacar de palacio al infante Francisco de Paula, el último miembro de la familia real que permanecía en su interior. Al grito de «¡Que nos lo llevan!», se fue liando la cosa y se inició una revuelta popular. El Arco de Cuchilleros es una de las calles más cortas de Madrid y se llama calle de la Escalerilla de Piedra. En ella hay un púlpito desde donde fray Antonio, un fraile del desaparecido Real Convento de San Gil de la hoy plaza de Oriente, animó a los madrileños a levantarse y luchar con un gran discurso. La lucha se extendió por todo Madrid. Murat terminó con aquello con 30.000 hombres que fueron atacando desde las afueras hacia el centro de la ciudad de modo concéntrico.

Fue un día en el que franceses y mamelucos (soldados egipcios de caballería al servicio de Napoleón y que inspiraron a los jenízaros otomanos siglos atrás) se ensañaron con una población que, a su vez, atacaba con piedras, palos, agujas de coser, es decir, con lo que fuera. La entrada francesa había sido legal gracias al Tratado de Fontainebleau, pero la carga de los mamelucos fue un enfrentamiento entre un bando equipado y entrenado y una población civil desarmada. ¡Menos mal que esas cosas ya no pasan!

EL «IMBÉCIL» DE GODOY Y EL «LISTO» DE NAPOLEÓN

Muchos se preguntan por qué España no ha tenido una gran relación con sus vecinos, y más cuando hemos tenido reyes tanto de Francia como de Portugal. En 1807, España firmó el ya citado Tratado de Fontainebleau, por el cual, las tropas napoleónicas pasarían por España para deponer al Gobierno portugués y ofrecer el norte del país vecino al antiguo rey de Etruria (centro de Italia), el sur portugués a España y todo el centro de Lusitania, a Napoleón. El problema fue que, esta sandez se la vendieron a los españoles sin ánimo de cumplirla. ¿Quién se supone que era el imbécil o los imbéciles? Pues unos tales Carlos IV y Manuel Godoy. Una vez los franceses se hicieron con Portugal, decidieron hacerse también con España y quien vino a salvarnos el cuello fue, nada más y nada menos, que nuestra enemiga de siglos anteriores. Sí, nos ayudaron los ingleses con el duque de Wellington a la cabeza. ¿Para qué queremos más?

La llamada guerra de la Independencia tuvo unas consecuencias irreparables. El deterioro de España en la guerra sirvió para que América se fuera independizando, poco a poco, conociéndose ese proceso como guerra de Independencia hispanoamericana. Bueno, ¡tampoco se sabe si en ausencia de Napoleón, España habría conservado sus posesiones en América muchas más décadas!

Al frente de la diplomacia y como hombre fuerte de Carlos IV, estaba el ya mencionado Manuel Godoy, que entre 1801 y 1808, era considerado el generalísimo. ¡Qué mala suerte ha tenido España cada vez que alguien ha ostentado este «título»!

Bueno, el caso es que el Godoy consiguió, más o menos, mantener a Napoleón lejos, mientras otros países fueron anexionados por la vía rápida, tipo Austria, Prusia o la entonces llamada Holanda. Así pues, antes de juzgar a este personaje histórico, quizás debamos ponernos en sus zapatos para ver que piedra le dolía y le hacía daño en los pies y, sobre todo, qué decisiones podía tomar teniendo de vecino a un tal Bonaparte. Parece ser que, Godoy se ligó a la primera esposa de Carlos IV, la reina María Luisa de Parma, aunque este «rollete» hay quien a día de hoy lo sigue negando. ¿Nos podemos creer esta relación sabiendo que sus grandes difusores fueron los franceses republicanos de guillotina en ristre?

El caso es que, ante el temor de la entrada del emperador francés por el norte y de un golpe de Estado por parte del hijo del rey, el príncipe de Asturias, un tal Fernando VII, que, por aquel entonces, era llamado «el deseado», Godoy decidió mandar a los reyes a Cádiz por si debían salir hacia América igual que les había pasado ya a los monarcas portugueses. Pues eso, que todo medio reventó el 19 de marzo de 1808, con el famoso Motín de Aranjuez, y reventó del todo el 2 de mayo, con el levantamiento de Móstoles y Madrid. El gran perdedor fue Godoy, el enemigo público número uno, el «indeseado» en aquella época.

La responsabilidad de Godoy ante el desastre de 1808, es tan grande e indiscutible, que estamos hablando del último gran valido, un tipo que tuvo más poder que validos conocidos de épocas anteriores como el conde duque de Olivares o el famoso duque de Lerma.

¿Pero, y si decimos que este tipo no era tan imbécil como parece? ¿Y si detrás de todo esto estuvo la propaganda francesa para dividir a los españoles e invadir la península entera? Veamos. Godoy fue quien mantuvo por primera vez a raya a la Inquisición, fue el que recuperó a unos jesuitas expulsados por Carlos III y Campomanes, y que se caracterizaban por su gran formación, fue quien quitó privilegios a una nobleza rancia, fue odiado por Fernando VII, lo cual debería bastar para señalarle como un visionario, puesto que «el deseado» ha sido el peor rey de la historia de España..., de largo. ¡Ese sí que fue imbécil..., imbécil y absolutista! Además, Godoy creó el Cuerpo de Ingenieros Cosmógrafos, el Cuerpo de Ingenieros de Caminos, el Observatorio Astronómico, la Escuela de Sordomudos, el Real Instituto Militar que incorporó la educación física como materia a estudiar y practicar, y el Jardín Botánico de Sanlúcar. Este tipo fue mecenas de la arqueología española, siendo iniciativas suyas las búsquedas de yacimientos como los de Duratón, Segóbriga, Sagunto o Mérida, restauró la Torre de Hércules, legisló por primera vez la protección de antigüedades, fomentó la instrucción de la Real Academia de la Historia, y fue el primero que promovió la conservación de monumentos hebreos y árabes. Y para colmo, fue el que protegió a Moratín, a Meléndez Valdés y a un tal Goya. ¡Cuidado, que fue él quien le encargó las archiconocidas Majas! Así pues, ¿quién es el imbécil ahora? España es muy de buscar culpables y Godoy fue, argumentalmente, una excelente cabeza de turco.

Ojo, que Godoy ya sabía cómo se las gastaban los franceses posrevolución y es que ya tuvo que ceder parte de la isla de La Española, tierra hoy conocida como Haití, para recuperar territorios conquistados por los franceses en la península, que no eran otros que, Cataluña, País Vasco y Navarra, y solo corría el año 1795. ¡Uy! ¡Si levantara la cabeza Godoy ahora, pobrecillo! Esta conocida como Paz de Basilea le valió el título de Príncipe de la Paz. Posiblemente, la lectura debiera ser más sencilla, ya que a Godoy le tocó bailar con los más feos, es decir, con Napoleón y el rey felón.

En España, que somos eso, muy de buscar culpables, quizás no tuvimos a los mejores gobernantes en 1808. Seguramente, le hicimos la «trece catorce» a los portugueses con el miedo de si los siguientes íbamos a ser nosotros, que lo fuimos, pero lo que está claro, es que el malo de la película en todo este sarao fue Napoleón Bonaparte, un tipo que mandó levantar un Arco del Triunfo que, a día de hoy, sigue conservando las inscripciones de todas aquellas batallas que ganó en su afán por adueñarse de media Europa, entre ellas, batallas españolas como la de Uclés, en donde los franceses, además de facilitar el acceso a Madrid a Jose I (conocido entonces como José Ninguno), violaron a 300 jóvenes en la plaza del pueblo y ajusticiaron a los pocos hombres y curas que quedaron aquella fría mañana de enero de 1809.

Más de 100 batallas tuvieron lugar entre 1808 y 1814, y los franceses salieron por patas, incluido Pepe Botella (su más famoso apodo), un ingenuo borracho que se sorprendía de que los españoles no le quisieran como monarca. En aquella contienda, además de las muertes por el enfrentamiento bélico, hemos de sumar las víctimas de tifus, cólera y disentería, por no hablar de los afrancesados, considerados traidores a partir de 1814. Las dos Españas, que ya existían, ¡que han existido siempre!

Entre unas cosas y otras, en España se habla de 500.000 muertos, pero es que la broma les costó a los franceses 250.000 vidas y a los ingleses otras 50.000. Insisto nuevamente, que quienes nos ayudaron fueron los ingleses, seguramente, no por bondad, sino por egoísmo puro y duro. Que sí, que también nos hicieron destrozos y expolios en España, mientras en paralelo nos azuzaban en Hispanoamérica a base de bien, pero quienes vinieron a partirse la cara por nosotros, aquí, en la península, fueron los británicos, de los cuales, muchos no lo contaron. No en vano, la guerra de la Independencia fue la guerra napoleónica más prolongada, durando seis largos años. Por supuesto, en la película de Ridley Scott ni aparece.

Napoleón fue un tipo que, en su ejemplar de «El Príncipe» de Maquiavelo, escribió a mano en su última página, una frase que no aparece en dicho texto: «el fin justifica los medios». Ese era Napoleón y con él tuvo que coincidir nuestro amigo Manuel Godoy.

EL EMPECINADO

La guerra contra los franceses nos dio héroes como Diego del Barco, un militar que asombró a Lord Wellington por sus recursos e innovación en una guerra totalmente asimétrica. No en vano, y sin salir de Galicia, Vigo fue la primera ciudad europea reconquistada a los franceses. Pero no todos los héroes fueron militares de carrera.

Así, tenemos a Juan Martín Díez, el Empecinado, un campesino de Castrillo de Duero (Valladolid), que al saber que habían violado a una chica de su pueblo que él conocía, mató al soldado francés protagonista de aquella deshonra y se dispuso a participar en batallas que terminaron en derrota, como las de Cabezón de Pisuerga y Medina de Rioseco.

Él ya se había levantado contra los galos a mediados de abril de 1808, de hecho, hay quien afirma que fue el primer castellano en levantarse contra los franceses, incluso antes del famoso dos de mayo madrileño.

Desencantado por aquellas derrotas, se dedicó a la guerra de guerrillas, siendo pionero en ello. Intervenía rápido y por sorpresa. Interceptaba correos, convoyes, etc., es decir, se dedicó a cortar las líneas de comunicación y suministros francesas. Comenzó a tener éxito en Pedraza, Sepúlveda y Aranda de Duero. El daño que causó fue tal, que se nombró al general Joseph Léopold Sigisbert Hugo como su perseguidor oficial. Este militar francés no tuvo otro objetivo. Tan mal se le dio, que capturó a la madre del Empecinado y este le dijo que, si la mataba, él se cargaría a cien gabachos que tenía presos. Liberaron a la madre.

El gobierno le reconoció sus hazañas y le nombraron brigadier y capitán de caballería. En 1814, le ascendieron a mariscal de campo.

Acabada la guerra, un emisario de Fernando VII le ofreció un título nobiliario y un millón de reales de vellón a cambio de renunciar a sus ideas liberales y pasarse al absolutismo. El Empecinado le dijo que no faltaría a su palabra dada a la Pepa, por lo que no se adheriría a los Cien Mil Hijos de San Luis. Su respuesta fue «diga usted al rey que si no quería la constitución, que no la hubiera jurado, que el Empecinado la juró y jamás cometerá la infamia de faltar a sus juramentos».

Así, este símbolo patriótico y liberal fue perseguido hasta que el rey lo apresó y envió a la cárcel de Nava de Roa, tierra de buenos vinos, de la hoy denominación Ribera del Duero. Allí estuvo dos años en el que le hicieron «bullying». Un 18 de agosto de 1825, fue condenado a la horca en Roa de Duero. Al día siguiente, antes de subir al cadalso, dio un fuerte golpe y destrozó sus esposas para tratar de alcanzar la cercana colegiata, pero no lo consiguió. Tras unos momentos de confusión, le cogieron y lo ataron fuertemente entre varios soldados. Lo ahorcaron. El tirón, al caer su cuerpo, fue tan fuerte que una de sus alpargatas voló 200 metros.

Su muerte la firmó el rey, el mismo que ofreció la corona en Bayona a Napoleón, mientras el Empecinado luchaba contra los franceses para defender la corona de Fernando VII.

El arroyo Botija generaba una pecina arcillosa en su pueblo, Castrillo de Duero. Así, la palabra «empecinado» significaba ser una persona sucia. Este gentilicio con el que se designaba a los ciudadanos de esta localidad y la figura de Juan Martín Díez, han enriquecido nuestro idioma y desde entonces decimos que empecinarse es obstinarse en conseguir un fin.

Ejecución de El Empecinado. *Historia de España en el siglo XIX* 1902. [BNE]

BATALLA DE BAILÉN

Un 19 de julio, pero de 1808, en plena ola de calor, el ejército imperial de Napoleón, comandado por el general Dupont y 21.000 hombres, se cruzó en Bailén con el general Castaños, el madrileño que consiguió vencer por primera vez a Napoleón en campo abierto. Ya les había costado llegar allí, porque en Valdepeñas les habían entretenido demasiado, pero llegados a Bailén, dicen las crónicas que soldados curtidos y hartos de vencer en la fría Europa, se toparon con una sauna que a las 10 de la mañana ya les estaba haciendo más daño que los garrochistas, unos tipos con unas picas de tres metros que empleaban para masacrar a todo gabacho que se les pusiera por delante.

Una idea del general Teodoro Reding, un hispano-alemán nacido en Suiza y al servicio de Castaños, fue crucial, puesto que dejó a los franceses sin acceso al río Rumblar. En esas condiciones, las aguadoras de Bailén como María Bellido mantenían frescos a los españoles mientras los franceses, sin ver la ayuda de su segunda división abandonada en Guarromán, se veían abocados a salir de sus filas en búsqueda de agua. Si a las 10 de la mañana hacía calor, a la una del mediodía la cosa se tornaba terrible. ¿Podía hacer más calor? Sí, claro que podía hacer más calor, tanto como para tener un corte de digestión. ¡Y vaya si lo hizo! Aquello fue como una sartén hirviendo.

Dupont, finalmente, se rindió y depuso las armas, ofreciéndole a Castaños su espada, la cual había resultado vencedora en cien batallas, a lo que el madrileño le respondió que la suya solo había estado en una batalla y aún seguía en el cinto. Cuando la noticia llegó a Sevilla no se lo podían creer, pero es que cuando Europa se enteró de la derrota, alucinaron en colores. Y es que los franceses eran vencibles, de ahí que Napoleón apresara a Dupont tratándole con desprecio y dejara de pensar en España como un país de cobardes, para pasar a afirmar que España era su «úlcera sangrante». En Bailén se miró Europa, y Bailén fue el principio del fin de Napoleón.

Los prisioneros fueron con más miedo que vergüenza desfilando por los pueblos que habían expoliado y masacrado hasta entonces.

Finalmente, acabaron en la isla de la Cabrera hasta 1814, comiéndose unos a otros. ¡Pasaron hambre a raudales!

En España, al menos, el fin napoleónico fue en Vitoria, en donde el «cultureta» José I estaba enrollado con su amante, la marquesa de Montehermoso. Pensó que podía retener su reino desde allí, pero el ataque final de Wellington y los españoles, hizo huir a los franceses en desbandada, abandonando todo lo expoliado, como por ejemplo centenares de obras de arte que Wellington, elegantemente, quiso devolver más tarde, pero que el tonto del haba de Fernando VII dijo que, tranquilos, que se lo quedaran. Hoy todo está en museos de Londres. Se quedaron hasta con el orinal de plata de Pepe Botella, un orinal que hoy emplean sus captores, el 14.º Regimiento de los Dragones Ligeros, actualmente llamados Húsares del Rey. Hoy brindan con champagne en el orinal cuando un miembro entra o sale de dicho regimiento. ¡Para mearse!

EXPOLIO DE LOS FRANCESES

En las guerras se suele hablar en tiempo real de las víctimas, de los muertos, de los dramas humanitarios, de los desplazados, de los refugiados. Pero más tarde, que tampoco es baladí, también se termina hablando de cosas como son el expolio, los robos, etc. La invasión napoleónica en España no fue una excepción y el destrozo que le hizo Francia a España fue mayúsculo y digno de ser recordado, pero sin olvidar que la relación actual con Francia es excelente y así debe seguir siendo.

El mayor ladrón fue el mariscal Soult. Ya venía de robar en otros países europeos, pero en España se quedó a gusto y recopiló: 32 cuadros de Murillo, 28 de Zurbarán, 25 de Alonso Cano, 8 de Valdés Leal, 5 de Herrera el Viejo, 3 de Rubens y 2 de Roelas. No fue el único mando francés que hizo caja. Para resumir, de Madrid salieron 1500 cuadros, de Sevilla 1.000, etc. Catedrales, iglesias, monasterios, palacios, castillos, etc., fueron despojados de las obras de arte que los franceses consideraban, podían ser el pago por su paso por la península. La verdad es que no se cortaron. Los ladrones, aparte de Soult, fueron tipos como d'Amagnac, Caulaincourt, Dessolles, Eblé, Faviers, Lepereyre, Dupont, Belliard, Crochart o de la Porta.

Las joyas también fueron foco de su atención, y la plata la fundieron para acuñar moneda. Tampoco hicieron ascos a reliquias como la del convento de Santa Cruz la Real de Segovia, en donde estuvo en 1493, el Lignum Crucis que hallaron los Reyes Católicos en Granada, y que vino a Segovia en una peana de plata hecha con la primera que vino desde América. Pues bien, esa peana ya no existe porque los franceses la fundieron cuando este edificio fue cárcel en la que los franceses apresaban a los patriotas españoles. Y como este ejemplo, centenares. Sí, sí, centenares no, ¡miles!

En el caso de las obras de arte, hoy están repartidas por el Louvre, el Hermitage, la National Gallery y un largo etcétera de museos y colecciones privadas.

Pero no solamente el arte y las joyas fueron de interés galo. Antes de irse dejaron su sello en el icono de la España medieval, en los castillos. Cada vez que abandonaban un castillo que había servido como cárcel, como morada, como centro de operaciones, lo demolían. Así, dejaron destruidos o semiderruidos castillos como el de Brihuega, Cogolludo, Valparadís, Belmez, Belalcázar, Atalaya de Villena, Cifuentes, Ocamiolla, Fuerte de la Concepción, y un largo etcétera. Además, los ingleses, para defendernos de los franceses, decidieron igualmente demoler los castillos de Bajos, Bagur, Arcos y las Seis Torres de Arenys de Mar.

Especialmente cruel, fue el caso de la Alhambra. A José I le encantó el conjunto histórico y querría haber vivido en él de no ser porque la capital era Madrid. Los franceses, al salir de Granada, decidieron que, si no era para ellos, no era para nadie y armaron un sistema de demolición para no dejar piedra sobre piedra. Poco conocida es la historia de un gran patriota llamado José García. Se trataba de un tipo que era cabo del Cuerpo de Inválidos y que quedó inválido tras la batalla de Bailén. Cuando los franceses ya se marchaban de Granada y comenzaron las explosiones en la Alhambra, vio por donde iba corriendo la llama del sistema de mechas y se tiró encima de ella para, literalmente, apagar el sistema con su propio cuerpo. Hoy podemos ver la Alhambra y la conocemos como la conocemos gracias a su acto heroico. ¡Un héroe!

Aun así, las primeras explosiones destruyeron la Torre de los Siete Suelos, la Torre de la Carrera del Cabo, la Torre del Agua y así hasta diez torres, además de la Puerta de Elvira y el Palacio de los Abencerrajes. El Mariscal no era otro que el bueno de Soult. Le debió fastidiar dejar de escuchar las explosiones. Es igual, se llevaba joyas y obras de arte por miles. No quiso vender jamás. Los que vendieron fueron sus hijos. Por las obras de arte sacaron la humilde cifra de 1 467 351 francos de la época. Hablamos de 1852. España recuperó algo, pero previo paso por caja, ¡una pena!

Por cierto, un médico, Fidel Fernández Martínez, delegado de Bellas Artes de Granada, consideró 123 años más tarde, es decir, en 1936, colocar una placa en memoria del cabo José García en la Alhambra. ¡Más que merecido! ¿Verdad?

¡VIVA LA PEPA!

Con una España invadida por las tropas napoleónicas y un rey Borbón que quería ser hijo adoptivo de Napoleón Bonaparte y que, además, felicitaba al mandatario francés cada vez que vencía a los españoles en una batalla, las Españas liberal y progresista (la pijo progre y la francopantano juntas) decidieron que podía ser buen momento para crear una carta magna.

¿En quién debía inspirarse España para elaborar una constitución sin fisuras? Pues en la Constitución francesa, es decir, la del mismo país que nos oprimía. ¡Para habernos matado!

A excepción de Bailén, los franceses eran un rodillo que hizo que cada región española, hiciera la guerra por su cuenta. Tras desarrollarse varias juntas provinciales que evolucionaron a una junta suprema centralizada en Madrid, se vieron en la necesidad de desplazarse hacia el sur, concretamente a Cádiz, lo más lejos posible de los galos. Así, en 1810, las cortes se emplazaron en el oratorio de San Felipe Neri. Si nuestra Constitución actual vino tras una dictadura, la de 1812, vino con carácter de emergencia.

En paralelo, en América había peligro de independencia, por lo que aquella carta magna a elaborar, sería para todos los españoles de ambos hemisferios, es decir, un guiño al resto de territorios lejanos a la península. Pasando olímpicamente de Pepe Botella, se emplazó a promulgarla el 19 de marzo de 1812, o sea, en el cuarto aniversario del día que Fernando VII había tomado posesión del trono tras el motín de Aranjuez. ¿Quién les iba a decir que ese mastuerzo de rey les derogaría dicha constitución para retornar al absolutismo solo dos años después? Como se promulgó el día de San José, se la llamó la Pepa.

En España apenas duró, pero fue fuente de inspiración para constituciones que se promulgaron en aquellos tiempos, como algunas constituciones europeas y casi todas las americanas. Aun así, se trató de nuestra primera constitución y tuvo tres vidas, puesto que volvió a publicarse en 1820 y 1836. Curioso fue el caso del trienio liberal o también llamado «trineo liberal», por las subidas y bajadas que experimentó, y es que Fernando VII hubo de jurarla en 1820, tras el levantamiento y pronunciamiento del coronel Rafael del Riego.

La Constitución tuvo 386 artículos (la actual tiene 169) con los que se abolió la inquisición, el feudalismo, se limitó el poder de la monarquía, con separación de poderes, se iniciaba el derecho a votar y se daba el mismo derecho a españoles y americanos. Eso sí, la representatividad de los americanos fue minúscula y en la primera reunión de 102 diputados, solo vino uno desde Puerto Rico. Entre los diputados, que se quiso fueran 296, solo un 10 % fue de origen indiano y no podía haber mujeres. Con el nombre femenino de la Pepa bastaba. Para el tonto del rey, la Pepa era sinónimo de libre albedrío y por eso, hoy, se habla de desenfreno y alegría cuando decimos, ¡que viva la Pepa! Este fue el primer eslogan político de nuestra historia.

«Pobre, fea y portuguesa, chúpate esa». Así se referían los panfletos de la época a la joven de 21 años, que fue precursora de la fundación del Museo Nacional del Prado, María Isabel de Braganza. Esta joven, la segunda esposa de Fernando VII, aparece en un cuadro señalando ese museo, edificio solitario entonces y que hoy es la envidia del mundo entero.

Cuando Napoleón invadió Portugal, la familia real portuguesa se exilió a Brasil y esta chica se educó en un ambiente culto y discreto, lejos de la aristocracia europea. Cuando murió la primera esposa de Fernando VII, María Antonia de Nápoles (fallecida con 21 años, tras dos abortos, si bien hay quienes aseguran que fue envenenada por Godoy), este decidió casarse con su prima Isabel de Braganza. Además, lo hizo con doble boda real, tradición de la época, el mismo día que su primo Carlos María Isidro, es decir, el que una vez murió Fernando VII, le disputó el trono a su sobrina, niña ella, Isabel II, conociéndose como Primera Guerra Carlista.

Total que, si bien Fernando VII fue un pésimo rey, tuvo un gran ojo para elegir a esta reina que casi nadie conoce, la precursora de un museo que albergase las pinturas que se acumulaban en los palacios reales. Era fea, con poca dote y además de Portugal, cosa que, parece ser, no gustaba mucho por aquel entonces, pero gracias a ella tenemos esa pedazo de pinacoteca.

Fue muy cruel su muerte, ya que estando embarazada, quedó inconsciente y los médicos, dándola por muerta, le hicieron cesárea para salvar al bebé, único momento en el que se practicaban las cesáreas. Pues bien, la tipa se despertó, gritó y se dice que en aquel 1819, la sangre corría por palacio como en la mejor película gore. La pobre no lo contó. El rey, tras su muerte, pidió pintar el famoso, y ya mencionado, cuadro en su honor.

El museo fue tan respetado y querido que, en 1891, el periodista Mariano de Cavia publicó en El Liberal una «fake news» que hablaba de un museo totalmente incendiado para denunciar al personal que cuidaba del museo viviendo allí mismo entre hogueras, perros y gatos. La «fake news» tuvo eco mundial y desde la «Jetatura» del estado, así la llamaba él, se tomó la decisión de trasladar al personal a un pabellón contiguo.

Hoy el museo alberga 35.000 obras de arte y recibe más de 1 millón de visitantes al año. ¡Chúpate esa!

ROSENDO PORLIER Y LA ANTÁRTIDA

Rosendo Porlier fue un marino español que es considerado como el primer hombre en vivir en la Antártida y, por supuesto, en España casi nadie lo sabe. De hecho, el descubridor de la Antártida fue un tal Gabriel de Castilla, allá por el año 1603. Pero lo que sí sabemos es que la primera expedición en llegar al Polo Sur fue la enviada por la Noruega de Amundsen y que los británicos, nuevamente, afirman que ellos fueron los primeros en llegar a la Antártida.

Iba Rosendo Porlier, en 1819, camino de Perú para sofocar unas revueltas que terminarían con su independencia, cuando en medio de una gran tormenta en el Cabo de Hornos, su navío, el San Telmo, perdió el timón y quedó a la deriva con 644 hombres rumbo al sureste. Mientras, los otros dos barcos de la expedición continuaban rumbo a Perú. Días más tarde embarrancaron y la quilla se destrozó. Habían llegado a una tierra desconocida y fueron los españoles los primeros en pisar la Antártida.

Comida llevaban, herramientas también, y armas para cazar pingüinos, pero el frío los mató lentamente. Debió ser desolador, vivir a bajo cero con ropa de entretiempo.

Los ingleses llegaron por allí meses más tarde y descubrieron el pecio y los restos del campamento y debieron decir ¡vaya, los españoles se nos han adelantado, otra vez! Volvieron y dijeron que ellos fueron los primeros, mientras que la Armada Española pasaba página dándolos por desaparecidos y sin reclamar nada, no sea que alguien venga dentro de 200 años y nos critique por hacer lo que se hacía a principios del s. XIX.

Hoy, en el Cabo Shirreff de la isla Livingston, hay una placa en su honor que dice «los primeros en llegar a estas costas». Llegó Porlier por azar, pero fue el primero, y murió en un lugar de la historia que sigue ocupando William Smith, el cual, sí tuvo tiempo para hacerse con un madero del San Telmo con el fin de hacerse su propio ataúd..., cosas raras que hace uno. A decir verdad, y al igual que pasó con la América de Cristóbal Colón, William Smith sí pudo comunicar que él había llegado a un lugar diferente. Es más, siglos antes, en el XVI, ya estuvo por allí, pero sin pisar tierra (en este caso, hielo) Gabriel de Castilla, pero al igual que los vikingos en América, no hizo demasiada propaganda del hallazgo.

En el s. XX, esta tierra, que aún no está habitada, es reclamada por siete países: Argentina y Chile por ser vecinos, Australia y Nueva Zelanda por lo mismo y porque un tipo izó una bandera a mediados del s. XIX, Noruega por lo de Amundsen, Francia porque un marino suyo descubrió años más tarde unas costas y R.U. porque fueron los segundos en pisar aquellas tierras, ya que los primeros fueron los españoles. Y mientras tanto, EE. UU., Rusia y China no reconocen las reclamaciones de estos siete países porque ellos también quieren algo del pastel, pero no saben qué argumentar. Y con todo esto, se firman tratados como el de 1959 y se reparten, en la teoría, una tierra que con los patrones del s. XXI, quizás debiera ser de nadie o de todos.

SIMÓN BOLÍVAR, EL TONTO ÚTIL

Para comenzar a hablar de este pájaro, antes, hemos de hablar del complejo español que, a día de hoy, nos impide utilizar el término Hispanoamérica, un término que debería aludir a 19 países americanos cuyo idioma oficial es el español, es decir, Argentina, Bolivia, Chile, Colombia, Costa Rica, Cuba, Ecuador, El Salvador, Guatemala, Honduras, México, Nicaragua, Panamá, Paraguay, Perú, Puerto Rico, República Dominicana, Uruguay y Venezuela.

Ni siquiera hablamos de Iberoamérica para incluir a Brasil, no, lo que decimos es Latinoamérica para incluir a Haití, a la Guayana Francesa y no sé si la parte de Canadá que habla francés. ¡Y esto, en un momento en el que es cada vez más palpable cómo el español gana terreno en el propio EE. UU.! Pues eso, que no nos sale decir «Hispanoamérica» y lo que decimos es, ni siquiera Latinoamérica, sino «Latam». Yo, personalmente, añadiría algo más, y es que estamos olvidando a los holandeses de Surinam o a las Belice o Jamaica súbditas de la corona británica, al igual que a muchísimas islas de tamaño menor que abundan en el Caribe y que no hablan español, pero cuyos nombres son muy hispanos. Quizás haya que inventar un término más, diferente al de «Latam», para no discriminar a nadie. El complejo, insisto, llega hasta este extremo.

Pues bien, cuando uno comienza a hablar del Imperio español, lo primero que debe hacer es pedir disculpas, y luego, ya, quizás comiencen a escucharte. Y es que, a diferencia del imperio británico, un imperio que actuaba como metrópolis ante las colonias de ultramar a las cuales les extirpaba las materias primas para luego venderles productos de mayor valor añadido, el imperio o monarquía hispánica dotó de derechos a sus habitantes para utilizar términos como provincias, reinos o virreinatos. No hemos de olvidar que, España desarrolló un notable mestizaje jamás visto antes y llevó su cultura, su idioma, fundó ciudades y levantó hospitales y universidades, dando un desarrollo a aquellas tierras que nunca antes habían disfrutado. No todo era color de rosa, ya que muchos que debían desarrollar aquellas ideas *in situ*, viajaban a América con el fin único de hacerse asquerosamente ricos sin más, lo cual, poniéndonos en la situación de aquellos hombres de los s. XVI y XVII, tampoco era de extrañar, pero, a fin de cuentas, los virreinatos en América adquirieron un nivel comparable al de muchos países europeos, y eso hoy día, sencillamente, se omite. Por poner ejemplos, hay que insistir en algo que solemos olvidar sistemáticamente y es que, se abolió la esclavitud y como ya dijimos al hablar de Felipe II, este monarca creó la jornada laboral de 8 horas. Sí, como lo estás leyendo, redujo la jornada de trabajo antes de que esta medida la implantaran muchos países europeos siglos después.

A esto hay que añadir que, con la llegada de los Borbones a la corona española en 1700, desaparecen las encomiendas y se crea una figura ya existente en Francia que era la del intendente.

Por otra parte, hubo varios hechos que hicieron que la independencia de los territorios de los virreinatos se fuera cociendo, poco a poco, desde finales del s. XVIII, como la independencia de las trece colonias de EE. UU. en 1783, la Revolución Francesa de 1789, la Revolución Francesa de los haitianos, que independizaron a Haití en 1791, y la invasión napoleónica en España, en 1808, la cual deterioró y debilitó a España de modo sobresaliente.

Así, cuando se dan los primeros intentos de independencia en América, lo que sucede es una guerra civil, es decir, realistas contra patriotas. ¡Menos mal que en España no hemos tenido guerras civiles! Mientras Inglaterra ayudó a España para contener a Napoleón en la península, en América ayudó a los patriotas independentistas para ampliar horizontes en su comercio, es decir, Inglaterra en estado puro.

Antes, en 1806, emergió la figura del masón Francisco de Miranda, el conocido como «Precursor», un criollo que había luchado en España contra los franceses para, años más tarde, pactar con Inglaterra y EE. UU. con la intención de liberar Venezuela. Así, en 1806 y 1807, Inglaterra intentó por dos veces invadir el virreinato del Río de la Plata, pero fueron repelidos.

A mitad de la guerra napoleónica en España, en 1811, determinados sectores de la Iglesia y los criollos en América, es decir, las familias liberales e ilustradas, descendientes de españoles y que tenían más poder adquisitivo, comienzan a hablar abiertamente de independencia. Por ejemplo, en el norte, en Nueva España, tenemos las figuras de los curas insurgentes Miguel Hidalgo y José María Morelos, que en 1810, fracasaron pese a obtener importantes victorias.

Y así, llegamos a Simón José Antonio de la Santísima Trinidad Bolívar Ponte y Palacios Blanco, más conocido como Simón Bolívar.

¡Menos mal que a ciertos sectores de izquierdas, a los de allí y a los de aquí, no les gusta la gente con apellidos compuestos! Este tipo era descendiente del rey Fernando III el Santo por parte de madre, descendiente de los financieros alemanes del emperador Carlos I, primo lejano de la actual familia Espinosa de los Monteros e hijo de un hombre que era un gran hacendado de plantaciones de cacao que explotaba gracias a esclavos que, a su vez, estaban lejos de la mirada de la ley que imperaba y que prohibía dicha esclavitud. Nacido en Caracas en el seno de una familia adinerada, estamos hablando de un tipo que llegó a compartir momentos con el torpe de Fernando VII. En el fondo fue un amargado, puesto que perdió a sus padres siendo muy joven. Además, sucedió que, tras casarse con una española, de nombre María Teresa, la perdió un año más tarde en su Nueva Granada natal por unas fiebres. Pero sobre todo, fue un amargado porque, no contento con todo esto, intentó prosperar en un Madrid en el que fue ninguneado una y otra vez. Tras quedar impactado con la coronación de Napoleón en París, se propuso liberar a su país, y para ello, y junto a Andrés Bello, un filósofo, jurista y diplomático venezolano, acudió a Londres a solicitar ayuda, y quien les recibió fue el tal Francisco Miranda en una mansión de cuatro plantas de la época, pagada por el Gobierno de Londres. A partir de ahí, los conspiradores y masones formaron logias como la Lautaro, llamada así en honor del famoso militar mapuche. Digamos que aquel edificio fue el epicentro del terremoto que se avecinaba gracias a conspiraciones judeo-masónicas.

El objetivo no era otro que fundar unos estados unidos americanos del sur a imagen y semejanza de EE. UU., cosa que jamás ocurriría. De este modo, en 1811, Miranda declaró la independencia de las Provincias Unidas de Venezuela, pero los realistas españoles le vencieron y fue entregado a España por..., ¿a qué no sabéis por quién? Exacto, por Simón Bolívar. ¡Menudo pájaro!

Bolívar lanzó la denominada «Campaña Admirable», obteniendo una gran victoria en la batalla de Cúcuta, en Nueva Granada, y así decretó lo que él mismo llamó «Guerra a Muerte», cuyo fin era, literalmente, destruir en Venezuela la raza maldita de los españoles.

¡Debía ser una faena que tus ancestros fueran de esa raza maldita y, además, con abolengo! Esta guerra fue muy cruenta, y porque no existían los Convenios de Ginebra en aquel entonces, qué si no, este tipo sería recordado como un auténtico criminal de guerra, que lo fue, y es que pasó a cuchillo, sin escrúpulos, a miles de personas por, sencillamente, pensar diferente. Entró en Caracas, en 1813, con el título de «libertador», pero José Tomás Boves le aguó la fiesta muy pronto y lo echó de allí a patadas. Lo de «libertador», por cierto, será el adjetivo que le acompañará hasta nuestros días.

Ese mismo año, en el virreinato del Río de la Plata, Paraguay se independizó y tuvo así, por fin, a su propio dictador, un tal Rodríguez de Francia…, y hasta ahora.

En España, al terminar la guerra contra Napoleón en 1814, se mostró un paisaje bastante desgarrador, con una España desangrada de norte a sur, que debía enviar tropas, sin más dilación, a una América que cada vez tenía más ansias de independencia. Así, el felón y absolutista de Fernando VII, envió a América 10.000 hombres a cargo del general Morillo. Bolívar huyó como una rata a Jamaica, cosa que siempre hacía cuando perdía, es decir, huir y conspirar, y de este modo, Manuel Piar, un tipo que también deseaba la independencia de Venezuela, dijo de Bolívar que, era el Napoleón de las retiradas. Años más tarde, un tal Karl Marx llamó a Bolívar «el canalla más cobarde, brutal y miserable». ¡Cómo cambian las opiniones de los correligionarios del padre del comunismo!

En 1816, se independizaron las Provincias Unidas de la Argentina. El gran líder en esta independencia fue José de San Martín, un criollo con pasta y descendiente de la aristocracia española, un tipo que combatió en la batalla de Bailén y que, ya siendo el generalísimo del Ejército de los Andes, quiso liberar también a Chile y Perú. Chile se independizó en 1818, pero Perú, la tierra más próspera de América en aquella época, con diferencia, se hizo esperar algo más. De hecho, Perú no se independizó, a Perú lo independizaron, ya que el ejército peruano perdió la guerra ante un ejército de no peruanos.

Cuando Bolívar volvió al continente tras una de sus numerosas retiradas, observó que otros le habían adelantado por la izquierda, y es que los cada vez más insurgentes habían hecho avances conquistando territorios al sur del Orinoco. Destacó el ya mencionado Manuel Piar, pero Bolívar consiguió que lo terminaran fusilando en Angostura.

En 1818, Bolívar intentó tomar su Caracas natal, pero nada, siempre daba en hueso. Si primero fue Boves, ahora fue Morillo, ya no con sus 10.000 hombres, sino con una tropa llena de mestizos que se habían alistado al ejército realista para obtener una nueva victoria. Bolívar hizo lo que mejor sabía hacer, huir como una rata.

En 1819, se celebró el Congreso de Angostura, y Bolívar, por fin, emergió como el gran líder, triunfando su gran idea de independizar la «Gran Colombia», un país que estaría formado por las actuales Colombia, Venezuela, Panamá y Ecuador. Es curioso, pero salvo Panamá, las banderas de los otros tres países son casi iguales. Tras la batalla de Boyacá, Bolívar consiguió entrar por fin en Bogotá y los realistas salieron por patas, porque si en algo era experto Bolívar, además de por sus famosas huidas, era por pasar a cuchillo a los presos. No se andaba con chiquitas. Famosa y dramática fue la «Navidad Negra», de 1822, en Pasto (Colombia), en donde los días 23 y 24 de diciembre, asesinó a todo ser viviente, incluyendo mujeres y niños. El tipo se llegó a enorgullecer.

Para contrarrestar aquella derrota de 1819, Fernando VII preparó una flota con 20.000 hombres, pero coincidió que Riego se levantó en la península en contra del rey y logró que se firmara una nueva constitución en 1820, dando inicio al trienio liberal. De este modo, los barcos jamás partieron con destino a América. Mientras tanto, Morillo ganó tiempo firmando un acuerdo de paz con Bolívar, pero para este, dicho acuerdo siempre fue papel mojado. Bolívar aprovechó y se hizo con Maracaibo.

Con la batalla de Carabobo, de 1821, con victoria bolivariana, se perdió la conexión entre España y Nueva Granada, pero la guinda del pastel para Bolívar fue la batalla de Ayacucho, de 1824, que supuso el fin del virreinato del Perú, emergiendo como dictador Simón Bolívar. Sí, efectivamente, fue un dictador. Solo le quedaba hacerse con las provincias del Río de la Plata, actual Argentina, para ser un gran emperador sin el fantasma de los Borbones.

Tras un congreso en Panamá, en 1826, Bolívar se dio cuenta, por fin, de que no había conseguido unos estados unidos, sino la balcanización de un territorio que desembocaría en la veintena de países que tenemos hoy, es decir, fracaso absoluto.

De regalo, el Imperio británico reclamó su dinero, es decir, toda la ayuda financiera que había brindado a Simón Bolívar y, claro, desde entonces, estos países, ya independientes, se percataron de algo muy duro y es que, sin quererlo, casi que eran súbditos económicos de la corona británica y, efectivamente, ya no han levantado cabeza.

Con este panorama, Bolívar quiso federarse con la España de Fernando VII, y este le dijo que verdes las habían segado. En paralelo, quiso evitar la separación de la Gran Colombia, pero su gran amigo, José Antonio Páez, ya se encargó de separar Venezuela de Colombia, hecho que se consumó en 1831, un año después de la muerte del propio Bolívar.

Muerto de tuberculosis en 1830, en casa de un tipo de raza maldita, un español llamado Joaquín de Mier y Benítez, rechazó a última hora la masonería y se reconcilió con el catolicismo. No sabemos qué opinarán de esta última decisión de ser católico, personajes como Maduro, Boric, Petro, Obrador, Ortega o Correa.

Simón Bolívar llegó a lamentar «los tres siglos de progreso del Imperio español». Los mismos que le ayudaron, los británicos y estadounidenses, son los que le impidieron ser emperador. Su guerra a muerte fue una guerra de exterminio tanto para civiles como militares, ordenando asesinar a prisioneros delante de sus propias familias. Ese fue el auténtico Bolívar que hoy muchos veneran.

Los sediciosos y separatistas bolivarianos se negaron a pagar el 20 % a la corona española para pasar a pagar el 50 % a la corona británica, gracias, entre otras cosas, al crédito que les consiguió Michael Scott, dando inicio a una deuda financiera enorme. Si en Londres los tipos de interés eran del 3 % de forma generalizada, para los préstamos de los países independizados en Sudamérica fueron del 6 %. Los bancos que controlaron la deuda externa de estos países fueron

Barclays, Powles & Graham, Herring, Goldschmidt y Rothschild, este último perteneciente a la familia más rica de la historia. Todos estos bancos tuvieron intereses y explotaron al máximo las minas hispanoamericanas, si bien, el relato aceptado hoy día es otro, es decir, el de una España ladrona y parásita. De hecho, la reserva de oro venezolana que en los últimos años se ha reducido en un 80 %, se encuentra en el Reino Unido y viene, en parte, de estos episodios, y si no, que se lo pregunten a Maduro y a unos venezolanos que experimentan una inflación estratosférica día tras día, o a la jueza británica Sara Cockerill que, de momento, dice que las 31 toneladas de oro venezolano seguirán bajo bóvedas londinenses. La secesión de Perú, por ejemplo, la pagó Ecuador, que tardó 150 años en pagar su deuda externa. Es más, en 1828, todos los países hispanoamericanos quedaron en quiebra técnica y suspensión de pagos, es decir, la alegría apenas les duró una década y de aquello, lo siento mucho, España no tuvo la culpa.

Esta fue la venganza de Inglaterra por la ayuda prestada por parte de España a la independencia de las trece colonias de EE. UU.

Simón Bolívar llegó a reconocerle a Antonio José de Sucre, libertador de Perú y presidente de la República Bolivariana, que Inglaterra quería un Perú débil, lejos del amparo de España, para erigirse como potencia que liderase a todos los países de América del Sur. Al final de sus días, Bolívar llegó a decir, «He arado en el mar. Hemos perdido todo menos la independencia».

En agosto de 2022, en Colombia, en la toma de posesión presidencial a cargo del presidente Gustavo Petro, antiguo guerrillero de la organización terrorista M-19 (Movimiento 19 de abril), hicieron desfilar una reliquia, la espada de Simón Bolívar. Todos los presentes en el palco de honor se levantaron para aplaudir, menos un tipo que permaneció sentado y sin aplaudir, un tal Felipe VI (realmente hubo dos personas más sentadas, los presidentes de Argentina y Costa Rica). Sin embargo, el grado de acomplejamiento que hay en España ha llevado a nombrar innumerables calles y plazas por toda España en honor a este sanguinario y a levantar monumentos en Cenarruza-Puebla de Bolívar (Guipúzcoa), Barcelona, Valencia,

Garachico (Santa Cruz de Tenerife), Madrid, Cádiz, Teror (Las Palmas), Sevilla, A Coruña, Oviedo, Santa Cruz de Tenerife, San Cristóbal de la Laguna (Santa Cruz de Tenerife) y Bilbao.

Simón Bolívar, en resumidas cuentas, es el máximo responsable de la pobreza actual de Hispanoamérica con respecto al resto de países de Occidente. Simón Bolívar fue el tonto útil y no pasa nada por decirlo.

VENTA DE FLORIDA Y OREGÓN

En 1821, España vendió Florida a EE. UU. por cinco millones de dólares, y EE. UU. jamás pagó un centavo. En España, como ya hemos visto, confluyeron dos tipos detestables, Napoleón y Fernando VII, el peor monarca de la historia de España.

Años más tarde, al expulsar a los franceses, España estaba canina y necesitaba liquidez como fuera. Como también hemos visto, en paralelo y aprovechando el papel débil de España, en Hispanoamérica, Simón Bolívar animaba a la independencia en diferentes latitudes de aquel continente.

Y no menos intensa era la situación en lo que hoy es EE. UU., con el ejército yankee atacando a los españoles en el norte de Florida a través del general Gregor McGregor que, a su vez, seguía órdenes del propio Simón Bolívar.

Total, que nuestro rey felón mandó a Luis de Onís, en 1821, a vender el territorio que en 1513, reclamó Ponce de León y por el que se jugó la vida Bernardo de Gálvez, el mismo que ayudó a los EE. UU. a deshacerse de Inglaterra y que hoy es considerado héroe con una ciudad en su honor y todo, Galveston (Texas), ya que la fundó él mismo. En el pack de venta de la operación, iban Florida y Oregón. Sí, esa era la oferta. El presidente James Monroe mandó a su vez a John Quincy Adams (más tarde sería presidente también) y firmaron la venta de la Florida y Oregón por los ya mencionados cinco millones de dólares en el «Tratado de Amistad, arreglo de diferencias y límites entre su Majestad Católica el Rey de España y los Estados Unidos de América». Este tratado hoy se conoce como «Tratado de Adams-Onís».

Como, además, EE. UU. ya le había hecho reclamaciones a España, decidieron que lo comido por lo servido, y nuestro gran rey y estratega no vio ni un solo céntimo. Bueno, sí, le aseguraron que se quedaba con Texas, por la cual había también disputa. La cosa no duró mucho, puesto que Texas la conquistaron los mexicanos un par de años más tarde y el negocio fue redondo. Vamos, que nos hicieron un «simpa». Mientras tanto, entre 1821 y 1845, los estadounidenses se dieron de tortas con los nativos seminolas, los cuales perdieron su carácter de ciudadanía con la firma del tratado y solo por dar unos datos, de los 140.000 habitantes de la época, el 44 % fue esclavo en 1860. En 1845, Florida se convirtió, gratis, en el estado número 27 de EE. UU. y hoy seminolas, lo que se dice seminolas, no queda ni uno en Florida.

Mapa del tratado de Adams-Onís. [Wikimedia / Milenioscuro]

¡Y hay quien se queja de los escándalos de reyes, reinas, princesas, infantes y eméritos!

El tonto del haba de Fernando VII, murió en octubre de 1833, y dos meses más tarde la reina María Cristina se volvía a casar (la de la canción de «María Cristina me quiere gobernar, y yo le sigo, le sigo la corriente», ya que, casualidades de la vida, hemos tenido dos María Cristinas como reinas regentes en nuestra historia). La reina se casaba con Fernando Muñoz, un tipo que había sido palafrenero real y que, entonces, era guardia de corps, es decir, su guardaespaldas. Y aquí, a todos nos viene la canción de Dolly Parton de «And aiaaaaiaaaai always love you iuuuuu» Que sí, que la canción no es de Whitney Houston, es de la Parton.

Se casaron el 28 de diciembre, estando Fernando VII casi recién enterrado. ¿Pero, desde cuando estaban enrollados estos dos pájaros? Claro, al ser el día de los Santos Inocentes, la cosa parecía que era de broma, pero no, era muy cierta. Era tan cierta que, se encontraban en una finca a la que llamaban «la Muñoza», una quinta que linda con el Monte de El Pardo, y que a día de hoy, destino caprichoso de las cosas, conserva el nombre y es un lugar de celebración de bodas.

El novio era el hijo del estanquero de Tarancón (Cuenca) y al ser un tipo de rango social inferior, la boda era morganática, no podía ser aprobada por las Cortes y de producirse, la reina debía ser desposeída de la corona.

Total, que la reina se casó en secreto, pero la realidad fue que era la comidilla de todo el mundo porque era por todos conocido. Ella lo negaba todo. Al preguntarle si se había casado, ella respondía que «no me acuerdo, no me consta, no sé». ¡Menos mal que estas cosas ya no pasan!

Fernando Muñoz comenzó a ser conocido como Fernando VIII, o sea, los memes de entonces. Si Fernando VII tuvo dos hijas y por el hecho de ser eso, niñas, se liaron tres guerras carlistas, Fernando «VIII» tuvo ocho hijos con la reina. La Borbón-Dos Sicilias estuvo embarazada casi todo el tiempo y casi siempre contestando lo mismo, «¿Embarazada yo? No sé, no me acuerdo». Le sacaron hasta rima: «clamaban los liberales que la reina no paría y ha parido más muñoces que liberales había».

Once años más tarde se aprobó su matrimonio en las Cortes y al marido, a nuestro Kevin Costner, le crearon el ducado de Riánsares, es decir, el río que pasa por Tarancón. Terminó siendo político, senador, general, duque, y repartió títulos nobiliarios entre sus hijos como si no hubiera un mañana. A todo esto, se forró con sus amigos el marqués de Salamanca y el general Narváez, un tipo que fue presidente de España siete veces, ¡el récord! Entre los tres se enriquecieron con la sal (daba mucha pasta entonces), con el ferrocarril (no se instalaba un solo kilómetro sin el beneplácito de estos tres señores) y con la construcción del barrio de Salamanca en Madrid.

¿Cómo terminó la pareja? En el exilio..., y de regalo nos dejaron a Isabel II, una de las peores reinas de nuestra historia. ¡Para habernos matado!

Os lo dije, escándalos reales ha habido siempre, y más gordos, y «noos» lo creíais. ¡Hala, ya podéis comprobar en la wikipedia que la canción no es de Whitney Houston!

GUERRAS CARLISTAS POR NO TENER UN HIJO VARÓN

Tras la muerte de un Fernando VII, que había tenido cuatro esposas, la heredera al trono era, finalmente, una niña de 3 años, Isabel II. Pero su tío, Carlos María de Isidro, se agarró a la ley sálica y dijo que, para rey, él mismo. Así, España se dividió en dos facciones. ¡Menos mal que esas cosas ya no pasan! ¿Por qué no tuvo descendencia hasta su último matrimonio, el peor rey de la historia de España? Técnicamente, se denomina macrosomía genital, mientras que, popularmente hablando, la «cosa», para entendernos, le medía unos 30 centímetros. En fin. Se dice que su tercera esposa, la alemana María Josefa Amalia de Sajonia, al verlo en cueros en la noche de bodas salió corriendo. Tras escribir el rey al papa, el sumo pontífice le dijo a la de Dresde que tenía que acostarse con su marido, pero para quitarle las ganas a Fernando VII, la alemana siempre le pedía rezar un rosario antes de ponerse a buscar «churumbeles». ¡De traca!

Una vez accedió al trono Isabel II, España se dividió entre los carlistas, por un lado, y los realistas o isabelinos o cristinos, por otro. Estos últimos se sacaron de la manga la «Pragmática Sanción», por la cual se abrían a la posibilidad de que reinara una mujer, siempre que no tuviera hermanos, y de este modo se cargaban la ley vigente que provenía de 1713.

El gran líder isabelino en el campo de batalla fue un tal Baldomero Espartero, mientras que por el bando carlista estaba el general Zumalacárregui, un guipuzcoano conocedor del terreno y que se lo puso muy difícil a Espartero, pero tras dos años de guerra, una bala perdida le alcanzó en 1835. Para curarse, mejor que los médicos, un curandero, ¡donde va a parar! El curandero era un amigo suyo, un tal Petriquillo. La herida no era grave, pero el curandero le hizo un trabajito tan bueno que el general vasco duró tres semanas, dejando el camino expedito a Espartero que, en 1840, zanjaba la guerra civil en la batalla de Luchana. Así se dio fin a la primera de las guerras carlistas con el famoso abrazo de Vergara, entre él y el general carlista Maroto. Este abrazo se hizo a espaldas de Carlos María de Isidro. A los vencedores isabelinos se les pagó con unas pesetas acuñadas para la ocasión y desde entonces se les llamó «peseteros», un término que se incrustó para siempre en nuestro idioma.

Como no pudo ser por las malas, se intentó por las buenas, es decir, casando a la niña, Isabel II, con el hijo de Carlos María de Isidro, es decir, con Carlos Luis de Borbón y Braganza. Como el chaval también se llamaba Carlos, pues segunda guerra carlista al canto, entre 1846 y 1849. Más que una guerra fue un levantamiento en distintos puntos de Cataluña. Subyacía el tema por el cual el presidente Narváez apostaba por el sistema de propiedad liberal, mientras que los catalanes eran más de usos comunales de la tierra. Finalmente, al pretendiente Carlos se le apresó en Francia cuando intentaba entrar en España, mientras el general Pavía fue ganando todas las contiendas.

Ya entre 1872 y 1876, tuvo lugar la tercera guerra carlista, teniendo, por un lado, a los carlistas del duque de Madrid, otro Carlos (el nieto del primero), y por otro, no se sabe muy bien a quienes, puesto que había a partes iguales partidarios de la 1.ª República, de Amadeo I y de Alfonso XII. La guerra se desarrolló en Vascongadas (se la denominaba así), Navarra y Cataluña. Al término de la guerra se perdieron los fueros, pero los vascos decidieron negociar un acuerdo económico vasco para ellos solos. ¡Menos mal que esas cosas ya no pasan! Clave fue el Pronunciamiento de Sagunto de 1874, promulgado por el general Martínez Campos, que apostó por Alfonso XII, es decir, por la restauración borbónica.

Por los servicios prestados, Amadeo I concedió, en 1872, al general Espartero el título de príncipe de Vergara (por aquel abrazo de Vergara en 1840). Volviendo a la primera guerra carlista, digno de mencionar fue el papel de «la primera lanza del reino», un tal Diego de León, que con 72 jinetes se bastó para aplacar a 14 batallones carlistas con 500 caballos. Diego de León, cordobés de nacimiento, protegió al manchego Espartero por media España y siempre en minoría, que conste. Extremadura, Albacete, centro peninsular, Pamplona, nada se le resistía a Diego de León. La regente María Cristina delegó en Espartero y nombró capitán general de Castilla La Nueva a Diego de León, partiendo al exilio para así evitar una guerra que, por otra parte, llegaría seis años más tarde. En 1841, el general O'Donnell se sublevó contra Espartero y Diego de León se sumó a dicha sublevación, pero fue apresado, juzgado y condenado a muerte por un tribunal militar repleto de irregularidades. El general Espartero no tuvo piedad con él.

Fusilado en la madrileña Puerta de Toledo, su última voluntad fue ordenar su propia ejecución. Aunque el general Espartero se ha hecho famoso por los atributos que su caballo tiene en el monumento del paseo del Espolón de Logroño, Diego de León, la verdad, no se quedaba atrás y se vino arriba ordenando aquello de «preparen, apunten, fuego», y eso que el objetivo de los disparos era él mismo. Se dice que a sus soldados les dijo: «no tembléis, al corazón». Hoy, las calles Príncipe de Vergara y Diego de León se cruzan en pleno distrito Salamanca de Madrid. ¿Quién las puso juntitas? Stevie Wonder, seguro.

MENDIZÁBAL Y MADOZ, DOS DICTADORES

Muerto Fernando VII y comenzada la primera guerra carlista, el absolutismo no tenía recorrido y los liberales añoraban la Constitución de la Pepa. Entre ellos, había dos facciones, la de los moderados y la de los exaltados. Entre estos últimos se encontraba un tipo perteneciente al Partido Progresista, un tal Juan de Dios Álvarez Méndez, Mendizábal para los amigos.

Este señor fue presidente del Consejo de Ministros, ministro de Estado y ministro de Hacienda en la época de la regente María Cristina. Una época en la que, como ya hemos visto, «Españita» andaba a tiros entre isabelinos y carlistas. Pues bien, como encargado del Excel de las cuentas del Estado, necesitaba pasta y su olfato le dijo que, en España había muchas riquezas sin circular y que era momento de darles movimiento.

Este político es conocido por la famosa desamortización de Mendizábal. ¿En qué consistió? Pues, básicamente, en darle un hachazo a la Iglesia. Hubo más medidas, pero la medida estrella fue esa. Los liberales cada vez comulgaban menos con Roma y se decidió poner en subasta pública gran parte de su patrimonio eclesiástico, poniendo el acento, sobre todo, en sus tierras, que no eran pocas. De este modo, la aristocracia y la burguesía vieron la oportunidad de aumentar su propia riqueza y la mitad sur de España se comenzó a llenar de latifundios. Mientras tanto, la maquinaria del Estado hacía caja y con ese «cash flow» financiaron la guerra contra los Carlos María Isidro y compañía.

El abandono del patrimonio eclesiástico propició el saqueo de monasterios y, desde entonces, muchos edificios del clero adquirieron un estado ruinoso que, en muchos casos, ha llegado a nuestros días. En ocasiones, incluso, se desacralizaron oficialmente los edificios, lo cuales cambiaron de uso como única medida que les salvara de dicha ruina. Parece difícil afirmar esto en la actualidad, puesto que España está repleta de iglesias, ermitas, conventos, etc., pero, aunque difícil de imaginar ahora, así sucedió en aquellos años de 1836 y 1837.

No contentos con todo esto, un tal Pascual Madoz e Ibáñez hizo lo propio en 1855, años después de la segunda guerra carlista. Este pamplonés, que en aquel entonces era ministro de Hacienda, decidió que, quizás, fuera buena idea hacer lo mismo de Mendizábal, pero poniendo el foco en otro tipo de patrimonio como el meramente público. Se decía que ese patrimonio estaba en «manos muertas» y se desamortizaron los bienes de pueblos, ciudades, etc. Fue el momento en el que los ayuntamientos comenzaron a tener problemas para pagar sus facturas, entre ellas, las de abonar a sus médicos, maestros, etc. En aquel tiempo se comenzó a decir aquello de «pasas más hambre que un maestro de escuela». Habíamos pasado de un absolutismo a una España bipolar en el que la riqueza la concentraban unos pocos en detrimento de unos muchos. Esos muchos fueron unos jornaleros, dueños de casi nada, que conformaron un basto y vasto proletariado que adquiriría su máximo esplendor en la Primera República. Además, quedaba servido el caldo de cultivo perfecto para las convulsas primeras décadas del s. XX.

Mendizábal y Madoz, dos tipos que, por sus decisiones, bien podrían asemejarse a muchos dictadores que ha arrojado la historia universal de los últimos cien años.

ISABEL II DE ESPAÑA, UN PELÍN PROMISCUA

La primera monarca constitucional de la historia de España estuvo siempre envuelta en rumores y problemas. Huérfana a los tres años de edad y con un tío que quería ser rey, Carlos María Isidro, se dio comienzo a las ya citadas guerras carlistas y a una regencia de su madre por diez años, María Cristina de Borbón Dos Sicilias.

Con solo trece años, se puso a reinar entre caprichos y debilidades de todo tipo, no en vano, se la denominó como «la de los tristes destinos». Incapaz de ser resolutiva, ingenua como pocas, lo que de verdad le iba a esta «reina castiza» era la fiesta. Se acostaba a las cinco de la mañana y se levantaba a las 2 de la tarde.

Los estudios no eran lo suyo, siendo bastante tosca en caligrafía. Las matemáticas se le cruzaban una y otra vez. Sí, cierto, la mayoría de la población no sabía leer y escribir, pero en la media de la corte, ella estaba en un «necesita mejorar» muy claro. Algunos pensaban que la chica era algo retrasada.

Torpe en estudios, pero «ninfómana» según algunos, como así insinuó el general Francisco Serrano, es decir, en la línea de los Borbones. El papa Pío IX dijo de ella que «es puta, pero pía». ¡Toma ya! Se quedó a gusto. La historiadora Isabel Burdiel, afirma que lo que pasó fue que estuvo mal casada y que no fue ninfómana, siendo todo producto de sus detractores. Tuvo muchos amantes, pero es que en la época era lo normal en la aristocracia. Para eso no era tan retrasada, sino todo lo contrario. La comidilla que siempre le perseguiría, incluso, después de muerta, sería con respecto al verdadero padre de su hijo, un tal Alfonso XII. Hay quien afirma que llegó a decir que, la única sangre «borbona» que corría por las venas de su hijo era la suya propia. Se rumoreaba que el padre era un militar valenciano llamado Enrique Puigmoltó y Mayans, un tipo que no andaba descalzo, pues era el vizconde de Miranda y conde de Torrefiel (y no estamos hablando de la torre parisina que se escribe parecido, pero no igual).

Lo de mal casada, no está mal tirado y es que su marido fue Francisco de Asís de Borbón, un homosexual tan reconocido que al enterarse la reina de con quien debía casarse, parece ser que dijo algo así como «¡no, con Paquita no!». ¡Pobrecilla! Ante preguntas sobre su luna de miel llegó a contestar «qué voy a decir de un hombre que en la noche de bodas llevaba en su camisa más bordados, que yo en la mía». Con ese escenario, la tipa se dio a los amoríos y a ponerse hasta arriba de comer. *Comía más que un primo lejano en una boda.*

Con todo y con esto, su gran escándalo fue el del episodio de los «sucesos de palacio del 28 de noviembre de 1843». Recién nombrada Isabel II, mayor de edad y recién salido el general Espartero de la regencia, se designó al riojano Salustiano Olózaga, nuevo presidente del Consejo de Ministros. Este tipo pertenecía al ala progresista, estando al frente del ala conservadora un tal Pedro Jose Pidal. Pues bien, la reina de tan solo trece años, llegó a afirmar que, Olózaga entró en su habitación para obligarla a firmar un documento por el que debía disolver las cortes. La intriga palaciega fue brutal y es uno de esos episodios en lo que uno tiene la sensación de que todo el mundo mentía, es decir, la reina en su afirmación, Olózaga en la negación y los conservadores en su acusación. El caso es que, Olózaga huyó del país y dejó vía libre a los conservadores. Ojo, que una de las versiones era que, ya, a esa edad, la reina tuvo a Olózaga como amante, siendo él el que la «desfloró». Todo parecía falso.

Otro suceso notable fue cuando el cura Martín Merino intentó asesinarla en el bautizo de su hija Isabel en la basílica de Nuestra Señora de Atocha, pero el estilete se dio de bruces con un bordado que, ya fue casualidad.

Murió en París, donde se exilió con la protección de Napoleón III, tras la revolución de la Gloriosa, una sublevación militar que dio lugar a un sexenio democrático entre 1868 y 1874. En esos años hubo una monarquía parlamentaria con Amadeo I y una primera República que terminó siendo un chiste, pero que, en cualquier caso, fueron dos intentos de iniciar una democracia que no terminó de cuajar.

LA GLORIOSA

España ha tenido reyes «reguleros» y reinas excelentes, si bien, la excepción que confirma la regla es Isabel II, una mujer que se rodeó de sus hombres de confianza y entre los cuales repartió el poder por turnos. Así, desde 1856, hubo alternancia política entre los conservadores del Partido Moderado, de Ramón María Narváez, y los centristas de la Unión Liberal, de Leopoldo O'Donnell, dejando siempre fuera de la ecuación al Partido Progresista. Los cabecillas de esta última formación, Salustiano Olózaga y Juan Prim, hartos de la situación, se plantearon una revolución.

A ello, habría que añadir el hambre y la carestía que a nivel social estaban haciendo más que pupa. Para salvar el «match ball», el estado vendió parte del patrimonio para cubrir el déficit galopante, eso sí, reservando siempre el 25 % de la venta para los caprichos de la reina.

El malestar iba en aumento y O'Donnell recurrió a Prim, pero los progresistas, muy digno ellos, se negaron a ayudar porque para ellos su reclamo llegaba ya demasiado tarde. Prim, incluso, propuso el levantamiento militar de Villarejo de Salvanés, para forzar la llegada de su partido al Gobierno, pero fracasó y antes de ser condenado a muerte, se exilió. Eso sí, desde fuera de España sus planes siempre pasaron por derrocar a la monarquía.

En 1866, se produjo la sublevación del cuartel de San Gil en Madrid, sin demasiado éxito. O'Donnell quiso fusilar a 66 insurrectos, pero la reina pidió fusilar a los mil detenidos. O'Donnell se negó, e Isabel II pidió a Narváez formar un nuevo Gobierno que excluyera a los centristas. Ese mismo año se reunieron en Bélgica progresistas y demócratas, es decir, los «non grata». ¡Menos mal que esas cosas ya no pasan! Allí, en Ostende, los gritos eran en contra de los Borbones.

En 1867, murió O'Donnell y le sustituyó el general Francisco Serrano, que se acercó a los progresistas. Para colmo, en 1868, murió Narváez, el principal baluarte de Isabel II.

La hermana de la reina, Luisa Fernanda, le sugirió a Isabel que se acercara a progresistas y demócratas, pero esta, lo que hizo fue enfrentarse a ellos más si cabe. Nombró de presidente a su fiel seguidor Luis González Bravo y desterró a los generales de la Unión Liberal a Canarias. Mientras, González Bravo quitó presupuestos a la marina y los militares aumentaron su descontento.

El 18 de septiembre de 1868, la reina estaba de vacaciones en San Sebastián cuando Prim se acercó a Gibraltar junto a los progresistas Práxedes Mateo Sagasta y Manuel Ruiz Zorrilla. Mientras, el general Juan Bautista Topete, desde Cádiz, promulgó la revolución de la

Gloriosa. Todos esperaron a Serrano desde su destierro en Canarias y así se inició un levantamiento como consecuencia de la corrupción de la reina. Topete gritó: «Viva España con honra». Prim recibió el apoyo de la armada y Bravo dimitió al día siguiente, viendo que su resistencia tenía escasos efectivos. La revolución se fue extendiendo, hasta que el 28 de septiembre, tuvo lugar en Córdoba la batalla del Puente de Alcolea entre Serrano y el general Pavía, que resultó malherido. Madrid se unió a la Gloriosa y el 30 septiembre, Isabel se marchó a París sin mirar atrás.

El 8 de octubre, se estableció el famoso Gobierno provisional. El debate, entonces, fue si elegir a otro Borbón, si a otra dinastía o inclinarse por una república. El regente con la nueva constitución fue el general Serrano, abriéndose así, el sexenio democrático. En 1870, se asesinó a Prim en la calle del Turco de Madrid, y, en 1871, llegó un nuevo rey, un tal Amadeo I de Saboya.

EL MARQUÉS DE SALAMANCA O CÓMO MORIR DOS VECES

El Rothschild español, el Amancio Ortega del s. XIX, un hombre asquerosamente rico, un tipo del que Alejandro Dumas llegó a decir que de haberle conocido antes se habría inspirado en él para crear al famoso Conde de Montecristo, era un malagueño que fue filósofo y licenciado en leyes y que, además, murió dos veces. Un tipo que fue juez, senador, alcalde, ministro de Hacienda, 19 veces diputado y, sobre todo, empresario con un olfato para los negocios que le dieron tal fama en el extranjero, que en París le conocieron como el príncipe de Salamanca.

José María de Salamanca y Mayol, Chema para los amigos, ha pasado a la historia como el marqués de Salamanca y el patrón de los pijos, de los cayetanos.

Tras intentar mediar sin éxito en los casos de Mariana Pineda y el general Torrijos, terminó aterrizando en Monóvar (Alicante), donde fue nombrado alcalde con 22 años. Allí, en un episodio de cólera, le dieron por muerto, le metieron en un ataúd y lo velaron. Pasadas unas cuantas horas resucitó. Dicen que su sirviente se llevó el susto del siglo. Su ataúd, finalmente, lo utilizó un amigo suyo que terminó cogiendo el cólera días más tarde.

Cuñado de un ricachón que fue padre de la revolución industrial española, Manuel Agustín Heredia, recibió de él una cantidad que multiplicó con creces tras invertir en el negocio de la sal.

Más tarde se asoció con dos personas muy influyentes y ya mencionadas en un capítulo anterior, el presidente Narváez y el marido secreto de la reina, Fernando Muñoz, e invirtió en el negocio del ferrocarril, promoviendo los ferrocarriles de Barcelona, Mataró y el trayecto Madrid-Aranjuez. En Nueva York promovió un tren y el agradecimiento fue tal, que la ciudad de Salamanca (en el estado de Nueva York) le debe su nombre a él.

En una época actual en la que uno llega a una empresa y despide a media plantilla, este tipo, al acabar la línea Madrid-Alicante, invitó a comer a miles de personas en un descampado de Albacete y, además, con un chef francés elaboró el menú más caro de la historia. Costó 2526 reales y fue ternera rellena de carnero, relleno a su vez de cordero, relleno a su vez de pularda, rellena a su vez de perdiz, rellena a su vez de foie y trufas con oporto. Mientras tanto, los albaceteños no paraban de comer kilos y kilos de judías. ¡Menuda tarde de catarsis tuvo que ser aquella!

Nombrado ministro de Hacienda, perdió tanta pasta adelantando dinero que dimitió antes de arruinarse. Dijo que si permanecía un mes más en el cargo habría tenido que recurrir a su plaza en Monóvar para seguir adelante. Invirtiendo en bolsa ganó 30 millones de reales (45.000 € de los de ahora) en un solo día. En los negocios siempre tuvo una gran determinación.

Pero si por algo es conocido es por haber urbanizado el entonces ensanche de Madrid, el conocido como barrio de Salamanca. Tras no dar beneficios en múltiples negocios, terminó arruinándose por completo. Después de haber amasado más de 300 millones de pesetas, que hoy equivaldrían a miles de millones de euros, murió por segunda vez teniendo una deuda de más de seis millones de pesetas. Lejos de morir millonario en su barrio de Salamanca, se quedó a «two candles» y falleció en Carabanchel Bajo, en su finca de Vistalegre.

AMADEO I DE SABOYA

Cuando nos desprendimos de Isabel II, en España decidimos votar un nuevo rey. No muchos países pueden decir lo mismo. Y pese a que la Casa Real intentó meter varios candidatos en la votación, el que ganó fue un Saboya, procedente de Italia, Amadeo I. El monarca salió por patas dos años más tarde, y es que hasta le intentaron matar en plena calle Arenal de Madrid.

Amadeo Ferdinando María di Savoia, o sea, Amadeo I de Saboya, nuestro rey italiano, fue promovido por el presidente Juan Prim y elegido por votación. Así, como estás leyendo. En España se le llamó Macarroni. Se casó con María Victoria del Pozzo della Cisterna. En España se la llamó «la Húmeda». ¿Macarrones con agua? Pasta. Además, sí, hicieron mucha pasta, pero la verdad es que, eran unos «cenizos».

Su boda se podría titular «Siete funerales y una boda». Dos días antes de la boda, y agarrada al vestido de novia, se ahorcó la costurera. Incapaz de abrir la puerta de la casa y con el novio esperando, el portero se abrió las venas por temor a las represalias. En el cortejo nupcial y de insolación, el coronel de la guardia real cayó fulminado. Un invitado murió de sopetón en el banquete. Un testigo, amigo del rey, se pegó un tiro tras la comida. Esperando el tren para irse de luna de miel, el jefe de estación fue arroyado por un tren. Ante el mal fario, volvieron a casa y un conde amigo de la familia se cayó del caballo y la calesa de los novios le pasó por encima. A todo eso, añadir que el día que el rey vino a España, asesinaron a Prim, su valedor. ¡Menudo gafe! Además, la aristocracia, descontenta por tener unos monarcas extranjeros, les amargaron la existencia con lo que se conoció como la Revolución de las Mantillas.

Tiempo más tarde, el 19 de julio de 1872, volvían los reyes de un paseo por El Casón del Buen Retiro en un coche de caballos descubierto cuando en la calle Arenal, a la altura de la iglesia de San Ginés, cuatro tipos intentaron asesinarle. Los testigos dijeron que Amadeo I no se escondió y que hasta sacó pecho, si bien, los matones no acertaron un solo tiro. Al día siguiente y por primera vez, una multitud de madrileños se agolpó a las puertas del Palacio Real para aclamarle. Se dice que, Amadeo llegó a decir que parecía ser que necesitaba más atentados hacia su persona para ser valorado por los españoles. El caso es que el rey no pudo más y se largó del país. Así, España abrazó la Primera República en 1873.

REVOLUCIÓN CANTONAL Y UN AÑO PARA OLVIDAR

¿Saben Jaén y Granada que se declararon la guerra hace 150 años y que no firmaron la paz? Tras la marcha de Amadeo I, las diferentes provincias comenzaron a independizarse del resto de España y así, se iban declarando independientes, Coruña, Murcia, Alicante, todas las andaluzas salvo Huelva, etc. Pero es que dentro de ellas también había escisiones. De este modo, se declararon independientes, Betanzos, La Línea y San Fernando en Cádiz, Loja, Utrera, Motril, Jumilla y, por supuesto, Cartagena. ¡De locos! Los que estaban de acuerdo con un sistema federal se llamaron «transigentes», pero los que además de asumir esa federación, prefirieron dar un paso más e independizarse, se autodenominaron «intransigentes». Con ese nombre, nada bueno podía ocurrir.

Tras independizarse, como había que generar dinero, pensaron que una buena forma de dar trabajo era derribar iglesias y edificios antiguos como puertas, murallas medievales, etc. ¡Una lógica aplastante!

Lo peor dentro de esa nueva realidad fueron los enfrentamientos que se vivieron en España, y así, por ejemplo, Granada le declaró la guerra a Jaén, porque ciertos olivares de Jaén decían que les pertenecían. Así pues, por un problema de fronteras, a hacer la guerra. Total, que los granadinos partieron camino a la guerra, muy decididos, pero resulta que iban a pie, sin comida y mal equipados, de modo que se dieron la vuelta después de pernoctar una sola noche en el campo, ya que las condiciones no eran las mejores. En Jaén aún les están esperando.

Más serio fue lo de Cartagena, ya que te independizas y te encuentras con un puerto lleno de barcos de guerra, concretamente cuatro de los siete de los que disponía España. De este modo, hala, a la guerra contra la Almería independiente. Estuvieron bombardeando Almería y pidiéndoles 2 millones de reales. Como no los consiguieron, a por Motril, que también era independiente, y allí que se apropiaron de 160.000 reales. El caso es que, al final, se lanzaron a por Alicante, haciendo escala en una Torrevieja a la que convencieron para que también se hiciera independiente. A todas estas, anecdótico fue el izado de la bandera del cantón cartagenero. La bandera, por lo visto, debía ser roja y lo primero que pillaron fue una bandera de Turquía. ¿Fue de traca, o no fue de traca? El caso es que, como la media luna se veía de lejos, la arriaron y un tipo se hizo un corte en el brazo para, gracias a su sangre, pintar de rojo las partes blancas de la bandera turca y poder volver a izarla. En fin... Se dice que ese fue el único derramamiento de sangre en el momento de independizarse.

Desde Madrid, por la que en once meses habían pasado cuatro jefes de Estado de la Primera República, mal llamados presidentes, (Figueras, Pi y Margall, Salmerón y Castelar), mandaron al general Pavía a combatir a todos estos cantones. Uno a uno, se fueron uniendo nuevamente todos a España. Cuidado con Cartagena porque si Granada duró 22 días como cantón independiente, Cartagena duró 10 meses. Acuñaron hasta moneda y la moneda de cinco pesetas tenía más plata de la debida, de modo que valía más que su valor facial. Así, la gente guardaba estas monedas y no pagaba con ellas. Hoy son muy cotizadas entre los coleccionistas.

Es más, ante la llegada de Pavía y sus generales, pidieron anexionarse a EE. UU. ¿Nos imaginamos un segundo Gibraltar en la península? Menos mal que Ulysses S. Grant decidió que no era buena cosa. A España le ayudaron a sofocar estas revueltas otras potencias europeas, de modo que Cartagena también le declaró la guerra a Alemania, ya que este país apresó uno de los barcos cartageneros. Dos semanas duró el bombardeo a Cartagena, siendo testigos ejércitos y Gobiernos de Francia, Inglaterra y Alemania. ¡Tela!

Pero vamos, que no fueron los únicos. Sonada fue también la guerra entre Sevilla y Utrera, con victoria, por cierto, de los de Utrera. Puede sonar a chiste, pero los muertos eran reales, uno encima del otro.

Solo hubo que esperar 25 años para el desastre del 98, después de ser un país de pandereta. El presidente Estanislao Figueras llegó a decir: «Señores, voy a serles franco, ¡estoy hasta los cojones de todos nosotros!». ¡Pobrecillo, se autoexilió en Francia! Terminada la Primera República, se coronó a Alfonso XII, pero que se sepa, Jaén y Granada aún no han firmado la paz.

Tras este desaguisado, llegó al trono el hijo de Isabel II, Alfonso XII. ¡Otra vez los Borbones! El chaval se casó con María de las Mercedes de Orleans, y el nombre de esta tipa gustó tanto que hasta el corredor de coches de carreras, Emil Jellinek, le puso a su hija el nombre de nuestra reina. La cosa no quedó ahí, el fundador y fabricante de coches alemán, Gottlieb Daimler, decidió llamar a su marca eso, Mercedes, el nombre de la hija de su piloto de carreras, el nombre de la reina de moda en aquella época, la nueva reina de España.

ISAAC PERAL, EL NINGUNEO A UN GENIO

Nacido en Cartagena en 1851, no inventó el submarino como muchos piensan.

Ya existían submarinos antes de Peral y se conocían como submarinos de pértiga. Iban a pedales, por lo que se pasó de pedal a Peral. Sí, sí, no es broma, iban a pedales. En una pértiga delante del submarino llevaban una bomba que depositaban en el barco enemigo. Luego se alejaban del barco con una cuerda unida al artefacto, de modo que cuando se encontraban a distancia, tiraban de la cuerda y se producía la deflagración. Suena a chiste, a Pepe Gotera y Otilio, pero era lo que había.

Hasta que Peral inventó un submarino hecho con las mejores piezas traídas de lo mejor de cada país. Él lo diseñó y creó el primer submarino torpedero a propulsión eléctrica.

«Isaac Peral en Madrid - El inventor del submarino dando gracias al pueblo, desde un balcón del hotel de Embajadores, por su entusiasta recibimiento», dibujo del natural de Juan Comba y García, en la revista *La Ilustración Española y Americana.* [BNE]

Al tipo le hicieron pasar todo tipo de pruebas y su invento pasó todas ellas con éxito. Venían hasta de otros países a verlo y, claro, alucinaban con el tal Isaac Peral. El submarino era autónomo, no iba a pedales, lanzaba bombas a larga distancia y se movía como pez en el agua, de acuerdo a una exactitud de las coordenadas ya prefijadas, por lo que era la envidia de cualquier armada de la época.

Mientras Sagasta estuvo en el poder, el proyecto parecía que iba adelante, pero fue llegar Cánovas del Castillo y se consideró todo su proyecto una fantasía, un engañabobos. ¿Para qué narices iba a servir aquello? Vete tú a saber por qué oscuros intereses se desprestigió un invento que bien valía devolver a la Armada española al primer nivel internacional, pero amigos, esto es España. ¡Menos mal que estas cosas ya no pasan!

Peral se fue enfadado, con pataleta incluida, y terminó muriendo poco más tarde, en 1895.

En 1905, John Philip Holland inventó el sumergible Holland siguiendo los pasos de Peral, y con unas baterías que duraban más que las de nuestro ingeniero. La Armada española se hizo con su primer Holland en 1917, y lo llamó Peral.

El submarino original de Peral fue medio desguazado y, actualmente, se encuentra en su Cartagena natal.

Y lo peor de todo, en la guerra hispano-estadounidense, es decir, en el desastre de 1898, el comandante Nelson A. Miles confirmó que menos mal que en Santiago de Cuba, la Armada española no tuvo un submarino disponible como el de Peral, ya que habría sido imposible aguantar un ataque superior a 24 horas.

LA CIUDAD LINEAL DE ARTURO SORIA

«A cada familia una casa, en cada casa una huerta y un jardín». Mola, ¿verdad? Este fue el lema del urbanista que creó el modelo de ciudad lineal y que hoy se replica en ciudades como Suloszowa (Polonia) o en intentos parciales en determinados barrios de ciudades de Bélgica, Chile, Rusia y China o en proyectos que aún están en proceso como The Line, ciudad de 170 km que se proyecta en Arabia Saudí y que está siendo propulsada por el príncipe heredero Mohamed bin Salmán.

La idea era distribuir unos servicios cada cierta distancia, es decir, colegios, mercados, centros de salud, espacios públicos, etc., para que la propia ciudad lineal llegase a conectar con otras ciudades ya existentes, de modo que se creara una comunión perfecta entre el hombre y el medio natural, primando los espacios verdes y el medioambiente. Ese era un modelo de ciudad higienista y sostenible frente a la insalubridad y hacinamiento de ciudades como, por ejemplo, Madrid.

El proyecto se presentó en 1885, y el autor era el urbanista Arturo Soria. Efectivamente, por eso, en Madrid, la calle Arturo Soria comienza en un lugar llamado Ciudad Lineal. Y por eso, esta calle tiene tantos espacios verdes y es uno de los lugares más cotizados de la ciudad.

Arturo Soria diseñó un proyecto de una ciudad lineal de 53 km, que rodearía la capital española a modo de cinturón y que sustituiría a la calle Misterios, la primera M-30 que hubo en Madrid. De ese primer proyecto solo se construyeron los seis kilómetros que nos han llegado hasta la actualidad y es que el tipo tenía en mente, además, unir Madrid con Zaragoza en un estadio mucho más avanzado del proyecto. La primera piedra se puso en 1894, y esos seis kilómetros se terminaron en 1910.

Arturo Soria visionó una ciudad planificada y no improvisada, una ciudad que pensaba en una clase obrera que pudiera pagar a 20 años y que en aquel entonces estaba condenada a espacios reducidos y, en muchas ocasiones, destinada a vivir en sótanos, en buhardillas o en guetos. El gran obstáculo de la época era la especulación del metro cuadrado. ¡Menos mal que esas cosas ya no pasan!

Esta idea impactó tanto, que estuvo presente en las exposiciones internacionales de Lyon (1914), Toulouse (1915) y Gotemburgo (1923) y en los Congresos Internacionales de Vivienda de Viena

(1926) y Berlín (1931). El tema gustó tanto, que incluso, en 1928, se fundó en París la Asociación Internacional de Ciudades Lineales.

¿QUIÉN FUE CASCORRO?

Cascorro no fue nadie, pese a que en la plaza de dicho nombre hay un monumento con un tipo armado hasta los dientes. El hombre es un tal Eloy Gonzalo García o, al menos, así se indicaba en un papel que le acompañaba cuando su madre, Luisa García, natural de Peñafiel (Valladolid), le abandonó a las puertas de una inclusa en la calle Mesón de Paredes de Madrid a altas horas de la noche de un 1 de diciembre de 1868. Antes, cuando había un hijo fuera del matrimonio o no era deseado, la solución más fácil era darle de lado, no fuera que la gente hablara de más y les pusieran verdes. Eran otros tiempos. Se crio en la casa de una mujer de guardia civil, Braulia Miguel, que había perdido un hijo. Destinados por varios pueblos cercanos a Madrid como San Bartolomé de Pinares en Ávila y Chapinería en Madrid, su nodriza murió y el guardia civil, enloquecido, lo abandonó, por lo que a los solo once años de edad tuvo que buscarse la vida con oficios varios y mal pagados.

En aquella época, una buena solución era alistarse en el ejército, y si eras huérfano, ni te cuento. Allí, un buen día, pilló a su superior haciendo «cositas» con su novia y le apuntó con su pistola, pero la sorpresa fue que este superior le metió en la cárcel militar tras tener un consejo militar. Y así, sin delito de sangre y desde prisión, solicitó alistarse para ir a sofocar la rebelión en Cuba. Pidió «limpiar su honra derramando la sangre por la patria». Y para allá que se fue.

Cascorro es el nombre de un pueblo cubano en el que Eloy Gonzalo estuvo junto a otros 170 españoles en un destacamento. Allí recibieron la visita de 3.000 cubanos que les sitiaron durante trece días en septiembre de 1896. La lucha fue contra 2.000 cubanos y allí estaban los soldaditos españoles más solos que un vegano en el día de Navidad.

Las pasaron canutas, muriendo ante fuego enemigo y ante unos malditos mosquitos que les contagiaban la malaria. El general cubano Valeriano Wyler confesó que el lugar era difícilmente defendible por parte de España y que no lo tenían como objetivo. Aun así, el general Calixto García pidió la rendición y el capitán español Francisco Neila dijo que verdes las habían segado. No hay nada más peligroso en esta vida que un español acorralado. Los obuses siguieron cayendo en Cascorro. Con este panorama, Neila pidió un voluntario para un plan suicida.

Harto de la situación y después de pasar la sarna, Eloy se presentó voluntario. Salió con un rifle, una lata de petróleo, unas cerillas y una cuerda atada a su cuerpo para que tiraran de él una vez le mataran. Daba por hecho que no saldría vivo. Incendió la torre desde la que les estaban acribillando y una vez fueron saliendo los cubanos de aquella hoguera, Eloy los fue rematando uno por uno. Al poco tiempo regresó y los españoles, pendientes de la cuerda, vieron cómo el tipo regresaba sano y salvo. Fue condecorado y murió un año más tarde de enterocolitis ulcerosa gangrenosa debido al mal estado de la alimentación del ejército. España, que siempre ha pagado muy bien a sus héroes. Tampoco hay peli, no la busquen..., bueno sí, las hay, pero antiquísimas, una de ellas muda.

Así pues, la pregunta es ¿quién es el del monumento de la plaza de Cascorro? Porque lo fácil es responder a ¿qué es Cascorro? Cascorro es el rastro de Madrid.

EL MAINE, EJEMPLO DE «FAKE NEWS»

Theodore Roosevelt era secretario adjunto de la Marina en 1897, pero ya desde 1886, y tras su paso por la Asamblea de Nueva York, fue cuando le sugirió a John Davis Long, ministro de la US Navy, ascender a primera división echando a aquellos europeos que aún ocuparan suelo en América. Y ya en 1897, sugirió liberar Cuba de una España atroz y malvada. Cuatro años antes de ser presidente de EE. UU., el New York Journal envió a reporteros que pudieran narrar la revolución cubana, pero mira por dónde, todo estaba en calma en el país caribeño. A las órdenes de William Randolph Hearst Apperson, los periodistas Richard Hearding Davis y Frederick Remington cobraron 3.000 dólares semanales de la época para mostrar el conflicto sí o sí.

En enero de 1898, Washington anunciaba el envío, en son de paz, de un buque acorazado dirigido por el comandante Charles Dwight Sigsbee, el Maine, pero el embajador español en EE. UU., Enrique Dupuy de Lôme, dijo que de amistoso aquello no tenía nada. A su llegada, el barco fue amarrado en la boya número cuatro por el práctico Julián García López, mientras la rata de Hearst tomaba sus instantáneas. Una semana antes, Roosevelt había sugerido a Long un ataque sobre Barcelona, por lo que Dupuy de Lôme no iba del todo desencaminado.

Y de repente, el 15 de febrero, el barco explotó a las 21:40 h. Sigsbee, sin demora, informó de la catástrofe, de los heridos, de los fallecidos y de la colaboración rápida de los españoles y del gobernador y capitán general Ramón Blanco y Erenas. Sigsbee se comunicaba en tiempo real con el comandante de la base naval de Key West (Florida), el capitán de navío James A. Forsythe, y este, a su vez, con el entonces presidente William McKinley. Tanto Forsythe como Sigsbee desaconsejaron enviar refuerzos dada la ayuda española, pero Hearst publicaba, el 17 de febrero, una noticia con un titular demoledor: «La destrucción del buque de guerra Maine había sido provocada por el enemigo», señalando que Roosevelt estaba convencido de que no había sido un accidente. Llegó a ofrecer 50.000 dólares para quien diera pistas de los culpables de las 266 muertes provocadas por la deflagración. Tres años más tarde, Hearst sería congresista y Roosevelt presidente. ¡Menos mal que estas cosas ya no pasan!

Sin Hearst no habría habido ni guerra, ni desastre del 98. Seguro. Hearst vendió 1,25 millones de periódicos, mientras que su competencia, el New York World, de un tal Joseph Pulitzer, vendió 40 ediciones en un solo día. Su titular fue «La explosión del Maine fue causada por una bomba o un torpedo». Entre otras noticias, Pulitzer aseguraba que los oficiales españoles habían brindado tras el hundimiento, cuando la realidad fue que estuvieron ayudando durante toda la madrugada del 16 de febrero.

Ya tarde, como casi siempre, España reaccionó impidiendo a Hearst acceder al telégrafo, lo cual le sirvió para vender el hecho como represión de un país beligerante. Hearst animó a comenzar una guerra y Pulitzer publicó que, 30.000 indios dirigidos por Bufalo Bill ganarían a los malvados españoles. Hoy todos los periodistas del planeta se pelean por llevarse el premio que lleva su nombre, ¡de traca!

El USS Maine hundido en el puerto de La Habana. [U.S. Navy]

The Evening Times

WASHINGTON, WEDNESDAY, FEBRUARY 16, 1898.

BLOWN UP BY SPAIN

Every Evidence That the Maine Was Torpedoed.

CAPT. SIGSBEE'S STATEMENT

Two Hundred and Fifty American Sailors the Food of Sharks.

LIEUTS. JENKINS AND MERRITT DEAD

The Evening Times, Washington, DC, EE. UU., 16 de febrero de 1898, atribuyendo a España el hundimiento del USS Maine, lo que dio lugar a la guerra hispanoamericana.

España comprobó que la explosión provino de la combustión espontánea de un carbón del habitáculo contiguo al de la munición. Además, ni hubo columna de agua, ni hubo peces muertos y la munición no podía explotar al hundirse un barco. Es más, es que la chapa del barco estaba hacia afuera y no hacia adentro, pero ni por esas.

El 19 de abril de 1898, EE. UU. reconocía la independencia de Cuba instando a España a abandonar el país, y el 25 de abril, EE. UU. le declaró la guerra a España. Pronto, el 4 de mayo, Cuba, oficialmente, y por primera vez en su historia, era una colonia, en este caso, de EE. UU., y dejaba de ser una provincia de ultramar. Parece que no, pero no es lo mismo. Habría que esperar décadas para que un tal Fidel Castro trajera la independencia a los cubanos..., o no, viendo cómo les ha ido. El final de la guerra fue de chiste, con 376 españoles muertos, uno por parte de EE. UU., 150 heridos españoles, 2 estadounidenses, 6 barcos españoles hundidos y unas pequeñas reparaciones en dos de los 10 barcos norteamericanos. Mucho cuidado porque la historia podría haber sido diferente si España hubiese enviado a la zona a sus destructores de la «Clase Furor», con el «Audaz», «Osado» y «Proserpina», y escoltados por los cruceros «Patriota», «Meteoro» y «Carlos V», y sin olvidar al mejor de los acorazados de la época que era el «Pelayo», un buque de guerra del que no disponían los americanos. Se habló de «el contragolpe español», pero Londres se opuso a una guerra en el Atlántico y a pesar de tener buenos barcos en la península, la logística se tornaba difícil. Finalmente, se optó por enviar al Pelayo a Filipinas, pero en Suez se quedó taponado ante una administración egipcia al servicio, nuevamente, de Londres. Vamos, que le hicieron la «trece, catorce» y para cuando le dieron los permisos de acceso se tuvo que volver a España porque ya era demasiado tarde. Aquel barco recibió el apodo de «El Solitario».

Ya siendo presidente Roosevelt (lo fue de 1901 a 1909), el propio Long diría que el presidente entró en Cuba como un elefante en una cacharrería, pero para entonces ya poco importaban sus declaraciones.

El PNV, con Sabino Arana a la cabeza, habló de un EE. UU. como «defensor de los pueblos oprimidos» y felicitaron a Roosevelt. España, por su parte, encarceló a Sabino. ¡Si levantara hoy la cabeza!

Décadas después, en 1976, el almirante Hyman G. Rickover, con dos medallas del Congreso de los EE. UU., dictaminó lo que ya adelantó España en febrero y marzo de 1898, es decir, que la explosión tuvo lugar desde el interior del Maine. Esto se afirmó en lo que se conoce como Informe Rickover. Este señor no era cualquiera, puesto que estaba al mando del armamento nuclear de los EE. UU. De todo lo que se arrebató a España, a día de hoy siguen medio perteneciendo a EE. UU., Puerto Rico y la isla de Guam como territorios no incorporados. Y como curiosidad, añadir que, la estelada, sin ir más lejos, está inspirada en las banderas de Cuba y, sobre todo, Puerto Rico, es decir, está diseñada para reivindicar paralelismos con aquellas pérdidas de los últimos territorios de ultramar.

Llamativo es el término de «prensa amarilla» que empleamos actualmente para referirnos a líneas editoriales o noticias poco contrastadas y/o sensacionalistas. Se debe a que el color del papel del New York Journal, era de color amarillo en la época del episodio del Maine. Tampoco se fue coherente con el discurso para expulsar a todos los europeos de América, ya que franceses, ingleses y holandeses siguieron conservando sus pequeñas islas en la zona. Y para rematar y como última curiosidad, el director cinematográfico Orson Welles, se inspiró en Hearst para crear el personaje de «Ciudadano Kane», Charles Foster Kane (acaudalado y megalómano magnate de la prensa sensacionalista), y es por ello que el periódico de Hearst no dejó de boicotear la película.

EE. UU., pese a estas grandes y brutales *fake news*, jamás ha pedido perdón a España, el país que le ayudó a independizarse de Inglaterra. Ni se le espera. Si había armas de destrucción masiva en Irak, ¿no iban a ser los españoles los que hundieran aquel barco? ¡Menos mal que estas cosas ya no pasan!

LOS ÚLTIMOS DE FILIPINAS

Cartagena de Indias, con Blas de Lezo, resistió dos meses ante Vernon y sus 186 barcos, Numancia no resistió el asedio de Publio en el 134 a. C., la Granada de Boabdil aguantó un año el asedio cristiano, 14 meses se demoró el asedio de Felipe V ante los austracistas en Barcelona, Zamora no se ganó en una hora y tampoco en siete meses, dos meses tardó en caer Zaragoza ante Napoleón, pero no así Cádiz, que resistió dos años y medio, Madrid sucumbió al asedio nacional después de dos años y medio y los nacionales resistieron tres meses ante los republicanos en el Alcázar de Toledo.

Si hay un asedio que, se deba poner en valor, ese es el de Baler en 1898-99, en la isla de Luzón, Filipinas, el único país católico de Asia, gracias a España. El asedio duró once meses. Un grupo de soldados españoles, el Batallón de Cazadores, resistió ante el enemigo confinados en una pequeña iglesia de apenas treinta metros de largo por diez de ancho.

Se enfrentaron a enfermedades como el beri-beri, la disentería, el hambre, la traición y el fuego enemigo. España se rindió en el Tratado de París de 1898, y la guerra continuó entre Filipinas y EE. UU. Nunca creyeron que la guerra había terminado y siguieron confinados en una iglesia de reducido tamaño.

En principio, solo iban a estar cuatro meses defendiendo aquella posición. Al mando estaba el capitán Enrique de las Morenas, acompañado de dos tenientes, el médico Rogelio Vigil de Quiñones, un cura y unos soldados que, en total, sumaban 54 hombres contándolos a todos. Desde una playa cercana, a 750 metros de distancia, habían recibido víveres para cuatro meses gracias al barco Don Juan de Austria. Lo único era el pan, para el cual consiguieron hacer un horno con las propias baldosas de la iglesia, ya que harina tenían. El agua la consiguieron gracias a un pozo que excavaron encontrando el líquido elemento a cuatro metros y medio de profundidad. Armas tenían, y más cuando descubrieron dos viejos cañones abandonados a modo de decoración, pero que, curiosamente, pudieron hacer funcionar.

Aquella iglesia les sirvió de todo, siendo prisión militar, el baptisterio, el patio trasero hizo de corral y cementerio y, en definitiva, vivieron casi un año con malas condiciones higiénicas, humedad y hacinamiento. Al médico se le sigue estudiando a día de hoy gracias a que trató el beri-beri con hierbas del lugar, y es que la falta de vitamina B1 era acuciante. Bueno, la falta de todo, porque, si bien al principio renunciaron a comerse un caballo, terminaron por comer bichos, perros, hierbas y todo lo que pillaron.

Para evitar ser sobrepasados por una puerta principal un tanto desvencijada, construyeron un terraplén interno que dio más consistencia a la entrada. Aguantaron asaltos, cañonazos, hambre, pero quien de verdad diezmó a los españoles fueron las enfermedades. El beri-beri se llevó por delante a un teniente, al cura Carreño y al capitán de las Morenas. El relevo lo tomó el teniente Saturnino Martín Cerezo, un tipo tan aguerrido como desconfiado. Este suboficial hizo frente a traidores (llegó a fusilar a un cabo y a un soldado siguiendo el código militar en favor del resto de sitiados), hizo frente a un oficial filipino llamado Calixto Villacorta y al que, básicamente, le comió la moral, e hizo frente a todo aquel, español o filipino, que trató de convencerle de que la guerra entre España y Filipinas había terminado con la retirada del ejército español. Es más, los frailes Minaya y López, lejos de convencerles, se sumaron a aquella locura de resistencia. Dura fue la deserción del soldado Jaime Caldentey, que, incluso, facilitó a los filipinos dibujos del interior de la iglesia.

Se llegó, también, a desbaratar un intento de aproximación de unos cañones filipinos de una forma totalmente heroica, y es que los francotiradores españoles eran muy precisos.

En cualquier caso, la respuesta de estos tipos siempre fue la misma, «¡preferimos la muerte a la deshonra!». Eran tipos duros hechos de otra pasta.

Justo cuando estaban ya sin nada, en un momento en el que estaban planeando un loco plan de huida, el teniente Martín Cerezo, sin poder dormir, hojeó uno de los supuestos falsos periódicos que les habían proporcionado con el objetivo de hacerles deponer las armas. Una noticia secundaria le llamó la atención. Un amigo suyo que estaba en Cuba había sido destinado a Málaga, justo adonde siempre le dijo querer ir. Aquel periódico no podía ser una falsificación.

Solo cuando fueron conscientes de que la guerra había terminado tras leer aquella noticia de ascensos militares, decidieron abandonar la iglesia 337 días después.

El presidente filipino, Emilio Aguinaldo, mandó rendirles honores ante la sorpresa de los suboficiales y soldados españoles que habían sobrevivido, 33 en total. Los españoles negociaron aquella salida, ya que se habían cepillado a unos 700 filipinos. ¡Brutal! Cuando llegaron a la zona del bando norteamericano les recibieron con la Marcha Real. Ese día los diarios de medio planeta abrían sus portadas con la gesta de estos 33 héroes que, días más tarde, llegaron a Barcelona primero y a Madrid después.

Fueron recibidos con honores a su llegada a España. No fue ese el trato del cine a estos últimos de Filipinas, en donde los oficiales aparecían como asesinos despiadados y el cura como adicto a las drogas.

Aunque el cine español no haya estado a la altura de estos 54 hombres, en otras latitudes se han tomado el tiempo de traducir todo lo escrito por el teniente Martín Cerezo y hoy, todo ello, forma parte del cuerpo académico de la formación en West Point de EE. UU., en la Academia Militar francesa de Saint-Cyr, en la Academia Militar rusa de Frunze y, por supuesto, en la Academia Militar de Zaragoza. Estos hombres, en West Point, se estudian como ejemplo de valores, disciplina, resiliencia, trabajo en equipo y consecución de objetivos en circunstancias dramáticas.

CINCO PRESIDENTES ASESINADOS EN CIEN AÑOS

En España nunca ha habido descanso en eso de ver quién manda y en el tema de presidentes, la cosa tampoco ha estado muy relajada que digamos.

En 1870, el catalán Juan Prim era quitado de en medio por la vía rápida. Había apostado por la llegada a la corona de la casa de Saboya, unos italianos que no gustaron demasiado. De hecho, este presidente llegó a gritar en catalán ¡abajo los Borbones! Lo bordó, casi le hicieron una estatua. El tipo fue emboscado por tres carruajes en la calle del Turco, en Madrid (hoy se llama calle Marqués de Cubas) y le propinaron tres disparos. Aunque las heridas no fueron graves, se infectaron y la palmó tres días después, justo el día que venía Amadeo I, el nuevo rey. Los asesinos fueron republicanos, con José Paul y Angulo a la cabeza y se cree que a las órdenes del duque de Montpensier y el general Serrano.

Por su parte, Cánovas del Castillo, seis veces presidente, fue asesinado en un balneario guipuzcoano en 1897. El asesino fue un periodista italiano, el anarquista Michele Angiolillo, que le disparó tres veces a bocajarro. Parece ser que venía financiado por independentistas cubanos, si bien, antes de ser ejecutado en el garrote vil, le confesó al verdugo que todo fue una venganza por el proceso de

Montjuic, un juicio a unos anarquistas que mataron a doce personas en la procesión del Corpus de Barcelona.

En 1912, llegó el turno de José Canalejas, asesinado en la mismísima Puerta del Sol, esta vez ¡oh sorpresa!, por un anarquista, Manuel Pardiñas. Canalejas estaba viendo el escaparate de la librería San Martín, en la esquina con la calle Carretas, y el pobre ni se enteró. La policía apresó segundos más tardes a Pardiñas, y el tipo se suicidó con dos disparos. Sí, sí, antes la gente estaba hecha de otra pasta y era necesaria más de una bala. No es broma. Parecido a lo que le pasó a Mateo Morral en Torrejón de Ardoz, un tipo que se suicidó al ser apresado en dicha localidad después de haber soltado una bomba el día anterior ante el desfile nupcial de Alfonso XIII y Victoria de Battenberg, el 31 de mayo de 1906, en la calle Mayor. Autopsias posteriores, confirmaron que la bala provino de un arma de mayor tamaño.

Cuarto y mitad le pasó al conservador Eduardo Dato, en la calle Serrano, en 1921. El presidente siempre hacía la misma ruta y los asesinos, en un sidecar, hasta hicieron un ensayo con el propio Dato el día antes. Lo curioso es que se lo cargaron y los guardias que vigilaban el recorrido firmaron como que el presidente había pasado por diferentes lugares y llegado a casa, es decir, ¡a por uvas! No, no llegó a casa por culpa de 18 balas. De fondo estaba la huelga de Barcelona y los autores materiales del atentado fueron los anarquistas del grupo «Regencia Activista», Pedro Mateu, Luis Nicolau y Ramón Casanellas, todos ellos catalanes.

Aunque a Antonio Maura y a José María Aznar también intentaron asesinarles, el último presidente asesinado fue Carrero Blanco en 1973. Los asesinos fueron unos etarras que habían hecho un túnel en la calle Claudio Coello, a apenas unos metros de la embajada de EE. UU. El coche se levantó hasta la azotea del edificio. Pero como este tipo fue puesto por Franco, digamos que el tema fue distinto. Así pues, sí, en España se produjeron cinco magnicidios en 103 años.

S. XX. ROJOS Y AZULES

Las dos Españas invadieron el 100 % de la vida en todos sus ámbitos y rincones, y el pueblo y sus organismos se dividieron en rojos y azules, en derecha e izquierda, en monárquicos y republicanos, en ricos y pobres.

El norte de África, las revueltas de Barcelona, la gripe española, etc., desgastaron a un pueblo ávido de juzgar a sus monarcas y aristócratas, y dar más voz a las iniciativas populares. Los golpes de Estado y la desmesura inicial de la Segunda República terminaron por dividir a los españoles para siempre. Esta fue una sociedad a la que se le paró el reloj en el año 36. Y después, la dictadura de 36 largos años en la que poco se podía opinar.

Por fin hubo un resquicio por el que escapar de esa inercia de más de dos siglos, casi tres, y la Constitución del 78 vino para asombrar al mundo. Hoy, muchos, a ese texto que regula nuestras vidas lo llaman Régimen del 78. ¡Con lo que costó llegar a ello!

ALFONSO XIII, REY DESDE EL MISMO MOMENTO DE NACER

Pues sí, único caso de la historia. Fue rey desde el momento en el que nació, un 17 de mayo de 1886. De hecho, se modificó la Constitución de 1876, para que, ya fuera rey casi antes de nacer y así, evitar que reinara su hermana mayor, María de las Mercedes. El pánico era de órdago después de haber tenido tres guerras carlistas por el mismo estúpido motivo. De este modo, tuvimos a los presidentes conservadores Antonio Cánovas del Castillo y Práxedes Mariano Mateo Sagasta rezando para que, por Dios, lo que viniera, viniera bien. Y vino bien y se hizo rey de forma instantánea, como el Nesquik. Insisto, no sé si habrá más casos en la historia. Además, y por echar más leña al fuego, fue católico antes de nacer gracias a lo que se conoce como bautizo «in útero» o cristianar de urgencia o bautismo de socorro, puesto que, además, era necesario que lo que viniera, fuera católico.

El tema fue la comidilla de la época, puesto que el padre de la criatura, el ya fallecido Alfonso XII, tenía dos hijos varones, pero provenían de una relación extramatrimonial «made in Borbón», es decir, hijos de su amante Elena Sanz. Así pues, este hijo que venía, iba a ser su hijo póstumo, el futuro rey de España, Alfonso XIII.

En el típico cachondeo de la época, esa chispa que siempre hemos tenido por estas arenas del mioceno, a todo este embrollo de modificar la constitución, de hacerle rey de forma instantánea y de bautizar hasta dos veces a la criatura (una dentro de la madre y otra posterior, ya una vez nació el chaval), se conoció popularmente como el «golpe de Estado de la barriga de la reina», que no era otra que María Cristina, la segunda María Cristina regente que tenía España en menos de 70 años.

El siguiente episodio fue que llegara a su mayoría de edad que, en su caso, fue a los 16 años, en 1902, jurando la Constitución y jurando ser nuestro monarca, pese a que apoyó una dictadura, la de Miguel Primo de Rivera, en 1923. Por eso, se le conoce como el rey «Perjuro», es decir, por la falsedad de su juramento.

Rey de España [en uniforme]. [Library of Congress, Prints & Photographs Division]

Con la Revolución rusa de fondo y añadiendo una sangría en el norte de África, tanto en pasta como en sangre derramada, y unas huelgas y revueltas obreras en Barcelona en 1919, fue necesario crear unas juntas militares para mantener el orden en muchas zonas de la geografía española. En este contexto, Alfonso XIII sondeó al balear Antonio Maura y este le comentó que más que una dictadura real, era necesaria una dictadura militar. Y voilà, el andaluz Miguel

Primo de Rivera la ejecutó, en 1923, con la nada desdeñable característica de que Alfonso XIII le respaldó y le mandó formar Gobierno.

El descontento social fue «in crescendo» con estudiantes e intelectuales a la cabeza. Así, en 1930, el rey depuso a su dictador sin mayor problema y encargó gobierno a Dámaso Berenguer, retomando el régimen de la anterior constitución. A esta fase que daba comienzo se la conoció como «la dictablanda». Con este panorama, se produjo un golpe de Estado en 1930, en Jaca y ante unas elecciones municipales en 1931, el relevo de Berenguer lo tomó el almirante Juan Bautista Aznar. Estas elecciones, finalmente, hicieron huir al rey camino de Cartagena para abandonar el país. Su hogar, el Palacio Real, mandado construir por Felipe V, tuvo como primer inquilino a Carlos III, que entró por la puerta principal a lo grande, y el último monarca en vivir allí, Alfonso XIII, lo abandonó por la ventana.

Exiliado en Italia, Mussolini le dio la espalda para un eventual golpe de Estado en 1934. Paseándose por media Europa antes de la Segunda Guerra Mundial, ya nunca más regresó a España, puesto que, tras la Segunda República, sucedió la dictadura de Franco. Falleció joven en Roma, en 1941, tras una angina de pecho, dándole el relevo al frente de la Casa Real, su hijo Juan.

LA PRIMERA GUERRA MUNDIAL EN MADRID, TIERRA DE ESPÍAS

Tras el asesinato en Sarajevo del heredero del Imperio austrohúngaro, se produjo tal reacción en cadena que, en 1914, se inició la Primera Guerra Mundial, con Alemania y el Imperio Austrohúngaro en un bando, y Francia, Reino Unido y el Imperio Ruso por el otro. Hubo veinte millones de muertos. Por su parte, España estaba patas arriba tras el desastre del 98. Con este panorama, Eduardo Dato, el presidente entonces, dijo que España sería neutral y punto. Pero la gente se dividió en las dos Españas tradicionales y de este modo tuvimos aliadófilos (progresistas) y germanófilos (conservadores). Al frente del país estaba un Alfonso XIII que era hijo de una alemana (María Cristina de Habsburgo-Lorena) y marido de una inglesa (María Eugenia de Battenberg), si bien le tiraba más el bando alemán. ¡Cómo debían molar las cenas de Navidad en esa casa en aquella época!

En una guerra el mejor lugar para abastecerte de todo es en un territorio neutral y España lo era. Así, España fue tierra de espías y Madrid un verdadero nido. Se dice que, Alemania comenzó a perder la guerra en Madrid como consecuencia de esa guerra sucia y secreta.

Un buen día, los aliados descifraron el código secreto de los alemanes y descubrieron con estupor que los germanos conocían cosas que, se suponía, solo sabía el rey de España. Tras contarle un par de mentiras a Alfonso XIII, se percataron de que a los pocos minutos esa información falsa estaba en poder de los alemanes, por lo que se podría decir que, le pillaron con el carrito de los helados. Seguramente, Alfonso XIII fue uno de los espías más cutres de la historia.

En el hotel Ritz y en el hotel Palace convivieron dos de las mejores espías del momento, Marthe Richard y Margaretha Geertruida Zelle, es decir, Mata Hari.

Marthe Richard, la menos famosa de ambas, fue una francesa de origen humilde que había sido prostituta y que se casó con un empresario que hasta le compró un avión (fue una de las primeras aviadoras de la historia). Su marido murió en el frente y se ofreció a los servicios secretos galos. Le pidieron espiar al agregado naval en la embajada de Alemania en Madrid, Hans Von Krohn, el jefe de un tal Wilhelm Canaris, y los fastidió a base de bien.

Por su parte, Mata Hari fue una bailarina de danzas exóticas con éxito mundial. Conquistó a los hombres más influyentes de Europa, pero se enamoró de un oficial ruso que le pidió espiar para Francia. Después de una actuación en el Gran Kursaal de Madrid, un espía alemán influyente, el ya mencionado Canaris, se fijó en ella y terminaron siendo amantes, de modo que la chica se hizo agente doble. Un día, Canaris envió un telegrama a la oficina de Ámsterdam para decir que, la agente H21 iba a retirar dinero en París. Gracias a que los aliados sabían la clave, interceptaron el mensaje y descubrieron que H21 no era otra que, Mata Hari. La detuvieron y condenaron a muerte, y ante el pelotón de fusilamiento pidió que no le vendaran los ojos. Lanzó un beso de perdón al pelotón y de los doce soldados, solo acertaron cuatro. Mata Hari en estado puro.

RAMÓN FRANCO BAHAMONDE

El hermano pequeño del dictador Francisco Franco dicen que se parecía más a su padre, mientras que «Paquito», parece ser que, se parecía y compartía más los valores de la madre.

Hijo de un marino español que estuvo en Filipinas, Ramón fue conocido en el norte de África con el sobrenombre de «Chacal», pero, sobre todo, pasaría a la historia porque, en 1926, batió dos récords con el vuelo Plus Ultra. Desde Palos de la Frontera voló, junto con tres compañeros más, hasta Buenos Aires, batiendo los récords de mayor velocidad de un hidroavión y mayor distancia recorrida con escalas. Fue el primer vuelo que cruzó el Atlántico Sur y tanto Alfonso XIII como Miguel Primo de Rivera daban palmas con las orejas por la publicidad internacional que el hecho le brindaba a España.

Acto seguido, trató de cruzar el Atlántico para llegar a Washington, pero el vuelo fue un desastre y tuvo que ser rescatado del océano. Aun así, ya en España, fue recibido como héroe, pero el rey y el presidente le amonestaron por la imprudencia y la mala publicidad que este último hecho proporcionaba. Total, que, sin complejo alguno, el hermano pequeño de los Franco va y se declara republicano y de izquierdas, dejando al rey y al presidente con dos palmos de narices. Así pues, le degradaron y le quitaron todos los honores.

Muy «rebotado», decide dedicarse a la masonería y a la política, de modo y forma que terminará siendo diputado de ERC por Barcelona en las elecciones de 1931. Sí, has leído bien, fue diputado por Ezquerra Republicana de Catalunya. Cuidado, que también se presentó al mismo tiempo por Sevilla y por el Partido Republicano Revolucionario con el padre de la patria andaluza, un tal Blas Infante. Como digo, finalmente, fue diputado por Barcelona con ERC. Por Dios, ¡cómo me habría gustado coincidir en una cena de Navidad de la familia Franco por aquella época!

Ramón Franco compartió lista electoral con tipos como Josep Tarradellas o el mismísimo Francesc Macià, el tipo que proclamó la primera república catalana. ¡Vaya tela!

Ramón era tan republicano que estuvo a un tris de bombardear el Palacio Real de Madrid, en 1930, pero el tema se abortó al ver una plaza de Oriente totalmente atestada de gente que, en gran parte, era ajena a la monarquía.

Tras el abandono de España por parte de Alfonso XIII, recuperó sus honores y fue nombrado jefe de la Aeronáutica Española.

Francisco y Ramón Franco, Marruecos, 1925.

En 1936, ya con el inicio de la guerra, contactó con el bando republicano, pero el propio Azaña le aconsejó abandonar la idea, pues al ser hermano de quien era, no iba a ser bien recibido. El caso es que, al final, en octubre de 1936, se enganchó al bando nacional y hay varias teorías al respecto de dicha decisión. Una de ellas asegura que le pesó más la familia, y hay quien dice que tras enterarse de que la República fusiló a su mejor amigo, Julio Ruiz de Alda, se envenenó y prefirió apoyar a los sublevados.

Fue nombrado jefe de la base aérea de Baleares y en 1938, con un avión cargado de bombas, se disponía a bombardear una Cataluña que siete años antes le había votado como diputado. La nave no llegó a su destino porque al poco de despegar, se estrelló en la bahía de Palma. Hay quien asegura que fue una venganza masona y hay quien dice que el vuelo fue saboteado por los propios nacionales por tener un pasado republicano y de izquierdas. Hay quien, incluso, llega a afirmar que el sabotaje provino de su propio hermano, pero la verdad nunca se llegará a saber. Lo cierto es que los hermanos, bien, lo que se dice bien, no se llevaban.

LA VENTA DE LAS BALEARES

Hay partes de la historia que siempre han interesado que no se sepan, pero lo cierto es que, aunque tapadas, no dejan de ser ciertas.

En lo peor de la guerra civil y con un bando nacional apretando más que nunca, los republicanos tuvieron una de esas ideas que, a día de hoy, desconoce la mayoría de la gente. El intento de vender las islas Baleares a cambio de beneficio militar, o mejor dicho, del no apoyo militar al bando contrario. Cuidado, no solo las Baleares, ya que entre las opciones barajadas también estaban las Canarias y el norte de África, pero en aras de decir la verdad, ninguno de estos proyectos llegó a materializarse.

En marzo de 1937, en Mónaco, el republicano José Chapiro se sentó a negociar la retirada italiana del conflicto con un espía fascista de Mussolini. De fondo, cien millones de dólares a pagar como compensación de guerra y la entrega de las Baleares para ser colonizadas por 100.000 italianos. ¡De traca!

Ante el lavado de manos de Francia e Inglaterra con el tema guerracivilista español, la República lo intentó en negativo, es decir, conseguir que los apoyos de Franco se dieran media vuelta. Otros historiadores apuntan a que este no fue el único caso y es que, en Consejo de Ministros se llegó a ofrecer Canarias al propio Hitler con el mismo fin, es decir, que se retiraran. Estos historiadores son la anarquista y ministra de Sanidad de la Segunda República, Federica Montseny y el británico Burnett Bollotten. En el colmo de la desesperación, se llegó a ofrecer tanto Baleares a italianos, como Canarias a alemanes. Lo que no sabían entonces los republicanos es que los alemanes iban a colonizar Canarias de todas maneras y más por lo civil que por lo criminal.

Alemania se llegó a reunir hasta en tres ocasiones a través del director del Reichsbank, un tal Hjalmar Schacht. Al destituir a Largo Caballero, en mayo de 1937, la propuesta no tuvo mayor recorrido. ¡Menos mal!

Italia, con la mosca detrás de la oreja, comenzó a hacer lo que ya había hecho en Túnez, que fue comprar fincas en Baleares para pretender una penetración social y cultural que no tuvo mayores consecuencias. Las fincas compradas no eran cualquier cosa, midiendo una de ellas 18 km^2 y teniendo 5 km de costa, figurando como comprador el espía italiano Carlo de Re. Para salvar la propia ley republicana, que obligaba a una autorización en este tipo de compras, al día siguiente de la compra italiana y para camuflar el movimiento, apareció como propietaria oficial la empresa Celulosa Hispánica, S.A.

En fin, que en estas guerras no siempre podemos hablar de blanco y negro, sino que, normalmente, hay grises y, a veces, esos grises son muy oscuros.

SIETE GOLPES DE ESTADO EN 16 AÑOS

Hay quien al hablar de la Guerra Civil se centra en lo acaecido en 1936, pero la verdad fue que, el clima de guerra se coció a fuego lento desde unos años antes y las consecuencias fueron horribles, con una población enfrentada a partes iguales, con ajustes de cuentas por doquier y con hermanos disparándose desde ambos bandos en aras de unas ideologías que jamás se preocuparon por las poblaciones a las que, se supone, querían defender.

En 1923, con un norte de África que desangraba a España en vidas humanas y en pasta, llegó el ya mencionado golpe de Estado de Miguel Primo de Rivera. El cerebro de aquel golpe de Estado fue el propio Alfonso XIII, un rey interesado en aplacar a una población que cada vez estaba más revuelta. Además, y por añadir leña al fuego, estaba de fondo el famoso desastre de Annual, en plena guerra del Rif, ocurrido un par de años antes y que había aumentado la presión sobre la monarquía borbónica.

Tras aquella dictadura y como ya hemos visto, llegó en 1930, la denominada «dictablanda» del general Berenguer, ya con un norte de África algo más relajado tras la victoria en el desembarco Alhucemas en 1925. Aun así, la tensión social se cortaba con un cuchillo porque el norte de África seguía erre que erre.

Mano dura o mano blanda, la izquierda estaba que trinaba y así llegamos a 1930, un año que, casi terminando, nos trajo el golpe de Jaca. Se proclamó la república en aquella fría ciudad y días más tarde se abolió la sublevación, fusilando a los golpistas Fermín Galán y Ángel García. Meses más tarde se les reconocerá como mártires y a los sublevados de 1930, se les dedicarían calles, colegios, etc., pero lo cierto es que, su sublevación costó algunas vidas humanas en aquel diciembre de 1930.

Con este clima se llegó al año 1931. Era año de elecciones y el inútil del conde de Romanones decidió que era buena idea hacer unas elecciones municipales antes que unas generales. Esto se lo echará en cara la derecha de por vida. Si entendemos como golpe de Estado un cambio de sistema que no se produce por medio de las urnas, en 1931 se produjo eso, un cambio de gobierno a través de unas elecciones municipales, cuyo fin no era ese precisamente. Muchos aseguran que no, que no fue un golpe de Estado porque hubo urnas de por medio, pero lo cierto es que jamás se votó un cambio de régimen. Y este argumento no implica que se defienda o no un régimen u otro. Estamos hablando de hechos objetivos.

En febrero de 1931, los resultados fueron muy ajustados, pero básicamente, en las capitales de provincia ganaron las candidaturas de partidos republicanos. Concretamente, ganaron en 41 de 50 capitales de provincia, si bien, de esas 41 capitales, en tres de ellas ganaron partidos nacionalistas. En el medio rural, el resultado fue diferente y en el global los resultados fueron muy ajustados. La realidad inapelable es que ganaron más concejales los republicanos que los monárquicos. Y se encendió la mecha.

Con este resultado, la izquierda se vino arriba. Por parte de la derecha, la presión hacia el rey aumentó, de modo que Alfonso XIII abandonó el Palacio Real con nocturnidad y alevosía. La presión en la capital fue muy grande y a ello colaboraron la desidia de la Guardia Civil y la de tipos como Sanjurjo y el propio conde de Romanones. ¿Habría sido lo mismo si las primeras elecciones convocadas hubiesen sido generales? Pues hay quien tiene sus dudas. Eso no lo sabremos nunca, pero el caso es que el resultado fue que, primero en Eibar, luego en Vigo y finalmente en Madrid, concretamente, el 14 de abril de 1931, se proclamó la Segunda República.

En junio de 1931, se trató de dar legitimidad al cambio de régimen y se convocaron elecciones generales que terminaron con una victoria de la izquierda. Esta victoria debería paliar las dudas antes mencionadas, pero insisto, hay quienes creen que el orden de los factores habría alterado el producto.

El 10 de agosto de 1932, tuvo lugar la «Sanjurjada». El general Sanjurjo dio un golpe de Estado que tuvo las horas contadas desde el principio. Al tipo se le detuvo y se le condenó a muerte, para, a continuación, perdonarle la vida y condenarle a cadena perpetua. Fue liberado al inicio de la Guerra Civil y murió un día más tarde, en accidente de avión, por lo que el tipo no tuvo mucha suerte que digamos.

Con una gestión difícil y una población enfrentada, España no salía de una crisis económica e institucional, y se vio abocada a nuevas elecciones en 1933. Largo Caballero ya avisaba, desde agosto, que habría golpe de Estado si ganaba la derecha y es que por primera vez en España, votaban las mujeres. El mayor temor de la izquierda era que las mujeres pasaban mucho tiempo en misa y temían que el voto femenino declinara la balanza en favor de la derecha. Así, las primeras diputadas en entrar en la cámara fueron Clara Campoamor y Victoria Kent, ambas de partidos de izquierdas, pero si bien Clara Campoamor apostaba por el voto femenino desde un principio, Victoria Kent tuvo sus recelos junto a una gran parte de la izquierda, llegándose a afirmar que, las mujeres probablemente podrían estar «secuestradas» por los curas a través del confesionario, la misa y el púlpito. De hecho, no muy lejos, y en la memoria colectiva, estaban los días 11, 12 y 13 de mayo de 1931, con quema masiva de conventos, iglesias, violaciones a religiosas y asesinatos a religiosos. Pues sí, la sospecha no iba mal tirada porque, finalmente, ganó la derecha y el golpe de Estado no se hizo esperar.

En 1934, la izquierda se levantó y curioso fue que, el propio Francisco Franco saliera en defensa de una República que debía ser comandada por la derecha en aquel entonces. Tras la entrada en el Gobierno de tres ministros de la CEDA, se lio parda y tanto PSOE, como UGT, vieron legítima la Revolución de octubre de 1934.

Tras muchos muertos y sangre vertida, se gestionó muy mal un país que, durante un año y medio, malvivió. Se volvieron a convocar elecciones en febrero de 1936, y la tensión seguía en aumento. El resultado fue muy ajustado, si bien se tiene por buena una diferencia de unos 450.000 votos en favor de los partidos de izquierda. Oficialmente, se habló de 700.000 votos de diferencia, pero la derecha siempre habló de «pucherazo», por lo que el clima no mejoró que digamos. Hay quien en lugar de «pucherazo» habla de «fraude localizado». La anulación de votos en algunos colegios hizo que los resultados oficiales, para muchos, nunca fueran fiables del todo, hablándose de papeletas con tachones, borrones y raspaduras en ciudades como A Coruña, Ourense, Cáceres, Málaga, Santa Cruz de

Tenerife, Granada, Murcia o Cuenca. La campaña electoral, en sí, tampoco ayudó demasiado, ya que en ella se produjeron 41 muertos y 80 heridos de gravedad. Finalmente, y en medio de aquel caos político, Manuel Azaña llegaba al poder y sería el último inquilino del Palacio Real de Madrid, sustituyendo a un Niceto Alcalá-Zamora que ocupó el cargo desde 1931. El recuento oficial trajo consigo 263 escaños del Frente Popular, léase izquierda, 156 del Frente Nacional, léase derecha, y 54 del centro y nacionalistas.

Hubo, nuevamente, quemas de iglesias, conventos y enfrentamientos directos con muertos de peso de por medio, en un bando y otro, como fue el caso del teniente y guardia de izquierdas José del Castillo, el 12 de julio, y el caso de José Calvo Sotelo, político de derechas, el 13 de julio (realmente buscaban a Gil Robles). Tras estos hechos se llegó al levantamiento del bando nacional entre el 17 y el 23 de julio del fatídico año de 1936.

El resultado de la guerra ya lo sabemos, pero lo que no muchos saben es que ya con casi todo perdido, en marzo de 1939, y dentro de la República, hubo un último golpe de Estado a través del coronel Segismundo Casado, y es que este militar derrocó Al Gobierno del socialista Juan Negrín. Esto se entendió como una guerra civil dentro de otra guerra civil y, básicamente, fueron los últimos coletazos de la Segunda República.

Lo anecdótico es que los últimos enfrentamientos en las proximidades de la Ciudad Universitaria los ganaron los republicanos, pero la toma de Madrid era ya inminente y el 1 de abril de 1939, terminó la guerra para dar paso a una dictadura de 36 años.

Un declarado republicano que cambió de parecer y terminó siendo un gran defensor del bando nacional, Gregorio Marañón, llegó a pronunciar: «Si el lema de "Arriba España", que hoy gritan con emoción muchos, muchos que no son, ni serán fascistas, lo hubieran adoptado los del bando de enfrente, el tanto por ciento de sus probabilidades de triunfar hubiera sido, por este simple hecho, infinitamente mayor». Podría tener o no razón este médico internista, a la par que científico e historiador, pero el caso es que los nacionales vencieron y todo apuntaba, tres años antes, a que lo tenían bastante difícil.

Así pues, y como conclusión mía personal, no creo que el 50 % de la población fuera buena, buenísima y la otra mitad mala, malísima. Creo que, más bien, unos dirigentes terribles, en un bando y en otro, gestionaron tan pésimamente la situación que llevaron al 100 % de una población maravillosa a sacar lo peor de sí misma para autodestruirse hasta la muerte. ¡Una pena! Muchas veces obviamos que, mucha de aquella gente defendió los colores que no querían defender por una simple razón geográfica, y es que quienes mandaban en sus ciudades eran los del bando contrario, de modo que no les quedó más remedio. A día de hoy creo que no me equivoco si afirmo que a mucha gente se le ha parado el reloj en 1936 y seguimos en ello, pero insisto, es una opinión totalmente personal que no tiene por qué compartirse. Personalmente, no dudo en afirmar que el tema de la Guerra Civil sigue estando de rabiosa actualidad casi un siglo después.

No deja de darme pánico la cosa porque cuando comparo los resultados de las elecciones de 1936, con los actuales, a veces, de verdad, vivo y experimento sentimientos cercanos a lo que podría ser un «déjà vu». Electoralmente, el reparto de escaños es muy similar.

EL ORO DE MOSCÚ

Una vez declarado el alzamiento del bando nacional para unos, y el golpe de Estado para otros (fue un golpe de Estado en toda regla), la República no supo medir acertadamente el alcance de aquella sublevación desde un principio y tras verle las orejas al lobo, días más tarde, el Gobierno decidió buscar unos apoyos que no iban a salir baratos.

El llamado «Oro de Moscú» u «Oro de la República», fue, nada más y nada menos, que 510 toneladas de oro que fueron rumbo a la URSS y que suponían el 72 % de las reservas de oro del Banco de España. El Gobierno presidido por el socialista Largo Caballero autorizó una operación a iniciativa de su ministro de Hacienda, Juan Negrín. El 28 % restante de la reserva, 193 toneladas más, se dirigió a París en lo que se conoció como «Oro de París», pero el conjunto entero ha pasado a la historia como el famosísimo «Oro de Moscú».

El valor actual de toda esta reserva de oro ascendería a 12 200 millones de euros y su valor numismático rondaría los 20.000 millones de euros, es decir, *peccata minuta.*

El acuerdo de no intervención suscrito por las potencias internacionales y el rápido apoyo de Roma y Berlín al bando nacional, desembocaron en que los republicanos hicieran cuentas y buscaran la internacionalización del conflicto y el apoyo soviético.

Pocos meses antes se había verificado que la reserva de oro del Banco de España era la cuarta mayor del mundo. En contra de lo que muchos piensan, la reserva aumentó considerablemente mientras España fue neutral en la Primera Guerra Mundial.

En términos secretos, se hablaba de la Madre (España) y del Niño (el oro), de modo que la operación no era una simple compra de armas, sino un depósito a partir del cual y de forma segura, comprar armamento y apoyo militar.

El oro fue depositado en cajas de madera gracias a milicias y carabineros, fue llevado a la Estación de Mediodía (Atocha) y desde allí se trasladó hasta Cartagena, siendo escoltado por la Brigada Motorizada del PSOE. El destino no estaba claro en aquellas fechas, pues querían mantener el oro a buen recaudo, pero Largo Caballero y Negrín, decidieron, en octubre de 1936, enviar el oro a Moscú. El destino final fue el Gosbank, con el consentimiento del mismísimo Stalin, un sátrapa que mató a 23 millones de personas (más que el alemán Hitler y menos que el chino Mao Zedong). Tres barcos cargados hasta las trancas llegaron a las costas de Odesa el 2 de noviembre de 1936. En total, 5779 cajas, que se dice pronto. El cargamento fue recibido en calidad de depósito mientras los nacionales acusaban de expolio al Gobierno de la república. En ese concepto de depósito se cree que, los soviéticos no se aprovecharon de la operación, si bien tampoco ofrecieron concesión alguna, pero otra versión habla de que Stalin estafó a la República inflando el precio de las armas y manipulando el cambio entre las diferentes monedas.

Una de las consecuencias de estas operaciones fueron la devaluación de la propia peseta, de modo que se comenzó a imprimir una ingente cantidad de billetes sin una reserva de oro que respaldara dicha puesta en circulación.

Además, entre 1938 y 1939, y con similares mecanismos, la reserva de plata, unos 656 millones de las pesetas de entonces, fue vendida a Francia y EE. UU. por una cifra superior a los 20 millones de dólares.

El primer gobierno Largo Caballero. De izquierda a derecha están: Bernardo Giner de los Ríos, ministro de Comunicaciones. Anastasio de Gracia, ministro de Industria y Comercio. Juan Negrín, ministro de Hacienda. José Giral, ministro sin cartera. Julio Álvarez del Vayo, ministro de Estado. Francisco Largo Caballero, Presidente y ministro de la Guerra. Mariano Ruiz-Funes, ministro de Justicia. Ángel Galarza, ministro de la Gobernación. Indalecio Prieto, ministro de Marina y Aire. Jesús Hernández, ministro de Instrucción pública. Vicente Uribe, ministro de Agricultura. [State Treasury of Poland]

En 1956, tras la muerte de Juan Negrín, su hijo, y siguiendo instrucciones de su propio padre, entregó al Gobierno de España el denominado «Dossier Negrín». Al ya difunto Negrín le había preocupado la posición de España frente al interés de la URSS, por lo que cabe interpretar que la URSS, más bien, estafó al Gobierno de la República veinte años antes. Negrín quiso que España, gobernara quien gobernara, tuviera documentación justificativa. La sorpresa franquista ante tal acto fue mayúscula, ya que el propio Negrín había negado aquella documentación a los republicanos unas décadas antes.

La gran pregunta es, ¿qué pasó con el oro de Moscú? Pues que desde 1956, se especulaba con el hecho de que las dos terceras partes aún debían existir, pero tras varios estudios, en 1970 se dio todo por perdido.

La otra gran pregunta es, ¿cómo lo hizo Franco? ¿Cómo se financió si no tenía reserva de oro? Pues parece ser que, los responsables económicos de los nacionales, José Larraz y Blas Huete, pagaron a los alemanes e italianos con exportaciones de materias primas a través de una empresa llamada Hisma-Rowak y acumulando deuda con el Tercer Reich de un tal Hermann Göring. A diferencia de Negrín, el general Franco logró negociar créditos a largo plazo que se renegociaron a partir de la victoria bélica en 1939. Así, en 1941, la negociación rebajó la deuda de 225 a 140 millones de dólares con una Alemania nazi ya inmersa en la Segunda Guerra Mundial.

PARACUELLOS, LA DESBANDADA, GUERNICA Y CABRA

A muchos les va a dar un soponcio por ver en el mismo capítulo estos cuatro casos, pero si tienen algo en común estos hechos es que son vergüenza nacional, así que sin complejos, vamos a por ello.

Apenas comenzada la Guerra Civil española, entre el 7 de noviembre y el 4 de diciembre de 1936, en Paracuellos del Jarama y Torrejón de Ardoz, el bando republicano mató en masa a prisioneros nacionales mientras se enfrentaban a las tropas sublevadas.

Entre los asesinados había militares, aristócratas, religiosos, burgueses, militantes de la derecha, en definitiva, población civil y militar sospechosa de comulgar con los sublevados. Todo fue orquestado y aprobado por la Junta de Defensa de Madrid, con un papel importante del general José Miaja y una Consejería de Orden Público encabezada por un tal Santiago Carrillo. Dentro de la órbita de posibles responsables, los nacionales también han acusado, tradicionalmente, a la diputada socialista Margarita Nelken y a los ministros Largo Caballero, Ángel Galarza (Gobernación) y García Oliver (Justicia).

Las ejecuciones se desarrollaron aprovechando el traslado de prisioneros entre varias cárceles madrileñas en lo que los republicanos denominaban «sacas». El historiador británico Paul Preston, aseguró que estos casos, denominados como «Paracuellos», fueron la mayor atrocidad acaecida en territorio republicano a lo largo de la guerra. La cifra de asesinados está en torno a 2500, si bien el debate numérico siempre ha estado abierto y ha sido motivo de controversia. El historiador irlandés, Ian Gibson, habla de 2400 muertes y, tradicionalmente, es la cifra que se ha dado por buena.

Tras la toma de Madrid, el 28 de marzo de 1939, se celebró una misa por los cifrados en 7.000 muertos de Paracuellos.

Otro episodio trágico fue el del 8 de febrero de 1937, el de la Masacre de la carretera Málaga-Almería, conocido como «la desbandada».

Muchos protagonistas de aquella huida ya venían desde Cádiz, pero el comienzo de la verdadera pesadilla tuvo lugar en la entrada de la carretera de Málaga, mientras los que huían querían dirigirse a Almería. Esa carretera, conocida actualmente como N-340, fue testigo de la masacre de entre 3.000 y 5.000 civiles, que se dice pronto. Hubo quien habló de «los doscientos kilómetros de miseria». Está considerado como uno de los episodios más cruentos del conflicto.

Tras la quema de conventos de 1936, a Málaga se la consideraba «Málaga la Roja», por tener un importante movimiento obrero con la CNT y haber conseguido el primer diputado del Partido Comunista de España. Además, era una isla republicana aislada por el frente nacional. Una posible salida era la huida a la no lejana Almería.

Los bombardeos de Queipo de Llano, en enero de 1937, habían logrado el objetivo y con ayuda de la aviación italiana, el ya citado 8 de febrero, la capital andaluza cayó en manos nacionales, provocando la huida de los partidarios republicanos en medio del pánico generalizado. Se habla de 40.000 desplazados que fueron defendidos desde la Escuadrilla España, para ser más tarde evacuados a las ciudades de Alicante, Valencia y Barcelona.

A las 4 de la tarde del 26 de abril de 1937, Guernica bullía de actividad cuando las campanas de la iglesia de San Juan comenzaron a sonar para avisar de la proximidad de aviones enemigos. Hubo varias oleadas de aviones, pero no solo la población fue amenazada por bombas, sino que los aviones también ametrallaron sin piedad a los civiles. El bombardeo duró casi tres horas y las consecuencias fueron funestas.

Los aviones pertenecían a la Lufwaffe nazi, y fueron la Legión Cóndor alemana y también la Aviación Legionaria italiana. El centro de la villa quedó arrasado y 271 edificios fueron borrados del mapa. El destrozo fue tal, que el número de fallecidos osciló entre 120 y 300, según la fuente que se consulte, si bien la Universidad de Nevada eleva el número a 2.000 y el Gobierno vasco a 1645.

Guernica era símbolo de los fueros vascos y muchos soldados se encontraban allí refugiados para la defensa de Bilbao.

El teniente coronel al mando, era el primo del famoso Barón Rojo de la Primera Guerra Mundial, un tal Wolfram von Richthofen. En su diario de guerra admitió que se había comportado «muy maleducadamente». ¡Menudo angelito!

Se debate si la orden vino del propio Franco o si vino de los generales Mola o Vigón, pero de lo que no cabe duda es que la orden del ataque vino por petición expresa de las tropas franquistas. Asimismo, los nazis utilizaron este episodio en su guerra fría contra Inglaterra.

Como consecuencia, el genio Pablo Picasso se inspiró en este bombardeo para inmortalizar el horror de la guerra en su gigantesco cuadro, «Guernica», que pintó para que fuera expuesto en el pabellón de España en la Exposición Internacional de París de 1937. Hoy se encuentra en el Museo Reina Sofía de Madrid.

El 7 de noviembre de 1938, tres aviones republicanos Tupolev SB-2 arrojaron en el municipio cordobés de Cabra una veintena de bombas que terminaron con un balance de 73 muertos, siendo Cabra un pueblo que no era, a priori, un objetivo ni militar, ni estratégico, puesto que no tenía interés industrial y el frente no andaba en esos momentos por allí, sino más bien en el Ebro. El número de fallecidos ascendió, finalmente, a 109 y las víctimas no lo vieron ni venir. Se dijo que aquello fue una maniobra de distracción ante una guerra que tenía visos ya de ser ganada por los nacionales.

Parece ser que, la operación no fue al azar debido a que ya habían sobrevolado la zona unos días antes.

Seis toneladas de bombas cayeron en el mercado de abastos el día del mercado semanal, por lo que el destrozo fue enorme. Parte de las bombas cayeron en la cercana plaza Vieja, donde los jornaleros esperaban a ser contratados, por lo que las víctimas, en su gran mayoría, fueron trabajadores que trataban de buscarse la vida en una época particularmente dura.

Aunque de este episodio se hizo eco el NO-DO como propaganda nacional y en contraposición a la propaganda republicana, la noticia tuvo poca o escasa repercusión en la prensa internacional, una prensa que después de más de dos años de guerra veía las noticias venidas desde España como episodios naturales de una guerra.

Hay muchos más episodios trágicos en esta guerra, pero estos cuatro episodios son los que los «hooligans» de uno y otro bando, tradicionalmente, se han echado más a la cara. De hecho, en la memoria republicana están también la «masacre de Badajoz» de agosto de 1936, con entre 1.200 y 4.000 víctimas, o las «13 Rosas», mujeres de las Juventudes Socialistas Unificadas, fusiladas en agosto de 1939, al finalizar la guerra. Igualmente, en la memoria de los nacionales siempre estuvieron las 14 «mártires concepcionistas», que fueron expulsadas del madrileño Convento de San José para pasar a hospedarse en la calle Francisco Silvela, 19, en donde fueron delatadas por la portera del edificio vecino, de modo que fueron llevadas a un camión para ser fusiladas, o las famosas checas, esos centros de interrogación, tortura y ejecución en donde se maltrataba a los sublevados y religiosos, como macabros fueron los «chorizos de monja» de la checa barcelonesa de la calle San Juan, en donde cortaron, literalmente, a la madre Apolonia mientras ella rezaba por quienes la estaban ejecutando, para a continuación arrojar los restos humanos a los cerdos y con ellos producir los famosos chorizos, de hecho, la religiosa fue solo una de las muchas arrojadas a los cerdos por un tal «el Jorobado», máximo dirigente de dicha checa.

¡Menos mal que la sociedad actual ya no está polarizada, ni politizada y estamos todos a salvo, sobre todo nuestros hijos, porque seguro que estas cosas ya no se van a repetir y las hemos expulsado de nuestros genes!

CELESTINO EL ANTITANQUISTA

En 1939, en un frente del Ebro ya en sus últimos coletazos y tratando de prolongar, de forma extenuada, la pertenencia al bando rojo de una Cataluña a la que poco le quedaba por resistir las embestidas del bando fachista, nos encontramos a un cabo madrileño de Morata de Tajuña que se vino muy arriba. Se llamaba Celestino García Moreno y se convirtió en icono republicano un 16 de enero, del último año de la guerra civil. El tipo ni siquiera estaba afiliado a ningún partido político antes del inicio de la contienda.

Este hombre se enfrentó, él solito, a trece tanques italianos del Tercer Regimiento de Carros de Asalto. ¡Casi nada! Los vehículos acorazados se le cruzaron en Santa Coloma de Queralt (Tarragona). Perteneciente a la 9.ª Brigada Mixta de la 11.ª División y provisto de unas pocas granadas, el tipo inutilizó a tres carros y el resto se batieron en retirada. A los tripulantes, un total de seis hombres hechos y derechos (entre ellos un capitán, un teniente y dos sargentos), los apresó sin miramiento alguno. Este cabo era un hombre experimentado, con unos cuantos tiros dados ya en las batallas de Jarama, Brunete, Belchite y Teruel.

En tiempos de retiradas y rendiciones, este madrileño fue el revulsivo en el ánimo y la moral republicana. Así, el comandante Juan Modesto le trató como a un héroe. El noticiario «España al día», es decir, el No-Do republicano, le hizo un reportaje y hasta le ascendieron a sargento, condecorándole con la Medalla al Valor. El presidente Juan Negrín le felicitó por correo y le ofreció un permiso de un mes para ver a su familia en el pueblo. Ojo, que ir al pueblo no era tarea fácil, puesto que en medio había kilómetros y kilómetros de nacionales deseando darle los buenos días.

Entre medias, sus compañeros iban perdiendo terreno para terminar huyendo a Francia a comienzos del mes de febrero. Dolores Ibárruri, «la Pasionaria», lideresa comunista que terminó en el exilio, le ofreció salir del país con ella, pero el «antitanquista» consideró que su papel en la guerra había sido menor y su heroicidad anecdótica. No podía estar más confundido, ya que hasta había asistido como artista invitado a un mitin en Madrid dirigido por la propia Dolores.

Al terminar la guerra Celestino estaba en su pueblo y es por todos conocido que en una localidad pequeña, todo se sabe. Le señalaron en menos de lo que canta un gallo. Además, el tipo vestía unos calcetines rojos cuando le detuvieron. El premio de Negrín concluyó en tragedia. Fue fusilado el 14 de junio de 1939, en la carretera de Vicálvaro. Hoy y desde 2017, se puede ver una placa en su honor, regalada por los brigadistas internacionales, en el Museo de la Batalla del Jarama.

EL STANBROOK..., Y EL MARÍTIMA

Era el 28 de marzo de 1939, y solo faltaban cuatro días para que la Guerra Civil se diese por terminada oficialmente. El único reducto republicano era la ciudad de Alicante, mientras los italianos de la división Littorio, al servicio de las tropas franquistas, conducían a 15.000 refugiados republicanos a los campos de concentración de Los Almendros y Albatera.

Alicante era una ratonera, la represión iba a llegar de forma segura y mientras los Pirineos eran la pasarela natural para la escapatoria, en Alicante se necesitaban barcos para poder huir. Negrín había contratado barcos comerciales para abastecer a la población, pero el fin de la guerra llegaba y los barcos tenían orden de no portar refugiados. En el puerto alicantino, a los pies del castillo de Santa Bárbara, se agolpaban miles de personas, muchos de ellos niños. Familias enteras. Todos con más miedo que vergüenza y desesperados por conseguir un pasaje adonde fuera.

En contrapartida, el puerto alicantino se encontraba sin barcos, hasta que apareció el Stanbrook, cuyo objetivo era única y exclusivamente cargar naranjas y azafrán. Al ver el panorama, el capitán galés Archibald Dickson decidió cargar con aquella multitud y metió en el barco a poco más de 3.000 pasajeros, que se dice pronto. No tenían espacio ni para sentarse en el suelo. Iban hacinados. De postre, además, el buque Canarias, al servicio de Franco, les esperaba en alta mar para bombardearles.

Dickson partió a las once de la noche en dirección a las Baleares, para luego virar a estribor y dirigirse a Orán, que, por aquel entonces, era una colonia francesa. Cuando llegaron a tierras argelinas, concretamente al puerto de Mazalquivir, solo pudieron desembarcar a mujeres, niños y enfermos, y es que, los franceses no querían hacerse cargo de los refugiados de guerra. Eran un auténtico marrón diplomático.

Los que pudieron desembarcar, mujeres, niños y enfermos, fueron instalados en la antigua prisión del Cardenal Cisneros, en donde se les «aseó» en masa y siempre observados por los hombres del Gobierno, incluso cuando las mujeres estaban desnudas.

Los 1500 hombres debieron esperar al mes de mayo para ser desembarcados. Un mes estuvieron dentro del barco conviviendo con los «trimotores», unos piojos de tamaño considerable. Finalmente, les condujeron a campos de concentración como el de Camp Morand de Boghari (ksar El Boukhari en árabe). Entre otras cosas, les emplearon como mano de obra gratuita para construir el transahariano a temperatura ambiente y sin aire acondicionado, siempre bajo la mirada inquisidora de los soldados senegaleses. Estos fusileros tan amables les obligaron, en muchas ocasiones, a sufrir castigos como el «tombeau», que consistía en cavar tu propia tumba para recostarte en ella y solo salir dos veces al día para hacer tus necesidades.

En paralelo, la URSS decidió apiadarse de aquellos camaradas que eran un problema para las autoridades francesas, las cuales no sabían qué hacer con ellos. Bueno, sí sabían qué hacer con ellos, maltratarles, pero la versión oficial era que no sabían qué hacer, ¡pobrecillos! Lo curioso de la Unión Soviética es que, pactaron llevarse solo a aquellas personas que estuvieran casadas. ¡Alucinante! Ni se sabe la cantidad de parejas de hecho que salieron de forma improvisada, pero lo cierto es que solo embarcaron a parejas o parejas con niños, como si de un arca de Noé se tratase. El resto..., el resto de españoles republicanos no le importó a nadie.

Este fue el inicio de una larga odisea para muchos españoles que terminaron en Moscú, Crimea o San Petersburgo, y que, en muchos casos, no pudieron regresar a España hasta, más o menos, 1978.

Por cierto, mientras estos pobres españoles penaban en el campo de concentración argelino, el capitán Dickson pereció en el mar del Norte seis meses más tarde, tras recibir fuego enemigo de un submarino nazi. Aquel día hubo un minuto de silencio en el campo argelino.

Lo que el bando republicano siempre ha callado con mucho esmero es que tras zarpar el Stanbrook aquella noche del 28 de marzo de 1939, otro buque, el Marítima, un barco de mayor tonelaje, de mucho mayor tamaño, partió desde Alicante con solo treinta personas entre mandos republicanos civiles y militares, y sus familiares cercanos. Sabían que el cebo para el Canarias era el Stanbrook. Partieron cómodamente al filo de la medianoche y sin sobresaltos. Su destino, desconocido, nunca fue un campo de concentración argelino. Me viene a la cabeza esa frase tan conocida de «qué buen vasallo si tuviera buen señor».

FRANCO: EL CAUDILLO, EL GENERALÍSIMO, PAQUITO, EL GALÁN DEL NO-DO

Nacido en 1892, Francisco Paulino Hermenegildo Teódulo Franco Bahamonde fue el dictador de España desde 1939 a 1975, pero ya desde octubre de 1936, fue la cabeza visible del bando nacional en plena Guerra Civil.

El «Cerillita», así le llamaban en el colegio porque era delgado y «cabezón» y porque, además, seguramente, su nombre compuesto era demasiado largo.

Antes de hacerse famoso estuvo a punto de palmar entre Ceuta y Tánger, pues en la batalla del Biutz, de 1916, tuvo una herida en el vientre que casi le mandó para el otro barrio. De hecho, se dice que perdió un testículo.

Muchos son quienes afirmaron que no fue tan valiente en 1936, pues el levantamiento fue diseñado y planeado por otro general, Mola, uniéndose Franco en el último momento. Podría haber ganado la guerra y haber instaurado una España democrática, pero él tenía otros planes para el país, y es que, aunque suene raro, él pensaba que había sido elegido por Dios para salvar a España. Hay quien afirma que es el único líder de la historia que ha ganado una guerra a socialistas y comunistas, y eso le sirvió para venirse arriba y postergarse en el poder y también para concentrar el odio y desprecio de gran parte de la sociedad.

Al terminar con la República, pasó a ser el jefe de Estado, es más, su cargo era el de generalísimo. Lo de general como que se le quedaba corto. Tapó y ninguneó al hijo de Alfonso XIII, Juan de Borbón, que cuando falleció se le denominó Juan III, pero la verdad es que quien gobernó en época de Juan III fue Francisco Franco. Su relación con la Casa Real no pudo ser peor, puesto que Juan de Borbón estuvo exiliado en Estoril (Portugal).

Famoso por firmar condenas de muerte mientras tomaba chocolate caliente con picatostes, la Europa post Segunda Guerra Mundial le hizo el vacío e hizo que España viviera en plena autarquía hasta 1959, lo cual, pues no es que ayudara mucho, la verdad. Detrás de su mandato había 400.000 exiliados, que se dice pronto, e innumerables condenados a muerte que habían participado, activamente o no, vete tú a saber, en el bando del Frente Popular.

Se apoyó en el psiquiatra Antonio Vallejo-Nájera a partir de 1938, para *patologizar* todas las ideas de la izquierda y presentar al bando republicano como una especie infrahumana desde un punto de vista científico, llegando a hablar de inferioridad mental en todas aquellas personas de ideología marxista. En la búsqueda de ese «gen rojo», a este abuelo de una conocida cocinera y televisiva estrella actual, se le conoció, popularmente, como el «Mengele español». Este tipo afirmaba que un «rojo» solo podía ser imbécil. Con argumentos así, le ascendieron directamente a coronel.

En 1940, se reunió con Hitler, otro sátrapa que, al igual que Franco, perseguía la purificación de la raza. La negociación fue dura porque Hitler quería apoyo militar y Franco, con una España hundida en la miseria, quería ayuda para recuperar Gibraltar. El acuerdo no llegó nunca, pero por solidaridad con los nazis, Franco cambió la hora y somos el único país del mundo que va retrasado con respecto al horario solar o huso GMT, los doce meses del año en todo su territorio, teniendo una hora de desajuste en invierno y dos en verano. La cosa es muy nazi, pero que nadie nos cambie la hora, sobre todo la estival, que a los españoles nos encanta y parece que los días duran más.

La ONU, creada en 1945, dio portazo a España desde un inicio y a Franco le llevó diez años ser tenido en cuenta. A España le costó sudor acceder al gran organismo internacional, que le abrió la puerta, por fin, en 1955.

Tuvo un gran aparato propagandístico y famoso, fue el NO-DO, en el que se retransmitían, periódica y machaconamente, todas las actividades que desarrollaba un régimen que no permitió un cambio de líder en 36 largos años. La censura llegó a todos los estratos y curiosa fue la prohibición de la película «El gran dictador» hasta 1975. Con ese título, ¿qué esperaban?

Una de las cosas que más se le echa en cara a Franco, desde el punto de vista propagandístico, fue el silenciamiento del resto de lenguas, como el catalán, el euskera o el gallego y, sobre todo, la recuperación de simbología de otras épocas y que a día de hoy muchos consideran, ya no solo franquista, sino facha, como es el caso de la bandera, el himno, el yugo y las flechas y la famosa águila de San Juan. Aunque son símbolos muy anteriores, hay quienes se resisten, aún hoy, a quitarles el sesgo franquista.

Su voz característica y su baja estatura, han hecho de él un personaje muy caricaturizable, pero la realidad es que fue un tipo muy respetado en el extranjero en según qué ámbitos. Estratégicamente y en plena guerra de Vietnam, los mismísimos EE. UU. pidieron ayuda y asesoramiento a Franco y este, que no se había caído de un guindo, precisamente, respondió con una carta al presidente Lyndon B. Johnson en lo que muchos consideran una *master class.* En la misiva le aconsejó aumentar el apoyo internacional e incrementar el número de soldados en 800.000 o, directamente, le aconsejaba abandonar Vietnam, enumerándole las razones por las que debían abandonar tal empresa. Franco acertó de lleno en lo que muchos definieron como una carta casi profética.

Su última gran polémica fue su propia sucesión. Ya en horas bajas y conservando su enfrentamiento con Juan III, decidió que el hijo del jefe de la Casa Real debía ser quien le sucediera. Apadrinó a Juan Carlos I antes de su muerte y la izquierda siempre vio la nueva presencia de la casa de los Borbones como una decisión de un dictador que silenció la voz del pueblo durante décadas.

El Caudillo, que también era como se le conocía, falleció el 20 de noviembre de 1975, y dos días más tarde era nombrado rey el nuevo monarca, Juan Carlos I, dando paso a una monarquía parlamentaria que terminó de coger forma tras el referéndum y aprobación de la Constitución de 1978.

Fue enterrado en un lugar que no le correspondía, el Valle de los Caídos. Se supone que este lugar era el destino de los caídos en la contienda, les gustara o no les gustara descansar allí, por orden del régimen franquista. Franco siempre entendió que su cuerpo no debía descansar en dicho monumento, pero tras su muerte, esta fue una de las primeras decisiones. El caso es que, el 24 de octubre de 2019, su cuerpo fue trasladado en helicóptero al panteón familiar de Mingorrubio de El Pardo, no sin la presencia de una multitud de periodistas y partidarios nostálgicos del régimen franquista.

GUINEA ECUATORIAL Y ESPAÑA

En 1778, el brigadier catalán Felipe José de los Santos Toro y Freyre, conde de Arquelejo, tomó posesión del golfo de Guinea para que formara parte del virreinato del Río de la Plata. Más tarde llegó Joaquín Primo de Rivera como gobernador.

En 1841, Gran Bretaña quiso comprar a España la isla de Fernando Poo, pero España se negó y, en 1843, mandó la expedición de Juan José Larena y Barry ante la incertidumbre de una Gran Bretaña que donde ponía el ojo, ponía a su Royal Navy. Así, en 1845, Isabel II repobló la zona con cubanos que quisieran ir allí libremente, pero como voluntarios no había muchos, unos años más tarde, en 1861, obligó a repoblar el país con cubanos, quisieran o no quisieran. También, y como plan B, se repobló con represaliados políticos. La fisonomía de Guinea Ecuatorial es bastante particular, puesto que, aparte de la gran extensión continental, al norte, e inmersa en el golfo de Guinea, se encuentra la isla de Bioko, isla en la que se encuentra la zona más desarrollada del país y en la que se localiza la capital, Malabo.

Desde 1885, Guinea Ecuatorial fue oficialmente un protectorado de España. Al estallar la Primera Guerra Mundial, España envió soldados para proteger el territorio ante la amenaza de una Camerún caracterizada por ser una colonia alemana. En ese momento no bastaba con el hecho de que España fuera un país neutral. Aquella Alemania daba ya bastante miedo y provocaba respeto.

La cosa se comenzó a tornar cada vez más difícil a partir de 1918. Es entonces cuando en la zona de Río Muni comenzó a haber levantamientos en contra de España. No fue hasta 1956, cuando comenzaron los primeros movimientos independentistas serios.

Ya como provincia de ultramar, las primeras elecciones se produjeron en 1960, pero aconsejados por una ONU a la que España había llegado poco antes, a finales de 1955, se proyectó un referéndum que se terminaría celebrando en 1963. Así llegó su único presidente electo, Bonifacio Ondó Edu.

Posteriormente, el referéndum sobre la Constitución se produjo en 1968, con observadores de la ONU. De este modo, sus primeras elecciones como país independiente fueron en septiembre de aquel año. Sin mayoría absoluta, ganó Francisco Macías Nguema, y pronto se asesinaría a su opositor dentro de un clima tenso, el ya mencionado y anterior presidente Bonifacio Ondó. Ante la inestabilidad creada, el susodicho Francisco Macías y ante el abandono del país por parte de las tropas españolas, instauró una dictadura y hasta hoy. Así, la dictadura de Macías fue de 1968 a 1979, y tras ella siguió la dictadura de Teodoro Obiang, desde 1979 hasta la actualidad.

Ya sin la pérfida metrópolis, Guinea Ecuatorial tiene uno de los peores datos a nivel mundial en lo concerniente a derechos humanos. Por cierto, el idioma oficial es el español y el 80 % de la población es católica.

EL SÁHARA OCCIDENTAL

Tras la Conferencia de Berlín de 1884-1885, por la que media Europa se repartió la totalidad del continente africano, España, para no quedarse atrás, pidió el Sáhara Occidental, pero, de facto, no lo ocupó hasta la llegada de la Segunda República. Sí, sí, España ejerció de potencia colonial en 1934. Una vez acabada la Segunda Guerra Mundial, una ONU fundada, en 1945, promovió una descolonización de todos aquellos territorios que hasta esa fecha eran considerados colonias, y África era una colonia en sí misma, una colonia gigante y troceada al placer de ingleses, alemanes, holandeses, belgas, franceses, portugueses…, y españoles. De este modo, España y Francia descolonizaron Marruecos, momento en el que tanto Marruecos como Mauritania pasaron a reclamar para sí, respectivamente, el Sáhara Occidental. Franco no accedió a descolonizarlo y en el país surgió un movimiento para conseguir la independencia. Franco hizo oídos sordos y la consideró una provincia española más, pero esto no calmó los ánimos, ni muchísimo menos.

En 1973, surgió el famoso Frente Polisario, un movimiento militar de liberación del país. En 1975, y tras una resolución de la ONU de 1970, se dictaminó que debía celebrarse un referéndum, pero tras los golpes de Estado en Marruecos de 1971 y 1972, el rey Hasan II de Marruecos vio que ese referéndum de 1975, iba en contra de sus propios intereses, puesto que conseguir el Sáhara Occidental era poner al pueblo marroquí de su parte. No olvidemos que el concepto del Gran Marruecos es uno de los elementos más importantes dentro del nacionalismo marroquí generado a partir de los años 20 del s. XX. Este Gran Marruecos incorporaría, además, gran parte de países como Mauritania, Mali y Argelia. Dicho y hecho, en 1975, y con Franco moribundo, Marruecos consigue el apoyo de EE. UU. y Arabia Saudí para hacer la conocida como Marcha Verde, es decir, una marcha civil y militar sobre el territorio saharaui.

Mientras, el Sáhara Occidental tenía como aliados a Argelia y a la URSS, es decir, el bando estratégicamente contrario. El entonces príncipe Juan Carlos, y para estrenarse del peor modo posible, llegó a acuerdos con Marruecos y Mauritania con el fin de desprenderse del Sáhara Occidental. Mauritania se retiró del tablero en 1979, y dejó vía libre a Marruecos, pero sin olvidar que en ese momento la ley vigente seguía diciendo que, legalmente, aquello seguía siendo una provincia española. Así, Marruecos se apropió de la parte rica del Sáhara, la que tiene petróleo y fosfatos, y pasó olímpicamente de la parte más pobre del país, que se quedó en manos del Frente Polisario, el cual fundó la República Árabe Saharaui Democrática.

La ONU, mientras tanto, ni reconoció la autodenominada república, ni a Marruecos como soberano de ese territorio. La ONU lo trató oficialmente como un territorio pendiente de descolonización con autoridad en España. Así, Marruecos siguió a lo suyo y repobló el país con marroquíes, mientras bombardeaba y gaseaba con napalm a la población saharaui. En 1991, se firmó un alto el fuego, mientras el referéndum seguía sin celebrarse, pese al clamor popular saharaui. Con cada vez más población marroquí, no es difícil pensar que, el día que se celebre el referéndum, seguramente sea para decir que quieren anexionarse a Marruecos.

En 2020, volvió a haber tiros en la zona, puesto que los saharauis querían celebrar el dichoso referéndum, y hasta hoy.

Los amigos recientes del Sáhara Occidental se supone que son Argelia, Rusia, México, Venezuela y Cuba, es decir, gobiernos de base comunista. Sin reconocer al Sáhara continúa la ONU y también EE. UU., Israel y la UE. En contra tienen a la Liga Árabe al completo, y es que la sombra e influencia del rey Mohamed VI de Marruecos es muy alargada. En la UE, al mismo tiempo, hay casos como los de Alemania y Francia que están a favor de que el Sáhara Occidental pase a manos de Marruecos.

La sorpresa, no obstante, saltó en 2022, cuando España decidió que ese territorio debía ir a parar a Marruecos, pero conservando un alto grado de autogobierno que refiriéndonos a Marruecos, esto último es decir mucho y, básicamente, es una utopía. El presidente socialista Pedro Sánchez dejaba atónitos a propios y extraños, máximo cuando su Gobierno era un Gobierno de coalición sostenido por partidos de condición comunista, es decir, los mismos que siempre habían estado alineados con países amigos del Sáhara Occidental, como lo eran Cuba, México o Venezuela.

Hay quien piensa que el hecho de ponerse de parte de Marruecos es para conseguir que Marruecos deje de reclamar aguas territoriales en Canarias y que ayude con la inmigración, pero insisto, que se consiga esto es decir demasiado. Al mismo tiempo, se trata de ablandar a Marruecos para que deje pasar el gaseoducto que viene desde Argelia, si bien Argelia comenzó a maltratar a España con el suministro de gas en plena guerra de Ucrania. Este gaseoducto podría llegar a Europa y liberar el monopolio de Rusia con algunos países de la UE. Y en paralelo, EE. UU. debilita a Rusia con una negociación en la que el ejecutivo del Partido Demócrata no se ha puesto de perfil. Los grandes perdedores, sin duda, serían Rusia y el Sáhara Occidental. Veremos cómo continúa la cosa.

En la segunda mitad del s. XX, España se especializó en sufrir a grupos terroristas como Grapo (Grupo de Resistencia Antifascista Primero de Octubre), Terra Lliure o FRAP (Frente Revolucionario Antifascista y Patriota), estando todos a la sombra de la dictadura franquista y con una ideología, predominantemente, marxista leninista. Pero si hubo una organización terrorista que fue especialmente sanguinaria, esa fue Euskadi Ta Askatasuna. Estas palabras en idioma euskera esconden a unos malnacidos conocidos como ETA que, básicamente, querían y quieren un estado independiente en la entonces región denominada Vascongadas, actual País Vasco. Este nuevo e hipotético estado debía ser «abertzale», es decir, nacionalista vasco, socialista y revolucionario. Vamos, lo de siempre, pero sin consultar a la población afectada y sin informarla de qué tal han ido estas revoluciones con similar línea editorial en otras latitudes.

Sus fundadores y padres ideológicos fueron unos tales Julen Madariaga, Benito del Valle, Rafael Albisu y José Luis Álvarez.

Hay controversia sobre quién fue la primera víctima de ETA. Hay quien dice que fue José Antonio Pardines, en 1968, un guardia civil que, seguro, estaba oprimiendo a los vascos sin descansar, pero se cree que el inicio fue otro, que fue un error de cálculo y que la primera víctima fue una niña de 22 meses llamada Begoña Urroz. Una niña que fue abrasada, el 27 de junio de 1960, por una bomba en una estación de ferrocarril en Amara. Además de asesinos, inútiles. En este sentido, Begoña no fue un caso aislado de niña asesinada, ya que se contabilizaron 22 niños asesinados por ETA que, seguramente, también oprimían una barbaridad a la sociedad vasca. En un lenguaje más «cool», no eran niños, sino que, a decir verdad, eran daños colaterales. A propósito del caso de la bebé Begoña Urroz, el día de las Víctimas del Terrorismo en España se celebra el 27 de junio.

El tema al principio parecía que consistía en ir en contra del dictador Franco y, claro, en algunos sectores hasta les proporcionó buena prensa, puesto que un dictador siempre va a ser un dictador y una lucha contra ese poder establecido siempre va a tener muchísimos simpatizantes, pero tras la llegada de la democracia y la Constitución de 1978, llegaron los años de más plomo. Visto lo acaecido tras la llegada de la democracia, Franco solo fue una excusa. ETA tenía dos enemigos claramente identificados, España y Francia y..., ya está. Los españolitos de a pie pasaron de ser simples ciudadanos a terribles opresores que había que eliminar y punto, ya que la mayoría de los atentados fueron en España y, si acaso, unos poquitos en Francia.

A los miembros de la banda ETA se les llamaba «gudari» es decir, «soldado». Unos soldados que, según ellos mismos, eran muy valientes, pero la realidad era diferente y es que solo eran valientes si el tiro era por detrás y en la nuca o el detonador se podía activar a decenas de metros de distancia con el motor de su coche encendido para salir huyendo. Dicho de otro modo, y como dijo el filósofo francés Michel de Montaigne, «la cobardía es la madre de la crueldad». Uno de estos gudaris se llegó a orinar en sus pantalones, literalmente, cuando en marzo de 2001, un agente de la Brigada de Búsqueda de Intervención (BRI), le apuntó en la cabeza para disuadirle de desenfundar su pistola. Valiente fue un madrileño anónimo que siguió a estos gudaris y no les perdió la pista hasta que la policía les detuvo tras un atentado el 6 de noviembre de 2001. ¡GRACIAS!

Claro, es que mi visión es la que es y no quiero justificarme, pero es que me he criado viendo telediarios en los que la primera noticia que abría el informativo era el asesinato, el atentado terrorista, la bomba de turno y las lágrimas de los familiares una semana tras otra. Una época en la que los entierros de estas víctimas en el País Vasco eran de noche para no provocar.

Por tragar, las víctimas han tragado tanto que hasta ha habido casos por los que las penas de prisión eran de menos de un año por asesinato consumado, como el caso de José Ignacio de Juana Chaos, que fue declarado culpable por la muerte de 25 personas y solo estuvo en prisión 18 años. ¿Hacemos las cuentas de cuan barato salía todo esto y de cuánto tiempo estuvo encarcelado por cada una de las muertes? La ley, que en España es como es. Llamativo fue este caso de Juana Chaos por ser nieto de militares e hijo de un teniente médico burgalés condecorado por el régimen franquista con dos medallas y tres cruces de guerra. ¡De traca!

ETA comenzó a perder su razón de ser en el verano de 1997, cuando secuestró a un concejal del Partido Popular en Ermua llamado Miguel Ángel Blanco. El objetivo era chantajear al gobierno del PP para acercar a todos los presos etarras a cárceles vascas. Si no se accedía a esta petición, se haría lo mejor que sabían hacer, matar al chaval y a correr. Dieron un plazo de 48 horas tras hacer una llamada anónima a su medio de cabecera, Egin Irratia, y tras una conmoción nacional de dos días, el concejal apareció muerto el 13 de julio de 1997. Ese día, el mundo entero siguió la crónica de una muerte anunciada para cogerle asco a una gentuza iletrada y sin escrúpulos llamada ETA.

Actualmente, hay casi 300 casos sin resolver y lo que es peor, hay una percepción generalizada de olvido total de todos estos casos. ¡Como si no existieran! Actualmente, hay unas 80 ratas de cloaca en paradero desconocido, sin valor a decir eso de «aquí estoy yo». Asimismo, España ha pagado la manutención de centenares de presos que han clamado por una cercanía a sus familiares y lugares de origen, la misma cercanía que tienen los familiares con las tumbas de las víctimas, solo que sin poder hablar con ellos. Ya se sabe, hay que perdonar.

Entre su historial, está la «Operación Ogro», en la que llegaron a asesinar al almirante y presidente del Gobierno, Luis Carrero Banco, a finales de 1973. Los asesinos fueron Jesús Zugarramurdi, José Miguel Beñarán y Javier Larreategui, que contaron con la ayuda de Eva Forest (esposa del escritor Alfonso Sastre) y, además, el atentado lo hicieron al ladito de la embajada de EE. UU. en España.

La labor de ETA comprendió 854 asesinatos, 86 secuestros (algunos de casi 2 años de duración en zulos de 4 m² como el secuestro del funcionario de prisiones José Antonio Ortega Lara), más de 3.000 heridos y cerca de 10.000 extorsionados, que se dice pronto. A los responsables de todo esto se les sigue haciendo homenajes en sus pueblos natales con el permiso de los Gobiernos autonómicos y nacionales de turno y con un público al que solo le falta enroscarse la boina.

Se calcula que, desde 1970 a 2003, los gastos que ocasionaron al erario público y dinero extorsionado a través del llamado «impuesto revolucionario» ascendió a 25 mil millones de euros y, efectivamente, esto nunca ha ido de devolver la pasta. A estos gastos, por ejemplo, habría que añadir muchísimos más costes, como el de la reconstrucción de la terminal T4 del aeropuerto Adolfo Suárez Madrid Barajas, que sufrió la presencia de ETA a finales de 2006, es decir, unos mil millones de euros arriba o abajo. Es más, se les ha premiado con subvenciones, ya que una organización como ETA necesitaba de un brazo político. Continuamente, se estuvieron mirando en el espejo del IRA en Irlanda del Norte, con el objetivo de establecer un paralelismo tangible que, nada tenía que ver con la realidad histórica de España. Es por ello por lo que, el Sinn Féin vasco fue un partido político llamado Herri Batasuna, que, dicho sea de paso, era una de las fuerzas políticas que mejores resultados cosechaba en el País Vasco y, por supuesto, con un buen número de alcaldes, es decir, dinerito fresquito para retroalimentarse. Tanto es así que, en 1996, se sacó una ley de partidos con el fin de que la decencia llegara a unos mínimos y se condenara la violencia. Así, Herri Batasuna, conocida como HB, se ilegalizó y se dio lugar a una cascada de intentos de fundación de partidos que eran investigados e ilegalizados en forma de espiral, ya que, al final, la «fauna» que los formaba venía siendo siempre la misma con nombres, apellidos y apodos, porque sí, esta gente era más de mote. Es lo que había. Es lo que hay.

Dicho esto, el primer intento fue el de Autodeterminaziorako Bulgunea (AuB), luego Herritarren Zerrenza, más tarde Aukera Guztiak. A continuación, hubo un intento con la formación del Partido Comunista de las Tierras Vascas (PCTV-EHAK), un partido que llegó a ser legal y al que le dio tiempo de obtener nueve diputados para acceder a subvenciones antes de ser ilegalizado en 2008. De ahí se pasó a Acción Nacionalista Vasca y ASB, que, pese a que fue ilegalizado, consiguió ediles y, por lo tanto, dinerito contante y sonante.

Total, que hartos de la opresión de lo que, en un lenguaje acomplejado denominan Estado español (para evitar pronunciar la palabra España) deciden que quizás es momento de rechazar, oficialmente, «todo tipo de violencia» para a continuación integrar en sus organismos a los mismos tipos de siempre. Corría el año 2011, y así, surgen Sortu y a continuación dos coaliciones de partidos que, al ser eso, coaliciones, es ya casi imposible ilegalizar, siendo primero Amaiur (en castellano «Maya», donde sucedió el sitio del castillo de Maya en la conquista de Navarra…, menuda obsesión tienen con Navarra) y finalmente EH Bildu, con miembros que han sido condenados con sentencia firme por pertenecer a organización terrorista, como es el caso del archiconocido Arnaldo Otegui que fue secretario general de Sortu y que es el actual coordinador general de Euskal Herria Bildu. Antes, este tipo fue miembro de la Mesa Nacional de HB y, según diferentes fuentes, fue miembro de ETA en sus inicios, de hecho, le cayó una condena de diez años por intentar reconstruir la ilegalizada Herri Batasuna. La sentencia decía que cumplió órdenes de ETA. No contentos con eso, se le condenó también a seis años por secuestrar, en 1979, a un director de fábrica de la empresa Michelín. Tampoco hay que preocuparse porque desde 2021, puede ejercer, nuevamente, cargo público y cobrar de los impuestos de los españoles. Pero claro, ¡qué digo preocupación! Debemos estar muy tranquilos, puesto que respetables como el expresidente de España, José Luis Rodríguez Zapatero, el exvicepresidente de España, Pablo Manuel Iglesias o el vice lehendakari Josu Erkoreka, manifestaron que este tipo o es un hombre de paz o ha sido una pieza clave en la consecución de la paz en España y en el País Vasco. Pues hombre, es un detalle, ¡muchas gracias!

Como todas las cosas turbias, y ETA no es turbia, es más bien de un negro zaino, los Gobiernos centrales también cometieron errores de bulto. Durante años sobrevoló el fantasma de los GAL (Grupos Antiterroristas de Liberación) como una organización sufragada por el Gobierno del entonces PSOE entre los años 1983 y 1987. Llegaron a tener hasta muy buena prensa porque en aquella España de plomo, el común de los mortales estaba hasta las narices de ETA, pero convendremos en que la solución solo sirvió para llevar a los altares, en forma de mártires, a los asesinos de ETA. Muy torpe fue aquella decisión y, de hecho, hubo presos con sentencia firme, comenzando por el entonces ministro de Interior, José Barrionuevo. En definitiva, durante aquellos cuatro años hubo asesinatos, torturas, extorsión y malversación de caudales públicos, es decir, lo suficiente como para ser etarra y encima quejarse de la famosa opresión del estado.

ETA anunció el fin de las armas en 2018, mientras que su último atentado fue en 2010. En 2020, Bildu obtuvo 21 escaños en el parlamento vasco (2.ª fuerza más votada) y en 2019, consiguió 5 diputados en el Congreso gracias a la ley D'Hondt, por la cual, el tener votos concentrados en una comunidad autónoma facilita el acceso a números de escaños y es que, amigos, en una buena democracia no todos los votos valen lo mismo. ¡Siempre ha habido clases! Curioso es el caso de María de las Mercedes Aizpurúa que ya tiene bemoles la cosa de llamarse igual que la primera esposa de Alfonso XII. Bueno, ella es conocida como Mertxe que es como más vasco, ¿verdad? Editora del diario Gara en los 80, uno de los diarios de cabecera de la banda ETA y que se quejaba de los «culebrones» de los telediarios españoles cada vez que había un asesinato de ETA. ¡Qué cansinos los periodistas españoles! Esta mujer es decisiva, junto a otros cinco diputados de Bildu, en el Gobierno de Pedro Sánchez en la legislatura de 2023-27. Según Newtral, empresa en contra de los bulos, de la periodista Ana Pastor, esta diputada gana al año 113.468,60 euros gracias a los españoles que la oprimen. Y habría que multiplicar esa cantidad, o cantidades muy parecidas, por los seis diputados de este partido en el congreso. Ya estamos en esa fase que el vicepresidente socialista Alfonso Guerra vaticinó cuando dijo aquello de: «A España no la va a conocer ni la madre que la parió».

Por no conocer a nuestro país, decir que, la actriz Itziar Ituño, es decir, una actriz que ha participado en películas subvencionadas por todos los españoles que oprimen al País Vasco, ha participado en «manifas» en defensa de los presos etarras maltratados en cárceles del malvado Estado español, y es que esta adalid de la cultura vasca es amiga de un tal Txus, un tipo que mató a un ertzaina. Ella siempre ha manifestado cariño, en inglés y en euskera, hacia al etarra Jesús María Martín Hernando y en un pregón en unas fiestas de Basauri, la actriz llegó a decir «Txus, tus semillas han florecido. Mantén el espíritu. Te queremos y queremos tenerte en casa». Tras levantar tremenda polvareda y ser desprovista de patrocinios, que huyeron despavoridos para evitar ser relacionados con la actriz, y tras ser criticada en los cadalsos del s. XXI, es decir, en las dichosas redes sociales, el ministro de Cultura y comunista de Sumar, Ernest Urtasun, expresó su apoyo a la actriz en el Congreso, es decir, en sede parlamentaria, y llegó a decir que el trato dispensado a la actriz «no es de recibo». Ni que decir tiene que, si no estás de acuerdo con la actriz y con el ministro, es porque tienes todos los síntomas de ser un facha redomado. ¡Háztelo ver!

Por cierto, y por acabar con este tema que me sigue poniendo de muy mala uva, seguimos sin hablar de los 300 casos sin esclarecer, de los mutilados de por vida, de las vidas segadas o de los 25.000 millones de euros sin devolver y que, por supuesto, no tienen ninguna relevancia, aunque eso sí, aquí lo importante es que las subvenciones vía ley de partidos sigan llegando tras las elecciones de turno. Sí, estamos hablando de la España democrática del s. XXI. Y claro, con toda esta basura encima de la mesa es muy difícil no hablar de vencedores y vencidos, teniendo cada vez más dudas sobre quiénes son los vencedores y quienes los vencidos. Bueno, yo, la verdad, lo tengo clarísimo. Blanco y en botella, Malibú. Y lo mejor de todo, el mensaje ahora es que ETA ya no existe, eso sí, no hay cuajo para mirar a la cara a los familiares de esos 300 asesinados que aún no saben nada de sus asesinos. ¿Alguien se atreve a mirarles a la cara y a decirles que ETA no existe cuando los que sí lo saben están sentados en el congreso cobrando una media de 100.000,00 euros al año? Ah, no, mil perdones, que estos diputados, por supuestísimo que, tampoco lo saben..., y yo voy y me lo creo. ¿Qué dirían de todo esto, si levantaran la cabeza, héroes nacionales de origen vasco como Legazpi, Urdaneta, Churruca o el mismísimo Blas de Lezo? ¡Uff!, esta última interrogante me ha salido muy facha.

LA CONSTITUCIÓN DE 1978 Y LA DEMOCRACIA

Tras la muerte, en noviembre de 1975, del dictador Franco, vino el periodo democrático en el que aún nos encontramos. Sí que es cierto que Franco dejó su sucesión bastante «mascadita», reinstaurando una monarquía encabezada por Juan Carlos I. Esto fue muy polémico en aquel año de 1975, y también en los años previos, porque la Casa Real estaba siendo dirigida desde el exilio por su padre, Juan de Borbón, pero la Segunda República primero, y la dictadura después, le impidieron reinar. Aquello tuvo sus más y sus menos con su hijo hasta el punto de que Juan reconoció a Juan Carlos I como rey, en mayo de 1977, por lo que sí, la Casa Real tampoco es que lo pusiera fácil en un momento en el que todos estaban deseando echar a andar, fuera como fuera. Aun así, cuando Juan de Borbón falleció en 1993, el rey Juan Carlos I pidió que pasase a la historia como Juan III. Ya veremos si cuando vuelva a haber un Juan, si es que la monarquía aún existe, se denominará III o IV.

En toda esta cesión de derechos y reconciliación tuvo un papel importante un tipo llamado Adolfo Suárez, que con las siglas de UCD ganó las primeras elecciones democráticas tras la dictadura. Con este Gobierno se sentaron las bases de la nueva constitución, incorporando a líderes a lo largo y ancho del espectro político. Años más tarde hubo un golpe de Estado, el 23 de febrero de 1981, y ese día la democracia se doctoró ante la presión de unos militares que quisieron revivir tiempos pasados. Digno de mención fue el presidente Adolfo Suárez, que ante los disparos de los golpistas en el Congreso de los Diputados no se escondió, ni bajó la cabeza. ¡Vaya tipo! Pero antes de aquel golpe de Estado, comandado por el teniente coronel Antonio Tejero y un misterioso mando superior llamado el «Elefante Blanco», hubo que dotar de una carta magna al país.

Carteles en España en relación con las elecciones sobre la nueva constitución del 6 de diciembre. [Nationaal Archie]

La Constitución española de 1978, es la norma de mayor rango de nuestro ordenamiento jurídico y a ella estamos sujetos todos, sin excepción. Bueno, en mi opinión, todos, lo que se dice todos, no somos iguales, pero igual soy yo, que soy muy mal pensado. Los padres de este documento fueron siete tipos llamados Gabriel Cisneros, Miguel Herrero y Rodríguez de Miñón y José Pedro Pérez-Llorca por parte de UCD, Gregorio Peces-Barba por parte del PSOE, Jordi Solé por parte del PCE, Manuel Fraga por parte de AP y Miquel Roca por parte de las minorías catalana y vasca. Se aprobó el 31 de octubre de 1978, y se refrendó en las urnas el 6 de diciembre del mismo año con un resultado aplastante. Esto conviene decirlo porque luego hay comunidades autónomas que lo olvidan con mucha facilidad y no, no existen países que vuelvan a votar sus constituciones cada «x» años. Casi el 92 % de los que la votaron, la respaldaron. Ojo, que ese día votaron el 67 % de los españoles con derecho a voto en aquella época.

Conviene decir que en los años de mayor número de atentados terroristas de ETA, los datos que arrojó el referéndum de 1978, en el País Vasco y Navarra, fueron:

	ABSTENCIÓN	SI	NO	BLANCOS
ALAVA	40%	42%	11%	6%
GUIPÚZCOA	56%	28%	13%	3%
VIZCAYA	56%	31%	9%	3%
NAVARRA	33%	50%	11%	5%

He incluido a Navarra porque suele ser una petición del independentismo vasco con una comunidad autónoma que, históricamente, llegó a ser un reino con un peso específico importantísimo en la historia de España.

Pero si nos vamos al otro caso del independentismo por antonomasia, pues eso, que no salimos del asombro con los resultados de dicho referéndum, ya que Cataluña respaldó la carta magna con más entusiasmo que Madrid. El «Sí» obtuvo en todas las provincias catalanas más de un 90 % de apoyo. ¿Entonces? Pues eso, que *by the face,* el 1 de octubre de 2017, los partidos independentistas catalanes convocaron un referéndum, porque yo lo valgo, y quisieron votar unas elecciones que iban en contra de lo que la propia Cataluña se autoimpuso en diciembre de 1978.

De chiste fue la declaración de independencia de un tal Carles Puigdemont, el 27 de octubre de 2017, después de un intento de referéndum fraudulento y declarado ilegal unos días antes. Tras aquella declaración unilateral de independencia, hubo 34 segundos de aplausos y euforia. Después, 22 segundos más de discurso en los que el VAR anuló la jugada, de modo que la frase del presidente de la Generalitat decía algo así: «El gobierno y yo mismo proponemos que el parlamento suspenda los efectos de la declaración de independencia para que en las próximas semanas emprendamos un diálogo sin el que no es posible llegar a una solución acordada». Y fin, récord de independencia breve, con solo 56 segundos. ¡No llegó al minuto!

¡No puede ser! Tardó más el VAR en la final de la Champions del 2022, en anular un gol de Benzema. En la época de los memes y las redes sociales, el cachondeo no se hizo esperar. En cualquier caso, lo que partidos como ERC o la tradicional CiU exigían era que lo votado en 1978, era papel mojado porque así lo consideraban ellos. Por cierto, el tal Puigdemont huyó de España para refugiarse en un país que, tradicionalmente, ha dado cobijo a etarras y delincuentes de lo más variopinto, Bélgica. Debe ser algún trauma o que aún no han digerido la España en la que el duque de Alba campaba a sus anchas por Flandes. Tampoco es para tanto la cosa, porque en 2024, este prófugo de la justicia española regresó a España para dar un mitin retransmitido por la prensa y nadie lo detuvo, ni en su recorrido, ni en el paso fronterizo. En España, que todos somos iguales.

Volviendo a 1978, desde entonces se han desarrollado diferentes legislaturas con una duración máxima de cuatro años cada una, dentro de un modelo de Monarquía Parlamentaria en la que, el jefe del Estado es el rey, pero un rey que no gobierna, o sea, que el que manda es el presidente y sus ministros.

En este periodo, que algunos comienzan a llamar Régimen del 78, España se incorpora a la OTAN en 1982, y a la CEE en 1986, todo ello de la mano del presidente socialista Felipe González. Al margen de volver a ser acogidos por la vieja Europa tras años de dictadura, me gustaría resaltar dos hechos: En primer lugar, el premio Nobel de la Paz y presidente de Polonia, Lech Wałęsa, miró el ejemplo español para ver como trasladarlo a la Polonia de 1990, y, en segundo lugar, el último mandatario de la URSS, Mijail Gorbachov, fan del presidente Felipe González, le llegó a preguntar por qué no podía hacer él en la URSS lo mismo que se hizo en España. González le contestó que no podía hacerlo por tres razones, que eran: que en la URSS no se había producido una transformación social, que tampoco había un tejido empresarial como en la España de 1975, y que, por supuesto, tampoco tenían una clase media extendida como la que hubo aquí.

El camino, sin embargo, no ha sido fácil, con golpes de Estado, declaraciones unilaterales de independencia, atentados terroristas de ETA, el infame atentado del 11 de marzo, de Al-Qaeda (que quiso dinamitar las elecciones de aquel año dejando un reguero de sangre de 193 muertos y centenares de heridos), pandemias, crisis financieras, muchísimos casos de corrupción, indultos según los intereses políticos de turno, etc., pero España sigue su curso y ojalá que no pare porque los españoles se merecen un futuro mejor.

De cómo ha evolucionado este periodo democrático como tal, ya si eso, se lo dejamos a futuros escritores e historiadores que, seguro, nos pondrán verdes de aquí a unos años, porque material no les va a faltar.

REFLEXIONES PERSONALES

Muchas veces, cuando vas a hablar de la historia de España, parece que lo primero que tienes que hacer es pedir disculpas y, una vez hecho eso, ya sí, ya puedes comenzar a dar algunos detalles de la rica historia patria, pero sin venirte muy arriba. España, al igual que el resto de los países, tiene claros y tiene oscuros, pero en el balance, en el cómputo global, la historia de España es apasionante y debería enorgullecernos. Solo un país acomplejado sería incapaz de no presumir de una historia como la que tenemos. Se habla de historia en muchos países, pero en el caso de España siempre nos precede un juicio moral. Esto debe cambiar cuanto antes porque, como diría la historiadora Elvira Roca Barea, la historia universal no se entiende sin la historia de España. Es más, el historiador francés Hippolyte Taine dijo que: «Existe una raza superior que es la España de 1500 a 1700».

Dentro de ese complejo que nos acompaña desde hace más de 200 años, está un país que siempre ha pagado muy mal. Arturo Pérez-Reverte señaló una vez que, «España siempre ha tenido héroes porque siempre ha tenido líderes canallas». Mientras España siga pagando mal, España seguirá estando en un segundo plano a nivel mundial. Una famosa y ya mencionada cita del Cantar del Mío Cid define perfectamente esta circunstancia: «Que buen vasallo si tuviera buen señor». Mucho me temo que esta frase nos va a seguir acompañando.

Además de valorarnos positivamente, hemos de saber, igualmente, en qué flaqueamos. A colación de esto traigo una frase de una reina culta que murió muy joven en el Palacio de Aranjuez, con solo 25 años. La muy religiosa de María Josefa Amalia de Sajonia, la tercera esposa del meapilas de Fernando VII, llego a decir de España que, «(...) los españoles carecen de instrucción, son muy religiosos, pero malos religiosos porque basan su devoción en prácticas rutinarias externas sin saber lo que hacen, ni por qué lo hacen. Desconocen los evangelios, y puesto que han sido formados por un clero intolerante, los españoles son intolerantes en lo político y en lo religioso». ¿Qué pasaría si esta señora reviviera un poquito y tuviera que opinar nuevamente de nosotros?

Sin quitarle la razón a esta reina y sin mover una sola coma de lo que dijo, no es menos cierto que España ha sido tan grande que, incluso, exportó su grandeza sin complejos. Eran otros tiempos. Tanto es así que, en plena monarquía hispánica, México, como ciudad, era más importante que la mismísima Madrid, y ese relato, actualmente, es inexistente tanto en México como en España.

La labor anglosajona a este respecto ha resultado perfecta, puesto que, en la historia europea, una Inglaterra moralmente mediocre siempre ha tratado de torpedear a ese país que destacaba sobre los demás. Ese país, durante varios siglos, fue España. Y cuidado, me refiero a una Inglaterra mediocre en cuanto a esta actitud ante los demás, puesto que Inglaterra no ha sido mediocre precisamente. Yo, al menos, le reconozco un mérito espectacular, un mérito que Inglaterra muchas veces le ha negado a los demás, no solo a España.

Ante esta Inglaterra activa en sus relaciones exteriores y ante una Flandes dividida, que durante mucho tiempo culpó de sus males a Felipe II, al duque de Alba y a la Iglesia católica, se generó un relato que todos conocemos como leyenda negra y que, a día de hoy, muchos españoles siguen comprando. Como diría el gran comunicador Enrique Sueiro, «la leyenda siempre es leyenda, dando igual el color con el que nos refiramos a ella». La leyenda negra podemos afirmar que es la campaña de marketing más larga y efectiva de la historia, una campaña que ha transformado una mentira en verdad, no encontrándose un caso similar en el resto de la historia internacional.

Lejos de encontrar testimonios entre nuestros compatriotas, hemos de acudir a voces extranjeras para darnos cuenta de lo grande que es nuestro pasado y cuál podría ser nuestro potencial. Muy conocida es la cita de Otto von Bismarck, padre de la Alemania moderna, que dijo que, «España es el país más fuerte del mundo, los españoles llevan siglos intentando destruirlo y no lo han conseguido. El día que dejen de intentarlo, volverán a ser la vanguardia del mundo». También dijo: «Lo increíble de España es que, con una clase política tan inepta, todavía exista el país». Y aquí me asalta, nuevamente, la cita del Cantar del Mío Cid en el episodio de Santa Gadea.

Napoleón Bonaparte, un tipo que no es precisamente sospechoso, llegó a pronunciar lo siguiente: «los españoles son el único pueblo que no permite que los extranjeros critiquen sus propias instituciones, al mismo tiempo que ellos son los primeros en hacerlo». A colación de esta afirmación, Antonio Machado opinaba que: «En España de cada diez cabezas, nueve embisten y una piensa». Uno de sus famosos versos en relación con nuestra patria es el siguiente:

Españolito que vienes
al mundo, te guarde Dios.
Una de las dos Españas
ha de helarte el corazón.

El complejo y dolor por España ha llegado a tal punto que el poeta catalán Jaime Gil de Biedma comentó que: «De todas las historias de la Historia, la más triste sin duda es la de España porque termina mal».

Un tipo que nos conoció perfectamente, el hispanista británico Gerald Brenan, manifestó que «España es un país único e irrepetible».

España es un país que ha abierto muchos caminos que, sin duda, nunca hemos querido poner en valor, y es que para ponerlos de relieve no basta con el hecho de que algunos lo digan, sino que dependerá de que todos, más o menos de forma generalizada, seamos conscientes de ello. Por ejemplo, las 35 leyes de Burgos de 1512, tuvieron una función protectora y humanizadora con respecto a los indígenas de América, conformando un estatuto civil cuyos objetivos eran la dignidad, el trabajo y la libertad. Francisco de Vitoria fue el padre del derecho internacional, Bartolomé de las Casas lo fue de los derechos humanos, España construyó universidades y colegios mayores allá adonde fue y siempre exportó su lengua, cultura y sabiduría. Insisto, hubo muchos episodios oscuros que también sucedieron, pero no todos los países pueden construir un relato en torno a todos estos brillantes acontecimientos que definen la historia de España con mayúsculas y, sin embargo, el español medio los obvia, los anula, no los estudia, y compra otro tipo de relatos que no nos dejan bien parados.

Vuelvo a mi árbol genealógico y añado que mi caso no creo que sea especial. Si mis antepasados se han estado arrastrando por todas las zonas geográficas del país durante siglos, seguramente sea un caso similar al del resto de españolitos de a pie, y seguramente que lo confirmarían si también elaboraran su propio árbol genealógico. Y si esto es así, cuidado, porque criticar nuestra historia es criticar a nuestros abuelos, a nuestra sangre y, sinceramente, hay que tener cuajo.

A mi modo de ver hay tres tipos de países, históricamente hablando:

1. Países como Francia o Italia que cuentan su propia historia.
2. Países como los anglosajones, con Reino Unido y EE. UU. a la cabeza, que cuentan su historia y la de los demás.
3. Países como España, que ha preferido que su historia la cuenten otros.

Y este último punto debe cambiar, sin duda.

España tiene muchos retos por delante y para resolverlos debe mirar a su pasado. España ha protagonizado los descubrimientos geográficos de América, Antártida, Australia, el Pacífico, ha descubierto la corriente de Kuro-shivo, la de Humboldt, tuvo grandes cartógrafos, descubrió las fuentes del Nilo, el Amazonas, el Cañón del Colorado, atravesó los Andes, llegó a Alaska, descubrió las Filipinas, protagonizó la primera vuelta al mundo, descubrió las ruinas de Palmira y Persépolis, midió la Tierra e hizo la primera campaña de vacunación internacional de la historia. En España se ha escrito el *Quijote, La vida es sueño, El lazarillo de Tormes,* la *Celestina,* pintado el Guernica, las Meninas, el Entierro del Conde Orgaz y la Persistencia de la Memoria, ha visto nacer a genios como Lorca o Picasso, ha visto construir la Alhambra, el acueducto de Segovia y la Sagrada Familia. Sus mujeres conquistaron el Pacífico, Chile, atravesaron solas el Amazonas y lucharon contra ingleses y franceses, a veces, con solo unas tijeras. ¿De verdad hay que pedir disculpas cada vez que queramos hablar bien de España, de nuestra historia, de nuestros antepasados? Y ojo, no digo que haga falta agitar banderas, pues aunque me siento orgulloso de nuestra bandera, no hay nada peor en la historia que agitar banderas. Las peores guerras han venido de anteponer unos colores a otros, pero eso no quita que uno se sienta orgulloso de la tierra que le vio nacer.

Detrás de todos estos héroes siempre ha habido unos malos pagadores y solo hay que ver cómo evoluciona la renta española y su PIB en relación con los países de su entorno. España ha caído puestos en los *rankings* que miden la salud democrática. España necesita, de facto, una separación de poderes de modo urgente, y ya sé que la Constitución de 1978 dice que tenemos esa separación de poderes. ¿De verdad tenemos separación de poderes? No basta con ir a votar, hay que elegir, y mientras los españoles solo voten y sean otros quienes elijan por ellos, España tendrá aún un camino que recorrer. España necesita que sus ciudadanos crezcan personal y profesionalmente, y las leyes les protejan en todo momento. ¿Protegen actualmente las leyes a los «paganinis»? Que los españoles puedan hablar de cualquier tema en cualquier territorio y en cualquier ámbito sin que nadie les juzgue por ello. Mientras España sea de monárquicos y republicanos, de carlistas e isabelinos, de patriotas y afrancesados, de Borbones y austracistas, de imperiales y comuneros, de borgoñas y trastámaras, de católicos y judíos, de moros y cristianos, de papistas y arrianos, de constitucionalistas e indepes, de rojos y azules, y el tema se enquiste hasta estar conmigo o contra mí, España tendrá un serio problema a la vez que a su alrededor otras sociedades crecen y evolucionan. España debe dejar esa posición enfermiza en la que la vida le duele tanto. Debemos recuperar esa figura de Séneca al que todo le importaba un «huevo» porque la vida es imperfecta. Debemos aprender a vivir sabiendo que hay incomodidades, y crecer, y disfrutar, y trabajar, y recompensar a quienes se dejan la vida para tener una vida y un país mejor. Solo así España conseguirá ser envidiable y volver a tener la influencia e importancia que un día tuvo. Si esto ocurriese, se traduciría en mejor nivel de vida para los propios españoles. España nos debe dejar de doler. ¡Nos debe dejar de doler ya!

Cuando en mi actividad profesional tengo la oportunidad de dar una clase de historia, siempre termino con una idea y es que, el mejor libro de «management» es un buen libro de historia. Los mejores casos prácticos están en un libro de historia. Los casos que nos han traído hasta nuestros días como sociedad, como país, como cultura, aparecen en un libro de historia, y se trata de los casos de mayor envergadura y alcance. Además, estos casos vienen escritos con la solución. A veces la solución fue buena, otras veces fue malísima y en otras ocasiones fue cuarto y mitad, y nosotros debemos saber interpretar y sacar nuestras propias conclusiones sobre qué fue lo que aconteció. Debemos leer varias fuentes, ser autónomos en nuestras conclusiones, ser críticos, pero, en cualquier caso, es obligatorio leer de dónde venimos para saber hacia dónde nos dirigimos. Igual que llevamos fotografías de nuestros seres queridos en nuestra cartera, debemos disponer del conocimiento de nuestro pasado. El conocimiento de nuestra historia nos ayuda a conocernos mejor. Leamos más y mejor. No tener un mínimo de conocimiento es, sencillamente, inaceptable.

Muchas veces, los retos a los que nos enfrentamos en la actualidad son exactamente los mismos a los que ya se enfrentaron otros en el pasado, solo que en un contexto totalmente diferente. Así, por ejemplo, si en los s. XV y XVI, hubo guerras, pandemias, nuevos inventos como la imprenta y viajes como el de Colón o Magallanes y Elcano. Hoy, seis siglos más tarde, volvemos a tener guerras, pandemias, nuevas tecnologías y viajes al espacio. Salvando las distancias, los retos siguen estando ahí para ser superados y no difieren mucho de los que tuvieron los hombres del Renacimiento. Quizás, nuestro reto sea el de volver a ser hombres del Renacimiento, es decir, acudir a la polimatía para tratar de abarcar el mayor conocimiento posible y así, lograr mejor nuestros objetivos y afrontar la resolución de problemas.

En una frase atribuida a uno de mis escritores preferidos se lanza una idea que, resume maravillosamente esa idea machacona que he tratado de trasladar diciendo una y otra vez eso de, menos mal que estas cosas ya no pasan. Una vez dijo Mark Twain que: «La historia no se repite, pero rima».

AGRADECIMIENTOS

Es de bien nacidos ser agradecidos, y llegados a este punto debo dar las gracias. Podría comenzar por mi esposa, mis hijos, por mis padres, mis hermanos, mis amigos, pero dar las gracias adquiere importancia cuando te detienes y reparas en cada uno de sus nombres.

Gracias a mi esposa, Carmen, por apoyarme en la redacción de este libro y por ser mi mejor crítica en la entrega semanal de mis capítulos en redes sociales. Gracias a mis hijos, Irene y Cosme, motor de muchísimas cosas en mi día a día. Gracias a mis padres, Rosario y Marcelino a los cuales, como es natural, les debo todo y gracias a mis hermanos, Conchi, Charo y Fernando. Gracias al resto de mi familia. Gracias a todos mis amigos (ellos saben quiénes son).

Gracias especiales a Carola Arbolí, compañera de trabajo y la persona que ha prologado este libro y que, al igual que mi esposa, me ha trasladado críticas de una forma constructiva e inteligente. Gracias porque siempre aprendo algo de ti cada día.

Muchas gracias a las primeras personas que me insinuaron y/o me animaron a escribir un libro y que han seguido recordándomelo estos últimos años. Gracias a Rafa Díaz Cruz, a Iñaki Torres y a Alberto Pérez-Lanzac.

Gracias a mis compañeros de trabajo en IE. Gracias a Teresa Martín-Retortillo, Martín Rodríguez, Rocío Tejedor, Ana Moreno, Silvia Malagón, Lourdes Díaz, Patricia Morell, Bárbara Fajardo,

Carla Carvajal, Ana Gil, Cynthia Fernández, Doriana Minieri, Almudena Díaz, Susana García, Gema Palacios, Gabriela Beltrán, Atsa Kaytati, Bahia El Oddi, Raquel Gutiérrez, Sylvie Laruas, Laura Repiso, Agnieszka Jermolowicz, Diego Solis, Janna Wetter, Xenia San José, Vanessa Fardi, Eduardo Rojas, María León, Tadea Querejazu, Verónica Cottinelli, Elena de Dios, María Cernuda, Montse Hernández, Jorge Sánchez, Paola Arbaje, Laura Vaquero, Marina Tomás, Claudio Alonso y Carlos Martín. Es una suerte estar rodeado, siempre, de gente más inteligente que tú. Es una gozada trabajar en una institución como el IE, con gente de tanto talento.

Gracias a mis directores académicos. Sois lo mejor de lo mejor. Gracias a Gonzalo Real, Borja Alonso de Linaje, Néstor Miranda, Bernardo Crespo, Manuel Romera, Pedro Abella, Rafael Díaz Cruz, Iván Martín, Francisco Ruiz del Toro, Carmen Queipo de Llano, Antonio Herráiz, Demetrio Barragán, Susana Rodríguez, Alberto Alcázar, Pedro Bécares, David Lázaro, Daniel del Pozo, Rosario de Castro, Rodrigo Martínez, Susana Campuzano, María García, Pilar Rojo, José Luis Portela, Manuel Álvarez de la Gala, Félix Muñoz, Miriam Bieger, Julio Ramos, Roberto Molinos, Rafael Fernández, Silvina Arce, Paloma Alonso, María Ángeles Moreno, Eduardo Jiménez-Carlés, Juan Capeáns, Ricardo Conesa, José Luis Arbeo, Manuel Bermejo, Nicolás Franco, Carmen Escauriaza, Gonzalo del Río y Juan Alfaro. Gracias a todos ellos, al staff, a los profesores y a los alumnos. De todos ellos aprendo muchísimo.

Gracias a mis compañeros en ENLACE y AICOPES y mis maestros en Estudio Radio. Gracias a Gustavo Rachid, Julia Elizalde, Julio García, Ramiro Agustín Marchi, Nando Rodríguez, Rosa María Martín, Amal Hadid y Javier Sánchez.

Gracias a la Asociación Cultural Amigos de Corral de Almaguer, mi pueblo, por seguir mi trayectoria y tener a bien reconocerlo con la entrega de un premio. ¡Muchas gracias!

Gracias a Jorge Méndez por haber hecho realidad mi blog y por esos cafés en los que siempre termina surgiendo alguna idea brillante.

Gracias a mis fieles seguidores en Linkedln. Seguramente, ellos son el germen de este libro. No los nombro a todos porque sería inviable, pero ellos saben quiénes son.

Asimismo, gracias a quienes siguiéndome en Linkedln, decidisteis ofrecerme un espacio en vuestros programas y en vuestra web. Gracias a Gustavo Rachid, Domingo Gaitero, Javier Fontán, Roberto Rodríguez, David Alayón, Juanma Sáez de Retana, Mildred Laya, Eduvigis Ortiz, Jesús García, Jorge Valenzuela y Ramiro Aurín al que, por cierto, le agradezco enormemente que me introdujera y allanara el camino en la editorial que ha decidido publicar este libro. Ramiro, de veras, ¡muchísimas gracias!

Muchísimas gracias a AlmuzaraLibros con Manuel Pimentel a la cabeza y a su sello para libros de Historia, Sekotia, por haber creído en este libro y, por supuesto, muchísimas gracias a mi editor, Humberto Pérez-Tomé, que me ha aconsejado sabiamente para publicar estas páginas. Sin ellos dos esta aventura habría sido imposible. ¡Gracias, gracias, gracias!

Y gracias a los lectores. Si has llegado hasta aquí, ¡un millón de gracias! Gracias por soportar tanto dato, tanta fecha, tanto nombre y tanto humor más que mejorable.

¡GRACIAS!